LES VIKINGS

DU MÊME AUTEUR

en poche

La Saga de saint Olaf, Paris, Payot, Petite bibliothèque Payot n° 77, 1992.

Les Vikings, Paris, Le Cavalier bleu, Idées reçues, Histoire & Civilisation n° 38, 2002.

Et de nombreuses traductions du danois, de l'islandais ancien et moderne, du norvégien bokmål et nynorsk, et du suédois.

collection tempus

Régis BOYER

LES VIKINGS

Histoire et civilisation

PERRIN
www.editions-perrin.fr

Secrétaire générale de la collection :
Marguerite de Marcillac

Éditions Perrin, un département d'Édi8,
12, avenue d'Italie – 75013 Paris
Tél. : 01 44 16 09 00 – Fax : 01 44 16 09 01
www.editions-perrin.fr

ISBN : 978-2-262-05033-7

tempus est une collection des éditions Perrin.

INTRODUCTION

Nous partirons de l'inscription runique de Timans, Gotland (XIe siècle) :

ORMIGA : ULFUAIR : KRIKIAR : IAURSALIR : ISLAT : SERKLAT

soit : Ormiga, Ulfiar, Grecs, Jérusalem, Islande, Serkland (Ormiga et Ulfiar sont deux prénoms masculins, « Grèce » s'applique à Constantinople et à son empire, Serkland désigne le pays des « Sarrasins »). Ainsi, les deux vikings que commémore cette pierre ont fait le tour du monde connu à leur époque ; les noms prestigieux et, pour nous, assez obscurs que prodigue ce texte bref suffisent à créer une aura quasi légendaire que notre rêverie ne parvient pas à épuiser.

On a beaucoup écrit, depuis quelques décennies surtout, à propos des vikings, souvent sans connaissance de cause, d'ordinaire à partir d'idées fixes et fausses complaisamment entretenues par les Scandinaves eux-mêmes aussi bien que par nous, en vertu d'un romantisme impénitent nourri de films américains et de vagues réminiscences médiévales *(A furore Normannorum libera nos Domine)* sorties de leur contexte. Une fascination obscure et comme irrésistible nous porte à confondre les « pirates du Nord », les « découvreurs venus du froid » avec « les grands Barbares blancs » chers à Chateaubriand. Le « mythe viking [1] », car c'est bien un mythe, ne cesse de donner la mesure de nos fièvres historiques et littéraires, même si l'information progresse : mais nous ne voulons pas le savoir. Il y a, par définition, quelque chose d'excessif dans l'image que nous nous faisons des « fiers enfants du Nord » qui, incontestablement, bouleversèrent l'histoire occidentale entre IXe et XIe siècles.

De là vient la raison d'être du présent ouvrage. Il voudrait essayer de faire objectivement, s'il se peut, le point sur les deux fronts que concerne le sujet : l'histoire et la civilisation, intimement mêlées faut-il le préciser. Faire le point : on ne prétendra pas épuiser la question, qui est d'une redoutable ampleur et complexité, et qui, à bien des égards, attend des éclaircissements que peut seule fournir une difficile conjonction de sciences fort diverses. Mais il n'est pas interdit, ni présomptueux, de dénoncer les erreurs les plus communes concernant ce phénomène, non plus que de s'efforcer de mettre en lumière ce qui fit sa spécificité et rendit compte de son succès. Comme si souvent en France, dans cet ordre d'idées, le travail à accomplir est double : tenter d'informer, s'il se peut, bien entendu, mais aussi, sinon surtout, dissiper les légendes et démythifier. Ce n'est pas dire, par là, que les nombreux mystères qui entourent cette histoire s'en trouveront élucidés [2], mais on ne nous refusera pas le mérite d'avoir cherché à dissiper les trop fameuses « brumes du Nord ».

Car il faut, d'emblée, insister fortement sur trois points :

Le « phénomène » viking s'étale sur quelque deux cent cinquante ans (environ 800 à environ 1050 — les dates les plus communément proposées pour le délimiter étant le 8 juin 793, mise à sac de l'abbaye de Lindisfarne en Northumberland, et le 14 octobre 1066, bataille de Hastings), long laps de temps qui correspond à une période vitale pour l'Europe : liquidation de l'Empire carolingien, époque abbasside, puis premier âge féodal et mise en

---

1. Voir Régis Boyer : *le Mythe viking dans les lettres françaises*, Paris, Éditions du Porte-Glaive, 1986.

2. J'en ai tenté un bilan détaillé dans « les Vikings et leur civilisation : les mystères qui subsistent sur ces questions » dans *Académie des Inscriptions et Belles-Lettres. Comptes rendus des séances de 1989*, juillet-décembre, Paris, 1989, pp. 782-803.

place progressive de ce qui deviendra un ensemble d'États forts et centralisés. Or ces deux siècles et demi assistent à une évolution marquée du phénomène en question : des coups de main initiaux aux grands raids danois, en passant par les colonisations systématiques (Danelaw, Islande, Normandie, Russie, etc.), il n'y a pas grande continuité, au moins apparente. Pas grandes similitudes non plus entre un Ragnarr Loðbrók plus ou moins légendaire, un Göngu-Hrólfr-Rollon (s'il s'agit bien du même personnage : la critique actuelle en est à douter tout simplement de la réalité historique de cet individu), un Leifr Eiríksson le Chanceux et un Hroerekr-Rurik. Il est donc abusif d'envisager sous une même dénomination, d'ailleurs confuse à souhait et, d'ordinaire, mal entendue, des hommes et des événements que ne rassemblent pas beaucoup de dénominateurs communs.

Car, en dépit de ressemblances organiques évidentes, il importe aussi de ne pas mêler indistinctement, sous les vocables « scandinave » ou « viking », Suédois, Danois, Norvégiens puis Islandais. Ils sont — ils demeurent — ressortissants d'ethnies différentes malgré la relative uniformité de leur langage, leurs intérêts n'étaient pas les mêmes, leurs modes d'activités différaient sensiblement, même si le destin s'est plu à confondre leur histoire respective. Par exemple, leurs champs d'action ne furent pas les mêmes, ils correspondaient, en gros, aux orientations géographiques de chaque pays, mais il n'y a pas à traiter d'un même élan et en termes identiques une traversée Björgyn (Bergen)-Féroë-Orcades-Islande, un lent cabotage parti du Limfjord pour aboutir à Gibraltar par la mer du Nord, la Manche et l'Atlantique, et une descente de ce qui serait aujourd'hui Leningrad jusqu'à Constantinople en passant par le complexe des fleuves et lacs russes.

En troisième lieu, la réussite de l'aventure viking, ce que P.G. Foote et D.M. Wilson appellent, avec grande pertinence, *the Viking achievement* [3], ne peut, en aucun cas, être le résultat d'une explosion *ex nihilo*, aurait-elle été favori-

3. London, 1970. Réédité plusieurs fois depuis. Il est remarquable que ce volume s'insère dans la prestigieuse collection des « Great Civilizations Series ». Voir également Régis Boyer : *L'Islande médiévale*, collection Guides Belles Lettres des civilisations, Les Belles Lettres, 2001.

sée par un concours de circonstances vraiment exceptionnel : l'Histoire, on le sait, offre parfois de ces conjonctions étonnantes et uniques. N'importe : il faut supposer, derrière, un soubassement historique et culturel (au sens large) qui est directement responsable de tout. Il sera d'ailleurs le début de notre démarche : les Scandinaves qui s'embarquent sur leur knörr, skeið, snekkja, etc., au début du VIIIe siècle, sont les enfants d'une longue tradition. Ils ont une préhistoire dont nous allons étudier les enseignements, ils étaient héritiers d'un esprit qui, en définitive, est le seul véritable responsable de leur succès. Et, chez eux comme ailleurs en Europe, la situation était « mûre » pour que se manifestât un phénomène de ce genre.

PRONONCIATION

signe	valeur ancienne (viking)	valeur actuelle
á	â comme pâte	ao
é	é comme été	ié (comme pied)
ó	o comme pot	ou comme anglais know
u	ou comme toujours	u comme rue
ú	ou comme roue	ou comme roue
y	u comme lu	i comme lire
ý	u comme mur	i comme vie
ae	è comme père	ail comme aïe
oe	eu comme beurre	ail comme aïe
ö	eu comme œufs	eu comme eux
ø	eu comme creux	eu comme creux

Les autres voyelles comme en français.

đ	comme le th anglais de l'article the.
þ	comme le th de l'anglais thin.
f	tantôt f (à l'initiale ou en contact avec un son sourd), tantôt v.
g	en principe comme dans gare, mais parfois comme le y de payer (devant i et j).
h	toujours fortement aspiré, il n'y a pas de h muet.
j	toujours comme le y initial français devant voyelle (yoghourt).
s	toujours comme deux ss français (rósa : rossa).

PREMIÈRE PARTIE

HISTOIRE

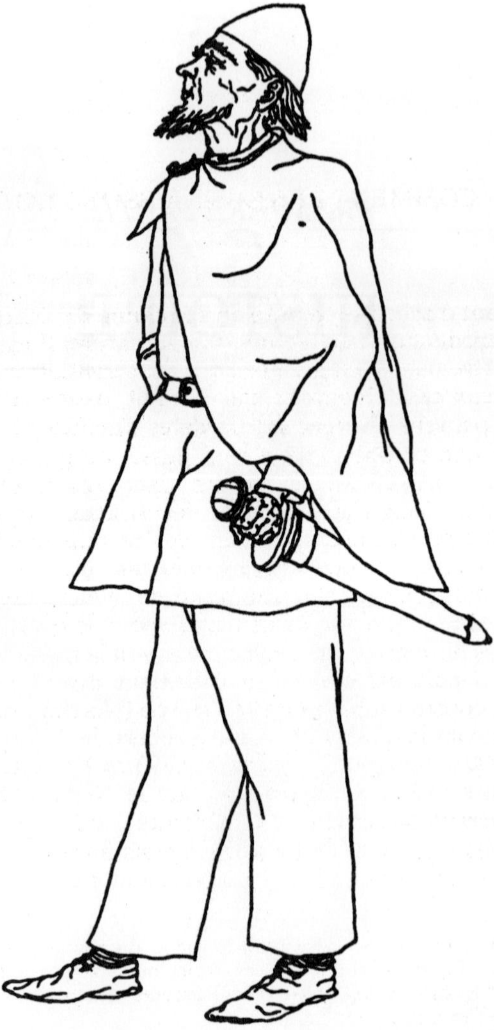

I

COMMENT LES CONNAISSONS-NOUS ?

Il faut d'abord reprendre en détail une des idées avancées en Introduction : quelle que soit sa nature, il est exclu que le mouvement viking présente à l'observation un front uni sur deux cent cinquante ans. En fait, même si les spécialistes peuvent diverger sur les dates d'articulation, il paraît établi que ce phénomène sera passé, en gros, par quatre phases successives, au moins dans ses manifestations majeures. Sans rigueur : selon les théâtres d'opérations et l'origine précise des intéressés, des recoupements peuvent se produire, ou des chevauchements, ou des décalages, mais dans l'ensemble, une sorte de synchronisation, très surprenante quoique assez banale pour le connaisseur des réalités nordiques anciennes [1], règne en la matière.

Le départ est conventionnellement donné par le raid mené contre l'abbaye de Lindisfarne (Northumberland) où se trouvait la châsse de saint Cuthbert, le 8 juin 793. Pour citer l'*Anglo-Saxon Chronicle*, sur 793 : « En cette année, de terribles présages apparurent sur le Northumberland et effrayèrent tristement les habitants : c'étaient d'extraordinaires éclairs, et de féroces dragons furent aperçus dans les airs. Une grande famine suivit bientôt ces signes, et peu

1. Je songe à l'espèce d'uniformisation du passage de l'ancien au nouveau fuþark runique, par exemple, ou à l'étrange parallélisme, avant l'époque viking, entre affrontements des Scandinaves et des Huns à l'est puis à l'ouest.

après cela, dans la même année, aux ides de janvier [erreur manifeste pour juin], les harcèlements des païens détruisirent l'église de Dieu à Lindisfarne par la rapine et le meurtre. » Suivront les pillages des monastères de Jarrow (794), Morganwg, en Galles du Sud, et Iona, dans l'île sacrée sur la côte ouest de l'Écosse, qui abritait la châsse de saint Columba, en 795 ; puis ceux de Rechru (sur Lambey Island, en Irlande), Kintyre (dans l'île de Man) en 797, Monkwearmouth, près de Sunderland, en 798 ; enfin, en 799, divers endroits d'Aquitaine furent pillés, ainsi que, surtout, le monastère de Saint-Philibert à Noirmoutier.

J'ai dit : conventionnellement, parce que nous décelons de nombreux signes d'activités bien avant 793 [2] et que, pour des raisons de simple bon sens, il n'est guère concevable que le mouvement ait démarré *ex abrupto* en 793. Si les historiens retiennent cette date, c'est qu'ils sont bien informés sur les événements de Lindisfarne, grâce à cinq lettres écrites à ce propos par Alcuin. Ce moine northumbrien vécut en Gaule franque et dirigea plus tard l'école du palais de Tours. C'est lui qui dépeint les châsses profanées, « les corps des saints foulés aux pieds dans les rues comme du fumier », les ornements pillés, les prêtres massacrés, les témoins emmenés en captivité ou rançonnés : « Il y a presque trois cent cinquante ans que nous et nos pères avons habité ce pays bien-aimé, et jamais encore n'est apparue en [Grande-] Bretagne une terreur comparable à celle que nous avons maintenant subie d'une race païenne, tout comme on n'eût jamais cru possible une telle incursion venue de la mer [3]. » On aura noté que c'est un clerc qui nous informe ainsi, de même que le ton adopté et le mot « païens ».

Le départ se trouve donné de la sorte. Il est marqué, donc, par des coups de main menés contre des lieux riches et sans défense. La généralisation du procédé, évoquée tout à l'heure, laisse entendre une chose que l'on omet bien trop souvent : les Vikings étaient parfaitement informés des conditions de vie de leurs futurs clients ou victimes. Ils

2. Par exemple, les relations maritimes entre Norvège et Irlande remontent à au moins deux siècles plus tôt.

3. *English historical documents. c. 500-1042*, D. Whitelock, éd. London, 2e éd., 1979, n° 113.

connaissaient les capacités de résistance des populations, ils avaient fréquenté en tant que commerçants les contrées que, d'aventure, ils allaient dévaliser, ils avaient un sens avisé de la tactique à suivre et qui était fonction des conditions adverses, enfin, ils s'entendaient à merveille à mettre en condition les éventuelles victimes. Nous évoquerons avec quelque précision leur tactique, elle n'avait rien de gratuit ou de spontané. Avec le recul dont nous disposons, nous sommes étonnés de voir qu'ils ne frappaient jamais n'importe quand, ni n'importe où, ni n'importe qui.

Ces simples remarques justifient déjà les difficultés de présentation du phénomène dans son ensemble, la variété des théories retenues, les périodisations qui changent pratiquement avec chaque auteur. Disons aussi d'emblée que l'allure varie selon le pays originaire envisagé, Danemark, Norvège ou Suède. Autant que l'on sache, les Norvégiens procèdent par petits groupes sous l'autorité d'un chef ou roitelet (peut-être les fameux « rois de mer » ou saekonungar des sagas). Pillards à l'occasion, ils cherchent avant tout à se fixer quelque part — nous verrons que leur but est, en dernier ressort, la colonisation. Ils empruntent de préférence, au départ de la région de Bergen, une route plein ouest qui les mène aux îles nord-atlantiques (Shetland, Orcades, Hébrides), puis, de là, par l'ouest de la Grande-Bretagne, vers l'Irlande, la Gaule, l'Espagne en attendant, après 870, l'Islande, le Groenland et (peut-être) l'Amérique du Nord. Les Danois sont, dès le début, beaucoup mieux organisés, leurs chefs disposent souvent de « flottes » relativement nombreuses. Ils sont surtout intéressés par le rapport financier de leurs expéditions : butin massif, puis ces concessions matérielles que l'on nommera, d'après eux, danegeld (paiement aux Danois). Peu aventuriers, l'arrière-plan de leurs entreprises est souvent politique : elles visent à renforcer leur richesse et donc leur pouvoir à leur retour chez eux. Ils partent du Schleswig ou de la région du Limfjord, prennent la mer du Nord par le sud-ouest, passent sur la côte orientale de l'Angleterre (qui portera un jour leur nom : Danelaw, le territoire qui subit la loi, law, des Danois — sans doute, Dane — s'appliquant indifféremment à tout Scandinave) ou traversent la Manche pour descendre le long de la côte occidentale de la Gaule. Point extrêmement intéressant sur lequel il faudra revenir : ils reprennent donc la route traditionnelle des commerçants frisons. Quant aux Suédois, ce sont, par excellence, des commerçants, compte tenu du fait, qui finira par constituer une sorte de leitmotiv dans le présent ouvrage, qu'ils exploitent tous les moyens d'acquérir de l'argent : par le commerce proprement dit, par le pillage, et aussi, caractéristique sur laquelle il faut insister, en se louant comme mercenaires. Leur objectif premier semble avoir été de s'implanter dans des « comptoirs ». Ils paraissent avoir été fortement organisés et particulièrement pour l'admistration et la gestion. Ils partent notamment de Gotland, centre et plaque tournante réputés depuis longtemps [4], et fréquentent la côte balte (Grobin, Apuole), ou bien démarrent de Suède centrale (Upland, Roslagen) pour atterrir au fond du golfe de Finlande, à partir duquel, par le réseau compliqué des lacs et fleuves russes, ils arrivent au lac Ladoga (où ils font escale à Aldeigjuborg) puis à Novgorod (pour eux : Hólmgarđr), et finissent par atteindre la mer Caspienne. À moins qu'ils ne suivent la Dvina, puis le Dniepr (avec la ville de Gnezdovo), passent à Kiev (qu'ils appellent Koenugarđr) et atteignent la mer Noire qu'ils n'ont plus qu'à traverser pour joindre Constantinople. Cela ne leur interdit pas de longues incursions vers l'est, puisque leur présence est attestée à Tachkent, Samarcande, Boukhara, Bagdad, etc.

Ces vues seront reprises en détail : il ne s'agit ici que de familiariser le lecteur avec des données essentielles. Il en va de même de l'esquisse de périodisation que je vais proposer et qui sera exposée beaucoup plus précisément par la suite. Par référence au règne de la mer, puisqu'elle est le personnage central en l'occurrence, je préférerais, plutôt que de « périodes », parler de vagues successives qui respectent mieux l'idée de lente succession par recouvrement, que j'ai déjà suggérée. En gros, quel que soit le critère retenu, trois vagues avec un répit marqué entre la deuxième et la troisième, ce qui nous donne quatre « périodes ». À peu près tout le monde s'accorde là-dessus, les divergences ne por-

4. Voir l'excellent volume de synthèse *Gutar och vikingar*, Statens historiska museum, red. Ingmar Jansson, Stockholm, 1983.

tent que sur les dates de délimitation, lesquelles sont fonction du critère retenu par l'observateur. Comme — j'aurai l'occasion de m'expliquer d'abondance sur ce trait que je tiens pour essentiel — je choisis d'évaluer le phénomène en raison des intérêts commerciaux qui auront animé, de bout en bout, les vikings, les lignes qui suivent indiquent la périodisation que je propose.

DES VAGUES SUCCESSIVES

Une première vague irait d'approximativement 800 à environ 850. L'objet premier du présent livre étant de montrer que les vikings étaient des marchands qui se muèrent peu à peu et à la faveur des circonstances en pirates, si possible, c'est une période de tâtonnements. Redisons-le : il y avait certainement longtemps, en 793, que les Scandinaves faisaient le trafic des marchandises qu'ils pouvaient vendre et que leurs bateaux étaient en état de transporter, un peu partout, vers l'ouest comme à l'est. Autour de 800, ils découvrent sans effort que leurs partenaires habituels ne sont plus secondés par un pouvoir centralisé et fort. S'ensuit une série de mises à l'épreuve des antagonistes, d'abord par quelques pillages isolés, que l'évolution naturelle des choses muera progressivement en raids d'ampleur croissante, avec hivernage dans des îles situées à proximité des endroits « intéressants ». Les Suédois cherchent à ouvrir des routes commerciales fructeuses, les Norvégiens sondent les possibilités d'éventuelles colonisations, les Danois paraissent jeter les bases d'une expansion à caractère avant tout politique. Partout, les navigateurs fondent des centres commerciaux spécialisés, des comptoirs si l'on veut.

À partir de 850 environ et jusqu'à la fin du IXe siècle, s'établit une sorte de prise de conscience réciproque du phénomène et de ses éventuelles conséquences. Du côté scandinave, il s'agit d'une exploitation systématique des premiers acquis, du côté adverse, d'un climat de terreur complaisamment entretenu par des clercs qui pensent, partiellement à bon droit, assister à la fin d'une époque, ou, à l'opposé, d'une organisation cohérente de la résistance. Là où celle-ci se produira (Angleterre du Sud, Espagne, par exemple), les vikings, n'insisteront pas.

Soyons clair : nulle part, ils n'ont été des conquérants au sens normal du terme (leur petit nombre le leur eût interdit de toute façon, c'est un trait qu'il ne faut jamais oublier), nulle part, on ne saurait les créditer d'une retentissante victoire militaire. Mais, là où ils ne trouvent pas d'adversaires résolus à faire chèrement payer une possible défaite, ils mettent au point ce qui apparaît bien comme leur objectif majeur : extorquer de l'argent en masse aux régions qu'ils dévastent. Ce sont les danegelds pour lesquels on notera que le butin, en soi, importe moins que le fait d'amener les populations à se délivrer en versant des sommes dont l'importance ira croissant. Avec le temps, la tactique va même se raffiner : on fait payer d'un côté et, pendant le répit ainsi obtenu — le temps qu'il faut aux vaincus pour rassembler les sommes exigées —, on « met en condition » d'autres régions que l'on pressurera ensuite.

Cette deuxième vague est capitale, à mon sens. C'est alors que les vikings prennent conscience de leur force (ou plutôt de la faiblesse de leurs adversaires), qu'ils s'organisent et que leurs entreprises acquièrent, ici ou là, une conscience politique. En même temps et comme par force, s'opère un infléchissement vers ce que l'on peut appeler une allure beaucoup plus militaire du phénomène : il faut, en effet, engager des effectifs toujours plus nombreux sur les divers fronts. Cela, toutefois, n'oblitère en rien l'aspect commercial et, s'il se peut, prédateur du phénomène. Au contraire : il s'en trouve généralisé et développé. Nous allons peu à peu vers une colonisation, imminente sur plusieurs fronts (notamment en Islande). Donc : Danemark et Norvège multiplient les incursions brutales et les ravages systématiques, partout où c'est possible, à l'ouest ; les Suédois s'acheminent vers la mise en place de ce qui sera le système « rūs ».

Suit une longue période de répit, d'environ 900 (avec une nette anticipation de presque un quart de siècle pour l'Islande) à 980 approximativement ; période d'installation et de colonisation, ce dernier terme définissant certainement le mieux le but visé par les Scandinaves : en Islande, donc, au Groenland, en Normandie, dans le Danelaw, autour de Novgorod et de Kiev, et en Irlande du Sud. Il n'est sûrement pas pertinent de parler de politique consciente. La force des choses, ici encore, doit retenir l'observateur. Parce que les pays ravagés sont épuisés et incapables de payer davantage, ou désorganisés et conscients des incontestables qualités d'administrateurs des vikings, ils les laissent s'installer à demeure, reprendre à leur compte la direction des affaires, fonder des États en essayant d'obtenir la reconnaissance officielle des souverains locaux. Lesquels posent en général trois conditions : que les Scandinaves se laissent baptiser, chose que la plupart acceptent, plus par politique que par conviction ; qu'ils s'adaptent aux cadres féodaux préexistants, ce qu'ils feront d'ordinaire, quoique avec d'importantes nuances souvent responsables de la naissance d'États modernes ; qu'ils apportent une collaboration efficace à la défense du territoire ainsi concédé, en particulier contre d'autres bandes vikings, ce qu'ils exécuteront partout, et de bon gré. Le rôle majeur est ici joué par les Danois — avec ou sans la collaboration des Norvégiens, selon les lieux —, tandis que les Suédois se fixent, puis se laissent absorber, en Russie.

C'est alors que les vikings jouent un rôle capital pour l'histoire de l'Europe : leur conversion plus ou moins intéressée au christianisme va faire basculer le Nord dans l'univers occidental et donner naissance à une littérature et à un art de premier ordre ; les danegelds, en obligeant princes et hauts dignitaires ecclésiastiques à vider leurs trésors, mettent en circulation une masse prodigieuse de métaux précieux, ce qui va relancer le commerce international dans de nouvelles directions ; le type original d'administration, d'organisation, de législation qu'apportent les nouveaux venus infléchira définitivement l'évolution de l'Occident vers ce qui sera un jour son visage moderne.

La troisième vague, qui marque donc la quatrième période et qui va de 980 à 1050 environ, demeure mal expliquée. Elle ne concerne vraiment que les Danois (et seulement vers le nord-ouest) et les Suédois (uniquement vers le sud-est). Il s'agit du vaste effort d'hégémonie danoise sur l'ensemble de la Scandinavie et sur la Grande-Bretagne, d'une part, et de la grande et mystérieuse expédition suédoise vers l'Asie musulmane, d'autre part. Car la Norvège échoue, à Clontarf, à s'assurer, la possession de l'Irlande, et devra se contenter de l'axe Islande-Groenland-Vinland (éventuellement).

Si l'on tient que la raison d'être de tout le phénomène viking dès ses origines était d'ordre financier, il semble qu'il n'y ait à cette dernière phase qu'une explication recevable : la recherche de nouvelles routes commerciales (Serkland, Méditerranée, Groenland) et l'établissement de nouveaux centres commerciaux (Angleterre). Seulement, pour diverses raisons que nous examinerons plus tard, un phénomène de cristallisation et d'assimilation irréversibles (les Scandinaves étaient trop peu nombreux et leur étonnante faculté d'adaptation les condamnait, en quelque sorte, à la fusion au sein de populations considérablement plus nombreuses qu'eux) fixe les vikings sur place, s'il s'agit des colonisations ; ou au contraire les renvoie chez eux fortune faite, conséquence des évolutions politiques internes à la Scandinavie, arrêtant ainsi le mouvement. Même s'il dure encore, par flambées brèves et éparses, jusqu'au milieu du XIIe siècle, on peut considérer que le phénomène viking proprement dit s'achève vers 1030 sur certains points, 1050 au mieux. La conquête de l'Angleterre par Guillaume le Bâtard, que certains auteurs tiennent pour le terme ultime de cette aventure, n'est plus un phénomène viking ou scandinave.

Voici, grossièrement esquissée pour permettre au lecteur un repérage commode, l'image des faits dans le détail desquels le présent livre se propose d'entrer. On aura été sensible à la prudence des affirmations qui viennent d'être avancées. C'est, il ne faut pas se lasser d'insister, qu'en dépit du paradoxe, nous sommes très peu et très mal informés de la réalité des faits, que très peu de nos sources peuvent être prises pour argent comptant et donc qu'il importe que l'historien passe impitoyablement à l'étamine tous les « documents » dont il dispose afin de démythifier le viking.

DE QUELLES SOURCES DISPOSONS-NOUS ?

Paradoxalement, et contrairement à une opinion quasi indestructible, les sources écrites ne sont pas, à de rares exceptions près, les plus intéressantes. Au point que l'on peut poser en principe que seules sont vraiment recevables et peuvent aider à faire progresser l'étude de la question les trois sortes de sources que voici :

L'archéologie

On ne dira jamais assez qu'elle devrait être la première, sinon l'unique science susceptible d'éclairer le problème. À condition qu'elle soit nuancée dans ses conclusions et, surtout, que les apports d'autres domaines (philologie, par exemple, et certaines sources écrites exploitées précisément à la lumière des acquis archéologiques [5]) viennent l'étayer, elle peut nous offrir des bases sûres à partir desquelles reconstituer la réalité [6]. Ce n'est pas s'engager, par là, à apporter un crédit aveugle à tout ce qu'elle pourrait expliquer, ni masquer ses insuffisances [7] : ainsi, il est souvent difficile de dater les trouvailles au sol, même avec les méthodes les plus modernes (le carbone 14 dit amélioré) de façon à être sûr que l'objet étudié s'inscrit bien dans la période, très courte à l'échelle archéologique, viking. Ces trouvailles au sol elles-mêmes sont extrêmement « bigarrées », puisqu'elles proviennent presque toujours de sites très fréquentés et qu'il est donc malaisé d'attribuer à une strate donnée tel ou tel objet. De plus, quantité d'établissements vikings sont recouverts par des villes actuelles, comme Bergen (Norvège), Odense (Danemark), sans parler de Quentovic en France. Il est probable que la plupart des reliques au sol restent à découvrir : chaque année nous apporte une moisson nouvelle, à l'occasion du réaménagement d'un quai (Bergen [8]) ou de travaux d'urbanisme (York [9]). Et précisons que l'état des objets exhumés est souvent déplorable, quand ce n'est pas l'information des « inventeurs » qui pèche par ignorance [10].

---

5. Ainsi d'un texte, hautement légendaire pourtant, comme *Jómsvíkinga saga* (trad. française par R. Boyer : *Vikings de Jómsborg*, Bayeux, Heimdal, 1982) et de la reconstitution *in situ* de certains camps fortifiés comme celui de Trelleborg, au Danemark.

6. La bibliographie est vaste. On en prendra la mesure en consultant J. Graham-Campbell : *The Viking World*, London, 1980.

7. Bien mises en relief par Ph. Sawyer : *Kings and Vikings. Scandinavia and Europe. AD 700-110*, London & New York, 1982.

8. A. Liestøl. « Runen frå Bryggen », in *Viking* 27, Oslo, 1964.

9. Voir E., Roesdahl : *The Vikings in England* et les travaux de R. Hall qui figurent dans cet ouvrage. Également A.P. Smyth : *Scandinavian York and Dublin* I et II, Dublin, 1975-1979.

10. Il est presque banal, en France, de trouver dans des musées d'intérêt local d'authentiques épées vikings présentées comme « mérovingiennes », ou l'inverse !

Ph. Sawyer note que nombre de sites ont été détruits, puis rebâtis, et ne représentent plus du tout l'original ; et que beaucoup d'autres n'ont pas été méthodiquement complètement fouillés. Il expose le cas de la ville de Hedeby (Danemark) dont nous dirons l'importance capitale : 5 % seulement du site ont été fouillés. Le rendement est pourtant impressionnant : restes de 250 000 animaux, dont 100 000 porcs, 540 kilos de stéatite au total, en 3 400 fragments, et quelque 4 000 andouillers ou cornes. L'énormité de ces chiffres laisse songeur : l'endroit prend l'allure d'un vaste dépotoir où les objets de valeur sont rares et où il est difficile de décider de ce qui revient au trafic viking. Dans le port, on a découvert 69 pièces de monnaie et un sac de cuir contenant 42 matrices de bronze différentes, destinées à fabriquer des objets en argent, en or, etc. : trouvaille beaucoup plus intéressante, qui donnerait à entendre que la ville n'a livré que ce que l'on jetait, alors que le port serait plus explicite ! Il est d'autre part arrivé que l'on retrouve à plus de cent mètres de distance les morceaux d'une même poterie, dans des couches situées à deux mètres au-dessus l'une de l'autre. La stratigraphie, à l'échelle extrêmement fine qu'il faut adopter, n'a donc rien de convaincant. Si la dendrochronologie permet de dater diverses constructions de bois, certaines poteries dites rapidement slaves en raison de leur forme ou de leur décoration sont bien, en fait, d'origine locale selon la provenance du matériau dont elles sont faites. Les affirmations trop tranchées sont ainsi à exclure. Et je ne parle pas de sites qui furent partiellement examinés il y a un siècle mais dont on se décide seulement maintenant à entreprendre une investigation systématique, comme celui de Birka, en Suède.

Il n'empêche que seule l'archéologie peut se vanter de réussites aussi incontestables que l'exhumation de bateaux vikings (comme le knörr de Gokstad, en Norvège), l'identification et la restitution de centres commerciaux d'une importance capitale (Helgö, Hedeby), l'interprétation, après leur découverte, de trésors (Terslev, Kaupangr), la reconstitution de tombes individuelles ou collectives (Jelling, Lindholm Høje), de camps fortifiés (Trelleborg, Odense, Aggersborg, Fyrkat, tous au Danemark). Et elle ne cesse de progresser : on a mentionné Bergen et York, ajoutons Dublin qui fait, en ce moment même, l'objet d'investigations fructueuses [11].

La numismatique

Science qui étudie les monnaies et les médailles, elle a exhumé depuis quelques siècles, le nôtre surtout, un nombre prodigieux de pièces de toutes origines, isolées ou accumulées en « trésors » que les propriétaires avaient enterrés par sécurité [12]. Une étude statistique de ces trouvailles et une analyse compétente des graphiques obtenus fournissent des preuves patentes des activités tant commerciales que guerrières des vikings. Elles nous donnent aussi de précieux renseignements d'ordre chronologique : les pièces sont, en général, assez faciles à dater et leur provenance est souvent connue. Par exemple, la pièce arabe trouvée dans la tombe numéro 581 de Birka permet de donner la date avant laquelle cette tombe n'a pu être creusée. La numismatique, à elle seule, fournit la preuve de la cessation brutale des activités vikings vers l'extrême fin du Xe siècle (correspondant à l'avènement de notre troisième « période ») : c'est le moment où les fécondes mines d'argent arabes se trouvent taries. À cette date disparaît l'une des principales raisons d'être des raids vikings et le phénomène, pour se perpétuer, devra entrer dans une phase nouvelle (colonisation proprement dite).

La philologie

On se méfiera davantage de la philologie et des domaines où elle s'applique par principe : toponymie, anthroponymie et runologie. Rien n'est plus facile que de donner un sens « viking » à tel ou tel vocable, et c'est un vice dont bon nombre de Normands de Normandie souffrent. Ici comme ailleurs, noms de lieux et de personnes doivent être manipulés avec une prudence extrême, en s'interdi-

11. Voir les travaux de A.T. Lucas.

12. Le sujet est immense et a été exploré notamment par M. Dolley et surtout B. Malmer.

sant tout délire imaginatif et surtout en vérifiant l'antiquité du terme envisagé. Ne donnons qu'un exemple [13] : une étude attentive des toponymes et surtout des microtoponymes (lieux-dits) de Normandie devrait fournir la preuve de l'implantation scandinave en profondeur dans cette province. Mais c'est oublier que le fief de Rollon fut l'objet d'invasions saxonnes un bon demi-millénaire *avant* l'implantation viking. Or le vieux saxon et l'ancien scandinave, tous deux langues germaniques, n'étaient pas encore radicalement différents au Xe siècle, d'où l'impossibilité de décider que tel toponyme est décidément nordique, et non saxon ! La philologie ne peut être retenue que lorsque d'autres témoins viennent corroborer ses conclusions. Dans ce cas, elle peut même fournir un apport précieux. Ainsi, le fondateur de la principauté de Novgorod-Hólmgarđr s'appelait Hroerekr, slavisé en Rurik, son fils, Helgi (slave Oleg), son fils, Ingvarr (slave Igor) et le fils de ce dernier, Sviatoslav (sans correspondant nordique possible) : cela suffit pour établir qu'en trois générations, les Scandinaves (Suédois en l'occurrence) ont été slavisés, et pour en déduire la rapidité avec laquelle les varègues (nom des vikings lorsqu'ils opèrent à l'est et non à l'ouest) se sont assimilés. Ou encore : la répartition, notée sur une carte d'Angleterre, des noms de lieux d'origine scandinave probable suffit à délimiter avec une précision remarquable les frontières du Danelaw. À l'inverse, les résistances sont intéressantes : si Cork, Limerick, Waterford, Wexford, en Irlande, sont bien scandinaves, Dublin (Dubh-Linn, la baie noire en celtique) est purement celtique et la scandinavisation du mot (la Dyflinn des sagas) ne peut abuser.

Il est un domaine, une sous-branche si l'on veut, de la philologie auquel nous porterons une grande attention, mais qu'il faut également exploiter avec le plus grand discernement : c'est la runologie. Car, à l'exception de certains poèmes eddiques ou scaldiques, les inscriptions runiques sont les seuls témoins « écrits » émanant des vikings eux-mêmes, et strictement contemporains de leurs

---

13. La référence obligée est à J. Adigard des Gautries : *les Noms de personnes scandinaves en Normandie de 911 à 1066*, Lund, 1954. Excellente étude critique dans Jean Renaud : *les Vikings et la Normandie*, Ouest-France,1989.

expéditions. Les spécialistes [14] ont appris à dater avec précision ces monuments épigraphiques, ils ont montré [15] tout le parti, dans les divers domaines de l'activité humaine, que l'on pouvait en tirer, notamment sur le compte des incursions, à l'ouest comme à l'est. La répartition des trouvailles, qui sont loin d'être achevées, tant s'en faut, peut donner d'utiles indications, de même que l'étude des motifs décoratifs dont elles s'accompagnaient volontiers, car ils obéissent en général à l'évolution de ce que nous pouvons savoir de l'art scandinave. Toutefois, et sans m'attarder ici sur les inévitables fadaises que ces inscriptions ne manquent jamais d'engendrer (leur caractère nécessairement magique, par exemple, qui ne s'appliquerait, si l'on y tient, qu'à celles rédigées en ancien fuþark — lesquelles ne concernent pas l'époque viking — ou leur valeur apotropéique), il reste qu'elles sont en général difficiles à interpréter, que leur caractère laconique n'autorise pas toujours de conclusions péremptoires et que leur but majeur : commémorer un ou des morts, ne peut que d'aventure servir de source proprement historique. Mais il reste que ce sont les seules authentiques productions « intellectuelles » des vikings.

Les sources écrites

Innombrables, elles sont la véritable cause de tous nos maux, quelque indispensables qu'elles soient. Comme ce sont elles que l'on s'obstine à utiliser sans discernement et qu'elles se trouvent directement à l'origine de ce qu'il faut résolument appeler le mythe viking, je m'y attarderai un peu.

Je poserai d'abord quelques principes :

Dans une très grande majorité, ces sources [16] sont le fait d'ecclésiastiques, les seuls, en général, à savoir écrire à l'époque, et donc à rédiger les annales, chroniques, etc.,

---

14. Voir Lucien Musset : *Introduction à la runologie*, Paris, Aubier-Montaigne, 2e éd., 1980, ainsi que le n° spécial des *Études Germaniques* (1997/4 : Les runes).

15. Comme S.B.F. Jansson : *The Runes of Sweden*, Stockholm, 1962.

16. Gwyn Jones : *A History of the Vikings*, New York, 1968, en donne une liste très utile aux pp. 439 et sq. de son ouvrage.

qu'il nous faut utiliser. Or ces clercs ne sont à peu près jamais objectifs (quand ils ne délirent pas, purement et simplement, comme les Irlandais). Procédons d'abord *a contrario* : il est remarquable que les documents émanant d'observateurs arabes [17] que ne concerne pas directement le phénomène viking et qui, d'ailleurs, surent s'en défendre, nous livrent des « fiers enfants du Nord » un tableau radicalement différent de celui qui émane des clercs occidentaux. Les diplomates des deux califats (Cadix et Bagdad) nous présentent des commerçants idolâtres, habiles marchands, énergiques navigateurs, mais bien peu guerriers et encore moins militaires organisés. On répondra qu'ils observaient surtout les varègues, mais je ne parviens pas à voir la nuance qui distinguerait ceux-ci des vikings. Passons à l'ouest : on a déjà laissé entendre que les vikings s'en prenaient surtout aux abbayes, monastères, collégiales, villes ouvertes où ils pillaient sans vergogne les trésors sacrés à la faveur d'effets de surprise soigneusement préparés, s'enfuyant incontinent, coup de main exécuté, après avoir mis le feu. Sans compter le scandale sincère qu'éprouvaient les commentateurs qui ne comprenaient pas que les « sauvages » (le mot est chez Abbon de Fleury) païens pussent s'en prendre de la sorte au sacré, on vit très vite dans ce fléau la main même de Dieu châtiant la chrétienté de ses péchés. Une aura proprement satanique nimba très tôt les audacieux pillards qui ne pouvaient guère se prévaloir que de leur ruse et de leur énergie, non d'on ne sait quelle supériorité technique ou « militaire ». On comprend donc les déformations, les exagérations, notamment sur le nombre des assaillants et sur leur férocité, dont se sont allégrement rendus coupables ces témoins. Un pas encore, et ce seront les idées reçues qui durent jusqu'à nos jours (ainsi, le fait de boire le sang dans le crâne de son ennemi [18]), les légendes indestructibles et tout le bric-à-brac d'images « barbares » à souhait, truculentes ou épouvantables, qui finiront par faire entrer dans les oraisons jaculatoires le fameux *a furore Normannorum,*

---

17. Indications dans l'ouvrage cité note précédente, pp. 439-440. Certaines existent en traduction française.

18. Voir l'explication à la fin du présent chapitre.

libera nos Domine ! et que reprendra, entretiendra et grossira encore le romantisme scandinave en mal de nationalisme, au début du XIXe siècle (ainsi le Danois A. Oehlenschlaeger ou les Suédois E. Tegnér et surtout E.G. Geijer). Mais on courra ici le risque d'affirmer que certains des textes qui nous parlent des vikings sont un pur ramassis d'inventions, d'imitations de sources classiques ou hagiographiques et qu'il est simplement risible de les prendre au pied de la lettre — pour de très simples raisons de bon sens. Un exemple : lisez ce qu'un chroniqueur irlandais terrifié écrit au IXe siècle :

> Quand bien même il y aurait cent têtes de fer trempé sur chaque cou, cent langues de cuivre acérées, intrépides et jamais rouillées dans chaque tête et cent voix bavardes, sonores et jamais silencieuses sur chaque langue, elles ne pourraient jamais rendre ou raconter ou énumérer tout ce que les Irlandais en général, hommes et femmes, laïcs et prêtres, vieux et jeunes, libres et non-libres ont dû souffrir de tribulations et de plaies et d'agressions, en chaque maison, de la part de ces téméraires, brutaux et complètement païens.

Car, c'est une des conséquences du genre ainsi cultivé, ces sources, tendant à ne faire valoir que la « barbarie » des prédateurs, passent carrément tout le reste sous silence : faits de culture intéressant les vikings, mode de vie, mais surtout, les autres événements historiques strictement contemporains des équipées scandinaves. Par exemple — et je tiens à y insister —, il ressort des sources franques que les Slaves, les Bretons, les Sarrasins, les Hongrois étaient bien plus redoutés que les vikings. Dans les *Annales de Saint-Bertin*, pour 862, l'auteur rapporte d'abord les démêlés de Louis le Germanique contre les Wendes (des Slaves) : « Les Danois désolèrent par l'épée et le feu de grandes parties de son [= à Louis] pays. Mais également des ennemis qui, auparavant, étaient inconnus de ces populations, les Hongrois, dévastèrent ses États. » En ce qui concerne les Sarrasins, le même texte avait noté, pour 842 : « Les pirates maures qui, par le fleuve Rhône, atteignirent Arles, dévastèrent également tout dans la région et se retirèrent avec leurs bateaux chargés de butin. » Quant aux Hongrois, qui furent effectivement une des grandes plaies de l'Europe au IXe siècle, voici ce que note Flodoard de Reims dans ses *Annales* :

> Année 926. Les Hongrois aussi, après avoir traversé le Rhin, ravagent jusqu'au pagus de Voncq [= dans les Ardennes] par des pillages et des incendies. [...] Le corps de saint Remi et les reliques d'autres saints, par crainte des Hongrois, furent transportés de leurs monastères à Reims. [...]
>
> 933. Les Hongrois se divisent en trois groupes ; l'un d'eux gagne l'Italie, le second envahit la terre d'Henri au-delà du Rhin [...]
>
> 935. Les Hongrois se répandent à travers la Bourgogne, ivres de pillages, d'incendies et de meurtres. [...]
>
> 937. On vit brûler un point du ciel, et à partir de ce même point une persécution des Hongrois s'ensuivit à travers la Francie ; les villes et les campagnes furent dépeuplées, les maisons et les églises consumées par le feu, les prisonniers emmenés en foule [...]
>
> 951. Sortant d'Italie, les Hongrois, après avoir traversé les Alpes, entrèrent en Aquitaine ; ils y demeurèrent presque tout l'été, ruinèrent ce pays par de multiples rapines et massacres, et rentrèrent ensuite dans leur pays en passant par l'Italie. [...]
>
> 955. Les Hongrois avec de nombreuses troupes et une foule énorme entrent en Bavière dans l'intention de venir en Francie [19].

La question est de savoir pourquoi les vikings ont laissé dans l'inconscient collectif des marques tellement plus profondes. On y a déjà répondu : leur tactique apparaissait plus surprenante et efficace, limitée qu'elle était à des buts très précis, et l'Église, inspiratrice des écrivains que force nous est de suivre, constituait, pour raisons de vulnérabilité majeure, leur principale victime. On pourrait développer à l'infini. Les Scandinaves appréciaient les métaux précieux au poids, non nécessairement à la qualité de l'élaboration. Ils avaient donc coutume de hacher or et argent afin de le peser (hacksilfr) : barbarie sans doute aux yeux d'un Carolingien lettré, et doublée d'un sacrilège.

19. Cité par Michel Mollat du Jourdin : *les Routes millénaires*, Paris, Nathan, 1988, p. 146.

Rien d'étonnant, donc, aux imprécations et lamentations des moines Orderic Vital ou Abbon de Fleury [20].

De plus, ces sources ne font aucune distinction entre les divers aspects du phénomène qu'elles vilipendent de façon forcenée : simples raids de piraterie menés par un individu donné, expéditions à caractère politique, incursions d'abord commerciales ou pénétrations à but colonisateur tombent sous le même anathème et nous valent d'identiques hyperboles. L'historien moderne en quête d'objectivité doit opérer un très patient travail de recoupements, comparaisons et ajustements pour ne pas prendre un banal coup de main sur Nantes, un jour de grande fête, pour un véritable raid organisé.

Ces quelques idées générales ayant été avancées, voici une brève nomenclature des genres de sources écrites dont nous disposons :

D'abord, les sources franques, carolingiennes puis normandes, que l'on pourrait également appeler continentales. Elles se rangent en deux catégories : celles qui émettent des prétentions « historiques », comme les annales de toutes sortes, Eginhard, les recueils d'Actes comme ceux de Charles le Chauve ou de Charles le Simple. Le moins que l'on puisse en dire est qu'elles ignorent l'objectivité. Par exemple : on a longtemps pensé pouvoir suivre le *De moribus et actis primorum Normanniae ducum* de Dudon de Saint-Quentin. L'histoire moderne, Lucien Musset en tête — qui le traite de « détestable auteur [21] » —, a prouvé que le travail, de commande au demeurant, auquel s'est livré Dudon était d'ordre dynastique — il était payé pour asseoir et exalter la noblesse de la maison de Normandie. Il s'ensuit que bon nombre de traits qu'il accrédite (du genre : « nous n'avons pas de chef, nous sommes tous égaux », avec l'accablante littérature que cette citation, parfaitement impensable en milieu viking, n'a pas manqué de susciter) ou de scènes qu'il prétend dépeindre (un des lieutenants de Rollon refusant de baiser le pied de son suzerain) sont des

---

20. Édité par J. Laire, Caen, 1865 (Mémoires de la Société des Antiquaires de Normandie).

21. Dans *la Chronique et l'histoire au Moyen Âge*, textes réunis par D. Poirion, Paris, PUPS, 1984.

faux purs et simples. L'autre catégorie est encore plus suspecte : ce sont les nombreux récits de caractère hagiographique [22], les *vitae*, qui mettent en scène un saint dont l'existence fut troublée par des démêlés avec les vikings. Le genre littéraire de la *vita*, certainement le type de lecture le plus populaire, de Sulpice Sévère à la fin du Moyen Âge et au-delà, est bien connu [23] et obéissait à des règles fixes. Il allait de soi que le saint à la fois fût en butte aux exactions des « barbares » et en triomphât. Il faut donc lire entre les lignes, pour en extraire la substantifique moelle, Ermentaire, le biographe de saint Philibert, ou Rimbert, celui de saint Anschaire, sans parler de Thietmar de Merseburg, évêque. Ce n'est pas refuser toute valeur à ces textes : la *Vita Anskarii*, par exemple, est un document de premier ordre, mais il faut prendre garde à la grille de lecture que l'on doit lui appliquer.

Les mêmes défauts, dans l'ensemble, affectent les sources anglo-saxonnes ou celtiques, avec, s'il s'agit de ces dernières, un penchant marqué à laisser libre cours à l'imagination. Pourtant, les annales irlandaises, écossaises, galloises ne doivent pas être négligées pour peu qu'on les dépouille avec discernement, non plus que la *Chronique anglo-saxonne*, voire l'*Encomium Emmae* ou même un poème épique de la qualité de *Beowulf*. En revanche, les ajouts que fit, à sa traduction de l'*Histoire universelle* d'Orose, le roi Alfred le Grand sont d'un intérêt de premier ordre.

Quant aux sources balto-slaves, nous en retenons surtout la célèbre *Chronique russe primaire (Povest vremennych let*, littéralement : Voici le récit des années passées), dite *Chronique de Nestor*, compilée, notons la date, au début du XIIe siècle. On en parlera d'abondance ici puisque ce texte reste le témoin majeur de notre connaissance du phénomène « rūs » : en première analyse, nous

22. Voir A. d'Haenens : *les Invasions normandes, une catastrophe ?*, Paris, 1970.

23. Bien étudiées par H. Delehaye : *les Légendes hagiographiques*, Bruxelles, 3e éd., 1927 ; ou Tue Gad : *Legender i dansk middelalder*, København, 1961. Étude de synthèse par R. Boyer : « An attempt to define the typology of medieval hagiography » dans *Hagiography and Medieval Literature*, Odense, 1981, pp. 9-26.

savons aujourd'hui, toutefois, que, comme Dudon de Saint-Quentin, Nestor rédigeait un travail dynastique destiné aux Rurikovitch.

En revanche, comme je l'ai dit, le présent livre fera souvent appel aux sources arabes, c'est-à-dire aux comptes rendus que firent, à l'époque qui nous intéresse, les diplomates des califats « en poste » dans les régions varègues, ou aux écrits d'historiens ou de géographes arabes. Ibn Fadhlân, Ibn Rustah, Al'Masudi sont des informateurs de qualité, mais par malheur souvent difficiles à interpréter du fait qu'ils proposent fréquemment une interprétation arabe de réalités qu'ils n'entendent pas.

Viennent en dernier lieu les sources scandinaves proprement dites qui appellent un développement à part. Elles se laissent regrouper en genres différents qu'il convient d'examiner séparément. Mais une remarque d'ensemble s'impose : à quelques exceptions près, les sources écrites scandinaves qui nous parlent, directement ou par inférence, des vikings, ou qui nous livrent à leur insu des renseignements précieux sur leur compte, relèvent de ce que l'on est convenu d'appeler, à juste titre, le miracle islandais : miracle en raison de la qualité incomparable de cette immense production qui n'a d'équivalent nulle part en Occident, miracle parce que le phénomène aura défié, jusqu'à ce jour, toutes les tentatives d'explication, miracle enfin — soit dit méchamment ! — parce que cette abondante littérature, impitoyablement passée à l'étamine depuis quelques décennies, n'est pas un témoin historique assuré, en dépit de l'illusion qu'elle parvient à nous donner de son authenticité à cet égard.

Ainsi, nous avons conservé un certain nombre de codes de lois scandinaves dont l'ensemble pourrait remonter à l'époque viking, comme les lois de Jutland, de Scanie, etc., ou le *Grágás* islandais, la *Guta saga* gotlandaise, tant d'autres. Sans donner dans une hypercritique tentante [24], nous savons aujourd'hui que, dans la version que nous en possédons, ces textes datent d'après les vikings — un ou deux siècles au moins, en général — et qu'ils ont pu subir

24. Que n'évite pas M. Jacoby dans ses derniers ouvrages, notamment *Bibeltradition und Bibelsprache zwischen Mittelalter und 20. Jahrhundert im nordgermanischen Raum*, New York, Peter Lang, 1988.

les influences du droit romain, voire des textes bibliques. Ce n'est pas leur refuser toute valeur, mais mettre en garde contre une foi trop aveugle en leurs préceptes. Il en va de même de toute la production historiographique scandinave à ses débuts [25]. L'*Ágrip af Nóregs konunga sögum*, l'*Íslendingabók* du prêtre Ari þorgilsson le Savant (1056-1133), réputé père des lettres islandaises, tout comme les travaux du Danois Svend Aggesen, doivent être entendus en fonction de leurs auteurs, de leurs intentions probables et du moment précis où ils ont écrit : le véritable propos d'Ari est d'écrire une introduction à l'histoire de l'Église de son pays. Cela, non seulement justifie ses partis pris d'écriture, mais explique ses silences, la brièveté de ses allusions à des événements qui, pour nous mais non pour lui, sont d'une importance capitale. De nouveau, ces ouvrages ne prennent leur prix que confrontés à d'autres sources et, éventuellement, comparés à leurs modèles, si nous les connaissons. Prenons un exemple : Ari note dans son *Íslendingabók (Livre des Islandais)*, dont le parti pris ecclésiastique et nationaliste est évident, que les premiers colonisateurs scandinaves de l'Islande trouvèrent l'île déserte à l'exception de quelques « papar » (des moines irlandais) qu'ils expulsèrent — ils devaient, a-t-on longtemps pensé, se trouver là en vertu de l'une des règles du monachisme celtique. Or l'archéologie islandaise est en train d'acquérir les preuves d'une présence celtique longue et durable bien avant 874. On comprend qu'Ari ait escamoté le thème : il voulait exalter les vertus de l'Église nationale islandaise, l'église des goðar (goðakirkja) à laquelle il appartenait, dont il établissait, en quelque sorte, les lettres de noblesse. Mais le fait de savoir que des Celtes connaissaient l'île depuis longtemps, qu'ils ont pu, donc, contribuer à la formation de la culture islandaise, relance les perspectives de notre aperception du sujet.

Il en va de même des sagas islandaises qui demeurent, à ce jour, l'un des témoins majeurs sollicités pour présenter les vikings. Sans trop m'attarder [26], je dirai que les sagas ne

25. Voir R. Boyer : « l'Historiographie médiévale islandaise » dans l'ouvrage cité *supra* note 21.

26. R. Boyer : *les Sagas islandaises*, Paris, Payot, 3e ed., 1992, ou la longue introduction à *Sagas islandaises*, Paris, Gallimard, Bibliothèque

sont pas des documents historiques dans l'acception que nous donnons à cette épithète. Pourtant, il leur arrive de mettre en scène d'authentiques vikings (comme Egill Skallagrímsson, héros de la saga qui porte son nom ou le roi Óláfr Tryggvason [27]) ; et certaines d'entre elles, dites sagas royales (konungasögur), dont le fleuron est la collection rassemblée sous le titre de *Heimskringla* et due au grand écrivain Snorri Sturluson (1179-1241) prétendent retracer les heurs et malheurs des pays scandinaves précisément aux IXe et Xe siècles. Mais il faut sans pitié démythifier ce genre si l'on prétend faire ici œuvre historique. En bref : les sagas, toutes les sagas, datent de 1150 au plus tôt, 1350 au plus tard, soit de un à trois siècles *après* la fin de l'ère viking. De plus, la critique actuelle [28], au terme de longues querelles, a fini par s'accorder sur le fait que ces textes sont écrits à l'imitation attentive de l'historiographie biblique et classique, ainsi que de l'hagiographie médiévale. Même si elles se donnent les dehors de travaux « historiques », ce sont des ouvrages « écrits » très consciemment, des œuvres d'art, des chefs-d'œuvre littéraires demeurés inégalés. Vouloir en faire autre chose serait les trahir. Je ne dis pas que tout en elles soit controuvé, au contraire. Ce sont de prodigieuses mines de renseignements dans tous les domaines, mais il faut apprendre à lire entre leurs lignes et ce qu'elles ont d'incontestablement historique, c'est la mentalité de leurs auteurs, leurs attitudes vis-à-vis des traditions qu'ils sont censés rapporter, et probablement la vision de l'homme, de la vie et du monde qu'elles nous proposent.

Un exemple suffira : la plus belle de ces sagas royales est sans conteste celle de saint Óláfr Haraldsson [29], héros de plusieurs autres textes. Les éditeurs de ce texte se font

---

de la Pléiade, 2e éd., 1991, ou encore « Les sagas sont-elles des documents historiques ? » dans *Recueil d'études en hommage à Lucien Musset*, Cahiers des Annales de Normandie, n° 23, Caen, 1990, pp. 109-126.

27. La première figure en traduction française dans *Sagas islandaises*, *op. cit.*, note 26 *supra*, la seconde a paru en traduction française aux éditions de l'Imprimerie Nationale en 1992.

28. R. Boyer. « Vita-historia-saga. Athugun formgerðar » dans *Gripla* VI, Reykjavík, 1984, pp. 113-128.

29. Traduction française par R. Boyer : *la Saga de saint Óláf*, Paris, Payot, 2e éd., 1992.

aujourd'hui un devoir de souligner les influences qu'il accuse, les partis pris de Snorri Sturluson, son auteur, la valeur d'exemple politique à l'intention des Islandais qu'il a défendue. Ce n'est pas dire, encore une fois, que les traits vikings d'Óláfr, surtout dans sa jeunesse, soient faux, mais qu'il faut lire cette saga en fonction des buts que visait Snorri, et non comme une sorte de chronique impartiale des faits.

Encore ne parlé-je que des sagas dites royales. D'autres catégories de ces textes n'intéressent pas notre propos : les « sagas de contemporains », samtíðarsögur, qui se déroulent aux XIIe et XIIIe siècles en Islande, ou les « sagas de chevaliers », riddarasögur, qui sont des adaptations de nos chansons de geste, de la matière de Bretagne, du cycle d'Alexandre ou des romans de Chrétien de Troyes ; d'autres encore donnent délibérément, de l'aveu même de leurs auteurs, en général anonymes, dans la pure fiction. Ce sont les sagas dites légendaires, en vérité sagas des temps antiques, fornaldarsögur, qui, pour des raisons diverses qu'il ne nous appartient pas d'analyser ici, tenaient à idéaliser leurs héros ; elles ont, plus que tout, contribué à l'édification de notre mythe viking : le célèbre Ragnarr Loðbrók, un authentique viking, sort démesuré de ce type de textes. Il est donc résolument exclu de se fonder sur une saga, quelle qu'elle soit, pour écrire l'histoire des vikings. On peut la solliciter sur bien des points, la faire intervenir en renfort d'autres preuves mieux assurées, découvrir des recoupements souvent bienvenus entre ses dires et d'autres témoins, etc. Mais aucun texte de saga, dans l'état présent de nos connaissances, ne me paraît pouvoir nous autoriser à écrire une histoire des vikings ni même une typologie du viking. Et, pour être bref, on pourrait en dire autant des poèmes eddiques et mêmes des poèmes scaldiques [30], ces derniers étant pourtant, parfois, nés entre IXe et XIe siècle.

Je sais bien que je suis en train de décevoir gravement l'amateur d'antiquités nordiques dans l'acception traditionnelle du terme et le fervent du ou des vikings. Aussi

30. Voir R. Boyer : *la Poésie scaldique*, Paris, Éd. du Porte-Glaive, 1990, en particulier le chapitre IV : « Valeur historique des poèmes scaldiques ».

dois-je me défendre de toute rage iconoclaste. Comme tant d'autres de mes semblables, je suis las des énormités qui s'énoncent et se propagent autour de la question depuis des siècles et surtout à notre époque prétendument éclairée. Je ne pense pas que les vikings sortiront amoindris du travail de démythification auquel je me livre — au contraire ! Mais l'intérêt évident qu'ils méritent doit aller à d'autres images qu'à celles du surhomme invincible, fléau de Dieu, terreur de l'Occident, voire fondateur de la chevalerie, qu'entre autres aberrations, on a voulu donner du viking. Une seule illustration suffira : il est bien connu, n'est-ce pas, que le viking aimait boire le sang dans le crâne de son ennemi, l'image hante durablement notre inconscient collectif. D'où sa féroce barbarie, sa cruauté épouvantable, etc. L'erreur est pourtant anodine : dans un poème qui lui est attribué à tort, Ragnarr Loðbrók déjà nommé se serait vanté de boire la bière (la bière, non le sang !) dans « la branche courbe du crâne », kenning, c'est-à-dire figure obligée dans ce type de poésie, pour « corne [de bœuf] » qui était en effet le vaisseau des vikings. En voilà assez pour déchaîner le délire des commentateurs.

C'est pourquoi le regard porté sur les sources dont une lecture superficielle ou hâtive a engendré de si grotesques outrances se doit d'être critique. J'ai laissé de côté, dans la nomenclature qui précède, deux textes capitaux. D'abord, un ouvrage que l'on a longtemps tenu pour un travail exemplaire, les *Gesta hammaburgensis ecclesiae pontificum* d'Adam de Brême (vers 1075, soit tout juste après la fin de l'époque viking, voir la nouvelle traduction française de Jean-Baptiste Brunet-Jailly : *Histoire des archevêques de Hambourg...*, Gallimard, L'aube des peuples, 1998). Adam aussi cherche à établir l'éminente dignité de l'archevêché de Hambourg-Brême dont dépendra, un temps, toute l'Église du Nord récemment convertie. Or je notais tout à l'heure à quel point il est important de déceler les partis pris éventuels des auteurs que nous sommes obligés de solliciter : il se trouve qu'Adam nourrit un très fort préjugé antinorvégien, parce que la Norvège rechignait à accepter l'obédience à Hambourg. Voici comment il présente Óláfr Tryggvason dont il reconnaît, toutefois, qu'il fut le premier à évangéliser son pays :

> D'aucuns rapportent qu'Olavus était chrétien, d'aucuns, qu'il a abandonné le christianisme. Tous, toutefois, affirment qu'il était habile en matière de divination, observait le résultat du tirage au sort et mettait tout son espoir dans les pronostics fournis par les oiseaux. Ce pourquoi aussi, il reçut un surnom, il fut appelé Craccaben. En fait, on dit qu'il s'adonnait aussi à la pratique de la magie et tenait pour compagnons, parmi gens de sa maison, tous les magiciens dont ce pays était couvert, et que, abusé par leur terreur, il périt (II, 40).

Ce texte mérite l'attention : il reconnaît — avant le passage cité *supra* — qu'Óláfr a été converti en Grande-Bretagne, fait notable pour nous, et il atteste l'importance de la magie dans le paganisme scandinave. Mais on conviendra que la vue qu'il nous fait prendre de son personnage est singulièrement restreinte et que, selon toute vraisemblance, elle ne correspond pas à la réalité.

De même, le clerc danois Saxo Grammaticus, « secrétaire » du redoutable archevêque Absalon, compose, à la demande de ce dernier, autour de 1200, ses remarquables *Gesta Danorum* en seize livres dont les neuf premiers, réservés au passé lointain puis proche, devraient nous intéresser. Je n'irai pas jusqu'à écrire, comme Ph. Sawyer [31], que cet ouvrage, de même que la *Brevis historia regum Daciae* de son ami Svend Aggesen, sont *completely unreliable and untrustworthy* : il y a, chez Saxo notamment, et surtout en ce qui concerne les antiquités mythiques danoises, bien des choses à reprendre et à exploiter, comme l'a brillamment prouvé Georges Dumézil [32]. Mais Saxo est comme Ari þorgilsson : c'est l'exaltation de l'Église de son pays qui l'intéresse et tout ce qu'il nous livre est déformé par une vue partisane. Son imagination et sa culture, en outre, ne résistent jamais au plaisir de brocher sur des traditions peut-être authentiques les réminiscences classiques que possédait à fond ce clerc *bene litteratus* (Virgile, notamment). Surtout, Saxo et Svend sont deux farouches nationalistes qui déforment les « réalités » dont ils partent dès qu'il est possible de les

31. *Kings and Vikings, op. cit.*, p. 17.
32. *La Saga de Hadingus*, Paris, PUF, 1953.

infléchir dans un sens danois. Là encore, ils ne sont recevables que si on les confronte à d'autres sources ou si on se contente de les considérer comme des témoins d'une mentalité, dans le domaine littéraire ou religieux païen par exemple. Décidément, les seuls ouvrages vraiment utiles pour nous sont ceux qui émanent d'observateurs impartiaux au sens propre, parce que non intéressés par les colorations à donner à leur matière — je pense aux Arabes, encore une fois, ou au *De administrando imperio* (vers 950) du basileus Constantin Porphyrogénète.

Pour en finir avec cette question capitale de nos sources, j'évoquerai l'exemple irlandais et les considérables difficultés que présente l'exploitation de ces documents : il n'existe aucun manuscrit original de ces sources, celles, en tout cas, qui nous parlent des vikings, nous n'en possédons que des copies nettement postérieures. Et si l'on veut se référer aux textes islandais qui traitent une matière irlandaise, nous devons nous rappeler qu'ils n'ont pas été rédigés, au mieux, avant la dernière moitié du XIIe siècle (Ari Þorgilsson, les livres de colonisation [33], quelques sagas). Quant aux annales irlandaises, elles sont, au mieux, postérieures de deux siècles aux événements qu'elles relatent. Certaines sont des copies du XVIIe siècle, pour ne pas parler des « Annales des Quatre Maîtres » qui ont été tout simplement « récrites » en 1627 ! Le fameux *Cogadh Gaedhel re Gallaibh* est un ouvrage de fiction, fondé sur des faits qu'il est à peu près impossible de restituer dans leur vérité. Et, pour en finir avec les annales irlandaises, leur système de datation tient de la plus haute fantaisie : les années sont notées, soit par leur numéro férial (c'est-à-dire le jour de l'année où tombera le 1er janvier), soit par leur épacte (l'âge de la lune au 1er janvier), etc. On en déduit les confusions extrêmes que cela entraîne. Et même, l'archéologie nous laisse, ici, *a quia*. Il est évident que des rapports continus ont été entretenus avec le Nord, notamment la Norvège, bien avant la fin du VIIIe siècle. À telle enseigne qu'un phénomène

33. *Livre de la colonisation de l'Islande selon la version de Sturla Iórđarson (Sturlubók)*, traduit de l'islandais ancien, annoté et commenté par Régis Boyer, Turnhout, Brepols, 2000.

comme le « miracle islandais », déjà entrevu, pourrait fort bien être dû à un type de fusion réussie, toujours très fécond dans l'histoire des civilisations, entre deux cultures. Comment distinguer, après cela, ce qui revient aux Scandinaves de ce qui tient aux Celtes ? Ce fait n'a rien d'isolé : nous dirons notre perplexité, tout à fait apparentée, devant l'indéniable collusion Frisons-Scandinaves, en particulier dans le domaine du commerce.

Que l'on me pardonne d'avoir tant insisté sur le problème que posent nos sources. Je répète qu'il vient d'une double préoccupation : essayer de connaître la vérité, certes, mais aussi tenter d'en finir avec le fatras de légendes ou de distorsions complaisantes qui ont abouti à fausser notre perception du phénomène. C'est seulement lorsque les sources dont nous venons de prendre un aperçu concordent sur un fait de culture (au sens large de ce terme), sur un événement, sur un personnage, que nous pouvons nous sentir fondés à affirmer que nous foulons un sol ferme. Tout le reste est affaire d'imagination, de légende, de mythe !

Mais je tenais à situer d'emblée la perspective dans laquelle j'entends me placer pour essayer de satisfaire la légitime curiosité du lecteur. Et aussi pour répondre, maintenant, aux questions précises qui vont être posées.

II

QUI SONT-ILS ET D'OÙ VIENNENT-ILS ?

Même débarrassé de la légende, le phénomène viking reste un des temps forts de l'histoire de l'Occident. Que ces poignées d'hommes aient pu circuler dans toute l'Europe occidentale et orientale, qu'elles aient été capables, à la faveur des circonstances, de s'installer et demeurer en bien des endroits à l'ouest comme à l'est, qu'elles aient contribué à faire basculer notre monde vers un type nouveau d'États et de relations, la chose est indéniable, même s'il faut considérer les vikings plus comme les vecteurs inconscients que comme les véritables auteurs de cette mutation.

J'ai déjà laissé entendre qu'il ne fallait pas se crisper sur la chronologie stricte des faits. L'ère viking n'est que l'aboutissement d'un long et lent processus qui ne se peut entendre que si l'on a une idée claire des origines des Scandinaves et de la formation progressive de ce qu'il faut appeler leur civilisation, responsable directe de la « réussite viking ». Nous étudierons plus loin les causes immédiates du phénomène viking, question, elle aussi, très débattue. Prenons garde, bien davantage, au fait que l'explosion des IXe et Xe siècles aura été appelée de très longue date.

LES ENSEIGNEMENTS DE LA PRÉHISTOIRE

La préhistoire scandinave commence environ dix mille ans avant Jésus-Christ et s'arrête, conventionnellement, à

800 de notre ère. On n'oubliera pas, dans ce qui suit, que la terminologie en usage dans le Nord ne correspond pas à la nôtre. C'est cette terminologie que j'adopterai ici.

L'âge de la pierre ancien

Il va de 10000 à 3000 avant Jésus-Christ, c'est-à-dire qu'il commence avec la fin de l'ère glaciaire. On remarquera qu'à ce moment-là, la « Scandinavie » ne fait qu'un avec le continent et la Grande-Bretagne : c'est seulement vers – 6000 que l'Atlantique séparera le Danemark de la Grande-Bretagne [1]. Au demeurant, ces données restent conjecturales et doivent être tenues pour approximatives.

L'archéologie retrouve des vestiges de l'existence de trois couches de populations d'origines différentes.

Vers – 10000 vivaient, à Allerød (Danemark) ou à Fosna (Norvège), des pêcheurs-chasseurs-cueilleurs qui utilisaient de grossiers instruments de silex et semblent être arrivés du sud. Ils avaient des barques de peau à armature de bois.

Vers – 7000, on trouve à Klosterlund (Danemark) des traces de tribus de chasseurs venus du sud-est. Ils ont des haches de silex et connaissent un habitat et un outillage plus développés.

Vers – 6000 surgit la peuplade dite de Kongemose (Danemark) qui va marquer de son empreinte l'âge dit d'Ertebølle (Danemark), d'environ – 5000 à – 3000. C'est à cette époque que se produit la fusion de l'inlandsis, avec la formation du Sund et du Belt. Que ce soit à Ertebølle ou à Viste (Norvège), cette période est appelée, en danois, âge des køkkenmøddigerne (amoncellements de débris de cuisine, en quelque sorte, l'équivalent de nos décharges publiques modernes), lesquels sont une mine de renseignements pour l'archéologie. En tout état de cause, la présence humaine est bien attestée en Sjaelland, Scanie, Vestfold, Østfold, Trøndelag — et un peu partout sur les côtes.

---

1. Voir l'intéressante carte qui figure p. 10 dans *Mers du Nord et Baltique. L'héritage de l'Europe du Nord*, Paris, Arts et Métiers graphiques, 1981.

L'âge de la pierre récent

C'est alors qu'en deux vagues successives, la première vers – 3000 sans doute (mais peut-être sensiblement plus tôt), la seconde vers – 1500, déferlent sur la Scandinavie des peuplades, indo-européennes à n'en pas douter, qui vont caractériser l'âge de la pierre récent (de – 3000 à – 1500 donc). Ces envahisseurs, ou ces colonisateurs [2], apportent des influences évidemment orientales : l'agriculture et l'élevage font leur apparition, surtout avec la deuxième vague qui semble venue de la Russie méridionale par la Finlande puis la Suède. Elle apporte le cheval, témoin indo-européen par excellence, dont l'importance dans le Nord, dans le paganisme notamment, restera primordiale. Les techniques du travail de la pierre se développent et connaissent des progrès considérables, des armes comme le poignard surgissent. Apparaît surtout un habitat caractéristique, destiné à connaître une longue survie : des maisons longues et étroites aux murs obliques et au toit de tourbe qui évoquent assez bien un bateau renversé. Enfin, alors que l'inhumation semblait inconnue auparavant, on voit naître des tertres ronds ou oblongs qui sont des tombes collectives et qui attesteraient un culte des ancêtres ou des morts. Avec la deuxième vague, ils feront progressivement place à des tombes individuelles. Ces peuplades sont capables de productions artistiques d'une indéniable qualité, comme ce propulseur à poignée en forme de tête d'élan trouvé en Suède [3] ou cette corne sur laquelle est gravé un homme ligoté, image qui pourrait bien renvoyer à la magie des liens dont il faudra amplement reparler (Norvège [4]).

---

2. Car je ne suis pas certain que l'on soit réellement fondé à parler d'« invasion » indo-européenne et je préférerais voir dans ce phénomène une sorte de contamination, analogue à celle qu'engendrent, dans le monde entier, aujourd'hui, les États-Unis d'Amérique. Voir R. Boyer : « Relire Dumézil » dans *Mediœvisik* 8, 1995, pp. 13-26.

3. Illustration dans F. Ström : *Nordisk hedendom. Tro och sed i förkristen tid*, Göteborg, 1961, planche 2 ou bien R. Boyer : *L'Art viking*, *op. cit.*, pp. 32-33.

4. Photographiée dans H.R. Ellis Davidson : *Scandinavian Mythology*, London, 1969, p. 38.

L'âge du bronze : les pétroglyphes

L'âge du bronze scandinave (– 1800 à – 400) qui s'instaure maintenant est l'une des hautes époques de l'histoire du Nord. Que l'on contemple un instant le fameux char solaire de Trundholm (Danemark) ou les splendides lur (vieux norois lúðr, des sortes de trompes de bronze, généralement jumelles, dont chacune évoquerait assez un alpenhorn), on conviendra qu'il a fallu une vie, pratique et culturelle, intense pour parvenir à de telles réalisations. Les très beaux bijoux à décoration de type mycénien ont donné à penser que cette culture aurait pu être l'apanage d'une aristocratie venue d'Asie Mineure [5]. La chose est possible, mais la démonstration du fait reste vraiment trop conjecturale. On voit également se manifester un nouveau mode d'inhumation par incinération [6] qui donne à considérer que ses pratiquants croyaient à une figure possible de l'âme [7] ; cet usage, cependant, ne contrarie pas la diffusion des tertres funéraires : on en a retrouvé, à ce jour, quelque 100 000 dans toute la Scandinavie. Le cheval joue maintenant un rôle de premier plan dans la vie domestique et dans la religion. Sur le plan pratique, filage et tissage se généralisent.

Mais la grande affaire de cette période, ce sont les célèbres gravures rupestres qui ont tant excité la curiosité des chercheurs [8], et qui sont des témoins de première importance, pour l'étude de la culture scandinave des origines à nos jours. On les rencontre en quantités considérables sur l'ensemble de l'aire scandinave où les grands pans de roc polis par les glaces offraient aux graveurs des supports tout faits. Elles sont particulièrement abon-

---

5. Ce qui justifierait les laborieuses étymologies que proposera un jour Snorri Sturluson dans les chapitres I et II de son *Ynglinga saga*, pour faire venir le mot ase — un dieu, vieux norois áss — d'« Asie », écrite ásiá.

6. Également selon le même texte du même auteur, Prologue (brunaöld auquel succédera le haugsöld : âge de l'incinération puis âge des tertres funéraires).

7. Voir R. Boyer : « Hamr, fylgja, hugr : l'âme pour les anciens Scandinaves » dans *Heimdal*, n° 33, pp. 5-10.

8. C'est sur leur étude que j'ai fait reposer ma présentation de l'ensemble de la religion scandinave dans *Yggdrasill. La religion des anciens Scandinaves*, Paris, Payot, 2e éd., 1992.

dantes en Bohuslän (Tanum), Upland, Østergötland, Småland et Öland (Suède), Vestfold, Østfold, Rogaland et Trøndelag (Norvège), Sjaelland et Bornholm (Danemark). Leur parenté avec des pétroglyphes homologues autour du lac Onega ou sur les rives de la mer Blanche est assez troublante. Il n'est pas exclu qu'il faille distinguer entre plusieurs — trois, en fait — types de ces gravures, l'un émanant de peuplades chasseresses, l'autre, d'agriculteurs-éleveurs, un troisième, de marins-pêcheurs, quoique l'étonnante uniformité des symboles et jusqu'à la constance du trait puissent inciter à ne pas opérer une telle taxonomie.

Car les principes qui se dégagent d'une étude de synthèse de ces témoins paraissent clairs : il n'est pas, semble-t-il, hasardeux d'en déduire un système d'une extrême cohérence, les critères d'interprétation étant les mêmes. La symbolique est clairement religieuse et, plus exactement, culturelle : elle s'organise autour d'une douzaine de signes, toujours les mêmes et toujours figurés de la même façon. Ces gravures dénotent l'existence d'une société évoluée — à l'échelle de l'époque, bien entendu —, cultivée et riche, dont les attaches avec l'Orient, ou, au, moins, l'Europe méridionale ne sauraient être niées. Trois principes dominent ces représentations et en assurent la cohérence : le soleil [9] ; la fertilité-fécondité, visible, entre autres, à l'ithyphallisme (le fait d'être en érection) d'à peu près tous les petits personnages, et à l'évidence le culte de la Terre-Mère ; et la magie, de type propitiatoire ou conjuratoire, spécifique des chasseurs-pêcheurs-cueilleurs. Une observation plus typologique isole sans peine une triade divine dans laquelle entrent un dieu-hache-soleil (qui sera peut-être Týr, un jour, ou Þórr), un dieu-épée (glaive, phallus)-fécondité (première figure de Freyr) et un dieu-lance-magie (archétype d'Óðinn). On mettra à part des dieux jumeaux, version locale des Dioscures, qui aboutiront peut-être à Nerthus-Njörðr ou Freyr-Freyja, entre autres ; un dieu-serpent qui pourrait préfigurer Miðgarðsormr ; et un dieu-soleil-oiseau, sans doute venu d'Europe centrale ou d'Orient, et qui, semble-t-il, ne donnera rien par la suite.

---

9. Voir encore les *Hávamál* de l'*Edda poétique* dans leur partie la plus ancienne : *Eldr er beztr með ýta sonum ok sólar syn*, c'est le feu qui est le meilleur pour les fils de la terre ainsi que le spectacle du soleil.

Parce qu'il se situe dans l'optique exacte de l'histoire de la religion scandinave ancienne, telle qu'elle sera systématisée un jour (vers 1200, 1220) par les deux grands mythographes du Nord, Saxo Grammaticus et Snorri Sturluson, un essai de description rapide des principaux de ces signes [10], présentés ici par ordre d'importance décroissante et limités aux douze principaux, sera utile pour prendre la mesure de ce qu'il faut appeler cette civilisation.

Vient d'abord le soleil, seul ou par groupes, avec ou sans rayons, de toutes tailles, volontiers porté par un bateau ou par un homme dont il constitue le corps, éventuellement mis sur roues comme pour un culte processionnel, souvent associé à la hache. Il ne disparaîtra pas avec l'âge du bronze : on le retrouvera dans la svastika de l'époque dite des grandes migrations et, bien entendu, dans les grandes fêtes, toujours dûment célébrées dans le Nord (même si leur sens en est à présent perdu), des solstices d'hiver (jól, jul) et d'été (midsommar).

Le bateau ensuite, en figurations innombrables, d'une surprenante constance de formes : toujours long, toujours poupe et proue relevées, toujours représenté schématiquement avec ses couples, d'où son allure de « bateau-peigne ». Il semble le support obligé de manifestations cultuelles (adorantes ? votives ? propitiatoires de la fécondité ?) car il convoie des disques solaires, des haches, des serpents, des bonshommes ithyphalliques bondissants. Est-ce l'héliophore nocturne ou hivernal, le cheval assumant ce rôle de jour ou pendant l'été ? On le retrouvera constamment : bateaux-tombes, skibsaetninger, maisons-bateaux, etc.

Puis, ce sont des armes diverses, haches et marteaux cérémoniels, lances qui paraissent plus tutélaires que guerrières, épées ou dagues à valeur sexuelle marquée (ce poignard dirigé vers les organes génitaux d'une truie), arcs présents dans des scènes très vivantes ; des empreintes de pieds ou de mains qui ne peuvent être, ici comme ailleurs, que des symboles de hiérophanies ; de très nombreux serpents qui demeureront longtemps le signe déco-

10. Je m'inspire ici de la remarquable étude de P. Gelling et Hilda Ellis Davidson : *The Chariot of the Sun and Other Rites and Symbols of the Northern Bronze Age*, London, 1969.

ratif de base (des inscriptions runiques, des ciselures sur bois dans les stavkirker) ; toutes sortes d'animaux avec, en premier lieu, le cheval qu'il faut associer au soleil [11] et à la magie [12], suivi ou remplacé par divers cervidés ou, sous une forme dégradée, des boucs et des chèvres ; rarement, le taureau, et, parfois, le sanglier, toujours associé d'une manière directe au culte des morts.

Il faut faire une place à part au motif du *hieros gamos* ou mariage sacré, évidemment lié à la fécondité-fertilité, et à la Déesse-Mère, bien présente sous forme de figurations oculaires ou vulvaires. Pour n'être pas omniprésente, elle est clairement centrale et ne doit sans doute sa relative rareté qu'à son caractère éminemment sacré.

Ajoutons quelques représentations agraires intéressantes, d'ordinaire associées à l'arbre dont nous savons qu'il occupa une place centrale dans la religion germanique (Yggdrasill).

Restent quelques sujets qui nous déconcertent : par exemple, ce costume rituel que semblent porter bon nombre de personnages humains (masqués, coiffés, ailés) et qui doit répondre à quelque drame rituel ou déguisement significatif ; ou ces oiseaux dont on se hâte peut-être trop de faire des emprunts orientaux ; ou encore ce motif des Dioscures, sous forme humaine ou sous tout autre aspect, qui pourrait rassembler le couple bateau solaire-cheval solaire déjà évoqué : ils resteront présents jusqu'à la fin du paganisme et au-delà [13].

Ce rapide aperçu doit suffire à nous permettre de risquer un jugement de valeur. Les pétroglyphes de l'âge du bronze constituent sans doute un tout organisé de croyances tellement bien ancrées que certaines n'ont pas

---

11. Selon les *Eddas*, le soleil est tiré par deux chevaux, Árvakr, Tôt Levé, et Alsviðr, Très Véloce.

12. Le cheval joue un rôle important dans des rites magiques comme l'érection d'un bâton d'infamie, níðstöng, il intervient dans le curieux récit dit *Völsa þáttr*, traduit dans *L'Edda poétique*, Paris, Arthème Fayard, 1992, pp. 89 et sq., et joue un rôle de premier plan dans la *Saga de Hrafnkell goði de Freyr* (le cheval Freyfaxi ou Crinière-de-Freyr).

13. Voir les Alci de Tacite dans sa *Germania*, Hengist et Horsa, Njörðr et Skaði en paire alternée, Víli(r) et Vé, Guðr et Göndul, Ullr et Ullinn, Óðr et Óðinn, Freyr et Freyja — ou même Freyr et Baldr dont le nom signifie, dans les deux cas, « seigneur ».

encore disparu, aujourd'hui, de l'inconscient collectif — le julskinka (jambon de Noël) et le bouc de paille des Noëls scandinaves actuels ont plus de trois millénaires d'existence ! Ces gravures témoignent de l'existence d'une cosmogonie, solaire à l'évidence ; d'une éthique de la fertilité-fécondité qui renvoie comme il se doit, en dernière analyse, au culte des morts ; et d'une mythologie que rendront explicite des textes plus récents de deux bons millénaires ! Continuité stupéfiante, si l'on y réfléchit bien ! On trouve, dans la *Hymiskvida* de l'*Edda poétique* (XIIIe siècle, original du XIIe siècle sans doute), un dieu, Þórr, portant un bateau à bout de bras qui est déjà présent dans les pétroglyphes, et le *hieros gamos* est le sujet précis de la *För Skírnis*, dans le même codex. Force nous est de conclure à l'extraordinaire vitalité de ce fonds lointain, sans doute en raison d'une moindre réceptivité aux influences méridionales, due à l'éloignement, sinon à la cohérence de cette culture. Notons aussi, le fait ne saurait être trop mis en lumière, que ces dessins manifestent des préoccupations bien plus « économiques » (fertilité, magie) que martiales. Enfin et surtout, la valeur artistique de l'ensemble est incontestable et soutient la comparaison avec d'autres réussites, dans des cultures différentes, à des stades apparentés d'évolution : fermeté du trait, intense valeur suggestive, vie et mouvement, beauté plastique inscrite dans l'art de la stylisation et dans un sens de la composition tel que l'on est tenté de considérer certains témoins comme de vastes fresques (ainsi à Tanum) dont le sens est perdu pour nous. Je propose d'en retenir, déjà, ce qui me semble le plus passionnant : ce mixte, qui va fleurir sans désemparer dans le Nord jusqu'à lui donner sa définition propre (les fameuses « formes scandinaves »), de naturalisme pur, animalier surtout, de symbolisme abstrait, preuve d'une haute évolution (certains de ces signes préfigureraient volontiers les runes à venir un millénaire après), et de ce schématisme géométrique, gage d'un sens technique extrêmement sûr (on voit ainsi, comme en épure, un chariot à quatre roues « mis à plat »), qui restera caractéristique du génie scandinave jusqu'à l'âge viking inclusivement.

C'est dire l'importance de cet âge du bronze, et prouver *ipso facto* que les prétendus « barbares » qui seront capables un jour des prouesses sans égales de la poésie scaldique ou des églises en bois debout (stavkirker) ne sortaient pas *ex abrupto* des brumes du Nord. Pour n'avoir pas été consignée par une écriture repérable selon nos critères, leur anamnèse était consistante et riche de contenu.

L'âge du fer

La période qui suit porte, ici comme ailleurs, le nom d'âge du fer (– 400 à 800) qui nous mène directement au début de l'époque viking et que les archéologues divisent en quatre périodes en fonction de l'influence majeure subie.

C'est d'abord l'âge du fer celtique (– 400 à 0), ainsi nommé parce que les peuplades celtiques installées dans l'Europe centrale ont, semble-t-il, fortement imprégné le Nord. Cela est visible dans quantité de détails d'habillement — comme le port de braies —, d'onomastique — même s'il ne faut s'aventurer dans ce domaine qu'avec une prudence extrême —, d'art et de religion. Je ne crois pas nécessaire d'imputer à un refroidissement — certain — du climat une prétendue fusion de deux cultures, l'une chasseresse (en Norvège) et l'autre agraire (ailleurs). Ce genre de distinction fait honneur à l'imagination des chercheurs, mais oublie simplement que, sauf dans le Sud extrême (actuel Jaeren), la Norvège ne fut jamais un territoire agricole, Ces quatre siècles sont marqués par l'importance croissante du bateau dans tous les domaines. Cet axe d'étude va de soi pour nous qui voulons aboutir, ici, aux vikings. On fera remarquer qu'il n'a rien que de très attendu. Par la force des choses, depuis qu'ils sont sur place, les Scandinaves ont dû vivre en collusion étroite, constante, impérieuse avec l'eau (de la mer, des lacs, des rivières, des marécages) qui leur aura fourni naturellement leurs voies de communication, en été comme en hiver (patins, raquettes, skis attestés depuis très longtemps). Rien de surprenant, alors, à la présence précoce (on vient de le voir dans les pétroglyphes de l'âge du bronze où l'on ajoutera que le « bateau-peigne » ne laisse pas d'évoquer le kayak des Eskimos Oumiak, mais il n'est pas requis pour autant de chercher là, la preuve d'une quelconque influence) du bateau, ce véhicule privilégié, et surtout à son emprise progressive dans tous les secteurs de l'activité humaine ainsi qu'à son perfectionnement technique. Relèvent du premier point les curieux skibsaetninger ou sépultures collectives (quelque 100 cadavres parfois [14]) surmontés de pierres levées disposées de telle sorte qu'elles dessinent une coque de bateau vue de haut. Pour le second point, voici le bateau de Hjortspringkobbel (Danemark) : tout en bois, avec, déjà, une rame-gouvernail à tribord arrière, sans un clou (l'assemblage des lattes se fait par chevilles de bois), sans mât ni quille et, détail surprenant pour des voyageurs-navigateurs qui ne pouvaient pas ne pas avoir vu d'esquifs méridionaux, sans voile (pas plus que pour les bateaux des hällristningar).

En tout cas, les peuplades scandinaves de l'époque sont déjà saisies de cette fureur de déplacements qui va longtemps demeurer leur marque distinctive. C'est vers la fin de cette période que Strabon (*Géographie*) relate les migrations des Cimbres (Kimbri, Danois originaires du Himmerland) et des Teutons (Teutones, venus de Thy au Danemark) vers le sud. C'est peut-être aussi le moment où les Lombards (un surnom sans doute, ils s'appellent probablement Uinniles, seraient venus de Norvège et devraient leur nom, non pas à ce qu'ils auraient eu de longues barbes comme on l'a longtemps cru, mais au fait qu'ils possédaient des hallebardes à longs fers, longobarði) entament le mouvement qui finira, longtemps après, par les mener en Italie septentrionale, tout comme les Burgondes (des Norvégiens de Borgund ou des Danois de Bornholm, ancien Burgundarhólmr ?) jusqu'en Bourgogne (à laquelle ils donneront leur nom) et, au-delà, en Suisse et en Savoie, sans parler des Gots (Suédois de Gotland ou de Gautaland ?) qui iront plus tard installer un premier empire au nord de la mer Noire avant de refluer vers l'ouest, et des Ruges (originaires de l'île de Rügen ou du Rogaland norvégien ?) qui occuperont la rive méridionale de la Baltique. Tous ces faits restent conjecturaux, de même que les datations invoquées. Seule paraît acquise la volonté de migration, saisonnière ou définitive, dont il faudra reparler d'un bout à l'autre du présent livre. Il est tout de même remarquable que, dès avant le

14. Étude avec bibliographie dans Å. Ohlmarks : *Gravskeppet*, 1946.

début de notre ère, les mœurs voyageuses des Scandinaves, leurs déplacements précis soient déjà identiques à ceux des vikings, presque un millénaire plus tard, tout comme se trouve préfigurée une volonté d'établissement hors du Nord dont nous aurons longuement à reparler. Quant à savoir si ces peuplades avaient les mœurs guerrières que leur imputent les témoins, classiques, qui nous en parlent, les paris restent ouverts. La violence fait partie de l'image stéréotypée du Barbare, en tout temps et en tout lieu !

Nous sommes un peu moins mal à l'aise avec l'âge du fer romain (0 à 400) parce que les témoignages sont plus sûrs, et plus nombreux, d'échanges fréquents et fructueux entre Rome, qui diffuse largement sa culture méditerranéenne, et le Nord avec lequel elle entretient un commerce prospère (ambre et peaux surtout, je serais tenté de dire : déjà). Pline l'Ancien (*Histoire naturelle* XXXVII, 45) raconte comment un chevalier romain se rend, sur ordre, de Carnuntum (en Pannonie, c'est-à-dire en Hongrie) jusqu'à la Baltique pour aller chercher de l'ambre dont le plus gros morceau pèse quelque 6,5 kilos. Les archéologues sont frappés de l'abondance des objets importés de l'Empire romain en Scandinavie, bien qu'il n'y ait jamais eu de conquête romaine du Nord. Il s'agit surtout de cruches et de coupes de verre, de chaudrons et de vaisseaux de bronze, de louches d'argent et de bronze, de poteries, d'armes, de bijoux. Ajoutez les esclaves — déjà ! Il s'agit d'individus des deux sexes capturés lors de razzias — et le cuir que cet âge prisa hautement. Il n'est que de relever le jeu d'emprunts lexicologiques réciproques : ils parlent d'eux-mêmes. Les Romains ont pris au germanique les mots reno (peau [de renne]), sapo (savon), ganta (oie) et, bien entendu, glaesum (ambre), alors que le germanique tient du latin divers vocables appliqués au commerce, dont l'important thème caupo (idée d'acheter ou de vendre, vieux norois kaupa) qui se retrouvera plus tard dans les très nombreux toponymes scandinaves, simples comme Kaupangr (idée de « comptoir ») ou en composition -købing, -köping (Nykøbing, Danemark, Norrköping, Suède), Copenhague, Kaupmannahöfn, le port des marchands (danois København), étant le cas le plus explicite. Il est probable que les Frisons ont joué un important rôle de relais en l'occurrence, la route principale de ce trafic allant vers l'Italie du Nord-Est par le Rhin, à partir du Jylland. Mais il existe d'autres itinéraires déjà bien jalonnés : par le Danube et la Bohême où sont établis les Marcomans, ou bien, au départ de Gotland qui fut un centre de commerce florissant (et le restera — voyez Visby — jusque pendant toute la période hanséatique, en plein Moyen Âge, donc) par l'Elbe, l'Oder ou la Vistule. Et il existe — déjà — une voie qui mène à la mer Noire par le lacis complexe des fleuves et lacs russes. Les témoignages de César (*De bello*, 51 avant Jésus-Christ) ou de Tacite (vers 98) concordent pour prouver que les relations sont actives et suivies. Tout comme des textes dont nous ne possédons plus que des consignations récentes (XIIe ou XIIIe siècle en général) : les poèmes du cycle de Sigurđr Fáfnisbani [15] ou la *Hervarar saga ok Heiđreks konungs* [16] l'attestent, comme symétriquement, une grande migration des Gots vers l'est et des Burgondes vers l'ouest, culminations probables d'incursions assez antérieures. C'est, en tout cas, au cours de ces quatre siècles que les Danes, venus de Suède du Sud, s'installent au Danemark auquel ils donnent leur nom (territoire de[s] Dan[es]). Et que l'on construit des bateaux, cette fois prototypes directs du knörr, comme celui de Nydam (IVe siècle, Danemark) qui mesure 23 mètres de long, mais n'a toujours ni mât ni quille.

Les premières runes, en ancien fuþark (ainsi s'appelle cet alphabet selon la nomenclature des six premiers signes), dont je parlerai en détail plus loin, font leur apparition, bien qu'elles ne soient pas une invention scandinave, mais germanique continentale. Quelque difficilement lisibles qu'elles soient, et même si elles s'inspirent de modèles qui, en dernier ressort, remontent à une écriture nord-italique, j'ai déjà dit l'intérêt qu'il convenait de leur porter. Elles témoigneraient, notamment, de l'existence d'une religion où les femmes, les déesses [17] semblent tenir une place prépondérante et où l'on voit

---

15. Voir là-dessus R. Boyer : *Sigurdr ou la parole donnée*, Paris, Cerf, 1989.

16. Traduction française et étude par R. Boyer : *la Saga de Hervör et du roi Heidrekr*, Paris, Berg International, 1988.

17. La Déesse-Mère, notamment, la Nerthus de Tacite, *Germania* 40, qui deviendra « le » dieu Njörđr.

poindre (reparaître serait plus juste) une triade divine masculine (Tyr-Oðinn-Þórr, éventuellement) dont le premier (Tyr<*tiuaz, soit le mot « dieu » indo-européen, le ciel diurne ensoleillé) et le dernier (þorr<þundaraz, littéralement : le Tonnerre) termes sont bien pan-indo-européens.

Surtout, il n'est pas abusif de considérer que, vers le IIIe siècle, apparaissent ce qu'il faudrait appeler les premiers vikings, ces Eruli (Erules), grands experts en runes [18], que l'on trouve mentionnés tout le long d'un itinéraire menant du Danemark jusqu'en mer Égée, par la Russie et le Pont-Euxin, puis, dans la période suivante, le long des côtes occidentales de la Gaule et de l'Espagne. C'est d'ailleurs entre IIIe et Ve siècles que des pirates saxons, apparemment des Germains non scandinaves, entreprennent un vaste mouvement qui les fera s'établir à peu près partout où, plusieurs siècles après, s'installeront les vikings (par exemple en Normandie et dans le Danelaw) : troublante et passionnante constatation qui donnerait à penser qu'une manière de tradition se serait établie, dont les vikings proprement dits ne seraient que les continuateurs.

De 400 à 600 environ, suit l'époque confuse et mal connue, dite âge du fer germanique ancien parce que les collusions entre peuplades scandinaves et ethnies germaniques continentales y sont particulièrement nombreuses, ou encore époque des grandes migrations : danois folkvandringstid, qui se prolongera en fait jusque vers 700 [19].

C'est une période de grande insécurité dans le Nord même, sans parler du reste de l'Europe, surtout centrale. En témoignent une grande quantité de « trésors » enfouis dans le sol, visiblement pour échapper à la convoitise des ravisseurs (ce fut le cas des célèbres cornes d'or de Gallehus, au Danemark) et l'édification de cités ou forteresses-refuges (tilflugtsborg) dont on peut contempler les vestiges dans les îles de Gotland, Öland ou Bornholm. Il se peut que les événements soient responsables d'un type d'organisation politique et sociale qui va faire long feu et auquel il ne faut pas trop se hâter de conférer un caractère militaire, en dépit de l'étymologie de certains termes

18. Sans pour autant en faire des maîtres magiciens.

19. Bien étudié par L. Musset : *les Invasions. Les vagues germaniques*, Paris, PUF, Nouvelle Clio 12,1969.

territoriaux ou nobiliaires (comme hérað ou hersir, le premier renvoyant à « district », le second à « baron », tous deux ayant pu être bâtis sur un thème herr, l'armée) : s'il prouve l'établissement d'une administration structurée, ce vocabulaire renverrait plutôt à des considérations d'ordre familial (au sens large) et économique, voire politique. Ainsi du byggð, terme intraduisible toujours vivant en Norvège aujourd'hui, qui a dû associer à l'idée d'unité territoriale occupée par une « famille », un clan ou une ethnie [20], la conception d'une entité où interviennent toutes sortes d'intérêts, aussi bien religieux que platement matériels. Il est tentant, mais la preuve n'en existe pas, de penser que c'est le byggð qui s'est donné cette institution hautement originale, dite þing, une assemblée saisonnière des hommes libres qui délibèrent de concert des questions d'intérêt commun. Nous ne la connaissons bien que par les textes norvégiens et islandais de l'époque littéraire, mais tout donne à penser qu'elle est fort ancienne. Il est fort probable que, peu à peu, les byggðir se soient regroupés en hérað, ou fylki, ou fjórðungar (selon les pays envisagés), avec comme conséquence, par un mouvement de centralisation sans aucun doute inspiré d'exemples venus du sud, un jour, la formation de riki (États, royaumes), très mal définissables ou repérables : ils entrent en concurrence avec d'autres notions, land, mark (sens immédiat de territoire), dont nous reparlerons. Toujours est-il qu'aux ve et vi^e siècles, il est possible qu'ait déjà existé, en Suède, en Upland, autour de l'actuelle Gamla Uppsala, un Svíariki (État ou royaume des Svíar, il donnera son nom à l'actuelle Suède : Sverige) sur lequel régnaient des rois Ynglingar. Mais là encore, nous naviguons au jugé, toute datation stricte étant susceptible d'appeler la critique. On se sent seulement fondé à penser que, pendant ces deux siècles, la Scandinavie s'est dotée d'un système d'organisation, quel qu'il fût, d'une efficacité incontestable.

Car les témoins ne manquent pas, qui nous parlent du Nord en cette époque agitée. Un peu pêle-mêle : Cassiodore

---

20. Voir à la fin du présent chapitre et aussi l'article -bygd dans *Kulturhistorikt Lexikan för nordisk medeltid*, I-XXII, Malmö, 1956-1978 *(KLNM)*.

(mort en 526), ministre de Théodoric et d'ailleurs recopié par Jordanes (un Got, qui rédige sa *Getica* vers 550), situe déjà quelques peuplades derrière lesquelles on entrevoit les Finnois (Scretefennae, les « Finnois qui glissent » parce qu'ils font du ski) et établit que les Danes (Dani) venus de Scanie expulsent définitivement du Danemark les Eruli. Le même Jordanes nous offre en passant une intéressante précision sur la façon dont commerçaient les Scandinaves, suédois en l'occurrence (Svear) : ils sont « renommés pour la beauté sombre de leurs fourrures » et ils envoient « des peaux aux couleurs de saphir, pour l'usage des Romains, par l'intermédiaire d'innombrables autres tribus » : sachant l'importance de ce qu'il faut appeler les réseaux qu'établiront les vikings sur tous leurs itinéraires, la précision n'a rien de saugrenu. Grégoire de Tours (mort vers 594) nomme un « roi » danois, Chochilaicus, que la philologie n'a aucune peine à identifier au vieux norois Hugleikr, soit le Hygelac de *Beowulf* : il aurait fait un raid en Frise vers 520. Que la Frise ait été un théâtre d'opérations privilégié, c'est aussi ce que dit Venance Fortunat, évêque de Poitiers (mort en 609). Il fait état de la défaite d'une flotte (?) danoise vers 565 [21]. On peut laisser de côté nombre de sources plus ou moins légendaires, mais quand, beaucoup plus tard, Thietmar de Merseburg (Xe siècle) rapportera l'institution des Dani au Danemark, où ils se seraient donné pour capitale la ville de Lejre (près de Roskilde), et évoque la possible existence d'un personnage qui n'est plus, pour nous, que légendaire, Hrólfr kraki (mort vers 550), il peut faire état de traditions recevables. De même pour Procope de Césarée (mort vers 562), historien byzantin généralement bien informé, qui a accompagné Bélisaire dans ses campagnes contre les Vandales et les Ostrogots : il rapporte une défaite des Eruli par les Lombards vers 505.

En fait, l'observateur se perd dans ce fourmillement qui présente un curieux parallèle, parfois, avec ce qui s'est produit au Ier siècle. Les Eruli, justement, donnent un bon exemple de la perplexité dans laquelle se trouve plongé l'historien. On les a vus quitter le Jylland (peut-être) pour se rendre sur la mer Noire au IIIe siècle.

---

21. 574 selon L. Musset, *op. cit.*

Mais ils sont aussi en Gaule en 289, le roi got Ermanaric les oblige à passer en Espagne où ils sont vers 450, l'autre Got Theodoric les bat vers 490 et l'officier romain Narses les écrase en 556. La question est de savoir s'il s'agit toujours de la même peuplade. De même, *Beowulf* et Grégoire de Tours s'accordent pour faire infliger une défaite aux Gots par les Francs vers 520. Quant aux Angles (qui pourraient provenir de la presqu'île d'Angel en Sønderjylland), on sait qu'alliés aux Saxons, ils font la conquête de l'Angleterre vers 450 : Bède le Vénérable et Alfred le Grand en témoignent. Nous avons dit que les Saxons n'étaient pas des Scandinaves : nous aurions là un bel exemple de ces confédérations, momentanées ou durables selon les circonstances, qui vont rester un trait caractéristique des peuplades germaniques.

Pour être plus proche de nous, l'âge du fer germanique récent (600-800) n'est guère plus clair que le précédent. L'effervescence précédemment notée se poursuit : en fait, on l'a senti, à de rares exceptions près comme Procope de Césarée qui parle, apparemment, de ce qu'il a vu, nos sources sont imprécises et font état d'événements qui souvent tiennent plus de la réminiscence que du fait dûment constaté. Tout ce que nous pouvons avancer, c'est que les Lombards s'installent définitivement en Italie septentrionale, leur roi Agilulf règne de 590 à 616 et se convertit, avec tout son peuple comme il est d'usage, en 607. Ce geste sera toujours, pour nous, d'une importance capitale : à dater du moment où une peuplade passe au catholicisme [22], elle sort de la « barbarie ». En même temps, les témoignages que certains de ses enfants portent sur eux-mêmes cessent d'avoir un caractère authentique, ils sont contaminés par les déformations, hyperboles et dépréciations que nous avons soulignées en commençant et qui relèvent de l'hagiographie. De même, les Gots, ou bien disparaissent — c'est le cas des Ostrogots [23] — ou bien se fixent en Espagne (capitale Tolède, au milieu du VIe siècle) avant de passer à

22. Même si c'est pour verser ensuite dans l'arianisme, comme ce sera précisément le cas des Lombards.

23. Notons qu'il faut en finir avec l'absurde étymologie qui ferait des Ostrogots des Gots de l'Est et des Visigots des Gots de l'Ouest. Il semble qu'Ostrogot veuille dire : Got glorieux, et Visigot, Got sage ou savant.

leur tour au catholicisme (fin du VIe siècle). Voilà tout ce que l'on peut se risquer à dire.

Il n'empêche que les deux siècles qui nous concernent ici et qui préludent immédiatement à l'âge viking constituent une phase brillante et de pleine expansion. Soulignons d'abord que c'est à ce moment qu'apparaissent les centres commerciaux de Lindholm Høje et de Hedeby au Danemark, dont nous aurons l'occasion de reparler amplement ; à ce moment aussi que l'archéologie fait une riche moisson de trouvailles au sol un peu partout en Scandinavie, ce qui nous offre des perspectives d'interprétation bien plus solides qu'avant. Je procéderai par pays pour la commodité de l'exposé.

Au Danemark règnent successivement deux personnages hautement légendaires dont se souvient quand même l'*Ynglinga Saga* (dans la *Heimskringla*) de Snorri Sturluson : Ívarr víđfađmi puis Haraldr hilditönn [24] qui, selon Saxo Grammaticus, aurait été tué par son neveu Hringr (ou Sigurđr hringr, le surnom étant substitué au nom selon une pratique assez bien attestée) à la bataille, elle-même sans fondement historique attesté, de Brávellir (Bråviken, près de Norrköping, en Suède). Vers 700 se situe la première mission chrétienne au Danemark, conduite par le Northumbrien Willibrord : il aurait rendu visite au roi Ongendus (Angantýr, nom bien attesté, qu'il faut lire aussi sous le Ongentheow de *Beowulf*, sans qu'il s'agisse pour autant du même personnage), « plus féroce qu'une bête sauvage et plus dur que n'importe quelle pierre », nous affirme Alcuin. Selon les *Annales franques* [25] pour 777, le chef saxon Widukind aurait fui devant Charlemagne pour se réfugier chez le chef « normand » (c'est-à-dire, en l'occurrence, danois) Sigfred (Sigifred), dont nous savons qu'il mourut vers 800. Il semble donc que le Danemark ait mis en place les structures d'un « État » fort, et que son histoire ait été passablement mouvementée.

L'étude de la situation en Norvège est plus intéressante.

---

24. Leurs surnoms n'ont pas reçu d'explication satisfaisante, en dépit de suggestions parfaitement fantaisistes comme « large étreinte » ou « à la dent guerrière » !

25. Traduction danoise dans E. Albrectsen : *Vikingerne i Franken*, Odense, 1981.

Elle subit clairement une double influence. Occidentale d'abord, de la part des Francs, à coup sûr par l'intermédiaire des marchands frisons : la preuve en est le passage de l'épée locale, à double tranchant, à la scramasaxe franque à un seul tranchant, et de la lance légère, arme de jet, à la lance lourde à lame large, arme d'estoc. Cette influence est visible surtout dans le Vestland, au sud du pays, donc, qui sera bientôt un des territoires d'élection des vikings. Mais en même temps la pression venue de l'est, de la Suède, est forte elle aussi. Le tertre de Borre, près d'Oslo, devait être la dernière demeure de la branche norvégienne de la famille (plutôt que dynastie) des Ynglingar, d'origine probablement suédoise : le célèbre Haraldr hárfagri (à la belle chevelure) descend d'elle. De plus, c'est au cours du VIIIe siècle que les Norvégiens amorcent le mouvement d'expansion par mer qui les mènera d'abord dans les îles nord-atlantiques ou nord-britanniques (Shetland, Orcades, Hébrides) puis dans les Féroë, en attendant l'Islande. Il faut donc qu'ils aient disposé, déjà, d'un bateau de type « viking ».

Quant à la Suède, elle est en plein essor et pratique un commerce particulièrement brillant, avec la Norvège mais aussi avec les actuels pays baltes et la région de l'embouchure de la Vistule. Elle vit la fameuse époque de Vendel (Vendelstid, du nom d'une localité d'Upland où l'on a exhumé une importante nécropole) ou encore de Valsgärde (même remarque), qui témoigne d'une liaison étroite avec la Germanie du Sud : les bijoux, plaques de ceinture, casques trouvés là sont de magnifiques réussites artistiques. Tout témoigne d'un goût raffiné dont, sans nous hâter de faire l'apanage d'une caste aristocratique qui ne correspond pas à ce que nous pouvons savoir de la société et de la mentalité de cette époque, force nous est d'admettre qu'il supposait un peuple riche et cultivé.

La même époque voit aussi l'érection des grandes pierres historiées, à la forme caractéristique de champignons en coupe verticale, de l'île de Gotland. Y sont figurées des scènes guerrières ou mythologiques qui n'ont jamais encore reçu d'interprétation satisfaisante, et surtout (sur celle de Hammars à Lärbro) des bateaux à grande voile rectangulaire qui sont bien des esquifs vikings [26]. Au demeurant, comme le montre la *Guta Saga* [27], Gotland est devenue la plaque tournante d'un intense commerce dans la Baltique, ce qu'elle va rester des siècles durant. C'est de Gotland que partent ou sont partis les marchands (ou suédois, ou gotlandais, ou les deux, mais il convient de noter que Gotland possède sa culture propre et même une langue à soi, le gutnisk) qui fondent ou vont fonder des comptoirs : à Wollin, à l'embouchure de la Vistule ; Grobin, petite localité sise aujourd'hui à l'est de Liepaja (Libau) en Lettonie — on y a découvert un cimetière où reposent et des guerriers suédois et des commerçants gotlandais, inhumés entre 650 et 800 environ ; Apuole, à 40 km au sud-est de Grobin, en Lituanie cette fois, où se présente le même mixte. Il est possible que Grobin ait été supplanté par Wiskiauten, sur la côte, à 150 km au sud : le comptoir restera actif aux IXe et Xe siècles et entretiendra des relations commerciales avec la mer Noire par le Dniepr, Wiskiauten cédant ensuite le pas à Truso, selon Wulfstan [28], qui serait l'actuelle Elblag (autrefois Elbling), encore plus au sud. Au total, tout concourt à donner l'impression d'une vie active, multiforme et toujours directement centrée sur le commerce.

Quoi qu'il en soit, les progrès sont visibles dans tous les domaines : défrichement du sol (visible aux très nombreux toponymes en -rud [Kumperud], -ryd [Femsryd], -röd [Ulleröd], -red [Oppreda], etc., qui répondent à notre notion d'essart), implantation de villages ou de toutes petites localités, développement de l'outillage, comme la hache de fer ou la charrue à versoir, plógr, qui remplace l'araire (arđr). Dans le domaine artistique, l'ornementation animalière tend à se dégager de l'influence romaine pour se rapprocher très nettement de styles orientaux (art « scythe » ou art des steppes) que les Gots ont dû apprendre en Russie méridionale et diffuser largement.

---

26. Remarquable présentation et étude par S. Lindquist : *Goltands Bildsteine* I-II, Stockholm, 1941-1942.

27. Voir l'ouvrage collectif *Gutar och vikingar*, Stockholm, 1983, qui contient une traduction en suédois moderne de *Guta Saga*, pp. 470 et sq. Traduction française par J.M. Maillefer dans *Études germaniques*, 1985 / 4.

28. Dont le récit sera donné plus loin en traduction.

Les runes

Mais le signe le plus manifeste du degré de perfection de cette culture et de cette civilisation pré-vikings, ce sont les runes auxquelles je consacrerai un rapide aperçu [29].

Elles apparaissent un peu partout dans l'aire germanique vers l'an 200. Dans le Nord, les premières se rencontrent à Stabu (Norvège, au nord d'Oslo), à Mos (Gotland), sur divers objets à Vimose (Danemark), sur des bosses de boucliers à þorsbjaerg (Schleswig), soit dans tout le Nord. Rapidement, elles feront l'objet de textes assez longs sur des pierres levées qui prennent le relais des bautasteinar (pierres commémoratives, sans doute, mais dépourvues de textes) que l'on trouve dans le Valdres (Norvège) dès le IVᵉ siècle, et elles finiront par offrir de véritables textes d'une importance parfois considérable comme sur la célèbre pierre de Rök (IXᵉ siècle). Le premier alphabet complet, ou fuþark, apparaît en Gotland vers la fin du IVᵉ siècle ou le début du Vᵉ. Le voici :

ᚠᚢᚦᚨᚱᚲᚷᚹ ᚺᚾᛁᛃᛇᛈᛉᛊ ᛏᛒᛖᛗᛚᛜᛞᛟ

Ces signes resteront constamment utilisés dans toute la Scandinavie, qui devient rapidement leur terre d'élection, jusqu'à la fin de notre Moyen Âge et bien au-delà. La raison en est simple : les runes étaient difficiles à graver et ne se prêtaient guère à la consignation de textes longs. En revanche, l'écriture latine autorisait toutes les prestations. L'Allemagne s'étant convertie rapidement passera très tôt à l'écriture latine mais le Nord, qui ne deviendra chrétien qu'autour de l'an mille, gardera les runes jusque bien au-delà du début du second millénaire. Redisons que ces signes sont gravés avec un objet pointu et dur sur de la pierre, du bois, du métal, de l'os, du cuir, des monnaies puis, à l'époque chrétienne, des croix, des cloches, des calendriers, voire des parchemins ou des manuscrits de papier qui offrent des textes complets.

Leur origine a longtemps passionné la recherche. Elles

---

29. Me contentant de renvoyer, pour plus de détails, à l'étude magistrale de L. Musset : *Introduction à la runologie*. Paris, Aubier, 1965.

ne sont certainement pas scandinaves, mais bien germaniques, au moins dans leur état ancien, à vingt-quatre signes répartis en trois « familles » (aettir, en fait, trois groupes de huit, átta, signes), qui passera, vers 800/850, à seize signes (nouveau fuþark), toujours distribués soit en deux aettir de huit signes chacune, soit en trois aettir de respectivement cinq, cinq et six signes. Le Suédois Otto von Friesen voulait les faire dériver de l'alphabet grec par l'intermédiaire des Gots établis autour de la mer Noire dès le début de notre ère, mais la recherche moderne, reprenant et affinant les découvertes du Norvégien Carl Marstrander, ne doute plus que les runes dérivent des alphabets nord-italiques que fréquentaient, toujours au Ier ou IIe siècle, les tribus germaniques. Par rapport à leurs modèles, leurs formes ne doivent leur originalité qu'à la nécessité de les graver sur un support dur avec un objet pointu. Leur évolution ne pose pas réellement problème, à mon sens. C'était une écriture comme une autre, avec de nombreuses variantes (suédoises, dano-norvégiennes, frisonnes, anglo-saxonnes, cryptiques dites de Hälsingland, etc.) comme les autres. Leur simplification (passage de 24 à 16 signes) :

ᚠᚢᚦᚬᚱᚴ ᚼᚾᛁᛅᛋ ᛏᛒᛘᛚᛦ

qui se produit au moment précis où la phonématique du vieux norois, paradoxalement, se complique et s'enrichit, doit tenir à un phénomène comparable à notre sténographie moderne. Il est vrai que des recherches tout à fait récentes tendraient à infirmer cette théorie — commode — pour montrer que cette étrange évolution est, en fait, le résultat d'une évolution phonématique normale. Il n'est donc plus certain que, en dépit du fait qu'elles aient été avant tout un instrument de communication, les runes n'aient dû servir qu'à des marchands et à des fins utilitaires précises. Car il s'est incontestablement agi d'un instrument de communication à toutes sortes de fins (pas seulement commémoratives, mais aussi juridiques, voire religieuses), ce qu'attesterait leur diffusion extrême dans toute la Scandinavie puis, par la suite, dans toute l'aire d'expansion viking, du Groenland à la mer Noire. On en compte quelque 500 au Danemark, 750 en Norvège, plus de 3 000 en Suède (dont un bon millier dans la seule province d'Upland), sans parler des 300 croix runiques des Orcades ou de l'île de Man. Leur rareté en Islande vient uniquement du fait que la lave ne se prêtait pas à ce type de gravure. Elles ont pu être spécialisées, émaner de maîtres graveurs qui signent orgueilleusement de leurs noms, certains étant auteurs de plusieurs dizaines d'inscriptions et créant un style, voire fondant ce qu'il faudrait appeler des écoles. Elles sont souvent historiées, peintes, enluminées, décorées de motifs animaliers, le principe le plus courant étant de les inscrire dans le corps étiré d'un serpent qui se mord la queue. Leur valeur artistique, en soi ou compte tenu des motifs qu'elles encadrent, est incontestable. La recherche s'ingénie à trouver le rapport entre texte et décoration, parfois clair, mais le plus souvent inintelligible pour nous. Il reste de beaux objets aux dimensions souvent impressionnantes, qui ne pouvaient manquer d'attirer le regard et donc d'imposer le message dont ils étaient porteurs.

Le contenu de ces inscriptions est des plus variés. La grande majorité est d'ordre commémoratif, du type : « Björn et Igulfrid ont élevé cette pierre à la mémoire d'Ótryggr, leur fils. Il a été tué en Finlande » (Söderby-Karl, Upland, Xe siècle). Mais, comme le montre la fin de cette inscription, nous pouvons aussi y relever toutes sortes de renseignements qu'a habilement collationnés S.B.F. Jansson [30] : informations sur les expéditions vikings, routes de l'est et de l'ouest, combats éventuels, mais aussi sur leur vie quotidienne de fermiers-pêcheurs, leur religion, païenne puis chrétienne, leur législation, leurs idéaux humains. Les graveurs ne dédaignent pas de donner à leur texte une forme poétique, ou de citer tel morceau littéraire connu. Comme je l'ai dit, il faut prêter la plus grande attention à ces inscriptions runiques puisque ce sont les seuls documents écrits, avec la poésie scaldique, émanant des vikings eux-mêmes que nous possédions — tout le reste est largement postérieur ou, s'il a pu exister à l'âge viking, connu de nous dans des versions qui ne sont plus les originales, à l'exception de quelques poèmes scaldiques.

Reste à évoquer l'agaçant problème de leur valeur prétendûment magique par définition. On tiendra compte d'abord et bien entendu, du fait que toute écriture se voie conférer

30. Traduction anglaise : *The Runes of Sweden*, Stockholm, 1962.

une valeur ésotérique tant qu'elle n'est pratiquée que par quelques initiés. Mais le fait est que le vocable *rúna* admet deux acceptions : l'une s'applique au signe d'écriture dont nous sommes en train de parler, l'autre rendrait l'idée de mystère chuchoté, secret plus ou moins magique (ce qui est le sens reçu en gotique). Il semble que le vieux norois, déjà, ait joué sur les deux sens. Un poème comme les *Sigrdrífumál* (*Edda poétique*) paraît bien équivoquer sur l'ambivalence de la notion. Et l'utilisation des runes à l'intérieur d'opérations délibérément magiques comme l'érection d'un bâton d'infamie ou *niðstöng*, va bien dans ce sens, sans parler de telle conjuration runique comme dans la *Búslubœn*, Prière de Búsla, dans la saga (légendaire) de Bosi. Il est vrai encore que l'*Edda* nous donne les runes comme provenant des Puissances suprêmes (reginkunnar), qu'Óðinn est réputé « inventeur », père et maître des runes dont il a obtenu la science après une dure épreuve initiatique complaisamment évoquée dans les *Grímnismál* (*Edda poétique*), vrai enfin, que nos textes distinguent les « bonnes » runes qui sont censées sauver, guérir, assurer la victoire, etc., des « mauvaises », et que, pour me limiter à cela, Saxo Grammaticus appelle les textes runiques des *carmina*.

Mais je dis que ce sont là affabulations complaisantes, certainement imitées de modèles bibliques ou classiques. Je me range résolument à l'opinion de L. Musset, lui-même disciple sur ce point d'A. Baeksted [31]. A savoir : les runes sont une écriture comme une autre, capables de convoyer des opérations magiques, mais non conçues à cette fin. Des considérations de deux ordres tendent dans le sens de cette opinion [32]. Les premières sont purement techniques : les runes satisfont à la transcription exacte de tous les phonèmes du vieux norois, même si elles sont dépourvues de traits supra-segmentaires, signes de ponctuation, etc. Elles sont donc un excellent outil de traduc-

31. *Målruner og Troldruner, runemagiske studier*, København, 1952.

32. Qui exigerait peut-être d'être fortement nuancée quand il s'agit de l'ancien fuþark. Là, la plupart des inscriptions paraissent avoir une valeur conjuratoire, apotropéique, votive ou clairement religieuse. Encore n'est-ce pas le cas de toutes et doit-on préciser qu'elles pouvaient, à l'époque, être l'apanage strict de certains initiés. Mais ces vues sont conjecturales et ne valent pas, de toute façon, pour le nouveau fuþark strictement contemporain des vikings.

tion de la pensée. La seconde raison a été donnée implicitement plus haut : les inscriptions runiques s'appliquent à tous les domaines possibles de l'activité humaine. On ne voit pas la valeur magique à conférer à un texte comme celui de la pierre de Mervalla (Södermanland, Suède, Xe siècle) : « Il cingla souvent jusqu'en Sémigallie [= en Lettonie, sur la Daugava], doublant le Domesnes [pointe nord de la Courlande] sur son précieux knörr. » Il faut sortir des vues romantiques ou pseudo-savantes qui n'ont provoqué que trop d'aberrations : les runes sont un excellent moyen de communication et, par là, tout est dit.

En revanche, elles témoignent d'une culture d'une évidente qualité. Non seulement par le détail des activités auxquelles elles renvoient et de la société dont elles traduisent les préoccupations, soucis et idéaux, mais en soi, en tant que textes littéraires. Elles apportent la preuve patente de l'existence d'une « littérature » ou plutôt d'un mode de transcription littéraire élaborée. Ainsi, la magistrale pierre de Rök (IXe siècle) contient au passage une strophe consacrée à Theodoric le Grand, en fornyrđislag, le grand mètre eddique, ou encore, une boîte de cuivre trouvée à Sigtuna, en Upland, porte une inscription en dróttkvaett, le plus élaboré des mètres scaldiques [33]. Deux exemples supplémentaires suffiront. La pierre de Djulefors (Södermanland, Suède, XIe siècle) détaille :

Hann austarla	Vers l'est il
arđi barđi	laboura de sa proue
ok á langbarda	et mourut au pays
landi andađis	des Lombards.

Une simple lecture à haute voix révèle la dextérité de la formulation, la présence de « rimes » finales et « internes » (innrím ou retours de graphies, ici -arđ- ou -ađ-), des échos, des allitérations (en a, en l) et le maniement en virtuose d'un mètre. La fin de celle de Vallentuna (Upland) est encore plus subtile en ses trois lignes en diminution progressive :

Hann drunknađi á Hólms hafi,
Skreiđ knörr hans í kaf,
þrír einir kvómu af.

33. Voir R. Boyer : *la Poésie scaldique*, *op. cit.*

Il se noya dans la mer de Hólmr [= nord-est de la Baltique]
Son knörr coula,
Trois seulement en réchappèrent.

où l'on aura noté les finales -afi, -af, af.

Sans développer davantage, il est évident que les runes traduisent à leur façon une culture de grande qualité. Comme le dit le graveur de la pierre de Runby (Upland), tant à propos de l'événement qu'il commémore que, sans doute, de sa propre inscription :

þat skal at minnum manna
meðan menn lifa

On s'en souviendra
Tant qu'hommes vivront

LE PROBLÈME DE L'UNITÉ SCANDINAVE

Il reste, avant de conclure ce chapitre, un indispensable développement à aborder sur un sujet qui a longtemps dérouté la critique : celui de l'unité scandinave, puisqu'il semble bien que ce soit au cours de l'âge du fer qu'elle se soit définie.

C'est un problème délicat, qui a donné lieu, au cours des siècles, à des confusions ou appropriations de toutes sortes [34]. Car il n'existe guère de critère inattaquable qui fonde cette unité.

Des critères à éliminer

Par exemple, il n'y a pas d'unité ethnique des hommes du Nord. Il faut reléguer au magasin des accessoires douteux le leurre de la « race » scandinave. En fait, deux types d'hommes ont toujours coexisté dans le Nord : le grand dolichocéphale blond aux yeux bleus qui fait partie de notre imagerie conventionnelle, mais aussi le petit brun aux yeux foncés, plutôt mésocéphale. Les deux sortes sont parfaitement présentes dans un poème

34. Aujourd'hui encore, il reste nécessaire de préciser, par exemple, que les Finlandais ne sont pas des Scandinaves, et les confusions entre Islande et Irlande demeurent monnaie courante. Voir là-dessus le numéro spécial des *Études Germaniques* (1993/4) sur « L'identité nordique ».

eddique comme la *Rígsþula* [35] et surtout dans une grande saga comme celle d'Egill Skallagrímsson [36]. Remarquons au passage que le célèbre roi norvégien Haraldr hárfagri (aux beaux cheveux, c'est-à-dire probablement blonds) était fils de Hálfdan svarti (le Noir) et aura, entre autres, deux fils, Hálfdan hvíti (le Blanc) et Hálfdan svarti (le Noir). Et je ne parle pas des Islandais qui sont, notoirement, le fruit de croisements entre Scandinaves et Celtes.

Le critère géographique n'est pas davantage satisfaisant. D'abord parce que les pays scandinaves au Moyen Âge n'avaient pas du tout les mêmes limites territoriales qu'aujourd'hui ; de plus, le sentiment d'une appartenance « nationale », notion moderne par excellence, était inconnu de ces hommes. Ce qui demeure plus ou moins vrai : on est, de nos jours, autant jutlandais que danois, nordlandais que norvégien ou dalécarlien que suédois. La base du Jutland, à l'âge viking, présentait un mélange caractérisé de Danes, de Frisons, de Saxons et même de Wendes qui étaient des Slaves. Au demeurant, les « Danois », c'est-à-dire, on va le préciser, les gens qui parlaient le vieux danois, possédaient aussi la Scanie, le Halland, le Blekinge (aujourd'hui en Suède) et le Holstein (aujourd'hui en Allemagne) [37]. Il a pu exister un territoire, Gautaland, commun à la Norvège et à la Suède. D'autre part, il n'y a aucun rapport, géographiquement, entre les immenses plaines du Jutland, les montagnes (fjell) et les fjords de Norvège, et cette interminable forêt trouée de lacs qu'était la Suède. La chaîne du Kjølen, entre une partie de la Norvège et de la Suède, forma longtemps un obstacle rédhibitoire aux relations entre les deux régions. Et il demeure une double énigme : celle des Finnois qui vécurent fort longtemps en interrelations étroites, à tous égards, avec les Scandinaves, Suédois surtout [38] ; et encore plus celle des Sames (Lapons) qui furent peut-être le mystérieux substrat autochtone que

35. Dont on suspecte pourtant la provenance celtique.

36. Traduction dans R. Boyer : *Sagas islandaises, op. cit.*, Pléiade, pp. 3 et sq.

37. Le Danemark ne perdra ces provinces que récemment, au XVIIe siècle pour les premières et il y a un peu plus de cent ans pour la dernière.

38. Ce problème n'est pas éclairé, tant s'en faut, par le fait que, dans les sagas, Finnr s'applique d'ordinaire à un Same.

vinrent recouvrir les Indo-Européens : ils descendaient jusque fort bas vers le sud et n'auraient été repoussés que peu à peu sur leur territoire actuel. Il est troublant de constater que le mot Finnr (Same) s'applique à un magicien, dans les sagas, et que nombre de caractères de la religion nordique ancienne, par ailleurs littéralement immergée dans la magie [39], en particulier de type chamanique, se retrouvent dans la religion des Sames [40].

Cependant, ces pays possèdent des caractères physiques communs indéniables : climat froid, hivers longs et obscurs, distances formidables — surtout à l'échelle de l'époque — et obstacles naturels importants, omniprésence de l'eau, en particulier des marécages : territoires plutôt hostiles à la présence humaine, du reste, très peu peuplés, autrefois comme de nos jours, où le sentiment d'isolement, voire de réclusion, a toujours été très fort et peut avoir, à lui seul, justifié ce désir ou ce besoin d'évasion. Il n'empêche : les rapports entre l'île de Fionie (Fyn, Danemark) où il a toujours fait bon vivre, le Finnmark norvégien sauvage et dur et les rives inclémentes, gelées une bonne partie de l'année, de la Baltique du Nord ne sont pas évidents. Il n'y a pas vraiment de bloc géographique scandinave.

Il n'existe pas davantage d'unité historique. Le Danemark ne paraît avoir possédé un ou des puissants lignages de rois-marchands riches qu'à partir du IXe (au mieux, VIIIe) siècle. Ce pays est constitué d'un nombre considérable d'îles de toutes tailles auxquelles s'ajoute la péninsule de Jutland. Pendant fort longtemps, aucun pouvoir « central » n'a existé. C'est encore plus net pour la Norvège, compartimentée par les fjords et les fjell en toutes petites unités territoriales sur lesquelles régnaient des « rois » (konungar), si l'on y tient : des roitelets ou de petits chefs locaux, en fait, dont certains ont pu s'organiser en manière de dynasties, comme les jarls de Hlaðir (Hlaðajarl) ou les « rois » du Trøndelag. Mais le phénomène n'est pas attesté avant le IXe siècle. La situation est peut-être un peu différente en

---

39. Voir R. Boyer : *le Monde du double. La magie chez les anciens Scandinaves*, Paris, Berg International, 1986.

40. On prendra la mesure de ce fait en lisant *Vatnsdoela saga* (*la Saga des chefs du Val-au-Lac*, *op. cit.* note 36), chapitre 12 où figure d'ailleurs, chose rare, le mot Semsveinar, jeunes Sames.

Suède. Il semble que deux peuplades y aient coexisté depuis assez longtemps, non sans discorde : les Svíar (qui donneront leur nom à la Suède) en Upland, autour de Gamla Uppsala [41], et les Gautar (les Geatas de *Beowulf* dans la région des deux grands lacs Vätter et Väner [42]. Une espèce d'unité serait apparue, mais seulement vers l'an mille, avec le roi Eiríkr sigrsoelli. Précisons que l'Islande n'a, pour sa part, et contrairement à l'une des plus tenaces des idées reçues la concernant, jamais été ni une « démocratie » ni une république, mais une ploutocratie oligarchique. On voit qu'il paraît vain de chercher à rassembler ces pays sous une dénomination historique uniforme. D'autant qu'une confusion totale a marqué le cours des événements. Il y eut des moments où les Danois régnèrent sur la Norvège, d'autres où les Suédois eurent autorité sur le Danemark, le roi norvégien Magnús le Bon fut souverain de Danemark et le Danois Knútr le Grand s'est trouvé en passe, bien avant Margrethe, de réunir sous son sceptre tous les pays scandinaves ainsi que la Grande-Bretagne. Ces confusions inextricables tiennent d'ordinaire au jeu des inter-mariages ou, pour le tout-venant des vikings, aux rencontres nées des expéditions. L'Islandais (mais ce terme n'a politiquement de sens qu'à partir de 930) Hróarr Tungugoði était fils d'Uni le Danois, lequel avait pour père Garðarr le Suédois (l'un des découvreurs de l'Islande), et de þorunn, fille de Leiðólfr le Champion, l'un des premiers colonisateurs de l'île, norvégien !

Alors, quels critères ?

Pourtant, il faut prendre garde à un fait : les non-Scandinaves, à quelque ethnie qu'ils appartiennent, ne se sont jamais trompés sur le compte des Scandinaves qu'ils désignent de façon indifférenciée, quels qu'ils soient. Alors que les intéressés eux-mêmes fluctuent, au point

---

41. Rappelons que Stockholm, qui est une création moderne, n'existait pas.

42. Des raisons de paronymie mettent ici l'observateur extrêmement mal à l'aise et les sources anciennes ne font rien pour l'éclairer. Ainsi, les distinctions entre Gots, Gauts, Gètes, Jutes sont rien moins que claires ; au hasard des graphies, Gautaland et Gotland peuvent aisément être confondus, etc.

qu'il nous est toujours impossible, aujourd'hui, de savoir, par exemple, si Göngu-Hrólfr (Rollon) était danois, ce qui est vraisemblable, ou norvégien, ou orcadien, voire suédois, les observateurs étrangers ne divergent guère. Pour les Francs, les Scandinaves sont des Nor[th]manni (des hommes du Nord, donc), pour les Anglo-Saxons, des Dani (ce que justifie la prédominance des Danois dans la formation du Danelaw en Angleterre), pour les Germains continentaux, des Ascomanni (le terme n'a jamais reçu d'élucidation satisfaisante [43]), pour les Irlandais, Gall (Étrangers) ou Lochlannach (Nordiques), pour les Slaves, rūs (mot que je chercherai plus loin à définir précisément, le correspondant grec est rhōs [44]), pour les Byzantins, varègues (βαραγγοι qui se retrouve dans l'arabe varankh, ce mot fera également l'objet de commentaires par la suite. Il s'applique ici, *stricto sensu*, au viking lorsqu'il opère à l'est et non à l'ouest, c'est donc le strict équivalent de víkingr ; il ne faut pas le confondre avec Varègue, avec majuscule, membre de la garde personnelle du basileus, qui n'acquerra droit de cité que plus tard, encore que la filiale sémantique soit claire) et, pour les Arabes, majus (probablement : sorcier [45]). Il est donc évident que les Scandinaves étaient vus comme une entité globale, indifférenciée. Et qu'il a bien existé une unité les concernant. Mais alors, selon quels principes, puisque j'ai éliminé les critères ethnique, géographique et historique ?

J'en proposerai quatre qui, en fait, se recoupent, et qui ont en outre l'avantage de donner une fort bonne idée de cette civilisation.

Le premier est d'ordre sociologique et concerne la famille (aett) au sens large : les consanguins, sur plusieurs degrés, mais aussi les parents adoptifs, amis jurés, « clients », per-

---

43. Soit : des hommes d'Askr, qui pourrait renvoyer à un nom propre, d'homme, ou au mot : frêne, soit parce que leur bateau aura été fait du bois de cet arbre, ce que ne vérifie guère l'archéologie, soit parce qu'ils auraient révéré cet arbre — et le fait est que la cosmogonie nordique ancienne est dominée par la splendide image du frêne Yggdrasill... Il est vrai qu'on le donne aussi pour un if ou même un chêne !

44. On remarquera qu'en finnois, suédois se dit ruotsi.

45. Mais voir O. Pritsak : « Did the Arabs call the Vikings " Magians " ? » dans *Poetry in the Scandinavian Middle Ages*, The Seventh International Saga Conference, Spoleto, 1988, pp. 463-478.

sonnes à charge (ómagi), etc., au total un minimum d'une centaine d'individus, sinon davantage. C'est l'unité fondamentale de la vie en société, le centre même de l'existence. On ne se définit pas en tant qu'individu, mais en fonction de sa famille. Un homme incapable de récapituler son lignage sur plusieurs générations n'a pas de valeur légale. Peut-être — la théorie est séduisante — faut-il voir là le point de départ de la littérature noroise qui a pu commencer par des poèmes généalogiques, les sagas dites, par généralisation excessive mais symptomatique, « de familles » [46] ayant peut-être dû leur origine à la volonté de garder en mémoire les hauts faits d'un clan donné. La famille est, en tout cas, le fondement et le signe du droit. En cas d'offense, le principe de la compensation, base de ce droit, bót, allemand Wehrgeld, exige que l'on dédommage non seulement le plaignant, mais tous les consanguins selon une taxonomie rigidement fixée par les codes (*Baugatal* ou Dénombrement des anneaux [47] ou *Vígslóđi*). Le terme skyldr signifie à la fois : apparenté à, et : tenu de. Il est probable que la notion est apparue dans le domaine religieux, sous les espèces de la hamingja [48], qui était la qualité particulière de chance ou de destin attachée à un clan : c'est elle qui fondait son honneur et justifiait le droit sacré (le droit, non le devoir) de vengeance. D'ailleurs, la famille était la cellule de base de la religion, le lieu d'exercice du culte privé dont le « prêtre » était le chef de clan. Il n'est même pas impossible de suivre Tacite qui voulait faire de la famille l'unité élémentaire de l'armée. *A contrario*, il existe peut-être des relations étymologiques entre frændi (parent) et friđr (paix) qui reste l'idéal ultime des Scandinaves, la famille étant cette communauté où l'on peut sans risque déposer les armes. En tout cas, l'individualisme forcené, la volonté de rompre toutes attaches et la rébellion contre les siens ne se rencontrent pas. La *Sturlunga saga*, chronique détaillée des faits quotidiens en

---

46. La dénomination est souvent impropre, beaucoup de sagas de la catégorie des *Íslendingasögur* (sagas des Islandais) n'étant pas des sagas de familles. Voir R. Boyer : *les Sagas islandaises*, *op. cit.*

47. D'argent, c'était la « monnaie » en usage.

48. Représentée comme une femme gigantesque qui incarnait la part de chance attachée à un clan, voir la *Saga de Glúmr le Meurtrier*, *op. cit.*, note 36, chapitre 9.

Islande de 1116 à 1264, reste, de nos jours encore, tenue pour un texte scandaleux parce qu'elle expose en détail des querelles fratricides et des rixes familiales.

Viendrait en second lieu un critère politique, à vrai dire beaucoup plus difficile à cerner parce que coupable d'une redoutable polysémie, surtout en diachronie, le *land*, qui n'admet pas de traduction exacte en français (il renvoie peu ou prou à : province, district, région, domaine). Il s'agit d'une unité territoriale, délimitée par des frontières naturelles, ou, plus volontiers, semble-t-il, par des affinités entre divers clans, ou encore par consentement volontaire des occupants, en général pour des raisons d'ordre économique. C'est ce à quoi je renvoyais implicitement, plus haut, en disant que l'on n'est pas danois, ni norvégien, ni suédois, mais du Jylland (land des Jutes), du Vestland (land de l'Ouest) ou du Södermannland (land des hommes du Sud — par rapport à l'Uppland, land du haut, bien entendu). Là encore, on ne peut écarter l'hypothèse que la notion ait eu un sens militaire : on recrutait très vite, en cas d'attaque ou pour lancer une sortie (leiđangr [49]) à l'intérieur du land divisé en hund, hundare — fractions de territoire capables de fournir et d'entretenir un « cent » (hundrađ, en vérité 120) d'hommes aptes à se battre —, les combattants nécessaires. La même idée valait peut-être pour une notion apparemment équivalente, hérađ, herred, sur herr, l'armée. Pour vraisemblable qu'elle soit, je ne tiens pas à trop mettre en relief cette connotation, en vertu de ma conviction bien ancrée, que je défendrai le moment venu, selon laquelle les Scandinaves étaient plus des marchands que des guerriers. Également parce que l'on a abusé jusqu'au ridicule de cette acception purement martiale du viking. Je préfère définir aussi le land comme le territoire centré sur un lieu de culte (un lieu de culte en plein air, vé, hörgr, et presque certainement pas un temple, sauf exceptions, peut-être) public, le principal dignitaire jouant vis-à-vis de ce vé le même rôle qu'à l'intérieur du clan, le chef de famille dans sa ferme ; et surtout, comme le district comportant à un emplacement donné un þing ou assemblée saisonnière

49. Voir R. Boyer : « La notion de leiđangr et son évolution » dans *Inter-Nord*, n° 12, 1972, pp. 271-281.

des hommes libres pour prendre en commun les décisions d'intérêt collectif, légiférer si besoin est, liquider les affaires judiciaires pendantes et traiter les affaires économiques les plus importantes, cessions de terres, trafic de marchandises, mariages d'enfants (qui étaient toujours une affaire), etc. En ce sens, le land se confond avec le -lag (idée de « loi », toujours suffixé au nom du territoire ou du clan ou de l'emplacement du þing) : on aura donc un Gutalag, lag (land) des Gutes (en Gotland), un Trøndelag, lag ou land des Þraendir, les gens de la région de Þrándheimr (aujourd'hui Trondheim) ou, plus éloquemment encore, un Frostaþingslag, le lag où se trouve le þing de Frosti, nom d'un lieu dans le sud-ouest de la Norvège.

Quelle que soit l'explication retenue, militaire, religieuse, juridico-économique — et, en vérité, les trois peuvent se superposer —, il faut apprécier le sens de l'organisation, le génie de l'administration théorique et pratique, à petite échelle immédiatement extensible si l'on peut dire, des anciens Scandinaves.

Néanmoins, le critère majeur de l'unité que nous cherchons à cerner est linguistique. Cela comme pour nombre d'autres ethnies aux contours indécis, tels les Celtes [50] : les Scandinaves sont ces Germains qui se comprenaient sans effort entre eux.

Cette caractéristique appelle quelques explications rapides [51]. Les langues scandinaves représentent la branche septentrionale de la famille germanique dérivée de l'indo-européen. Cette famille a connu un état commun avant sa diversification en westique, ostique et nordique : nous l'appellerons proto-norois (urnordisk) en ce qui concerne les langues scandinaves. Comme toutes les langues germaniques, l'urnordisk avait connu la première mutation consonantique (passage de bh, dh, gh à b, d, g ou de p, t, k à f, þ, h, etc.) à laquelle succédera, selon la loi dite de Verner, la seconde mutation consonantique. L'urnordisk sera affecté, en outre, de divers phénomènes phonétiques historiques

---

50. Problèmes bien posés par F. Le Roux et Ch. Guyonvarc'h dans *la Civilisation celtique*, Éd. Ouest-France Université, 1990.

51. Voir E. Wessén : *De nordiska språken*, Stockholm, 1941, ou R. Boyer : *Éléments de grammaire de l'islandais ancien*, Göttingen, Kümmerle Verlag, 1981.

appelés métaphonie (Umlaut), apophonie (Ablaut) et fracture (Brechung), qui rendent compte des spécificités des déclinaisons des substantifs et adjectifs et des conjugaisons des verbes. Ces langues dérivées de l'urnordisk étaient dotées, en outre, d'un accent de force sur la première syllabe des mots, doublé d'un accent musical dont la réalisation donnera l'accent dit II en suédo-norvégien, le stød danois et le coup de glotte islandais. Elles possédaient une déclinaison forte et une faible des adjectifs et des substantifs, selon la présence ou l'absence d'une détermination ; elles avaient l'originalité de pouvoir postposer l'article défini au substantif (húsið, où hús est « maison » et ið, neutre, « la ») et elles développaient une conjugaison dite faible où prétérit et participe passé sont marqués, non par une modification de la voyelle radicale du verbe (conjugaison dite forte), mais par l'adjonction d'un suffixe comportant une dentale. Langues à flexions, elles avaient une syntaxe beaucoup plus libre que la nôtre. Cet urnordisk se différenciera rapidement en vieux scandinave oriental, comprenant le vieux danois et le vieux suédois, et vieux scandinave occidental : vieux norvégien, vieux féroïen (qui est une langue à part entière) et vieil islandais. Les différences tiennent aux substrats autochtones recouverts par ces langues nouvelles et, probablement aussi, aux influences immédiates reçues de l'environnement linguistique.

Nous bénéficions d'un témoin extraordinaire, sans équivalent dans le monde, avec le vieil islandais. L'Islande a été colonisée entre 874 et 930 par des Norvégiens du Sud-Ouest, en majorité, qui ont apporté leur langue dans l'île. Les circonstances historiques et géographiques ont voulu que le vieil islandais se garde pour ainsi dire intact pendant un millénaire : à quelques différences près, l'homme de Reykjavík continue de parler aujourd'hui la langue d'Ingólfr Arnarson, premier colonisateur du pays. Or, c'est cette langue qui, avec de minces différences locales, était parlée dans toute la Koiné scandinave vers l'an 900, soit en pleine époque viking. Les différences s'accentuèrent rapidement ensuite [52] en sorte

52. Encore que, même à l'heure actuelle où elles sont pourtant très « usées » et simplifiées, les trois langues scandinaves continentales bénéficient d'une inter-compréhension très grande et que la connaissance de l'une permette de lire les deux autres.

que, l'islandais n'ayant pas évolué, on peut le tenir, approximativement, pour l'équivalent, vis-à-vis des autres langues scandinaves, de ce qu'est le latin pour les langues romanes. On peut donc considérer que, vers 800 ou 900, toute la Scandinavie parlait une langue dont l'islandais ancien reste le témoin. Comme cette langue, dite dönsk tunga (langue « danoise ») ou norraent mál (parler norrain) dans les sagas, n'était pas encore très différente des divers idiomes germaniques répandus dans toute l'Europe, on comprend assez bien que les déplacements des vikings ne se soient pas heurtés à d'insurmontables obstacles linguistiques. Une petite digression ne sera peut-être pas incongrue ici. Elle porte sur une constatation qui n'est jamais faite mais qui devrait bien attirer l'attention. Où qu'il aille, d'un bout à l'autre de l'Europe, du nord au sud et de l'ouest à l'est, le viking semble ne jamais avoir de difficultés d'ordre linguistique. Comme si le vieux norois était entendu dans le continent tout entier, alors qu'on le sait, c'est une langue d'une assez grande difficulté. Il pourrait n'y avoir qu'une seule explication, qui me paraît infiniment précieuse car elle va dans le sens exact de ce que je cherche à démontrer dans le présent ouvrage, c'est que le viking, bon commerçant très bien organisé, qui avait ses itinéraires, ses types de transactions, ses comptoirs, avait aussi ses agents, dirions-nous, ses interprètes éventuellement. Au demeurant, et la chose est significative, le substantif tolk, interprète, est emprunté au slave ! Une langue étant toujours gage, porteuse et jauge d'une culture, on comprend que cette communauté linguistique ait suffi à assurer l'unité scandinave et même à cerner les contours d'une civilisation. Laquelle, on l'a dit, fera la preuve de son éminente qualité en nous donnant les chefs-d'œuvre sans pareils que sont les poèmes scaldiques et eddiques et les sagas islandaises. Les inscriptions runiques, en nouveau fuþark, pourtant antérieures d'un demi-millénaire parfois aux sagas, sont écrites dans la même langue que celles-ci, *grosso modo*, bien entendu.

Il s'ensuit que l'on peut à bon droit invoquer, comme gage d'unité, le critère culturel au sens propre. Tout ce que nous pouvons rassembler sur le compte des Scandinaves, où qu'ils vivent, montre, par exemple, que leur religion comporte le même corpus de croyances, de mythes et de rites, les mêmes coutumes, la même Weltanchauung, uniformité réellement remarquable si l'on tient compte de l'étalement dans le temps qu'a brièvement retracé le présent chapitre et des distances considérables dans l'espace entre nord de la Scandinavie et sud du Jutland, ou entre Novgorod et le Groenland. *A contrario*, on expliquera de la même façon la manière de résistance passive à la christianisation qui n'interviendra officiellement qu'en 980 au Danemark (Haraldr Blátönn), 999 en Islande, 1000 en Norvège (Óláfr Tryggvason) et environ 1100 en Suède. De la même manière, comme on l'a évoqué, une identique passion de la juridiction et de la codification, un type semblable de législation reposant, celle-là sur la compensation, celle-ci sur le bannissement et la proscription — la peine de mort n'existant pas —, rassemble le Nord. On dira encore qu'une culture pratique de type similaire règne partout : dans l'habitat, l'habillement, la nourriture, l'outillage, l'armement. Et malgré d'inévitables nuances dans le temps et dans l'espace, les mêmes préoccupations littéraires, essentiellement centrées sur l'Histoire, et les mêmes réalisations artistiques, à mi-chemin entre réalisme animalier et semi-abstraction géométrique, déjà signalées dans les pétroglyphes de l'âge du bronze, se manifestent partout.

Décidément, il existe bien une réalité scandinave d'une belle solidité et uniformité. Nous avons vu que rien ne serait plus absurde que de la qualifier de « barbare ». Et je répète qu'il fallait ce soubassement lointain, profond, original et divers pour justifier l'émergence du phénomène viking dans lequel nous allons maintenant entrer de plain-pied.

III

LES CAUSES ET LES PREMIÈRES MANIFESTATIONS DE L'EXPANSION VIKING

Pourquoi est-ce précisément à la fin du VIIIe siècle que le mouvement viking a démarré ? C'est là une question épineuse, très discutée, où l'essentiel n'est peut-être pas encore dit. Nous allons passer en revue les causes possibles de cet événement : on verra qu'elles sont d'inégale valeur. Je voudrais seulement que l'on tînt le plus grand compte de la part du hasard et surtout du concours des circonstances.

J'écarterai d'emblée quelques causes parfois invoquées et qui sont notoirement insuffisantes ou irrecevables.

On a voulu, par exemple, insister sur le réchauffement de la température dans l'hémisphère Nord, du IXe au XIe siècle. Il aurait facilité la navigation et, par exemple, grandement favorisé la traversée entre Norvège et Islande, ou entre Islande, Groenland et Amérique du Nord. Non seulement le réchauffement en question, limité à ces trois siècles précis, n'est pas attesté, mais il semble bien que la réalité se soit située à l'inverse !

On a parlé également de grandes famines ou d'épidémies qui auraient chassé les Scandinaves de chez eux. Ces faits ne sont mentionnés dans aucun document et, surtout, au moins pendant le premier siècle de l'expansion, les vikings partaient pour revenir chez eux.

CAUSES PARTIELLES

Faisons intervenir alors quelques causes partielles — quatre au total — dont deux au moins, les deux dernières, ont dû jouer un certain rôle.

Relève d'un romantisme classé, mais il serait injuste d'en faire carrément litière, ce que l'on est convenu d'appeler l'appel de l'ouest (de l'est en ce qui concerne les varègues) [1], cette irrésistible pulsion, comme inscrite dans les fibres de l'espèce humaine (voyez la prise de possession du Far West aux États-Unis aux temps modernes), qui a pu justifier déjà, à partir du début de notre ère, des déplacements curieusement similaires à ceux des vikings : Gots et Erules vers l'est, Angles, Saxons et autres peuplades germaniques vers l'ouest. J'ai signalé, dans le chapitre précédent, qu'à peu près toutes les routes qu'exploiteront les vikings, tant maritimes que fluviales, étaient en 800 connues et fréquentées depuis longtemps. L'allure comme homothétique du mouvement ne se démentira d'ailleurs pas, même à l'intérieur des limites de l'histoire viking. Il y a d'étonnantes analogies entre la phase de la fin du IXe siècle et celle de la fin du Xe siècle, avec le même arrière-plan politique, le déroulement des opérations étant presque identique : à des attaques surprises succèdent de laborieuses tractations, en général traduites par des échanges d'otages, jusqu'au versement des rançons exigées. Dans l'intervalle, les vikings s'installent dans une île à l'embouchure d'un grand fleuve. Le fait est typique, par exemple, des attaques sur l'Elbe en 880 puis 994, ou des incursions en Grande-Bretagne à des dates comparables. Seule différence, dans le premier temps, l'affaire est menée par des bandes apparemment sans organisation alors que dans le second, les acteurs sont bien organisés et conscients du but qu'ils visent.

On ne négligera pas davantage ce qui revient à un aspect privilégié du point précédent et participe, pour nous, du même romantisme : la soif d'aventure(s) et de renom qui

---

1. Je prends l'habitude suivante : si varègue est écrit avec minuscule initiale, c'est que le mot signifie viking, mais opérant à l'est, non à l'ouest. Si je l'écris avec majuscule, je veux désigner la garde du corps du basileus.

exige audace, volonté et, éventuellement, quoique le mot n'appartienne pas aux catégories mentales des intéressés, prouesse. Un nombre impressionnant d'inscriptions runiques abonderaient dans ce sens. Avec prudence, toutefois : nous dirons que si ces inscriptions n'hésitent pas à exalter la vaillance de celui ou de ceux qu'elles commémorent, elles sont surtout sensibles au fait qu'il (ou eux) soit allé loin, au péril de sa vie, « pour acquérir des richesses ».

Il n'est pas totalement gratuit de penser que ce besoin de renom, valeur suprême de l'éthique des anciens Scandinaves, comme le disent sans ambiguïté les célèbres strophes 76 et 77 des *Hávamál* :

Meurent les biens,
Meurent les parents,
Et toi, tu mourras de même ;
Mais la réputation
Ne meurt jamais,
Celle que bonne l'on s'est acquise.

Meurent les biens,
Meurent les parents,
Et toi, tu mourras de même ;
Mais je sais une chose
Qui jamais ne meurt :
Le jugement porté sur chaque mort.

exprimé de la sorte par des entreprises périlleuses [2], ait eu en dernier ressort une justification religieuse. De telles expéditions auraient constitué des rites d'initiation du jeune guerrier : ainsi s'expliquerait l'énigmatique « ver sacrum » (printemps sacré) dont parle Dudon de Saint-

---

2. La question est seulement de savoir si, sauf exceptions, elles l'étaient vraiment. Il ne faut pas prendre l'énergie certes peu commune qu'exigeait une incursion viking pour une prouesse quasi surhumaine. Ces navigateurs hors pair suivaient des itinéraires bien balisés, au moins dans leur tradition, la véritable aventure, le saut réel dans l'inconnu ne furent pas souvent leur fait. Il ne faut pas les confondre avec les grands Norvégiens des siècles derniers, Nansen ou Amundsen. Il paraît établi que si les vikings se sont rendus capables d'incursions aussi extraordinaires que celles qui seront décrites dans la suite du présent chapitre, c'est par tâtonnements et approximations successifs.

Quentin, source peu sûre, toutefois. Je n'y crois pas, n'ayant trouvé aucune référence, même voilée ou implicite, à l'aspect religieux de telles pratiques. Je crois plutôt, et plus platement, que de tels voyages faisaient partie des « humanités » du jeune homme [3], me rappelant aussi que l'adjectif heimskr signifie à la fois « casanier » et « stupide » !

C'est pourquoi je ne me sens pas tenu de suivre L. Musset sur ce point. Disons-le et répétons-le, l'idéologie de l'exploit guerrier ne m'apparaît pas au premier plan des préoccupations du viking. Et je tiens à réfuter radicalement l'argument religieux, fondé sur on ne sait quel prosélytisme odinique (à supposer que l'on tienne à faire de lui un dieu guerrier, aspect hautement fantaisiste, Óđinn [4] patronnerait la ruse, la cautèle et certainement pas le brillant fait d'armes). Une fois de plus, il importe de ne pas prendre les affirmations des sagas légendaires (fornaldarsögur), tout imprégnées de modèles classiques ou bibliques, pour des vérités historiques. Cela n'exclut pas, parfois, un antagonisme religieux dirigé contre le christianisme. Mais j'insiste sur le fait que le paganisme scandinave — et j'espère bien, ce disant, bouleverser ces idées si bien reçues qu'elles paraissent inexpugnables — ne privilégie nullement la seconde fonction dumézilienne (la martiale).

L'argument qui invoque une surpopulation du Nord responsable de l'exode massif et régulier de ses forces jeunes exige que l'on s'y arrête, tout fantaisiste qu'il soit, lui aussi. Il s'agit là d'une croyance ancienne et bien ancrée, puisque Jordanes (VIe siècle), dans sa *Getica*, présente le Nord, formule qui n'a pas fini d'impressionner, comme l'*officina gentium*, la *vagina nationum* (l'officine des peuples, la matrice des nations). L'honnête clerc got avait dû être impressionné, comme ses contemporains, par le mouvement incessant, assimilable à un déferle-

3. Cela nous est assez clairement suggéré, à propos de Gunnarr de Hlíđarendi, dans la *Saga de Njáll le Brûlé*, chapitre 28.

4. J'ai tenté une synthèse de la question, précisément pour remettre à sa juste place sa prétendue fonction martiale, dans *Festschrift für Oskar Bandle*, herausg. v. Hans-Peter Naumann, Basel, 1986 : « Óđinn d'après Saxo Grammaticus et les sources noroises : étude comparative », pp. 143-158.

ment, des peuplades germaniques dans toute l'Europe des grandes migrations. Si pauvre que soit son sol, et si maigres ses ressources — choses, d'ailleurs, qu'il resterait à démontrer —, la Scandinavie, qui ne totalise, aujourd'hui, que dix-huit millions d'âmes, n'a jamais pu être « surpeuplée ». Il est vrai que la polygamie (entendons par là le fait qu'un homme puisse avoir légalement, outre son épouse légitime, un certain nombre de concubines), génératrice de familles nombreuses, et les lois de l'héritage qui imposaient de transmettre à un seul héritier le domaine patrimonial insécable (óđal) ont pu obliger les laissés-pour-compte à chercher fortune ailleurs, voire à s'exiler. La toponymie révèle qu'en Norvège, à partir du VIIIe siècle, l'habitat se développe, et tout donne à penser que le Nord a connu une forte expansion démographique précisément dans les trois siècles vikings, au point que l'on peut se hasarder à dire que, vers 900, tout l'espace habitable ait été utilisé.

Ces arguments demeurent cependant insatisfaisants. Pour pallier l'insuffisance de ressources, on aurait facilement pu intensifier la pêche (en Norvège), multiplier les défrichements (en Suède). Et le fait est — nous l'avons déjà signalé — que les vikings revenaient chez eux, incursions faites. En tout état de cause, leur nombre réellement limité n'aura jamais pu donner au phénomène une allure d'exode. On répliquera qu'après un siècle de tâtonnements, il est évident qu'un des buts de leurs déplacements sera l'acquisition de terres nouvelles (Islande ou Groenland) ou la colonisation pure et simple (Danelaw et Normandie, par exemple) : quand ils ne se sont pas emparés d'un territoire par la force, ils faisaient fructifier leur capital par le commerce ou volaient de l'argent par pillage pour acquérir biens et terres chez eux. La remarque, toutefois, ne vaut que pour la Norvège et le Danemark, mais pas pour les Suédois qui semblent n'avoir jamais été que des commerçants. Et elle ne concerne le phénomène qu'à ses débuts, avec toutes les réserves qui, même là, s'imposent. On ne peut donc tenir cet argument que pour une cause secondaire.

Les causes de politique, tant intérieure qu'extérieure, méritent une attention plus soutenue. Il semble qu'à partir des premières décennies du IXe siècle, de violentes querelles intestines aient agité la Norvège et le Danemark.

Même si nous savons qu'il n'y a pas lieu de suivre Snorri Sturluson pour lequel l'émigration de bon nombre de chefs norvégiens vers l'Islande aurait été due à la volonté de ne pas subir la tyrannie de Haraldr hárfagri [5], il n'est pas déraisonnable de considérer que les premiers vikings aient été des révoltés contre un roi ou un chef plus fort qu'eux [6], ou des mécontents dépossédés de leurs biens, ou encore des bannis ou proscrits que, si l'on suit les sagas islandaises, suscitaient les innombrables procès de ces peuplades particulièrement chicanières [7]. Ils partaient, en somme, pour s'emparer à l'étranger des richesses dont ils étaient frustrés sur place. Ils revenaient s'imposer, forts de leurs acquis, non seulement en biens mais aussi en hommes ce qui est poser le problème des « esclaves » dont je traiterai plus loin. Certes, ces vues peuvent pécher par excès de sentimentalité, en quelque sorte. Il faut ajouter pourtant que le phénomène a pu se doubler d'une rivalité de clans (j'hésite à écrire : de classes, la notion échappant notoirement à ces sociétés). Nous avons vu l'importance capitale de la famille. Les défavorisés, les non-nantis ont pu se sentir comme obligés de partir pour éviter l'intolérance, l'oppression (le déshonneur), venues de clans rivaux plus fortunés. Après tout, il n'y a pas de raison de révoquer, sur ce point, le témoignage de la *Sturlunga saga*, déjà évoquée, qui pourrait appliquer au microcosme islandais un état de choses propre à toute la Scandinavie. Et puis : quelle que soit la modestie qu'il faut affecter à la notion scandinave de « roi », nous sommes en sociétés incontestablement indo-européennes. Le chef, le jarl, le hersir, le « grand bóndi », le « roi » doit être riche, il est réellement « seigneur des anneaux » [8] d'argent ou d'or qu'il porte au bras et qu'il brise pour les distribuer généreusement à ses sujets. La libéralité fait

5. Voir la pénétrante étude de Ph. Sawyer : « Harald Fairhair and the British Isles » dans *Les Vikings et leur civilisation*, R. Boyer éd., Paris, Mouton, 1976, pp. 105-109.

6. On pourra en saisir au moins le principe dans les premiers chapitres de la *Saga d'Egill fils de Grímr le Chauve*.

7. Ce serait ainsi qu'Eiríkr le Rouge aurait fini par s'embarquer à la découverte du Groenland.

8. En fait briseur d'anneaux, ou distributeur d'anneaux, hringbroti ou hringdrifi, ce sont des kenningar scaldiques banales pour : prince, roi.

partie intégrante de la notion. Le roi doit pouvoir récompenser ses suivants. Il lui faut donc sans cesse songer à acquérir ces richesses qu'il prodigue s'il veut, non seulement coïncider avec sa définition, mais simplement se maintenir dans ses fonctions. Car s'il y manque, il court le risque de la destitution, voire de la mort. C'est pour moi l'explication la plus simple d'une notion qui a donné lieu à une littérature aussi mauvaise que facile, celle de « roi sacré » élu par ses pairs pour assurer à ses sujets année féconde et paix (ár ok friđr), et que l'on dépossède ou même sacrifie impitoyablement s'il y manque [9]. On admet sans peine, par conséquent, qu'il ait dû constamment trouver des ressources, notamment par négoce ou par prédation. Citons le chapitre 24 de l'*Ynglinga saga* où il est question du roi Jörundr qui régna à (Gamla) Uppsala : « Il gouverna le pays et fut souvent, en été, en expéditions guerrières (í hernađi). Chaque été, il allait avec son armée jusqu'en Danemark. »

Ces données se conjuguent souvent à des menées politiques qui ne sont pas le fait des Scandinaves et que l'on aurait tort de négliger. Michelet le premier a vu que les vikings s'engageaient souvent comme mercenaires au service de chefs étrangers, moyennant rémunérations substantielles, et qu'il leur arrivait même, dans ce cas, de devoir combattre les uns contre les autres. Insistons à nouveau : leur unique but était de se procurer de l'argent ; tous les moyens étaient bons. Voyez ce qui se passe en Aquitaine quand, autour de 850, ayant harcelé les côtes du sud-ouest de la France et du nord-ouest de l'Espagne, des Danois (sans doute) pénètrent dans la Garonne et viennent piller Toulouse. Il se trouve que la région souffrait d'une guerre civile entre Charles le Chauve et un certain Pépin qui voulait devenir roi indépendant de l'Aquitaine : il paraît établi que ce Pépin s'est servi d'eux pour parvenir à ses fins [10].

Cela pose le redoutable problème, que nous ne ferons qu'effleurer ici, du mercenariat étranger, des transfuges,

---

9. Voir comment Snorri Sturluson, dans son *Ynglinga saga*, s'efforce d'interpréter de la sorte ce qu'il pense lire dans l'Ynglingatal de Þjóđólfr des Hvínir : ainsi, le cas de Dómaldi, au chapitre 15.

10. *Annales de Saint-Bertin* pour 855 et 858.

etc., qui a sans le moindre doute joué un rôle important dans l'histoire viking. Un exemple suffira : il vient d'Irlande et concerne les Gall-Gaedhil (les « Irlandais étrangers ») qui ne peuvent guère s'appliquer qu'aux Norvégiens, à moins que ce ne soient des Irlandais renégats qui, après avoir rejoint le chef viking Turgeis, auraient fini par avoir leur propre armée et, disent les textes irlandais, « étaient les pires de tous les " étrangers " ». Il est fort possible qu'ils aient formé un corps mixte, partie scandinave, partie celte, hommes à toutes mains au service de qui les rétribuerait le mieux.

Il faut donc certainement tenir compte de ces éléments de caractère politique pour juger du phénomène dans son ensemble.

Néanmoins, les quatre causes qui viennent d'être recensées pèchent toutes par insuffisance. Venons-en maintenant aux

CAUSES DÉTERMINANTES

J'en vois trois, d'égale importance, que, pour assurer la cohésion de l'ensemble, je présenterai sous leurs diverses faces en intercalant aux moments qui me paraîtront opportuns les éléments proprement historiques du sujet. Soit : l'absence d'opposition sérieuse aux menées scandinaves ; les diverses supériorités techniques dont les vikings ont pu se prévaloir, au premier rang desquelles se place leur fameux bateau ; et les nécessités du commerce qui sera resté, de bout en bout, leur préoccupation majeure.

Absence d'opposition sérieuse

Je passerai vite, parce que la question est bien connue, sur ce qui demeure la cause essentielle du succès des vikings : l'absence d'opposition sérieuse que leur offrit l'Occident. L'Écosse, l'Irlande, le Pays de Galles, l'Angleterre et, à partir de 840 surtout, l'Empire franc étaient tout à fait incapables d'une résistance cohérente. Désorganisés, démembrés, divisés par d'incessantes rivalités intestines, les territoires de l'Empire carolingien en pleine décomposition étaient hors d'état d'adopter un front commun. Que des marchands énergiques et audacieux, bons observateurs aussi, et sachant qu'un bon coup d'épée à tranchant double se révèle souvent beaucoup plus efficace que de longues palabres et transactions, en viennent à constater qu'aucune résistance sérieuse ne s'est présentée là où ils se sont laissés aller à substituer la force, la ruse aux francs échanges, et le mouvement s'institutionnalise.

Charlemagne, rappelons-le, meurt en 814, non sans avoir entrevu, selon un célèbre passage d'Alcuin, le danger que représentaient les vikings. Son fils Louis le Pieux (mort en 840) essaie bien, avec une belle prescience des conséquences à long terme de ce fait, de christianiser le Danemark et de contenir les pirates. Mais il doit faire face, avant sa mort, aux rivalités qui déchirent ses trois fils, Lothaire, Louis le Germanique et Charles le Chauve : c'est le moment où se produit la dissolution de l'Empire franc. Il n'est pas fortuit que ce soit à l'automne de 833, alors que Louis le Pieux est déposé par ses fils, que les Scandinaves passent aux grandes entreprises : ils déclenchent leur première grande attaque sur Dorestad en été 834, puis sur Sheppey, Anvers, Witla, infestent la Manche en 836, année où la communauté de Noirmoutier est forcée d'abandonner son monastère. Louis le Pieux reprend le pouvoir en 834 pour être re-couronné en 835, mais il meurt cinq ans après.

La suite est connue : les dissensions entre fils de Louis le Germanique et enfants de Charles le Chauve, puis les tergiversations de Charles le Simple, dont il y aura lieu de reparler. Pourtant, Louis le Pieux ne manquait pas de discernement : dès 837, il avait compris qu'un des moyens efficaces de résister était de construire des forts aux endroits névralgiques et il s'était mis en devoir d'exécuter ce plan (qui réussira si bien à Alfred de Wessex). Mais le chaos qui allait s'instaurer après lui rendait pour ainsi dire caduques d'avance de telles mesures. On sait, en effet, que les trois fils de Louis le Pieux finiront par conclure leurs guerres par le célèbre traité de Verdun (843), après l'écrasement de Lothaire à Fontenoy. Aux termes de ce traité, Lothaire gardait le titre d'Empereur, l'Italie, la Bourgogne et les territoires allant jusqu'à la

Frise et la mer du Nord. Tous les territoires situés à l'est allaient à Louis le Germanique, ils comprenaient donc la Bavière, la Thuringe, la Franconie et la Saxe. Ceux de l'ouest revenaient à Charles le Chauve : approximativement, la France actuelle entre l'Atlantique et une ligne qui suivrait le Rhône, la Saône, la Meuse et le Rhin, plus l'Espagne jusqu'à l'Ebre. Mais la Bretagne, d'une part, et l'Aquitaine, de l'autre, cherchaient à s'émanciper.

Il n'est pas nécessaire de souligner une fois encore l'extrême vulnérabilité de cet « empire », de surcroît constamment travaillé par des querelles internes, et donc la présence de plus en plus fréquente et efficace des vikings sur ce « front » aux dimensions démesurées.

En revanche, partout où règne un pouvoir fort — chez les musulmans, dans l'Empire byzantin —, partout où un roi résolu — Alfred de Wessex, Brján Boru ou même, en territoire franc, le roi Louis III qui inflige une défaite prononcée aux vikings à Saucourt, à l'embouchure de la Somme, en 881, ce qui lui vaudra un poème de louanges que nous avons conservé, le *Ludwigslied* — décide de faire le maximum pour résister, les vikings n'insistent pas. Ils se cantonnent dans le négoce ou ils vont chercher fortune ailleurs.

Ces remarques sont d'une telle évidence, si faciles à vérifier aussi qu'en vérité, je ne parviens pas à comprendre que même la recherche moderne s'obstine à reprendre en chœur les lamentations des moines du Moyen Âge sur la terreur de l'Occident, le fléau de Dieu, les cruels païens venus du nord. Lisez les témoins arabes : ils s'intéressent en ethnologues, pourrions-nous dire, à ces étrangers que sont les Scandinaves. Notez les curiosités du roi Alfred nommé plus haut : les vikings le retiennent pour les extraordinaires voyages maritimes dont ils sont capables (Wulfstan, Ohtere). Suivez Nestor : il apprécie les qualités d'organisation et d'administration des rūs. Où est la terreur des moinillons plumitifs de nos couvents incendiés ? Où, le désespoir hyperbolique et si bien imagé des Irlandais ?

Tant il est patent que si nous avions eu, à la place d'un Charles le Chauve ou d'un Charles le Gros, entre autres, un gouvernant déterminé à réagir, le *furor Normannorum* n'aurait tout simplement pas existé !

Quelques supériorités techniques

Je m'attarderai davantage sur un certain nombre de supériorités techniques dont le caractère me paraît avoir été décisif : le bateau, l'armement, l'organisation pratique et la tactique.

Le bateau avant tout [11] et la science de la navigation qui, à la fois, le suscita et l'exploita. Il ne fait guère de doute que ce fut, pour l'époque, une sorte d'« arme absolue », bien qu'il ait été, faut-il le dire, hors d'état de défier une résistance efficace (garde-côtes, fleuves barrés par des chaînes, etc.). Nous avons suivi quelques-unes des étapes qui auront mené à son achèvement : il semble qu'il n'ait atteint son état de perfection (comme dans les spécimens de Gokstad, Norvège, ou de Skudelev, Danemark) que vers le milieu du IXe siècle. Certains des problèmes qu'il pose ne sont toujours pas résolus. Par exemple, puisqu'il est clair qu'il n'est devenu « opérationnel » qu'à partir du moment où il s'est équipé d'une voile, et que, nous le savons, ses caractéristiques essentielles étaient fixées longtemps avant 800, on ne voit pas pourquoi la voile ne fait pas son apparition plus tôt : est-ce le résultat du commerce avec l'Occident et l'imitation des bateaux courants en Méditerranée ? Aurait-il été utilisé, dans la Baltique, dès le VIIe siècle par amélioration de la cogue frisonne à fond plat ? Comment se dirigeait-il ? À quelles traditions remontent les techniques de fabrication, d'une étonnante subtilité dans les détails, qui l'ont rendu exceptionnel ? Et ainsi de suite... Il est clair qu'entre la grande barque de Nydam (IVe siècle) déjà mentionnée et le knörr classique, l'apparition d'une quille d'un seul tenant et celle d'un mât porteur de la voile — les trois éléments

---

11. La bibliographie, on s'en doute, est immense, surtout du côté scandinave. Il est difficile d'opérer un choix. Je crois pourtant que les meilleurs ouvrages sont ceux du Danois Ole Crumlin-Pedersen : *Das Haithabu-Schiff* (*Berichte über die Ausgrabungen in Haithabu 3*, Neumünster 1969 ; ou, en collaboration avec O. Olsen : *The Skuldelev ships* I, 1958, II, 1967. Sinon : A.W. Brøgger et alia : *Osebergfundet* I, 1927, II, 1928 ; H. Shetelig : *Tuneskibet*, Kristiania, 1917. Voir aussi les articles du *KLNM* « Skeppsgård », « Skibstyper », « Skipreide », « Skipskost ». En français enfin, une étude sérieuse dans le numéro 30 de la revue *le Chasse-marée*, 1987, pp. 16-45.

étant étroitement liés — ont été décisives. Le knörr ou son ancêtre direct circulait déjà dans la Baltique pour y transporter des marchandises un bon siècle avant Lindisfarne : on a signalé au passage les bateaux à rames et à voile au gréement complexe qui sont figurés sur les grandes pierres de Gotland (VIe-VIIe siècles).

À partir du célèbre bateau de Gokstad, découvert il y a un siècle et que l'on peut admirer, magnifiquement mis en valeur, au musée des bateaux vikings de Bygdøy, près d'Oslo, on peut donner un rapide aperçu de la question.

Ce bateau mesure 23,3 mètres hors tout, sa plus grande largeur est de 5,25 mètres, sa hauteur, de la quille au bordage, 1,95 mètre. Il pèse 9 tonnes en poids mort, 18 en charge. Point important : il n'admet, au grand maximum, que 70 hommes. Autre détail majeur, son tirant d'eau est de 90 à 95 centimètres, ce qui le rend capable de naviguer sur pratiquement n'importe quelle voie d'eau : mer, lac, mais aussi rivière d'une profondeur ridicule.

Il est normalement en chêne, le gréement et les rames (qui mesurent de 5,3 à 5,8 mètres de long et qui peuvent se rentrer de l'intérieur dans l'esquif, les trous de rames ayant une forme telle qu'ils admettent le passage du manche de la rame et de sa pale) sont en pin, le choix de ces deux bois n'étant pas exclusif. Les planches du bordage sont montées à clins, c'est-à-dire qu'elles se recouvrent partiellement l'une et l'autre comme les tuiles d'un toit ; elles sont rivetées par des chevilles de bois ou clouées et calfatées par des racines trempées dans le goudron. Comme la quille, en forme de T, est d'un seul tenant, l'ensemble est d'une souplesse, d'une légèreté et, mieux encore, d'une élasticité extrêmes. C'est un bateau qui n'affronte pas directement la lame, il l'épouse, il se plie, en quelque sorte, à ses sollicitations, impression saisissante pour qui a eu l'occasion de naviguer à son bord : en un sens, le nom de « serpent » qui sera donné, par image, à certains de ces esquifs, leur convient parfaitement. Sa vitesse maximale était d'environ dix nœuds, mais comme ce bateau n'était pas ponté, la vie, dans l'entassement des hommes, des marchandises et, on va le dire, des chevaux, n'y était pas des plus confortables.

On insistera sur le mât, de 10 à 13 mètres de long (il faut aller chercher en Amérique du Sud, aujourd'hui, des conifères d'une taille suffisante pour fournir de tels mâts [12]). Un trait génial contribue considérablement à l'« élasticité » notée plus haut : ce mât est fixé à la coque par une curieuse pièce de bois en forme de poisson, qui lui assure un jeu dans le sens longitudinal et latéral. De la sorte, mât et voile ne résistent pas carrément au vent mais auraient, eux aussi, tendance à l'épouser. La voile elle-même, rectangulaire, de 11 mètres de large, un peu plus longue que large, est faite de longs lés verticaux, de couleurs différentes, cousus bord à bord, dans cette grossière et extrêmement solide étoffe de bure appelée vaðmál. Avec sa proue et sa poupe relevées et quasi symétriques, ses formes harmonieuses aux arrondis parfaits, que l'on a comparées à des hanches de femme ou à des cols de cygne, les boucliers ronds peints de couleurs vives accrochés le long de chaque bordage, sa figure de proue sculptée à l'image d'un animal ou d'un monstre adroitement stylisés (elle était destinée, semble-t-il, à effrayer les esprits tutélaires ou landvaettir du pays où l'on abordait afin d'assurer le succès de l'expédition, ce pourquoi on l'enlevait, puisqu'elle était amovible, en abordant chez soi ou en territoire ami), ce bateau avait fière allure. Il demeure impressionnant à contempler, sur fond de fjord limpide ou de mer agitée. Il était doté encore d'une ancre élaborée.

Sa capacité de manœuvre reste exemplaire. Il pouvait virer lof pour lof en quelques minutes. Cela tient à un autre de ses caractères originaux, le gouvernail, une simple rame à manche court sur lequel s'articulait à la perpendiculaire une barre, et à pale très large, fixé par une attache de cuir à tribord arrière : ainsi, ce bateau pouvait se mener d'une seule main [13]. Évidemment, cette petite merveille technique avait tout de même ses défauts. Très large et bas de bordage, le knörr ou ses variantes embarquaient beaucoup d'eau, ce qui fait que l'équipage avait fort à faire à écoper. De plus, il n'était pas ponté, ce qui rendait la vie à bord difficile, les hommes

12. Comme on le sait, les Scandinaves tentent de temps à autre de rééditer les prouesses de leurs lointains ancêtres. On a pu ainsi, dans les dernières années, voir le *Saga Siglar* ou le *Roar Ege* faire le tour du monde.

13. Voir Th. Ramskou : *Solstenen. Primitiv navigation i Norden før Kompasset*, København, 1969.

devant vivre dans une grande promiscuité, de même que parmi la cargaison, les bagages, les vivres, les fûts d'eau (relativement) potable et, d'aventure, les chevaux ou le bétail. Ce n'était vraiment pas une partie de plaisir que d'exécuter une traversée allant de Björgyn-Bergen à Reykjavík. Enfin, ce bateau ne remontait pas au vent, il lui fallait donc attendre un vent favorable pour démarrer, motif fréquemment évoqué dans les sagas et, on le devine, source de bien des contrariétés !

Reste que nous ne savons rien sur les moyens dont disposaient ces prodigieux navigateurs pour se diriger. Il est évidemment puéril de parler d'instinct prodigieux ou de Dieu sait quel dispositif inconnu. Il va sans dire qu'ils ne connaissaient pas la boussole. On a fait grand bruit autour du sólarsteinn (pierre solaire), un cristal réputé capable d'indiquer la position du soleil même par temps couvert : tout donne à penser qu'il ne s'agissait que d'une pierre précieuse, estimée en tant que telle dans certains de nos textes. Il se peut que les Scandinaves aient eu une connaissance particulièrement fine de l'astronomie, un texte islandais vante à cet égard un certain Stjörnu-Oddi (Oddi à l'étoile) vivant au XIe siècle. Cela ne saurait valoir pour les déplacements diurnes. Une baguette graduée découverte à Canterbury, des tables de comput qui pourraient passer pour des tables d'azimuts et qui comptent parmi les plus anciens fragments de parchemin retrouvés en Islande, un cadran gradué (peut-être) trouvé au Groenland et reconstitué ne nous renseignent pas davantage. L'étude des courants marins, qui intéressa la recherche un certain temps, notamment à propos de la navigation entre Groenland et Vinland, a été abandonnée : ces courants, notoirement, se modifient d'un âge à l'autre et l'on ne peut rien inférer de sérieux de leur configuration présente. La présence de girouettes, dont certaines sont des objets d'art, au sommet du mât, donne à penser que les Scandinaves étaient très attentifs à la marche des vents. Pour le reste, peut-être se montraient-ils observateurs avertis du vol des oiseaux, des déplacements des bancs de poissons, ou encore très instruits d'une tradition orale détaillée et pratique concernant les itinéraires à suivre. Il n'empêche que si, dans l'ensemble, leur navigation revient surtout à du cabotage, des côtes de la Scandinavie à Byzance, par exemple, en suivant au plus près le littoral de l'Europe de l'Ouest, puis de la Méditerranée, si, pour la « route de l'est », la navigation fluviale et lacustre ne pose pas de problèmes particuliers, s'embarquer de Björgynn-Bergen pour ce qui sera un jour Reykjavík, même en « sautant » d'île en île, est une extraordinaire prouesse. Or, les sagas en témoignent à l'envi et sans emphase, une pareille traversée était, dans un sens comme dans l'autre, monnaie courante et ne demandait qu'une douzaine de jours. Il faut nous résigner, dans l'état présent de nos connaissances, à confesser notre ignorance puisque, s'il arrive parfois que des navires soient déroutés, en règle générale, ils parviennent à bon port, apparemment sans difficultés !

Mais enfin, la conjonction de la voile, de la quille profonde, de la rame et du gouvernail que l'on a décrits explique la rapidité, la souplesse, la maniabilité du bateau viking. Il était capable d'aller partout. On ajoutera qu'il se prêtait, pour les modèles les plus petits, au portage à dos d'équipage — ainsi sur certaines portions de la Route de l'Est — et que les Scandinaves savaient le déplacer, en terre ferme, sur des rondins qu'ils embarquaient au départ. Le fait qu'il se propulse indifféremment à la voile, à la rame, ou les deux ensemble, justifie ses déplacements par tous temps. Et ses nombreuses qualités techniques trouvent une illustration immédiate dans le fait qu'une bonne part du vocabulaire nautique français, anglais, irlandais, etc., est d'origine scandinave : beitiáss devient bitte, festr, fesse, húna, hune, höfuđbenda, hauban, rif, ris, stag, estac, skip, esquif, snekkja, esnèque, etc. [14].

Cela dit, il existait plusieurs types de bateaux vikings [15]. Liquidons d'abord sans appel l'absurde et monstrueux mot français drakkar [16]. Comme, en dépit de tout bon sens, il est en passe d'entrer définitivement dans notre langue, je préciserai qu'il ne se justifie pas d'un point de vue lexicologique, ni grammatical. J'ai parlé plus haut de la figure de proue. Il arrivait que ce fût une tête de dra-

14. Voir les ouvrages de A. Jal, notamment son *Glossaire nautique*. I-II, Paris, Didot, 1848.

15. Le détail en est donné dans l'article « Skibstyper » du *KLNM*.

16. Dont je ne suis jamais parvenu, malgré mes efforts, à découvrir l'origine, si ce n'est que le mot doit certainement remonter à l'époque romantique.

gon, vieux norois dreki, et que, par métonymie, l'on désignât le bateau par cette figure de proue. Donc : il embarqua sur son dreki (son dragon [17]). Mais il est absolument impossible de passer de dreki à drakkar (avec ce premier a, ces deux k et cette terminaison).

Le bateau viking type s'appelle knörr, avec de menues variantes de taille ou de destination : skeiđ, snekkja, termes plus généraux langskip (long bateau) ou hafskip (bateau de mer). S'il est plus petit, c'est une eikja (une sorte de petit bachot) ou une ferja (bachot plus large, voyez ferry). Un cotre est une skúta, une barque ou chaloupe, bátr. Semblent avoir été plus expressément réservées au transport de marchandises des nefs plus grosses et plus lourdes comme, outre la ferja déjà nommée, le byrđingr (idée de fardeau, byrđr), le kuggr (sur la cogue frisonne), terme d'ensemble kaupskip, bateau (skip) marchand. Le karfi, comme la skúta, pourrait avoir désigné un bateau à tout faire, en quelque sorte. Il arrive aussi que l'on caractérise ces esquifs par le nombre de leurs bancs de rameurs, soit sexoeringr (six-rames), tólfoeringr (douze-rames), fimtánsessa (quinze bancs de rameurs), etc.

Les sagas le prouvent : d'une part, un bateau représentait une petite fortune — on s'associait souvent à plusieurs pour en financer la construction —, d'autre part, il faisait, légitimement dira-t-on, la fierté et l'admiration de tous. Des réussites comme le *Long Serpent* (*Ormr inn langi*) du célèbre roi norvégien Óláfr Tryggvason sont l'objet de descriptions et d'appréciations comme amoureuses [18] : il était, au demeurant, artistement sculpté et doré [19]. Les techniciens modernes continuent de s'émerveiller devant ces splendeurs à la fois esthétiques et fonctionnelles.

Un détail encore, qui doit absolument retenir l'attention. Les dimensions et les caractéristiques du knörr et de ses variantes le rendent impropre au transport de personnes en nombre — l'équipage moyen va de 40 à 70

---

17. Ou sur son « serpent », ormr, son « vison », visundr, son « bélier », hrútr, etc.

18. Dans la saga de ce roi, voir en particulier le chapitre 88.

19. Comme le bateau d'Oseberg dans le même musée que celui de Gokstad, mais ce n'était pas un esquif en état de naviguer, c'était un bateau-tombe, d'où, sans doute, le luxe de ses sculptures.

hommes —, ainsi que de marchandises lourdes en grandes quantités. Il ne se prête qu'à l'embarquement d'objets de luxe, peu encombrants. Le lecteur voudra bien garder ce fait en mémoire. En outre, du fait des difficultés de sa réalisation technique, et donc de sa valeur marchande, il ne pouvait donner lieu à une fabrication « en série ». Les hyperboles, irlandaises ou franques, sur les flottes immenses de vikings sont simplement impensables. Enfin, et c'est un point sur lequel on n'attire pas assez l'attention, la tapisserie de la reine Mathilde, à Bayeux [20], nous le prouve, les vikings embarquaient volontiers des chevaux. Sagas à l'appui, encore une fois, c'étaient d'excellents cavaliers, nourrissant pour le cheval une passion qui paraît avoir daté de fort longtemps : il n'est que de voir les brides décorées, les éperons ouvragés, les étriers hautement élaborés et les splendides selles peintes ou ornées qu'a découverts l'archéologie. Ces montures étaient ferrées, normalement et aussi à glace. Précisons qu'en Scandinavie, c'étaient de petits chevaux, disons des poneys de bonne taille comme ceux qui existent toujours en Islande. Le transport de ces montures faisait normalement partie du voyage : elles permettaient ces coups de main, ces raids éclair qui deviendront très vite la spécialité des vikings. Et s'ils n'en transportaient pas au départ de Scandinavie, leur premier soin était d'en rafler sur place pour les utiliser.

J'ai parlé en ouvrant ce développement d'« arme absolue ». Il est certain que les contemporains des vikings ont vu de la sorte le bateau en question : surgissant brusquement à belle vitesse, manœuvrant avec une confondante dextérité et rapidité, capable de passer n'importe où et de défier toute poursuite, reparti avant toute possibilité d'intervention, il était propre, assurément, à susciter la terreur. Il n'est pas besoin d'une imagination débridée pour concevoir aussi qu'une fois conscients des capacités de ce véhicule, et devenus experts dans son maniement, les

---

20. Un excellent document sur le bateau viking, présentation d'ensemble comme détails de construction. Voir notamment, dans le volume de la collection Zodiaque sur *la Tapisserie de Bayeux et la manière de vivre au onzième siècle* de Simone Bertrand, La Pierre-qui-Vire, 1979, les planches 8-9, 10-11, 12-13, 54, 68-69, 72 à 74 et surtout, pour ce qui nous concerne ici, 82-83 et 86-87.

vikings en aient largement usé. Par quoi l'on se sent fondé à dire que c'est premièrement le bateau qui a fait le viking.

Il y a peut-être moins lieu de s'émerveiller, comme le font certains, sur l'armement du même viking. Ce n'est pas dire pour autant qu'il ne mérite pas l'intérêt car il était, lui aussi, efficace et fonctionnel, mais à un degré moindre que le bateau.

Nous sommes bien informés, car les codes de lois précisaient la composition de l'armement de base : en Suède, un bouclier, une lance, une épée, un casque, une cotte de mailles, un arc et des flèches ; en Norvège, une hache en plus. Notons la précision, ici consignée *cum grano salis*, que donnera, au XIIIe siècle (mais sûrement à partir d'un original plus ancien), la *Hirđskrá* (Rôle de la « maison » [du roi] norvégienne) : « Les armes sont sécurité et protection dans la guerre, honneur et distinction dans la paix, et elles représentent de bons investissements de capitaux utilisables en tous besoins susceptibles de survenir en quelque cas que ce soit. »

La hache, de fabrication locale en général, est une arme redoutable, de jet (handöx) ou d'assaut, d'ordinaire à un seul tranchant et à talon. Elle peut être large à long manche (öx víđa), avoir des « cornes », c'est-à-dire un fer courbe terminé par deux pointes (snaghyrnd), un très long manche (bolöx). Le fer est souvent rehaussé d'incrustations (mál) d'argent (silfrrekinn). Mais c'est la fameuse épée longue (environ un mètre de lame) à tranchant double qui fait la fierté de son possesseur. Pourtant, la trempe du fer laissait à désirer et les textes ne manquent pas qui nous dépeignent les combattants obligés de redresser la lame sous leur talon pendant les pauses. C'est pourquoi les meilleures étaient importées de Rhénanie et orgueilleusement signées de leurs fabricants (Ulfbehrt, Inglerii). La poignée, d'une bonne dizaine de centimètres, délimitée en général par deux gardes plates parallèles (hjölt), est tout à fait caractéristique, encore que la garde supérieure admette diverses sortes de variantes et de décorations, de même que le fourreau. La sax, à un seul tranchant, se rapproche de la scramasaxe franque, ou du fauchard, ou du vouge, et peut être tenue pour une variante de l'épée. Quant à la lance (geirr) et à l'épieu (spjót), armes de jet et d'estoc, ils ont un fer allongé typique, en forme de losange. Ce fer était cloué au manche par des geirnaglar (clous de lance) qui avaient une valeur juridique et peut-être aussi religieuse. Ils étaient, eux aussi, adornés de mál, sur le fer comme sur le talon (aurfalr). L'arc (bógi) et les flèches (örr) semblent avoir été moins fréquents.

Quant aux armes de protection, mentionnons la brynja (broigne), une cotte de mailles à anneaux de métal entrelacés qui a supplanté la treyja ou la panzari, cuirasses de laine ou de cuir. Le casque (hjálmr) ne porte pas de cornes (cet usage remonte à des temps très anciens et avait un sens purement décoratif ou rituel), non plus que de pointes ni d'ailes ! Conique, à nasal, du type morion (stálhúfa), avec gorgerin (hálsbjörg) et protège-joues (kinnbjargar), il est souvent rehaussé de plaques de métal historiées. Pour le bouclier, il a d'abord été rond (buklari, notre rondache) avec poignée de cuir et bosse centrale, puis oblong (skjöldr, notre écu), rectangulaire, effilé dans le bas, plat ou courbe. C'était un objet de grand prix, très souvent peint ou décoré de scènes qu'à l'instar des poèmes homériques décrivent des morceaux scaldiques comme la *Ragnarsdrápa* de Bragi Boddason le Norvégien ou la *Haustlöng* de Þjódólfr des Hvínir (*ibidem*), toutes deux du IXᵉ siècle.

Une remarque importante qui ne laisse pas de dérouter : tel qu'il a été reconstitué avec une admirable précision par B. Almgren et son équipe [21], le viking en tenue de combat ne correspond absolument pas aux stéréotypes que nous véhiculons. La plupart de ses armes (l'arc surtout), ses étriers et les boutons de son habillement, voire les décorations que celui-ci porte, attestent une forte influence magyare (ces dernières peuplades déferlant d'Asie à partir du début du VIIIᵉ siècle). C'est-à-dire que le viking équipé renvoie beaucoup plus à l'image d'un guerrier oriental qu'à celle des combattants de la tapisserie de la reine Mathilde (qui, de toute manière, n'étaient plus des vikings). Le succès de leurs entreprises guerrières serait-il dû aux enseignements que certains d'entre eux (les varègues) auraient retirés de leurs contacts avec l'Orient ? Il n'est pas possible de répondre, mais la question méritait d'être posée.

---

21. Dans *Vikingen*, notamment pp. 204-205 et 229.

Je viens d'en écrire assez pour me sentir en mesure de répondre tout de suite à une question clef, souvent posée et malheureusement de façon tendancieuse : ces Scandinaves formaient-ils des sociétés de type militaire, ce qui justifierait leur succès ?

Le dilemme — guerriers ou commerçants — a déjà été brièvement esquissé. Il reprend vigueur, ici, en fonction de certaines opinions autorisées. Celle de G. Dumézil, par exemple, qui était convaincu qu'à partir du module indo-européen, les sociétés germaniques avaient évolué dans le sens militaire. Ou de textes hautement sujets à caution mais systématiquement exploités en faveur d'une idéologie classée, comme la célèbre saga, mi-légendaire, mi-historique, des vikings de Jómsborg (*Jómsvíkinga saga* [22]).

Je poserai le problème d'une manière aussi simple que possible : si les Scandinaves semblent particulièrement doués pour l'organisation, faut-il en situer la raison dans le domaine militaire, social (les notions de service et de fraternité-camaraderie jurée) ou commercial ? J'ai déjà répondu implicitement — mais l'affirmation reste à démontrer et c'est l'un des objectifs majeurs du présent livre — que l'évolution allait dans le sens commerce — guerre, et non l'inverse. Peut-on, toutefois, instruire le procès en direction opposée ? Pour s'exprimer autrement : dans quel domaine a joué, d'abord, ou par privilège, ou de préférence, le sens collectif déjà amplement signalé ?

Dire que, par nature ou par la force de l'évolution, un sens militaire a présidé à l'organisation des sociétés scandinaves induit trois notions qui vont être développées ici. Elles représentent certainement trois points d'origine différente et, fait curieux, chacune pose le problème capital de la date de son institution ou de son adoption car, dans les trois cas, il s'est pu agir d'une importation et d'une adaptation, non d'une création autochtone.

La première notion concerne les *guildes* (gildi [23]), dont

---

22. *Jómsvíkinga saga*, traduction française par R. Boyer : *la Saga des vikings de Jómsborg*, *op. cit.*, avec de nombreuses illustrations.

23. Bonne étude de synthèse dans le *KLNM*, article « Gilde », avec bibliographie détaillée dont on retiendra avant tout O.A. Johnsen : « Gildevaesenet i Norge i middelalderen. Oprindelse og utvikling » dans *(Norsk) Historisk Tidskrift*, 5 serie, V.

l'existence a donné lieu à force recherches et spéculations. Il s'agissait, certaines inscriptions runiques en témoignent, d'associations de commerçants que liaient des serments solennels et contraignants d'assistance mutuelle et de coopération. Institution fort ancienne et appelée à une longue survie : la Hanse germanique s'inscrira, un jour, dans son prolongement. Les questions qu'elle pose, outre celle de son origine, reviennent à se demander s'il s'agissait d'associations de marchands-guerriers, ou de guerriers-marchands : laquelle des deux activités avait le pas sur l'autre, la dictait, l'informait ? De plus, faut-il voir en elles des créations païennes, bien nordiques, ou chrétiennes, venues du sud ? Après M. Cahen [24], beaucoup de spécialistes tiennent pour leur spécificité antique et baltique. Il est assez tentant, en effet, de mettre la guilde en relations étroites avec la libation, rite religieux qui marquait essentiellement le banquet sacrificiel ou blótveizla (et le fait est que l'évolution sémantique du mot veizla ira dans le sens de « banquet »), lequel voulait resserrer la communauté des participants en invoquant le patronage des ancêtres défunts et des dieux (drekka minni : boire à la mémoire de... [25]). Comme ledit banquet, sagas à l'appui, s'accompagnait fréquemment de gestes fatidiques, prestations de serment difficilement réalisables [26], défense symbolique d'un « champion » pris pour parangon (mannjafnaðr), le pas à franchir est petit pour mettre ce type de prestations religieuses ou magiques en rapports directs avec un autre rite relativement bien connu [27], celui de la fraternité sacrée ou fóstbroeðralag. Les hommes qui s'étaient « liés » de la sorte étaient absolument tenus d'épouser leurs intérêts réciproques dans tous les domaines, sans distinction de spé-

24. *La Libation. Études sur le vocabulaire religieux du vieux scandinave*, Paris, Champion, 1921.

25. Le skål scandinave actuel, sur le sens skål = coupe dans laquelle on boit et qu'on lève pour porter ces toasts, descend directement de là.

26. Voir l'exemple, grossi à souhait, que donne *Jómsvíkinga saga*, *op. cit.*, note 22 *supra*, chapitres XXVII et suivants, pp. 86 et sq.

27. Il nous est présenté dans la *Saga de Gísli Súrsson* et surtout dans la *Saga des Frères Jurés* à laquelle il donne son titre. Étude détaillée dans R. Boyer : *le Monde du double. La magie chez les anciens Scandinaves*, *op. cit.*, pp. 187 et sq.

cialisations mercantiles ou martiales. Une loi stricte régissait le fonctionnement de ces guildes.

Mais après A.O. Johnsen, sensible au fait que la plupart des guildes connues de nous étaient placées sous l'égide de saints, la tendance s'est développée de voir en elles des associations aux buts avant tout pacifiques et juridiques, puisque des femmes et même des enfants pouvaient y prendre part ; armes et querelles étaient rigoureusement bannies des réunions qui se tenaient à dates fixes, chaque participant devant contribuer à l'approvisionnement. L'obligation d'entraide était la même que dans l'acception précédente. Voyez, par exemple, ce détail du règlement de la guilde du Sunnhörđaland (en Norvège) :

> Si notre frère de guilde est tué par un homme qui n'est pas lié à nous par la guilde, tous les hommes doivent aller chez celui entre les mains de qui l'affaire repose, et lui donner toute l'aide possible : ceux qui ne le feront pas seront sujets à sanction. La même chose s'applique à ceux qui vont chez le plaignant [pour l'assister], mais qui, en fait, l'empêchent d'agir, à moins qu'ils soient apparentés au meurtrier au quatrième degré ou par alliance, c'est-à-dire qu'ils aient épousé sa mère, sa fille ou sa sœur : en ce cas, ils assisteront celui des deux camps qu'il leur plaira [28].

On s'est également demandé s'il ne fallait pas établir une filiation directe entre les guildes et une institution qui leur paraît apparentée, telle qu'elle figure dans le curieux *Bjarkeyjarréttr* (droit des gens de mer de Birka, en Suède) : elle prouverait l'existence d'un ancien droit des gens de la mer, très précisément à propos de propriété communautaire, des hommes et de la cargaison, d'un bateau, et de lois spéciales qui doivent régner à bord. Là encore, nous sommes dans un domaine d'abord mercantile qui peut aisément déborder sur des considérations guerrières, non l'inverse : en somme, tout ce qu'il y aura également à dire de la notion de félag (fait de mettre en commun ses biens) que nous étudierons le moment venu.

Le problème — et il est de taille — est qu'il est malgré tout difficile de croire à une origine scandinave de ces

---

28. G. Storm : « En gammel Gildeskraa fra Trondhjem » dans *Sproglighistoriske Studier tilegn. Prof. CR. Unger*, 1896, pp. 216-217.

sociétés. La tendance actuelle serait d'aller en chercher l'origine chez les Frisons [29] ou même chez les Italiens, voire les commerçants de l'actuelle France du Sud [30]. Je crois, en tout état de cause, qu'il est difficile de reconnaître des intentions initialement guerrières aux guildes ou organismes apparentés et à leurs dispositions statutaires. Encore une fois, et l'on répétera à satiété que c'est probablement là la meilleure définition du viking, les membres des guildes étaient des marchands qui, d'aventure et à la faveur des circonstances, ne dédaignaient pas de se convertir en guerriers. Car les attendus de tous les textes que nous possédons ressortissent au négoce, au trafic, au transport et non au pillage.

Avec le complexe *drótt-hirđ*, il semble que nous entrions dans un domaine plus clair. La drótt est certainement la version nordique de la truste germanique continentale, l'antrustion étant l'homme libre qui se met volontairement au service d'un chef pour entrer dans sa garde du corps ou sa troupe d'élite [31]. L'institution était vénérable, elle est déjà mentionnée par Tacite qui parle de *comes* (*Germania* XIII, 3-5). Elle est mal attestée en tant que telle dans le Nord, sinon par des dérivés (dróttinn, seigneur, éventuellement chef de guerre ; dróttkvaett, mètre poétique utilisé par le scalde qui s'adresse à la drótt ; voir le scandinave moderne drottning, la reine), mais on peut lui comparer le mot, souvent présent dans les inscriptions runiques d'avant 1050, liđ (à laquelle appartenait tel ou tel viking mort à l'étranger et que l'on commémore), littéralement la suite, la maison d'un chef. S'agirait-il d'une garde personnelle entretenue par un prince après rites et épreuves d'initiation ? Si elles n'étaient si sujettes à caution, les fameuses lois des vikings de Jómsborg [32]

29. Voir les études de S. Lebecq, par exemple *Marchands et Navigateurs frisons du haut Moyen Âge*, I, Lille, 1983.

30. C'est la théorie aussi fracassante qu'invérifiable d'Omelian Pritsak : *The Origine of Rús*, I : *Old Scandinavian Sources other than the Sagas*, Cambridge, Harvard University Press, 1981. Il ferait venir en dernier ressort les marchands rūs de... Rodez !

31. Bon survol dans J. de Vries : *l'Univers mental des Germains*, Paris, Éditions du Porte-Glaive, 1987, pp. 79 et sq.

32. *Op. cit.*, note 22 *supra*, chap. XIV, pp. 64 et sq.

pourraient alors refléter celles de la drótt : leur idéal viril et martial ne peut faire de doute.

Hélas ! encore une fois, le fanatique du militarisme viking doit déchanter. Vers l'an mille, le terme drótt est remplacé un peu partout par un emprunt anglo-saxon, hīred, qui donnera hirð en vieux norois et s'applique à la suite d'un « roi » ou d'un jarl, suite au sens large — nous disions, à égalité d'époque, mesnie — puisque y entraient des femmes, les grands fonctionnaires, les scaldes attitrés et bien d'autres personnages que des guerriers. La hirð deviendra très vite hautement spécialisée et dotée d'une organisation interne minutieuse, de codes de lois précis (Hirðskrá, dont nous possédons plusieurs versions) qui, à vrai dire, s'ils traitent de butin, de partage du bénéfice, de la solde, s'ils attestent l'existence d'une sévère hiérarchie interne, offrent aussi des dispositions qui n'ont rien de guerrier : sur les limites d'âge, sur la présence des femmes, sur les prestations à fournir pour entrer, etc. Les textes encore plus spécialisés comme la *Vederlov* danoise (XIIe siècle) que doit probablement évoquer Saxo Grammaticus dans ses *Gesta Danorum* ou la *Hirðskrá* norvégienne (XIIIe siècle) sont nettement postérieurs à l'âge viking : ils peuvent refléter un état de fait et des pratiques qui valent pour le tout dernier avatar du mouvement viking (première moitié du XIe siècle, donc), il est difficile de pousser la généralisation au maximum.

Quelle que soit la possibilité envisagée, dans un cas comme dans l'autre, revient dans ce contexte le mot drengr, drengr góðr [33] pour désigner le membre de la drótt ou de la hirð et même, plus généralement, le viking que commémorent les pierres runiques : c'était un excellent drengr. La pierre de Hällestad (Suède) donnerait même à entendre qu'un drengr faisait partie d'une confrérie : « Les drengjar érigèrent la pierre [...] à la mémoire de leur frère. » D'une façon générale, le mot s'applique à un homme jeune, voire un garçon. Était-il chargé d'une mission spéciale dans la drótt ou la hirð,

33. La meilleure étude reste celle de S. Aakjer : « Old Danish Thegns and Drengs » dans *Acta Philologica Scandinavica* II, 1927. J'ai repris l'étude de cette notion dans *le Christ des Barbares*, Paris, Éd. du Cerf, 1987, derniers chapitres.

ou dans le bateau ? Son correspondant pour un homme d'âge mûr est þegn qui est... de l'anglo-saxon (thane). On a aussi suggéré que les drengjar étaient une adaptation des *pueri regis* latins. Ce qui paraît établi, c'est que drengr connote plutôt des valeurs morales que des notions martiales. « Drengir heita vaskir menn ok batnandi », écrira Snorri Sturluson, on appelle drengir des hommes vaillants et qui vont s'améliorant. Et de fait, le drengr est d'ordinaire le bon camarade fidèle sur lequel on peut compter, qui ne manque pas à ses engagements et qui fournit l'exemple des qualités que l'on attend d'un homme bon : le terme abstrait drengskapr finira par traduire le roman corteisie, avec toutes les qualités morales et physiques qu'il inclut, et il pourra arriver que l'on fasse du Christ le type même du drengr góđr. Il est donc difficile de tirer argument de ce terme et de ce qu'il recouvre pour voir dans les vikings des militaires. En revanche, fidélité à l'engagement pris, loyauté, honnêteté, solidarité conviennent particulièrement bien à des confréries de marchands.

Nous serons peut-être plus proches du but si nous abordons la notion de *leiđangr*, déjà entrevue, et le génie de l'administration qu'elle traduit [34]. On ne saurait trop insister sur cette idée-image tant elle paraît constitutive d'une mentalité. L'image est celle, s'en étonnera-t-on ? du bateau. Un territoire donné, relevant de l'autorité d'un même chef, était littéralement (et, bien entendu, symboliquement) découpé en fonction du bateau. L'unité minimale était susceptible de fournir un homme et son équipement (manngörđ) ; plusieurs de ces görđir procuraient le nécessaire, armes et vivres, accessoires, etc., d'un hár (ou hamna), un banc de rameurs ; plusieurs de ces « bancs » donnaient un skipreiđi (gréement total d'un bateau, skiben au Danemark, skiplagh en Suède) pour aboutir enfin à un hund qui a déjà été noté ici. Qu'il faille se défendre contre un ennemi survenant à l'improviste ou lancer une expédition, il suffisait de déclencher le leiđangr (leidung), en allumant des feux au sommet d'éminences convenues, en faisant circuler rapidement de demeure en demeure un signe classé (éventuellement, un

34. Étude de R. Boyer : « La notion de leiđangr (levée régulière des troupes dans l'ancien Nord) et son évolution » dans *Inter-Nord*, n° 12, déc. 1972, pp. 271-281.

bâton gravé de runes, runkafli) ou la « flèche de guerre », herör. En un temps très court, l'équipage d'un ou plusieurs bateaux se trouvait ainsi rassemblé en un lieu dit, avec armes et bagages, et prêt à passer à l'action.

Ici, donc, nous serions bien dans un domaine militaire, renforcé par la terminologie mi-guerrière, mi-nautique qui a pu s'appliquer aux responsables de l'ensemble du territoire en question ou de quelqu'une des subdivisions que nous avons entrevues : hersir (sur her-, l'armée, c'est un chef important), ármaðr (qui sera un intendant du roi par la suite mais désignait d'abord l'homme qui tient la rame, ár), stýrismaðr (l'homme de barre, stýri, puis le « capitaine » du bateau), etc. Incontestablement, un sens aigu de l'organisation, de la répartition des tâches et de la hiérarchie a pu présider à ces manières de constructions mentales et administratives.

Seulement, L. Musset a montré avec pertinence que le leiðangr est d'origine récente — ce que confirme Snorri Sturluson qui l'attribue au roi Hákon Aðalsteinsfóstri, vers 955, lequel Hákon, comme son sobriquet l'indique (pupille ou fils adoptif, fóstri, d'Aðalsteinn-Athelstane), entretenait des relations étroites avec l'Angleterre — et probablement anglo-saxonne. Ce qui fait que l'on ne peut tenir la pratique du leiðangr pour une institution réellement viking. Cela ne préjuge pas, certes, du génie de l'organisation signalé, non plus que de la permanente association du bateau à toutes les activités humaines dans le Nord, mais nous voici ramenés à nos incertitudes sur les finalités militaires de tous les phénomènes que nous sommes en train d'étudier. Revenons-y : le bateau est au point de départ, et tout est dit. Son utilisation dépend de la conjoncture. Rien n'autorise à affirmer qu'il était destiné à la guerre plus qu'au commerce.

Il faut revenir sur l'incitation anglo-saxonne parce qu'il convient, pour être complet dans l'analyse de la question capitale qui nous retient ici, de parler des fameux *camps et fortifications* sur le compte desquels on a tant écrit [35].

Je ne veux pas parler des fortifications, imputables partout à un réflexe de défense tout à fait naturel en

35. Voir l'article « Borg » dans le *KLNM*, avec une très abondante bibliographie.

Occident au cours du premier millénaire de notre ère, qui apparaissent dès l'âge romain du fer en Öland (Ekmanstorp), ou des villes plus ou moins fortifiées — rares, en vérité — comme Birka, Hedeby, Eketorp, non plus que du célèbre Danevirke destiné, vers 808, à isoler le Jylland des territoires carolingiens [36], ou du Bulverket, en Gotland, à Tingstäde, trop récent (vers 1100) pour nous intéresser ici.

Je pense aux remarquables camps, dont certains sont fort bien conservés, tous danois, tous de la fin du Xe ou du début du XIe siècle, de Trelleborg (Sjaelland, de loin le plus impressionnant), Nonnebakken (à Odense, en Fionie) et d'Aggersborg et Fyrkat Mølle, tous deux en Jylland. Sans entrer dans de longues démonstrations, il suffit de dire qu'ils ont été précédés et construits sur le modèle de campements, durables ou temporaires, de même type, en Grande-Bretagne (Appledore, Benfleet, Shoebury, Burrington, etc.) ou ailleurs : celui qui est présenté dans la *Jómsvíkinga saga* se situerait à Wollin, à l'embouchure de la Vistule, donc. Leur origine lointaine n'est pas établie : on hésite entre Rome et Byzance, encore que leurs dimensions répondent à des normes en pieds romains.

Ils ont tous les quatre une forme identique : une large enceinte ronde, double éventuellement, et précédée d'un fossé, est découpée en quatre secteurs identiques par les deux diamètres du cercle qui se croisent à la perpendiculaire, offrant donc quatre ouvertures. Dans chacun des quartiers ainsi obtenus, de quatre à douze maisons rectangulaires, sûrement des « casernes ». Dans certains cas, des rangées d'autres maisons, qui étaient des entrepôts, sont alignées à l'extérieur de l'enceinte. Les plus grands de ces camps pouvaient admettre jusqu'à 5 500 hommes.

Ils n'ont pu durer longtemps et j'irai jusqu'à dire à la fois qu'il n'y a pas à douter de leur sens militaire et qu'ils représentent une phase, ultime et brève, du phénomène viking. Ils ne peuvent en aucun cas passer pour représentatifs de dispositions foncières ou d'un état d'esprit viking permanent. Car il semble vain de nier qu'ils aient été voulus, sur des modèles étrangers, par les deux rois danois à

36. Il en demeure de beaux vestiges que l'on peut visiter. Sur le sujet, voir V. la Cour : *Danevirkestudier*, København, 1951.

visées impérialistes, Sveinn Tjuguskegg et son fils Knútr le Grand, dans leur ambition de s'assurer le pouvoir sur toute la Scandinavie en même temps que sur la Grande-Bretagne. À partir de cette certitude, on peut se demander s'il s'agissait de bases d'entraînement et de départ pour les vastes expéditions que lancèrent ces deux rois, ou de camps d'exercice temporaires, ou encore de centres de formation de hirđmenn spécialement destinés à ces équipées, voire de retranchements dont lesdits souverains avaient voulu disposer de façon permanente afin de régler leurs problèmes de politique intérieure. Il n'importe pas réellement : je répète que le phénomène surgit tard, n'est pas typique de l'ensemble de la question et tombera en désuétude avec la disparition de ses probables concepteurs. En revanche, ces camps, de nouveau, témoignent d'un remarquable sens de la discipline et de l'organisation mais, en somme, nous ne constatons rien d'autre depuis le début de ce long développement. Disons qu'ils présentent à n'en pas douter la face décidément militaire de dispositions qui pouvaient être assurées avec une égale efficacité dans d'autres domaines.

Le lecteur féru de mythe viking me tiendra certainement rigueur de ce qu'il ne manquera pas de prendre pour de l'acharnement à « démilitariser » son héros. J'entasserai Pélion sur Ossa en lui parlant un peu, avec conviction, de ce que nous pouvons savoir de *la tactique* des vikings telle qu'il est aisé de la déduire de tous les témoignages, même les plus grandiloquents ou outrés, que nous possédons.

Remarquons, avant tout, que les vikings firent preuve d'une habileté extrême à exploiter les chances offertes par la situation. Cela a été dit d'une façon globale à propos de la décomposition de l'Empire carolingien, cela reste vrai dans le menu détail de chaque coup de main. Leur force tenait premièrement à leur surprenante rapidité, bien servie par leur bateau et leurs chevaux, tant dans l'exécution que dans le repli, jointe à une mobilité décourageante pour l'éventuel poursuivant. Surtout : leur arme majeure est la ruse, l'effet de surprise, la tactique que nous dirions de commando, par petites bandes, à coups répétés, toujours pour un « coup de main » précis (qu'ils appelaient strandhögg : [assener] un coup sur le rivage, cela pouvait porter aussi bien sur des bâtiments, églises en particulier, que sur des hommes ou du bétail), sans jamais s'attarder ni s'aventurer au-delà du but visé. Pas, ou très peu, et seulement quand les circonstances s'y prêtent, de grandes « razzias », non plus, il faut le dire, que d'« armées » vikings. D'ailleurs, sauf surprise dénotant un manque de préparation, ils n'acceptent à peu près jamais la confrontation directe. N'allons pas y voir, passant d'un extrême à l'autre, de la couardise : il ne faut jamais perdre de vue leur infériorité numérique. Avec une moyenne de 50 hommes par bateau, une moyenne de 10 bateaux par « flotte », que pouvaient bien faire, en rase campagne et en bataille rangée, quelque 500 hommes même intrépides et bien entraînés ? Mais la ruse, la sûreté du coup d'œil, le subterfuge [37], l'extrême promptitude à réagir, le sens très précis et exclusif de l'objectif visé : que l'on relise les préceptes de la première partie des *Hávamál* (*Edda poétique*), le texte qui, à coup sûr car il est surabondamment vérifié par les sagas [38], reflète l'éthique des vikings, que l'on en finisse avec les délires mal informés pour étudier de près la figure du dieu Ođinn qui, vraisemblablement, correspondait le mieux à leur vision des choses : il ne combattait jamais lui-même, mais donnait la victoire par magie et, plus souvent encore, par ruse, voire par pure cautèle. C'est sans aucun doute ainsi que se comportaient les « invincibles enfants du Nord ». Cela ne signifie pas que la prouesse ou le beau horion soient nécessairement absents de leur comportement : mais ils ne sont pas la norme et c'est tellement vrai que la langue avait inventé un mot, garpr, pour décrire le fier-à-bras plus prompt du biceps que de la cervelle et objet de mépris caractérisé [39].

Voici, donc, schématisée, leur tactique habituelle.

D'abord, l'effet de surprise. Ils se sont documentés, dirions-nous, ils savent quel est le point vulnérable à tou-

---

37. Même si la légende s'empare des hauts faits d'un héros comme Haraldr harđráđi, dans des scènes au demeurant bien littéraires. Voyez la traduction de sa saga, Paris, Payot, 1979 *(la Saga de Harald l'Impitoyable)*, chapitre 6 et suivants.

38. Détails circonstanciés dans R. Boyer : *Mœurs et psychologie des anciens Islandais*, Paris, Édition du Porte-Glaive, 1987.

39. Voyez-en le reflet dans la *Saga des Frères Jurés* et, de nos jours encore, dans la *Saga des Fiers-à-Bras (Gerpla)*, traduction française de R. Boyer, Aix, Pandora, 1979, où Halldór Laxness laisse libre cours à sa verve incomparable.

cher — jamais un lieu fortifié, ou alors, à un moment où personne n'est sur ses gardes —, d'ordinaire une église, une abbaye, tout endroit sans défense et prometteur de trésors ou autre butin. Ils se sont embossés dans un site isolé, en général une petite île à l'embouchure d'un grand fleuve (Thanet pour la Tamise, Oissel ou Jeufosse pour la Seine, Noirmoutier pour la Loire, etc.). Ils lèvent l'ancre pour aller accoster vite et sans bruit, débarquent leurs chevaux ou s'empressent de mettre la main sur ceux qu'ils ont repérés sur place et fram ! fram ! en avant. La date est en général choisie avec soin : un dimanche ou un jour férié, de préférence à l'heure de l'office, un jour de foire (comme à Nantes le 28 juin 843) ou un jour de grande fête religieuse comme Pâques (Paris, 858). Arrivés à destination, ils font main basse sur tout ce qui a quelque valeur marchande — et qu'il arrive à l'archéologie de redécouvrir avec surprise en un lieu lointain du Danemark ou de Norvège — et ne dédaignent pas de prendre en otage la ou les personnalités dont ils pourront exiger une substantielle rançon. *Annales de Saint-Bertin*, pour 858 :

> Bernon [i.e. Björn flanc-de-fer, l'un des « fils » du fameux Ragnarr Loðbrók] qui était le chef des pirates de mer sur la Seine, arriva chez le roi Charles [le Chauve] au château de Verberie [dans l'Oise], se remit entre ses mains et lui jura volontairement fidélité [40]. Un autre groupe de ces pirates captura Louis [le petit-fils de Charlemagne], abbé du monastère de Saint-Denis et son frère Gocelin et exigea une rançon démesurée pour leur libération. Pour cette rançon, bien des trésors des églises du royaume de Charles furent vidés sur l'ordre de celui-ci.

Puis, détail que l'on omet souvent, ils mettent le feu, c'est un des plus constants de leurs usages : pour assiéger s'il le faut (ils chargent leurs bateaux de paille qu'ils enflamment, ils entassent des fascines embrasées au pied des murailles), mais surtout pour divertir toute résistance et couvrir leur retraite, qui s'effectue immédiatement, rapidement, avec butin, otages ou esclaves éventuels, hommes et femmes, et bétail. Ils embarquent le tout et retournent au plus vite au

40. Afin de lui donner le change, voir la suite.

point de ralliement dont ils sont partis — cette île que nous avons dite, on ajoutera Sheppey dans la Tamise ou Yeu ou Groix : ils y sont en sécurité pour parer à toute attaque. Lisons les *Annales de Saint-Bertin* pour 843 :

> Les pirates normands arrivèrent à la ville de Nantes. Après avoir tué l'évêque, beaucoup de clercs et de laïcs des deux sexes et pillé la ville, ils passèrent dans la région de l'Aquitaine inférieure [= au sud de la Loire] pour ravager. Pour finir, ils atterrirent dans une île [Noirmoutier ? Yeu ?] et résolurent, après avoir transporté leur résidence du continent, de passer dans un campement d'hiver ouvert dans un logement durable.

Cette citation est intéressante, car elle montre qu'ils ne dédaignaient pas un hivernage en lieu sûr.

En somme, ce sont de bons spécialistes de ce que nous appelons aujourd'hui la guerre psychologique. On admettra que, mise en condition de la sorte, la population locale ait été terrorisée. Mais que le lecteur prenne la peine de lire avec soin le commentaire que, vers 860, Paschase Radbert, théologien, fait des *Lamentations* du prophète Jérémie en prenant pour exemple les prédations, qu'il a sous les yeux, des vikings. Qu'il sépare attentivement la paille des mots du grain des choses : de quels faits précis Paschase fait-il état ? Quelle documentation explicite l'historien peut-il retirer de cette page ?

> Oui, à la lettre, cette cité [= Jérusalem] fut fortifiée par le secours de Dieu et protégée par la garnison des anges tant qu'elle conserva la loi et la justice, tant qu'elle eut les vertus pour richesse ; et aucun roi, aucun être humain n'eût pu croire que l'ennemi extérieur ou intérieur y pénétrerait, car le Seigneur avait affermi les barres des portes de la Cité et lui avait assigné la paix pour frontière. Mais lorsque ceux que défendaient les bienfaits de Dieu se détournèrent de lui, la garde divine les abandonna et ils devinrent la proie de l'ennemi. Il en va de même de notre Église, selon l'interprétation mystique : elle est, pour ainsi dire, déchirée en tous sens par les ennemis. Qui eût jamais cru, qui eût jamais imaginé en nos contrées qu'en si peu de temps, on serait accablés de malheurs que nous avons tous contemplés, pleurés, déplorés et grandement redoutés ? Et aujourd'hui même, nous ne redoutons pas moins que des pirates,

assemblage de diverses bandes, atteignent le territoire de Paris et brûlent de tous côtés les églises de Christ voisines des rives de la Seine. Qui eût jamais cru, je vous prie, qu'un ramassis de brigands oserait de semblables entreprises ? Qui eût pu penser qu'un royaume si glorieux, si fortifié, si étendu, si peuplé, si vigoureux, serait humilié, souillé de l'ordure de pareilles gens ? Qui eût pu croire que des êtres si vils oseraient, je ne dis pas lever d'énormes tributs, faire du butin, emmener des chrétiens en captivité, mais simplement aborder en nos contrées. Non, je ne pense pas que, il y a peu d'années encore, aucun roi de la terre eût imaginé, aucun habitant de notre globe eût consenti à ouïr que l'étranger entrerait dans Paris. Aussi me convient-il moins de commenter Jérémie que de pleurer et de me lamenter, car, comme le verset suivant le fait connaître, ces malheurs multiples ont pour cause les péchés du peuple, l'iniquité des pasteurs et des grands. C'est qu'en effet depuis longtemps et ouvertement, pour ainsi dire, les jugements des justes sont tenus pour rien ; le sang verse son propre sang ; tous en sont souillés et partout ils promènent tromperies et fourberies. C'est pourquoi ces versets réclament plutôt pleurs et lamentations que l'interprétation d'une dialectique éloquente. La recherche de la triple signification est inutile alors que la disgrâce et la ruine publique est unique. Aussi la douleur du cœur doit-elle se traduire, comme je fais, par des cris et des gémissements, afin que de concert avec le prophète, nous puissions déplorer nos mauvaises actions : Dieu brandit son glaive, il en menace nos cous et la hache est au pied de l'arbre, car notre esprit est rebelle au bien. Telle est la raison pour laquelle sévit le glaive des barbares, glaive sorti du fourreau du Seigneur. Voilà pourquoi, misérables que nous sommes, nous vivons impuissants, en butte aux atrocités des païens, aux guerres de cruels concitoyens, aux brigandages des ravisseurs, aux séductions, aux fraudes, et pourtant chaque jour nous nous enflammons pour de plus grands crimes [41].

Je serai impitoyable jusqu'au bout : j'ai dit que nous n'avions guère d'exemples de véritables batailles rangées où figurent les vikings. En revanche, c'est un point qu'il

41. Paschase Radbert : *Expositio in Lamentationes Jeremiae*, éd. Migne, *Patrologia Latina* 120, col. 220. Traduction F. Lot : *la Grande invasion normande de 856-862*, pp. 14-15, repris dans d'Haenens : *les Invasions normandes, une catastrophe ? op. cit.*, pp. 84-85.

ne faut pas oublier, il leur arrivait fréquemment de se battre entre eux, pour mille et une raisons. Voici, en gros, comment se déroulait un tel affrontement, tel que nous le dépeint d'abondance un document plus digne de confiance que nombre de textes similaires, la *Sturlunga saga* [42]. Dans tous les cas, une bataille débutait par une avalanche de jets de pierres (grjótburðr, grjóthríð, grjótflaug), procédé semble-t-il particulièrement meurtrier. Suivait en général un corps-à-corps fort confus où, autant que je voie, la brutalité l'emportait sur la dextérité : le poids même de la longue épée ou de la hache large rendait difficiles les subtilités de maniement.

Il est possible, toutefois, que des techniques plus évoluées aient été mises en œuvre, mais, ici encore, la difficulté est de distinguer ce qui est autochtone de ce qui est emprunté, parfois, aux sources littéraires, ou imité de l'étranger. Il se peut que la formation en ordre de bataille (fylking, verbe fylkja) ait existé, en ligne ou en V, auquel dernier cas la pointe du V s'appelle brjóst (littéralement : poitrine). C'est la place du chef, il est flanqué des deux ailes de la fylking (fylkingararmr). Toutes les tactiques possibles se rencontrent alors : coups de boutoir (du brjóst notamment), déplacement uniforme de toute la fylking, débordement sur une ou les deux ailes, mouvements tournants, etc. Certains documents attestent l'existence d'une réserve (deildarlið), d'une arrière-garde (halaferð) et de pelotons d'élite, mobiles, pour se porter quand il est nécessaire sur les points chauds.

On notera que la mort du chef, roi, etc., entraîne *ipso facto* la cessation immédiate des hostilités, suivie de la déroute (flótti). C'est pourquoi ledit chef est entouré d'un « rempart de boucliers » (skjaldborg) tenus par sa garde d'élite, laquelle peut être composée de ces guerriers-fauves ou berserkir (littéralement : chemises/tuniques d'ours) ou úlfheðnar (singulier úlfheðinn, pelisse de loup), motif

---

42. Étude détaillée par R. Boyer : « La guerre en Islande à l'âge des Sturlungar : armes, tactiques, esprit » dans *Inter-Nord*, n° 11, déc. 1970, pp. 184-202. La référence aux « sagas de contemporains » — catégorie dans laquelle se range, au premier chef, la *Sturlunga saga* — me semble plus sûre car ces textes paraissent moins susceptibles d'avoir été « contaminés » par des modèles étrangers.

qu'on se gardera pourtant de prendre trop au pied de la lettre. Quelle qu'en soit la provenance [43], il semble bien que nous soyons devant un thème littéraire obligé, d'ailleurs objet de dérision dans la plupart des sagas, en particulier légendaires : occire un berserkr en fureur, d'ordinaire stupide à la mesure de sa force et aisément réduit, fait comme naturellement partie des enfances d'un héros. Ensuite, il a certainement existé des manœuvres classées, tel le kví : il consiste à coincer les adversaires entre deux lignes de guerriers se protégeant de leurs écus et disposés en deux rangées qui vont se rétrécissant. On nourrira une suspicion identique pour la svinfylking ou ordre de bataille en forme de groin de porc, fylkja hamalt : les troupes se placent en forme de coin sans pointe dont l'extrémité antérieure ou rani (groin de porc) se réduit à quelques hommes d'élite, l'ensemble se précipitant au pas de course sur l'ennemi dans les rangs duquel il s'enfonce, en effet, comme un coin, le tout en poussant le cri de guerre (oepa heróp). L'image évoque trop le *caput porcinum* familier de César ou de Tacite pour que l'on se hâte de le prendre au pied de la lettre. Il reste que, là aussi, un ordre, des dispositions cohérentes ont pu se rencontrer.

Les batailles navales se déroulent entre Scandinaves plutôt que contre des étrangers. Tout commence pareillement par des jets de pierres, projectiles divers, lances, haches de jet, flèches. Les bateaux sont attachés les uns aux autres pour former une ligne, un rang qui se porte uniment contre les adversaires. On les détache *in extremis* pour passer à l'abordage, ou coincer un esquif ennemi auquel on met fréquemment le feu. Le but est de parvenir à abattre le mât. Deux hommes jouent un rôle important : le stýrismaðr ou timonier dont l'habileté de manœuvre peut déjouer l'attaque ou porter le coup décisif, et le combattant d'élite dit stafnbúi (l'homme du gaillard d'avant) qui règne sur la défense ou l'attaque, selon le cas.

Quelle que soit la nature du combat, ou le type de

---

43. Meilleure étude, sans doute, de ce thème qui n'a que trop fait parler de lui mais qui procède, en fait, du phénomène de Wut (vieux norois óðr) dont relève le dieu Óðinn (auquel celui-ci doit son nom et sa nature chamanique) par H. Kuhn : « Kappar og berserkir » dans *Skírnir* CXXIII, 1949.

pillage, la règle, très stricte, est de partager le butin selon des normes fixées par l'usage — généralement fonction du rang, de l'importance de chacun. Cela s'appelle « bera alt til stanga », où stöng (génitif stanga voulu par la préposition til) désigne l'étendard, réel (merki) ou symbolique (stöng : littéralement : piquet), du chef. Soit : tout porter à l'étendard. Le partage a lieu ensuite.

Mais je répète, pour en terminer avec ces considérations, que la guerre, en soi, la prouesse pure ne sont jamais la préoccupation première des vikings. Cet idéal n'apparaît que tardivement (fin du XIIe, début du XIIIe siècle), sans aucun doute sous l'influence des romans courtois, chansons de geste et récits apparentés traduits sous le nom de sagas de chevaliers, riddarasögur [44]. En d'autres termes : non pas la guerre pour la guerre, mais la guerre, au mieux, pour le renom — occurrence rare —, en général pour le bénéfice. Regardons la fin de l'inscription runique de Gripsholm (Suède) qu'une femme, Tola, érigea à la mémoire de son fils Haraldr, le frère d'Ingvarr le grand voyageur qui aura l'honneur d'une saga à lui réservée. Ce texte résume bien le propos défendu ici : « Ils allèrent vaillamment (le texte dit en fait : comme des drengir) loin chercher de l'or et à l'est donnèrent de la provende à l'aigle. Moururent dans le Sud, en Serkland. » On voit qu'aller chercher de l'or est le premier mentionné de leurs exploits, celui aussi qui suscite spontanément l'admiration.

Nous sommes maintenant suffisamment instruits, semble-t-il, pour aborder le propos proprement historique de notre livre. Le lecteur a compris que tout ce qui vient d'être dit s'applique par excellence aux deux premières phases (800-850, puis 850-900) du phénomène viking qui reste comme paradigmatique pour notre entendement de la chose. Voyons donc d'abord ce qui se passe entre 800 et 850, dates approximatives.

---

44. Aux « Sagas de chevaliers », *riddarasögur*, est consacré le volume des *Actes de la Ve Conférence internationale sur les Sagas*, Toulon, 1982, éd. par R. Boyer : *les Sagas de chevaliers*, Paris, PUPS, 1985.

HISTOIRE DE LA PREMIÈRE PHASE : ENVIRON 800-ENVIRON 850

C'est, rappelons-le, une période de tâtonnements et de mises à l'épreuve des adversaires éventuels, une période de « sondages », si l'on peut dire. Pour la commodité de l'exposé, je suivrai les événements « nation » scandinave par nation, mais ce principe est sans rigueur étant donné que, fort souvent, les trois ethnies agissent de concert, Danois et Norvégiens surtout. Les champs d'action correspondent approximativement à l'orientation géographique des pays concernés : les Norvégiens ont tendance à progresser plein ouest, face à leur immense côte occidentale, les Danois sont plutôt intéressés par l'ouest-sud-ouest ou le plein sud, les Suédois se tournent résolument vers l'est et l'est-sud-est. Je présenterai plus loin, à un endroit où le développement sera plus utile, un plan précis des principaux itinéraires exploités.

Les Danois

Ils sévissent, en gros, sur trois fronts principaux qui seront envisagés tour à tour par souci de méthode, quoiqu'une expédition donnée puisse fort bien les visiter l'un après l'autre : la Grande-Bretagne, la Frise et l'Europe occidentale.

La Grande-Bretagne, c'est, vers la fin du VIIIe siècle, un conglomérat de petits royaumes indépendants : Mercie, Wessex, Essex, Kent, East Anglia, Northumbrie. Le plus puissant est alors sans doute la Mercie dont le roi, Offa, qui meurt en 796, se donnait le titre de Rex Anglorum. Après sa mort, un semi-chaos s'instaure, qui durera jusqu'en 825, date à laquelle Egbert de Wessex s'assure une manière d'autorité générale sur toute l'Angleterre du Sud-Est. Cela n'empêche pas les Danois de multiplier les interventions, en particulier à Hamwik en 840. La Northumbrie et l'Écosse, pour leur part, sont incapables de se défendre. Après Lindisfarne (793), toute une série d'escarmouches, de raids de pillage, de coups de main qui sèment la terreur se portent sur le monastère de Jarrow (Northumbrie également), ou sur Morganwg (Galles du Sud), Kintyre, l'île de Man, l'île d'Iona (795) où se trouve le célèbre monastère de saint Columba et qui est un des hauts lieux de la chrétienté en cette partie du monde (il sera « revisité » en 802 et 806), Monkwearmouth (près de Sunderland, 794), etc.

L'Irlande est encore plus affectée : sa situation est pire que celle de l'Angleterre. Elle est formée d'une multiplicité de petits royaumes déchirés par des rivalités internes et enragés à se faire mutuellement la guerre. La première arrivée des Danois mentionnée par les sources daterait de 851, mais elle a certainement été précédée, depuis longtemps, d'incursions en tout genre comme à Lambey Island (795). Nous savons, d'autre part, que les Norvégiens et l'île partageaient, depuis des siècles, un riche passé d'échanges, ce qui peut justifier que les annales irlandaises fassent la distinction entre Norvégiens et Danois. On notera que l'Irlande est une proie moins facile que l'Angleterre : des phénomènes de résistance sont enregistrés en 811 en Ulster et en 812 en Connaught et dans le Kerry.

L'ensemble de ces faits ne paraît pas relever d'une politique consciente : nous sommes vraiment à l'époque où, en quelque sorte, les vikings prennent peu à peu conscience de l'efficacité de leurs incursions.

À moins que l'on ne veuille créditer le roi Godfred, qui succède au roi Sigfred vers 800, de desseins plus suivis, mais qui ne porteraient pas vers la Grande-Bretagne. En effet, est-ce besoin d'assurer la sécurité sur ses frontières ou intentions réellement belliqueuses, il semble viser un but conscient lorsqu'il porte les opérations en Frise. Depuis le début de ce livre, les allusions à la Frise et au rôle comme civilisateur ou initiatique qu'elle ne peut pas ne pas avoir joué vis-à-vis du Nord, notamment dans le domaine du commerce, ont été multipliées. Dès 804, Godfred fait une sorte de démonstration, par mer et par voie de terre, à Sliesthorp (ou Sliasthorp, soit le « village », thorp, sur la Slie), sans doute le nom frison, ou saxon, de Hedeby. Que l'on sache, Charlemagne ne réagit pas. Ce qui fait qu'en 808, Godfred envahit le pays des Abodrites, peuplade wende alliée de Charlemagne et établie par celui-ci dans le Holstein oriental. Godfred les soumet, emmène leur chef, Drosuk, qu'il fera exécuter, et détruit leur ville, Rerik (qui devait se trouver du côté de l'actuelle Lübeck ?). Charlemagne, absorbé par les guerres qu'il mène en

Espagne et en Italie et par les problèmes intérieurs de son Empire, réagit mollement : il envoie son fils Charles conduire une expédition punitive, sans résultat. C'est probablement la raison pour laquelle Godfred décide de faire ériger le Danevirke, que l'on a déjà présenté, une fortification qui barre le Jylland à partir de Sliesthorp à l'est. Voici ce que disent les *Annales Regni Francorum* pour 808 :

> Godfred fit voile avec toute son armée jusqu'au port de Sliesthorp. Là, il séjourna quelques jours et résolut de fortifier les frontières de son royaume avec la Saxe par un rempart s'étendant de la baie orientale que les Danes appellent Baltique jusqu'à l'océan occidental en longeant l'Ejder : tout le long du rivage septentrional s'étendrait une fortification interrompue par un seul portail par lequel voitures et cavaliers pourraient sortir et revenir. Après avoir réparti l'ouvrage entre ses chefs, il rentra chez lui.

L'ouvrage était remarquable et a défié les siècles. Sa construction ne sera achevée, d'ailleurs, que vers 1160. Il est constitué, au total, de quatre murailles successives dont seule une partie, du reste discutée, remonte au temps de Godfred [45], ce qui, soit dit en passant, permet, une fois de plus, de prendre la mesure de la valeur de nos sources ! À un rempart principal (Hovedvold, environ 15 km de long), fait suite un « rempart de liaison » (Forbindesvold, 4 km), puis ce sont le Kovirke (environ 8 km) et l'Østervold (3,5 km). La hauteur moyenne est de 2 mètres, la largeur de 15 mètres. Les successeurs de Godfred, dont Valdemar le Grand, poursuivront méthodiquement la fortification de cette muraille. Bien que le modèle en soit probablement romain, cette réalisation en dit long sur le possible génie — au sens militaire actuel du terme — danois. Le Danevirke restera longtemps une défense efficace, tout en constituant une parfaite protection pour le site de Hedeby, circonscrit par un rempart circulaire à l'extrémité orientale de l'ouvrage.

Nous ne sommes pas exactement, ce disant, dans notre

45. De plus, la dendrochronologie vient d'établir l'existence d'une muraille antérieure qui remonterait à 737 : un prédécesseur de Godfred aurait donc, bien avant lui, conçu le même dessein, probablement pour défendre ses États contre les incursions de Charles Martel.

sujet viking *stricto sensu* : la construction du Danevirke ressortit à des problèmes de politique intérieure danoise. En revanche, en 810, Godfred lance un raid — s'il faut en croire les *Annales Regni Francorum*, 200 (!) bateaux « de Nordmannia » auraient atterri en Frise (Frisland) et ravagé les îles le long de la côte, imposant un tribut aux populations. Mais Godfred est assassiné à ce moment, son neveu et successeur Hemmingr ne régnera qu'un an : il aura eu le temps de signer avec Charlemagne un traité de paix, en 811, qui confirme l'établissement de la frontière sud du Danemark sur l'Eider.

Suit une période de troubles internes pour la conquête du pouvoir. Louis le Pieux, fils de Charlemagne, profite de la situation pour envahir le Jylland (les *Annales Regni Francorum* disent Sislendi, qui ne peut être que le Sønderjylland), mais sans succès, en 815.

La date suivante se situe vers 825. Un certain Haraldr Klakk Haraldsson émet des prétentions au pouvoir, contre le descendant officiel de Godfred. Il est expulsé du Danemark par le fils aîné de ce dernier, Horik, qui lui octroie un fief dans le Rüstringen, en Frise, sur la basse Weser : cet état durera jusqu'en 852. Haraldr y régnera avec son frère Rorik — ce dernier nom ne s'appliquant probablement pas au même individu que celui de Russie. Pour Horik, il régnera sur le Danemark jusqu'en 854.

À partir de 834, le très important centre commercial de Dorestad, en Frise, est l'objet d'attaques dont certaines sont de belle envergure. Les raids danois deviennent annuels (par exemple en 836 et 837). En 837 ou 838 (841 disent d'autres sources), Lothaire, fils de Louis le Pieux, est forcé d'abandonner l'île de Walcheren, à l'embouchure de la Scheldt, aux frères Horik et Haraldr Klakk. En revanche, en 845, Horik met Hambourg à sac avec une flotte de... 600 bateaux, selon les *Annales de Saint-Bertin* ! Il est possible que ce soit à cette époque que les Frisons aient construit le long des côtes les fameux forts circulaires de Brokburg (aujourd'hui Bourbourg, dans le nord de la France), Saint-Winokshergen (*ibidem*), Veurne, Oostburg, Souburg, Middelburg, Bug on Schouwen, Den Burg on Texel — qui ne vont pas sans préfigurer les campements fortifiés dont il a été question plus haut.

Un rapide coup d'œil sur les *Annales de Saint-Bertin* nous éclairera :

> 834 : Entre-temps était aussi arrivée une flotte de Danois en Frisland et ils ravagèrent une partie du pays. Ils traversèrent Vetus Treiectum [= Utrecht] jusqu'au centre commercial de Dorestad, pillant partout et tuant certains des habitants ; d'autres, ils les emmenèrent prisonniers et brûlèrent une partie de la ville.
>
> 838 : L'Empereur [= Louis le Pieux qui vient de lancer une attaque sur Walcheren], convoqua une assemblée générale et mena une enquête publique auprès des dignitaires auxquels il avait délégué la tâche de garder la côte. Il ressortit de la discussion que, en partie à cause de la pure impossibilité de cette tâche, en partie à cause de la désobéissance de certains hommes, il ne leur avait pas été possible de faire quelque résistance que ce fût aux attaquants. Aussi des abbés et des comtes énergiques furent-ils envoyés supprimer les Frisons insubordonnés [...] Il [l'Empereur] donna également des ordres pour que la flotte fût prête à entreprendre plus rapidement la poursuite dans quelque direction que ce fût.

On ne saurait mieux illustrer et les tactiques des vikings et l'incapacité des Carolingiens à faire front.

Le théâtre d'opérations étant beaucoup plus vaste, on ne notera que quelques détails significatifs sur le front de l'Europe occidentale. Là, les premières escarmouches semblent remonter à 819 (embouchure de la Loire) et 820 : selon les *Annales Regni Francorum*, les vikings auraient réussi un débarquement à Bouin (au-dessus de Noirmoutier). W. Vogell[46] suggère qu'il s'agirait de Norvégiens venus d'Irlande. La même année voit les pillards à l'embouchure de la Seine. Vers 835, Noirmoutier est l'objet de leurs visites, de même que l'île de Sheppey, à l'embouchure de la Tamise, prise et dévastée.

À partir de 840, il semble que les coups de main, danois et aussi norvégiens — ou les deux ensemble — s'intensifient sur la France. Nous reparlerons des Norvégiens plus loin. Voici ce que disent les *Annales de Saint-Bertin* pour 841 :

---

46. *Die Normannen und das fränkische Reich bis zur Gründung der Normandie (799-911)*, Heidelberg, 1906.

> Pendant ce temps, les pirates danois attaquèrent Rouen [Rotunum, un autre manuscrit donne Rotomagus. Selon les Annales de Fontenelle, cela aurait eu lieu le 14 mai, sous la direction d'un certain Oscheri = Ásgeirr ?] venant de la Mer du Nord par la Manche, perpétrant le pillage par l'épée et le feu, anéantissant la ville, les moines et le reste de la population par le meurtre et la capture, dévastant tous les cloîtres ainsi que toutes les habitations le long des rives de la Seine ou laissant les gens terrorisés après s'être fait donner beaucoup d'argent.

Ce texte est parfaitement explicite et, me semble-t-il, vérifie en détail les vues développées plus haut. En 842, ils sont à Quentovic, c'est-à-dire Étaples, dans le Pas-de-Calais, à quelques kilomètres au sud de Boulogne : ce sera, on le sait, un de leurs points d'appui les plus importants, mais le fait que le site ait été occupé par une localité a, jusqu'ici, découragé toutes les tentatives de fouilles.

C'est sans doute vers 845 qu'apparaît le fameux Ragnarr Loðbrók (aux braies à longs poils) qui sera très vite légendaire, tant pour nous [47] que, notons le fait, pour les Scandinaves qui lui consacreront une saga (islandaise) légendaire dans la mouvance immédiate de la grande *Völsunga saga* [48] et surtout du héros Sigurðr Fáfnisbani (Siegfried) dont Ragnarr est censé avoir épousé la fille, Áslaug. Il a très certainement existé un Ragnarr qui est venu piller Paris — comprenons : l'île de la Cité — le 28 mars 845. La date est intéressante, de même que le fait, parce qu'ils sont à l'origine de l'erreur fatale que commettra Charles le Chauve. Au risque de me répéter : avec quelque prévoyance, organisation et énergie, ce souverain indécis, pusillanime et mou, n'aurait-il pas pu expulser les pillards ou les empêcher de pénétrer ? Mais lisons les *Annales de Saint-Bertin* pour cette année-là :

---

47. R. Boyer : « Le thème de Ragnarr Loðbrók dans les lettres françaises » dans *Rencontres et courants littéraires franco-scandinaves*, éd. M. Gravier, Paris, Lettres modernes, 1972, pp. 41-53, et aussi R. Boyer : *le Mythe viking dans les lettres françaises*, *op. cit.*, dernier paragraphe de chacun des chapitres.

48. Existe en traduction française dans R. Boyer : *Sigurðr ou la parole donnée*, *op. cit.*

> Charles s'équipa pour les combattre, mais comme il prévoyait qu'il lui serait impossible de remporter la victoire, il les empêcha de poursuivre leur progression par quelques conventions et en leur livrant un don de sept mille livres d'argent, parvenant à les faire se retirer.

Le geste, qui n'en est évidemment pas à sa première édition, vient, cette fois, d'un grand souverain connu dans tout l'Occident, la somme est imposante, le départ est donné à une pratique qui ne fera que s'intensifier.

844 ou 845 marque d'ailleurs la date d'un grand raid danois sur les côtes occidentales de l'Europe : il aurait été mené par les prétendus fils de Ragnarr Loðbrók, Björn Járnsíða (Flanc-de-Fer) et Hasting, c'est-à-dire Hásteinn : ils sont signalés en Aquitaine, ils remontent la Garonne jusqu'à Toulouse, qu'ils n'attaquent pas — ce serait à cette occasion que le dénommé Pépin aurait joué le rôle douteux que nous évoquions plus haut (voir page 80) —, puis on les trouve sur les côtes des Asturies où ils rencontrent une résistance solide et organisée qui les empêche de prendre La Corogne. Ils passent donc dans le Guadalquivir et attaquent Séville. Mais la ferme réaction d'Abd-al-Rahman II leur vaut une défaite partielle et ils n'insistent pas. Pour solliciter une nouvelle fois les *Annales de Saint-Bertin* :

> 844 : Les Normands s'insinuèrent dans la Garonne jusqu'à Toulouse et pillèrent impunément partout. Quand ils se furent retirés de là, une partie attaqua la Galice mais elle périt, d'un côté sous les coups des catapultes, de l'autre, à cause de la mer tempétueuse. Certains allèrent jusqu'à la lointaine Espagne. Mais après avoir livré longtemps de durs combats aux Sarrasins, ils se retirèrent, vaincus [49].

Les Norvégiens

Nous avons vu que les Norvégiens, quand ils ne sont pas associés aux Danois, se dirigent plein ouest sur les îles nord-atlantiques. Dès 780, sans doute, ils sont dans les Orcades (Orkney), Shetland (Hjaltland) et Hébrides (Suðrey).

---

49. Voir là-dessus Aksel E. Christensen : *Vikingetidens Danmark*, p. 142.

Ils débarquent aux Féroë autour de 800, probablement. Ces îles étaient déjà habitées par des ermites irlandais, semble-t-il, selon une situation assez similaire à celle de l'Islande vers 870. Le témoignage du moine irlandais Dicuil, dans son *De mensura orbis terrae* (vers 825), établit que ces ermites s'enfuirent devant les pirates norvégiens. Selon la *Faereyinga saga* (*Saga des Féroiens* [50]), le premier colonisateur de ces « îles aux moutons » (tel est le sens de Faereyjar > Féroë) aurait été un certain Grímr Kamban. Son surnom celtique, toutefois, donnerait à entendre qu'il serait venu d'Irlande plutôt que directement de Norvège.

Cela n'empêche pas les Norvégiens de s'intéresser également à la Frise — mais il fallait souligner le fait que ces vikings-là cherchent d'emblée à s'installer sur des terres nouvelles, plutôt que de se livrer au pillage. Venons-en à la Frise. Les *Annales de Saint-Bertin* (qui disent : Normanni), celles de Fulda (*ibidem*) et celles de Xanten (qui donnent : les païens) s'accordent pour signaler qu'ils attaquent et pillent Dorestad en 835. De même en 836 où la Frise en général est le théâtre de leurs exactions : les *Annales de Fulda* leur font brûler Anvers et le port de Witla, à l'embouchure de la Maas, et, de plus, prélever un tribut. Toutes les annales les signalent en 837 en Walcheren où ils exigent un tribut, puis à Dorestad.

Pourtant, leur principal champ d'activités en cette période est l'Irlande. Je rappelle que l'île était hautement vulnérable et tentante. Elle possédait une organisation centrée sur ses grands monastères, fabuleusement riches en raison de leur prodigieux rayonnement intellectuel. Politiquement, l'île était sans doute placée sous l'autorité d'un « roi suprême » (ard'ri) à Tara ; en principe, les sept « royaumes » (Connaught, Munster, Leinster, Meath, Ailech, Ulaiech et Oriel) lui devaient hommage, mais en fait, un vieil antagonisme, autour d'un axe sud-ouest/nord-est, ne cessait de les dresser les uns contre les autres et les mettait hors d'état d'opposer un front commun à l'ennemi. Nous n'avons pas oublié que, dès 795, les Norvégiens avaient attaqué Lambey Island, au nord de Dublin. Les annalistes font la différence entre « étrangers blancs » et

50. Traduite en français par Jean Renaud, Paris, Aubier, 1983.

« étrangers noirs », Finn Gail et Dubh Gail. Il semble que les premiers désignent les Norvégiens et les seconds, les Danois. Mais au début de la période où nous nous trouvons, l'évidence est pour les Norvégiens : en dehors des sources littéraires et de la toponymie, l'archéologie nous en apporte la preuve. Les tombes du IXe et du début du Xe siècle, en Norvège, contiennent quantité d'objets et de bijoux d'origine irlandaise ; les découvertes semblables au Danemark et en Suède sont rares. Inversement, le plus important site de tombes vikings en Irlande, à Islandsbridge (dans Kilmainham, à côté de Dublin), est norvégien, avec ses 40 épées, ses 35 fers de lance, ses 20 bosses de boucliers, quelques haches et pointes de flèches et aussi des bijoux, des fuseaux et des clefs.

D'autre part, le système fluvial très diversifié de l'Irlande autorisait les incursions rapides à l'intérieur que ne manquent pas de rapporter les annales. Rapidement, les côtes seront infestées de pillards. Vers 820, ont été ou sont en passe d'être détruites : Inismurray, Inisbofin, Bangor (vers 821 ou 824), Skellig (en 823). Il n'y a pas d'autre explication à chercher à l'exode massif — qui tuera en grande partie l'extraordinaire culture irlandaise, sa vie intellectuelle, en particulier — des clercs irlandais vers Liège, Laon, Reims. On sait que l'helléniste Jean Scot[51] Érigène finira par se fixer à Luxeuil, au monastère qu'avait fondé, trois siècles plus tôt, son compatriote saint Colomban. On cite souvent ce quatrain écrit dans la marge d'un livre par l'un de ces exilés :

Âpre est le vent ce soir,
il chasse les cheveux blancs de la mer.
Ce soir, je ne crains pas les cruels guerriers de Norvège
Qui harcèlent la mer d'Irlande.

C'est à ce moment-là qu'entre en scène un des personnages les plus célèbres, les plus légendaires aussi, de l'histoire viking, le Norvégien (vraisemblablement) Turgeis ou Torgeist, soit, plutôt þorgisl (ou þorgils) comme le veut Holm que, selon L. Musset, þorgestr. Il est extrêmement difficile de savoir la vérité sur son compte, une sorte de

51. Ce surnom s'applique aux Irlandais, à l'époque.

mythe s'étant très rapidement emparé de lui pour en faire, au bout de quelques décennies, le diable en personne !

C'est lui qui, selon les annales, aurait commandé la ou les flottes (on en signale une dans la Boyne et une autre dans la Liffey) qui se présentent vers 836, débarquent à Ath Cliath, où les troupes campent, et surtout à Dubh Linn (littéralement : Étang Noir) où elles se retranchent : cette localité leur servira désormais de base d'opérations, les Norvégiens en feront pendant cent cinquante ans l'un des plus riches comptoirs commerciaux de l'Extrême-Occident. Il se peut que Turgeis ait été aidé par le roi de Munster ; il aurait pris Armagh, le centre ecclésiastique le plus important de l'île et l'un des hauts lieux de la chrétienté occidentale. Le *Cogadh re Gallaibh* (la Guerre des Gaedhil et des Gails, une sorte de livre d'histoire), qui n'est pas une source irréprochable car, comme d'autres témoins ici rencontrés, ce texte écrit au XIIe siècle à des fins de propagande dynastique pour le compte des rois O'Brien manque sûrement d'objectivité, cite tout de même, à propos de Turgeis, une « prophétie » :

Les Gentils viendront traverser la douce mer,
Ils confondront les hommes d'Erinn,
D'entre eux il y aura un abbé sur chaque église,
D'entre eux il y aura un roi sur Erinn.

Quoi qu'il en soit, c'est lui qui aurait mis à sac Clonmacnoise, Clonfert, et dispersé les moines. Les textes qui nous parlent de lui ont pourtant une allure douteuse car ils se compliquent de résonances païennes souvent incongrues, semble-t-il. Ainsi, il aurait institué le culte de þórr — dieu dont, que l'on sache, aucun document scandinave n'atteste un culte officiel particulier — et, s'il s'est installé à Armagh en expulsant l'abbé, ç'aurait été pour se faire le grand-prêtre des lieux, mais païen ! Tandis qu'à Clonmacnoise, sa femme Ota (Audr ?) aurait incanté des charmes et rendu des oracles à la manière d'une völva [52]. Tout cela peut fort bien relever de légendes accréditées par des moines pusillanimes, au demeurant assez bien avertis de quelques traditions religieuses scandinaves. Il faut toute-

52. Autrement dit, elle aurait agi comme une völva, une prophétesse, telle que celle qui s'exprime dans la *Völuspá* de l'*Edda poétique*.

fois prendre garde à un document troublant dû à un Arabe, Ibn Dihya, qui nous relate [53] que le souverain, maure, du Guadalquivir, Abd-al-Rahman II, aurait envoyé, en 845, sous la conduite d'Al-Ghazal, une ambassade apportant des cadeaux de choix au « roi des Majus » et à sa femme, appelée Nod (ou Noud). Ce roi nordique est dit habiter une grande île, dans l'océan, avec des jardins et des eaux vives. A proximité de là, se seraient trouvées d'autres îles habitées par des Majus et, à trois jours de navigation, le continent où ce roi aurait eu autorité : cette ambassade peut avoir été envoyée à Horik, au Danemark, ou, plus vraisemblablement, à Turgeis. Son but pourrait avoir été de débattre du commerce des fourrures et surtout des esclaves.

Il n'est pas davantage exclu que l'installation de cet énigmatique Turgeis ait été au départ de la fondation par les vikings, chose, cette fois, à peu près certaine, de presque toutes les grandes villes-comptoirs d'Irlande à l'exception de Dublin qui, on l'a dit, existait avant eux, mais à laquelle ils ont donné un essor considérable : Anagassan, Waterford, Wexford, Cork et Limerick sont dues aux vikings. Les quatre dernières portent des noms bien scandinaves sous lesquels elles sont parfois évoquées dans les sagas, comme Limerick = Hlymrekkr.

Il semble, en tout cas, qu'après 842, les Norvégiens aient subi une série de défaites car, en 844 ou 845, Turgeis aurait été capturé par Mael Seachlainn, roi de Meath, et rituellement noyé dans le Lough Owell, Westmeath.

Tout impurs qu'ils soient, les renseignements qui concernent Turgeis ont un fondement historique certain, car on peut avancer que c'est à partir du moment où il est censé sévir que l'Irlande devient une sorte de base d'opérations pour d'autres expéditions norvégiennes : sur les Féroë, comme nous l'avons vu, en attendant l'Islande dont il faudra souligner avec force que le peuplement vint, pour une part non négligeable, directement d'Érin. Et aussi sur l'Angleterre et la France. Nos sources — annales et chroniques — font parfois état de Vestfaldingi qui ne peuvent être que des Norvégiens du Vestfold. Elles

---

53. Voir W.E.D. Allen : « The Poet and the Spae-wife », *Viking society*, 1960.

notent une descente de 67 de leurs bateaux sur la Loire, en 842, en précisant qu'ils venaient d'Irlande et non directement de Norvège. En 844, elles les donnent en Bretagne, en 849, à Périgueux (qu'ils pillèrent et, notez la suite, « où ils boutèrent le feu puis retournèrent impunément à leurs bateaux » [54]) : il se peut qu'ils y aient été appelés par un vassal rebelle de Charles le Chauve, le comte Lambert, qui avait l'ambition de s'emparer de Nantes ; il leur aurait fourni des pilotes pour les guider parmi les sables de la Loire et, en effet, ils auraient attaqué Nantes le 24 juin, exploitant cette grande fête qu'était la Saint-Jean. Puis ils se seraient repliés, de nuit, avec leur butin et leurs prisonniers, pour aller se retrancher à Noirmoutier. La chose est fort plausible : cette île était non seulement une retraite sûre pour les pillards, mais aussi, immémorialement, un centre du marché du sel, matière extrêmement précieuse à l'époque, pour toute l'Europe occidentale. Soit : une base militaire sûre, sise à proximité de fructueux lieux de pillage, et un grand centre commercial. Une sorte de lieu de séjour idéal pour les vikings. C'est la première fois que les annales décrivent, inconsciemment, cette tactique. Le second exemple nous est proposé pour 850 en Angleterre. La pratique se généralisera bientôt.

Il est intéressant, partant de la situation en Irlande autour de 850, de faire le point sur quelques aspects caractéristiques ou exemplaires. Ainsi les problèmes de nombre, déjà notés, celui des Gael-Gaedhil en particulier : il est à peu près exclu que les vikings aient pu opérer seuls, sur tant de fronts, simultanément. En second lieu, leur mode d'implantation doit attirer l'attention : ils ne se sont presque jamais fixés ailleurs que sur des points de la côte. L'intérieur est demeuré aux mains des indigènes. Et ces points de fixation sont avant tout destinés au commerce, choisis en fonction de lui. En troisième lieu, il ne sied pas d'outrer les ravages qu'ils ont commis : si les clercs, épouvantés, se sont souvent enfuis, la production intellectuelle et surtout artistique de l'Irlande n'a jamais totalement cessé, quand bien même elle aurait été gravement perturbée ou ralentie. J'ai déjà dit que la culture

---

54. Selon les *Annales de Saint-Bertin*.

irlandaise [55] avait été comme arrêtée dans son essor par les vikings, mais un phénomène comme le « miracle islandais », justement dénommé d'après le « miracle irlandais », n'aurait pas été possible sans l'apport décisif des enfants d'Érin. En quatrième et dernier lieu, le rôle des Scandinaves aura été décisif sur des points essentiels qui valent ici pour l'Irlande, mais qu'il n'est ni fantaisiste ni, *a fortiori*, abusif, de généraliser à l'Occident : ils ont créé et développé les villes citées tout à l'heure, dans un pays jusque-là exclusivement rural et pastoral. Dublin leur devra d'acquérir une importance internationale que reconnaissent, en plus des sources norvégiennes, des documents arabes, anglais et islandais. C'est qu'ils y ont introduit le commerce, à leur échelle, une activité qui n'avait auparavant jamais joué en Irlande un rôle important : les grands centres préexistants étaient avant tout religieux et intellectuels. Évidemment, ce n'est pas porter pour autant un jugement de valeur, mais seulement souligner le fait que, comme on s'exprime à présent, les Scandinaves ont introduit, sans douceur assurément, l'Irlande dans la problématique de la modernité de l'époque. Ainsi, ils ont initié les Irlandais à l'usage de la monnaie, spécialement celle d'argent. Surtout, à cause des exils, voire des exodes qu'ils ont déclenchés, ils ont provoqué, notamment sur le plan intellectuel, un intense brassage, qui sera en partie responsable d'un renouveau et d'une diffusion de notre culture : le ferment de civilisation celtique irlandaise qu'ils ont contribué à expatrier aura de durables effets, et pas seulement en Scandinavie.

Comme ce sont là des vues que l'on peut appliquer au monde occidental dans son ensemble, que les vikings ont également « décloisonné », sans parler de l'univers slave, byzantin, asiatique proche, il valait la peine d'insister.

Les Suédois

Cette dernière phrase nous offre une transition bienvenue pour les aborder. Ici, la question demeure obscure, si

55. C'est-à-dire la langue et un certain type de civilisation, comme le remarquent laconiquement Ch. Guyonvarc'h et F. Le Roux dans *la Civilisation celtique*, Éditions Ouest-France, 1990.

tant est que nous puissions prétendre avoir foulé un sol ferme dans les développements précédents. A commencer par le problème de la généralisation systématique de leurs incursions. S'il faut croire la pierre de Sparlösa (vers 800, elle n'est que partiellement déchiffrée), il se pourrait qu'un certain roi Alrikr, fils du roi Eiríkr d'Uppsala, ait aussi gouverné le Västergötland, ce qui impliquerait une domination upplandaise sur le tout et dénoterait une concentration propice à de grandes entreprises. Le témoignage du marchand-navigateur Wulfstan (voir plus loin p. 132 [56]), consigné par le roi Alfred de Wessex à la fin de sa traduction de l'*Histoire universelle* d'Orose, irait également dans ce sens. En voici le début :

> Wulfstan dit qu'il partit de Hedeby (of Haeđum), qu'il fut à Truso en sept jours et sept nuits, et que tout le temps, son bateau navigua à la voile. Il avait le pays des Wendes à tribord, et à bâbord, il avait Langeland, Lolland, Falster et la Scanie ; et ces pays appartiennent tous au Danemark. Ensuite, nous eûmes Bornholm à bâbord : elle a son propre roi. Puis, après Bornholm, nous eûmes à bâbord les pays qui s'appellent d'abord Blekinge et Möre, puis Öland et Gotland ; et ces pays appartiennent aux Sviar (to Sweon). Et tout le temps, nous avions le pays des Wendes à tribord, jusqu'à l'embouchure de la Vistule (Wislemuda).

Nous savons aussi que, depuis fort longtemps, des relations commerciales suivies existaient entre la Suède centrale et Gotland, avec la Finlande, les pays baltes et la Russie (villes de Wollin, Truso, Wiskiauten, entre autres).

Faisons un bref tableau de l'état des populations en Russie actuelle avant le début du phénomène « rūs ». L'Estonie et les territoires entourant les lacs Ladoga et Onega sont habités par des peuplades finnoises, appelées Chud dans la *Chronique primaire*. D'autres Finnois vivent autour de Rostov, les Meria, et de Murom, les Muroma. Dans le Sud, les territoires sont partagés entre l'Empire byzantin et le califat arabe de Bagdad. Au nord de ces deux empires, soit dans le sud de l'actuelle Russie, vivent

---

56. Je reprends ce texte, en le traduisant, de *Gutar och vikingar*, Stockholm, Statens historiska Museum, 1983, p. 417. Voir aussi S. Lebecq, note 29 *supra*.

deux peuples : les Khazars et les Bulgars qui constituent chacun un khaganat. Les Khazars, une peuplade d'origine asiatique, parlant turc, sont établis du Caucase au rivage septentrional de la Caspienne ainsi qu'en Crimée. Leur capitale est Itil, dans le delta de la Volga, près de l'actuelle Astrakhan. Les Bulgars, d'origine turque également, sont principalement installés à Bulgar, avant le grand infléchissement de la Volga vers le sud. Ajoutons les Petchenègues, tribu belliqueuse d'origine turque aussi, qui sévissent sur le bas Dniepr et manifestent une constante inimitié envers Byzance, comme, par la suite, vis-à-vis des Rūs. Quant aux Slaves, peuplades extrêmement mal connues — elles n'apparaissent dans l'Histoire que vers le Ve siècle et notre manque presque total d'informations rend hasardeuse toute hypothèse à leur égard —, ils devaient initialement occuper un territoire centré sur l'actuelle Kiev et représenter un grand nombre de populations fort instables. Du Ve au VIIIe siècle, elles ne cesseront de se déplacer jusqu'aux limites de l'empire franc (on a déjà signalé les Wendes dans leurs démêlés avec le Danemark) et un peu partout dans les khaganats khazar et bulgar. Au total, vers 800, ce que nous appelons Russie apparaît comme un immense conglomérat d'ethnies et de systèmes politiques multiples que seul domine vraiment l'Empire byzantin.

Ce domaine gigantesque constitue un territoire de premier ordre pour le commerce. Le traversent depuis longtemps ou le traverseront un jour [57] la route de l'ambre (de la Vistule à la mer Noire, elle fut, dès l'aube de notre ère, un itinéraire des Gots) et celle de la soie (on retiendra qu'une des branches de celle-ci passait, à partir du nord de la Caspienne, par Boukhara et Samarcande, avec remontée possible sur Tachkent, soit exactement des endroits où nous savons que sont passés des Suédois !). Les Mongols, les Scythes, les Magyars et bien d'autres hantèrent eux aussi ces vastes territoires et c'est pourquoi ils sont de tout premier intérêt d'un point de vue commercial : il y a très longtemps qu'ils ont fait leurs preuves. On y trafique des peaux, de la laine, des épices dans le khaganat bulgar, des

---

57. Voir la remarquable étude de Jehan Desanges, « La route de l'ambre baltique » dans M. Mollat : *les Routes millénaires*, *op. cit.*, pp. 45-55.

épices, des pierres précieuses, des textiles, de l'acier pour le califat, du vin, de la soie et des équipements navals pour Byzance, du sel, du lin, du houblon, des peaux et des esclaves dans le khaganat khazar [58]. Lisons ce que relate le voyageur persan du IXe siècle, Ibn Khordadbeh [59] :

> Les Russes, qui appartiennent à la race slave [60], se rendent des régions les plus éloignées du pays des Slaves sur les côtes de la mer de Roum [Méditerranée] et y vendent des peaux de castor et de renard ainsi que des épées. L'empereur [le basileus] se contente de prélever un dixième sur leurs marchandises. Les négociants russes descendent aussi le fleuve des Slaves [la Volga], traversent le bras qui passe par la ville des Khazars [Itil, donc], où le souverain du pays prélève sur eux un dixième ; puis ils entrent dans la mer de Djordjan [la Caspienne] et se dirigent vers le point qu'ils ont en vue. [...] Quelquefois, les marchandises des Russes sont transportées à dos de chameaux, de la ville de Djordjan jusqu'à Bagdad.

Le géographe arabe Al'Masudi, un siècle plus tard, précisera :

> On exporte du pays des Bourtas [au confluent de la Volga et de l'Oka] les peaux de renard noir, luxe des princes de ces peuples non arabes. Cet article s'écoule dans les régions de Bâb al abwâb [Derbend] et de Berdaa [en Arménie] et dans d'autres contrées telles que le Khorâssan et le Kharezm où il est travaillé. Il est exporté aussi vers les pays du Nord, les pays des Slaves, dont les Bourtas sont voisins. De là, on le transporte dans le pays des Francs, dans l'Espagne musulmane et dans tout le Maghreb.

---

58. On remarquera, pour vérifier une affirmation déjà faite quand nous avons parlé du bateau viking, qu'il s'agit bien là de marchandises de luxe, peu encombrantes et transportables en petites quantités.

59. M. Mollat, *op, cit.*, note 57 *supra*, p. 244.

60. Je reprends ce texte à la traduction qui figure dans l'ouvrage de M. Mollat cité note précédente. Bien entendu, il serait intéressant de savoir ce que l'original arabe entend par « race » slave. Mon ami Olivier Gouchet, que je remercie, me suggère qu'il faut tout simplement comprendre « gens », « peuplade », mais qu'il n'y a pas de connotation de type biologique derrière le terme employé.

L'intérêt de cette dernière citation, c'est qu'elle mentionne le Khwarezm, un royaume musulman d'Asie centrale que nous voyons figurer sur une inscription runique suédoise de Stora Ryttern (Västmanland), du XIe siècle — elle pourrait renvoyer à l'expédition de l'énigmatique Ingvarr, dont nous reparlerons.

Au total, il n'y a pas à douter un seul instant de la réalité des déplacements suédois vers le sud-est, puis plein est. Le problème, aussi complexe que débattu, concerne la façon dont ils étaient appelés : rūs ou varègues. Comme il ne devient vraiment effectif que dans la période suivante, je me réserve de l'aborder en deux temps, n'en donnant ici que les prodromes. Il faut partir d'un document capital que je citerai *in extenso* en raison de sa qualité. En l'an 839, les *Annales de Saint-Bertin* rapportent que le basileus Théophile envoya une ambassade à Louis le Germanique : elle arriva le 18 mai à Ingelheim (près de Mayence). Il s'agissait de faire la paix et de se promettre amitié et affection éternelles.

> Avec [ses ambassadeurs] il [le basileus] envoyait aussi quelques hommes qui disaient s'appeler, c'est-à-dire leur nation [*qui se, id est gentem suam, vocari dicebant*] Rhos, des hommes que leur roi, intitulé Chaganus, lui avait envoyés par amitié, à ce qu'ils disaient, et [le chaganus] demandait, dans la lettre susmentionnée, la permission, avec le bon vouloir du basileus, de leur donner un sauf-conduit pour rentrer chez eux. C'est que les chemins par lesquels ils étaient arrivés chez lui à Constantinople les avaient menés parmi des peuplades barbares et affreusement sauvages et il ne souhaitait pas qu'ils retournassent par ces chemins, se mettant de la sorte en grand péril. Comme l'Empereur s'enquérait de plus près de la raison de leur voyage, il comprit qu'ils appartenaient au peuple des Suédois [*comperit eos gentis esse Sueonum*] et que ce devait être des espions ici dans ses États et les nôtres, plutôt que des messagers de paix et d'amitié, il estima meilleur de les garder chez lui jusqu'à ce que l'on découvre en vérité s'ils étaient venus dans d'honorables intentions, ou non. Il fit part de cela à Théophile par l'intermédiaire de ses envoyés et aussi dans une lettre, disant que, par amitié pour lui, il se chargerait volontiers de ces hommes et que, s'ils se révélaient dignes de confiance et que l'occasion s'offrît à eux de retourner sans danger dans leur patrie, il les dépêcherait

> avec son appui. Sinon, ils lui seraient renvoyés afin qu'il pût décider lui-même de ce qui se passerait pour eux.

Ce texte est important car il paraît sûr : il appartient à la partie de ces Annales dont nous savons qu'elle fut rédigée par l'évêque Prudence de Troyes. Le lecteur aura noté aussi que, si ces Rhos sont d'origine suédoise, ils ne semblent pas venir directement de Suède !

Je saisis l'occasion pour exposer le problème fondamental, toujours ardemment débattu, que pose ce sujet. À savoir : dans quelle mesure des Scandinaves sont-ils réellement venus en Russie ? Ont-ils, ou non, fondé le long des fleuves russes des villes à partir desquelles est né l'État russe ? Y a-t-il eu, ou non, colonisation ?

Depuis un bon siècle surtout, deux écoles s'affrontent dans une savante querelle dont il faut déplorer que les passions nationalistes, politiques, idéologiques ou simplement sentimentales faussent la qualité. Ce sont l'école philologico-historique, dite « nordiste », et l'école historico-sociologique, autrement dit marxiste (soviétique) [61].

La première, fondée sur les sources écrites, la philologie et l'archéologie, se concentre sur la *Chronique de Nestor* (ou *Chronique des Temps passés*), écrite en vieux russe, à Kiev, au XIIe siècle, qui donne des noms (Rurik, Oleg, Igor) visiblement nordiques ; puis sur deux traités passés avec Byzance, en 912 et 945, dont quelques signataires russes affichent des noms scandinaves ; et sur un passage du *De administrando imperio* de Constantin Porphyrogénète (950), où le basileus décrit la périlleuse descente des rapides du Dniepr dont se rendent capables les Rhos : il mentionne sept de ces rapides dont cinq sont donnés sous leur nom et slave et « rhos » et grec. Soit, pour les noms « rhos » : Essupi (certainement sur le verbe supa, boire, ou sofa, dormir, soit : ei supi ou ei sofi : pas question de boire — ou de dormir), Ulvorsi (hólmfors, cascade de l'îlot), Gelandri (gjallandi : le braillard), Baruforos (bárufors, la cascade où il faut faire du portage, verbe bera — bar — bárum, porter), Leanti (Hlaejandi : riante), Strukun (sur struk, strok, idée de course) et

61. La bibliographie de la question, sous ses deux faces, est donnée par O. Pritsak, *op. cit.* note 30 *supra*, pp. 3 à 7.

surtout Aifor (ei-fors, cascade impassable, non-cascade). Je dis surtout, parce que la pierre runique de Pilgårds (Gotland, vers 1000) a été érigée par quatre hommes en mémoire de leur frère Rafn qui a « pénétré loin dans Aifor ». Ajoutons que l'évêque de Crémone, Liutprand, décrivant les peuples qui demeurent au nord de l'Empire byzantin dans son *Antapodosis* [62] — il était légat à Constantinople en 968 —, dit avoir rencontré des Rūs, *russios quos alio nos nomine Nordmannos appellamus*. Je m'en tiendrai là pour le moment en rappelant que la Russie était, par définition, une grande source d'attraction, en raison de l'argent de l'Islam : le fait est que les dirhams affluent précisément vers le milieu du IXe siècle. Le commerce des fourrures et des esclaves, particulièrement entre Constantinople et Kiev, était très actif, on les échangeait contre les produits venus du Sud ou de l'Orient. L'archéologie démontre que des Scandinaves vivaient (et mouraient, des cimetières que l'on a fouillés assez récemment l'attestent) en Russie : elle a retrouvé des tombes à bateaux que seuls connaissaient les Scandinaves. Il en existe une dizaine à Plakun, près du Ladoga, une tombe étant celle d'une femme. Quant aux pierres runiques qui témoignent d'une présence suédoise en Russie, elles sont très nombreuses. Spécialement importante est la plaquette de bois, datant du IXe siècle, qui porte ce qui paraît être un texte métrique scandinave, à Staraia Ladoga (au sud du lac, sur la Volchov), dont le nom scandinave est Aldeigjuborg.

L'école historico-sociologique part du phénomène de la naissance et du développement des villes : celles-ci seraient nées de l'extension d'organismes paysans primitifs qui auraient évolué dans le sens de l'artisanat, ce qui aurait entraîné la mise en place progressive de services de distribution de marchandises. Dans ces amorces de villes se serait créée une sorte de classe d'administrateurs et guerriers en même temps, pour assurer la protection des gens et des biens. À partir de là, seraient nés de petits « États » bien délimités, le centre commercial, artisanal et administratif en formant le noyau. D'où il suit que, si tant est que des Nordiques aient pu intervenir (car nous verrons qu'il est difficile d'escamoter le passage le plus

62. Éd. par J. Becker, *SSRG*, Hanover, 1915, I 11 ou V 15.

célèbre de la *Chronique de Nestor*, voir plus loin p. 171), ce ne pourrait être que tardivement et en reprenant le pouvoir initialement exercé par des autorités locales.

Sans développer ni entreprendre d'attaquer des théories farouchement nationalistes qui connurent une belle fortune il y a plusieurs décennies [63], contentons-nous de dire que cette théorie manque gravement de preuves au sol. En revanche, d'après les découvertes archéologiques faites autour du Ladoga, à Gnezdovo (à côté de Smolensk), à Kiev et à Novgorod, une influence nordique en profondeur ne fait guère de doute. Au demeurant, cette dispute, qui fut fort chaude, est aujourd'hui réglée. Les savants russes de la nouvelle génération ne doutent pas que ç'aient été les Varègues qui ont fondé leur État.

Je reviendrai sur le sujet plus loin puisque, logiquement, il ne prend toute son ampleur qu'au cours des deuxième et troisième phases du phénomène viking, mais je voudrais conclure ce bref aperçu par une remarque de bon sens très rarement énoncée. Nous avons vu que Suédois, Danois et Norvégiens, malgré leurs incontestables spécificités, formaient un tout et que leur histoire, passée comme moderne, présente de très remarquables homologies [64]. L'âge viking les aura affectés tous les trois en même temps, pour les mêmes causes que nous sommes en train d'étudier, et de la même façon. En vérité, une étonnante symétrie, dans tous les domaines sans exception, caractérise ce phénomène, à telle enseigne que, sur le plan historique où nous sommes, la subdivision en quatre périodes que je propose ici s'applique indifféremment au groupe ouest (Danemark et Norvège) et au groupe est (Suède). Seules varient les zones d'exercice. Pourquoi alors voudrait-on que les Suédois, qui bénéficiaient du même concours de circonstances favorables que les Danois et les Norvégiens, se fus-

63. Par Boris A. Rybakov par exemple, qui édite la revue *Arxeologiceskie otkrytija*, Moscou, 1966 sq.

64. Par exemple, ils se convertissent au catholicisme, puis au luthéranisme à peu près en même temps, passent simultanément à l'âge des Lumières et au despotisme, s'urbanisent et s'industrialisent de concert, sont devenus social-démocrates aux mêmes dates, etc. Ne dit-on pas plaisamment, là-bas, que lorsqu'un Danois éternue, il y a toujours un Suédois ou un Norvégien pour se moucher, les trois termes nationaux étant interchangeables !

sent comportés d'une manière différente de ces derniers ? Prédateurs de hasard, puis en connaissance de cause, puis fondateurs d'États, cela vaut pour les uns comme pour les autres. On ne voit pas pourquoi ce qui fut la norme ici ne se serait pas rencontré là. Il existe une sorte de logique interne de l'expansion scandinave qui me paraît relever de l'évidence et qui rend caduques *ab ovo* les théories d'écoles.

En guise de conclusions à l'étude de cette première phase, je marquerai un temps d'arrêt pour faire encore une remarque. Elle concerne la christianisation du Nord qui, à long terme, sera l'un des facteurs décisifs de la ruine du mouvement viking. Nous avons déjà vu que, vers 700, le Northumbrien Willibrord avait tenté une mission auprès du roi danois Angantýr. En 823, Louis le Pieux avait dépêché au Danemark le légat du pape Ebo de Reims : les résultats de cette mission restent mal connus ; peut-être a-t-elle été la cause du baptême de Haraldr Klakk en 826 ? C'est, en tout cas, celui-ci qui amène Ansgar (saint Anschaire) au Danemark, en 826. Parallèlement, le roi Björn de Birka, qui aurait envoyé des messagers à Louis le Pieux pour qu'il lui dépêche des missionnaires, invite Ansgar en Suède en 829. La mission du moine de Corbie, telle qu'elle est rapportée par son biographe, Rimbert, connaît des fortunes diverses. Il devra en effectuer une seconde en 850. Ajoutons que les efforts d'Ansgar lui vaudront d'être consacré archevêque de Hambourg (qui fusionnera ensuite avec Brême), avec autorité sur toute l'Église naissante du Nord [65].

On ne saurait trop insister sur ces faits. Deux conséquences, capitales pour nous, vont en découler. La première s'inscrit dans le droit-fil de notre sujet : en principe, un païen n'avait pas le droit de commercer avec un chrétien s'il n'avait reçu la *primasignatio*, rite certainement très élémentaire mais qui impliquait une connaissance, même fruste, des réalités spirituelles du monde occidental. Or, les sagas comme la *Vita Anskarii* l'attestent, les vikings ne rechignaient pas à se plier à cette nécessité [66]. C'est donc bien qu'ils entendaient entretenir

65. Cette question est étudiée en détail, en posant toutes les réserves qui s'imposent, dans *le Christ des Barbares*, *op. cit.*

66. Voir quelques références dans le livre cité note précédente, pp. 64-65.

avec les chrétiens des relations autres que guerrières ! La seconde conséquence est encore plus intéressante. Quelles que soient les relations qu'ils eurent avec leurs partenaires (ou victimes), les Scandinaves, au fur et à mesure qu'ils acquéraient une connaissance, même partielle, du christianisme et des chrétiens, ne pouvaient manquer d'être sensibles à des croyances, rites et coutumes nouveaux. Par là, ils basculèrent peu à peu dans la sphère d'influence chrétienne, ce qui — la recherche actuelle le constate de plus en plus, jusque dans des domaines longtemps considérés comme purement autochtones, tels les lettres et les arts — allait durablement colorer, sinon susciter en bien des points, leur civilisation. En dehors du fait que tous les Scandinaves qui nous parleront, à partir du XIIe siècle, de leurs ancêtres vikings étaient des clercs chrétiens, le christianisme tient une place considérable dans les inscriptions runiques contemporaines des événements qu'elles commémorent. N'en concluons pas trop vite que les perspectives s'en trouvent faussées, mais bien qu'il importe de réviser nos critères d'appréciation du « mythe viking ».

Ce qui est une façon de nous mettre en mesure d'aborder la cinquième et, à mon sens, absolument déterminante cause du phénomène viking, que nous allons étudier maintenant.

LA CAUSE CAPITALE : LA SOIF D'ARGENT, LE COMMERCE

Répétons d'abord que l'argent — le métal, s'entend — posséda une valeur prestigieuse, plus grande que celle de l'or, pendant tout le Moyen Âge ; que tout ce que nous pouvons savoir des Scandinaves, et le fait reste valable de nos jours, prouve leur passion profonde du commerce, même si, parfois, la chose paraît valoir pour les Danois et les Suédois plus que pour les Norvégiens ; qu'ils étaient fort bien placés pour exercer cette activité puisqu'ils détenaient, sur place, des peaux et de l'ambre, marchandises de grand prix, et qu'ils s'intéresseront très vite au trafic des esclaves, de la soie, etc., autres opérations de fort bon rapport.

On peut avancer aussi sans trop de risques d'erreur qu'un manque total de scrupules paraît avoir caractérisé, à l'époque, les façons d'acquérir des biens : commerce en règle, certes, ou marchandage, ou troc, mais également vol ou pillage. Il importerait de ne pas transposer sur ces temps notre conception actuelle du commerce — au moins à l'échelon individuel ! Un marchand qui ne disposait pas des moyens de défendre ou protéger son bien et d'assurer la réussite matérielle de ses transactions était voué à la misère immédiate.

S'enrichir par le commerce

Répétons-le : par rapport à celles qui exaltent d'éventuels hauts faits guerriers, le nombre des inscriptions runiques qui mettent au premier plan les capacités d'un homme donné à s'être procuré des richesses est considérable. On peut tenir pour paradigmatique celle de Veda (Uppland) : « þorsteinn a érigé [cette pierre] [à la mémoire d'] Ásmundr, son fils, et il a acheté ce domaine et acquis des richesses en Garđar [Russie] », ou celle d'Ulunda (Uppland également) pour un certain Horsa (lecture incertaine) qui « voyagea hardiment, acquit des richesses au loin en Grèce pour son héritier », sans parler de celles qui vantent la valeur de vikings qui ont levé un ou plusieurs danegelds en Occident. Et voyez l'orgueil du célèbre (plusieurs pierres lui sont dédiées) Jarlabanki, au village de Täby (Suède, Uppland) : « Jarlabanki a fait élever cette pierre pour lui-même, de son vivant. Il possédait tout Täby à lui tout seul ! »

C'est pourquoi je reprendrai à mon compte la théorie que l'historien belge Henri Pirenne défendit, en 1937, dans *Mahomet et Charlemagne*. Brièvement : les relations commerciales entre est et ouest se sont faites pendant des millénaires par la Méditerranée, ce qui explique la brillante civilisation dont ont joui les peuples riverains de cette mer. Mais, à l'époque de Charlemagne, les musulmans coupent cette route millénaire. Sture Bolin [67] puis Ph. Sawyer [68] observent, comme Pirenne, qu'alors, les relations ne pouvant s'interrompre pour des raisons vitales, la ligne de liaison est remontée vers le nord, pro-

67. « Mohammed, Charlemagne and Rurik » dans *The Scandinavian Economic Review* I : 1, 1953, pp. 5-39.
68. *The Age of the Vikings*, London, 1962.

mouvant ainsi un axe qui part de Byzance et, pour l'essentiel, remonte par la Russie, débouche dans la Baltique et se prolonge en mer du Nord puis dans la Manche et l'Atlantique. Le trafic n'est pas interrompu, mais il a changé de latitudes et les Scandinaves, les peuples riverains de la Baltique et les Frisons en sont le vecteur.

Ces vues me semblent saines et vont dans le sens de ce qui a été suggéré dans les pages qui précèdent.

C'est d'ailleurs l'enseignement qu'il faut tirer de la relation que fit de ses voyages, vers 890, le Norvégien Óttarr (Ohthere dans le texte) à Alfred de Wessex, confirmant ainsi le compte rendu fait au même souverain, et déjà évoqué, par un autre navigateur, peut-être pas norvégien comme le premier, mais anglo-saxon, Wulfstan. L'un et l'autre établissent l'existence de relations commerciales suivies entre est et ouest, le transit se faisant par le Nord scandinave. Simplement, là où Wulfstan part de Truso pour atterrir au Danemark, Óttarr remonte le long des côtes de Norvège pour aboutir au fond de la mer Blanche. Tous deux sont familiers d'une route qui va de Danemark ou de Norvège, respectivement, jusqu'en Angleterre [69]. Comme ce sont là des documents particulièrement précieux pour nous, je les donnerai l'un et l'autre.

La relation de Wulfstan a déjà été rapportée, au moins pour son premier paragraphe (plus haut p. 122). Voici la suite :

> La Vistule [Wisle] est un très grand fleuve qui sépare le Witland [sans doute à l'est de la Vistule] du pays des Wendes [Slaves]. Le Witland appartient aux Estes. Et la Vistule coule du pays des Wendes et débouche dans l'Estmere, et l'Estmere a au moins cinquante lieues de large. Puis arrive Elbing [Ilfing] en venant de l'est pour s'engager dans l'Estmere depuis la mer sur la rive de laquelle se trouve Truso. Et elles débouchent en même temps dans l'Estmere, l'Elbing, depuis l'est, d'Estland, et la Vistule depuis le sud, du pays des Wendes. Puis la Vistule ravit à Elbing son nom et coule de l'Estmere vers le nord-ouest jusqu'à la mer ; voilà pourquoi on appelle cette embouchure l'estuaire de la Vistule.

69. S. Lebecq : « Ohthere et Wulfstan : deux marchands-navigateurs dans le Nord-Est européen à la fin du xe siècle » dans *Horizons marins, itinéraire spirituel* II.

L'Estland est très grand, et il s'y trouve beaucoup de villes, et dans chaque ville, il y a un roi. Et il y a là beaucoup de miel et de poisson, et le roi et les gens les plus riches boivent du lait de jument, et les pauvres et les domestiques boivent de l'hydromel. Il règne une grande mésentente entre eux. Et l'on ne brasse pas de bière chez les Estes car il y a suffisamment d'hydromel.

Et c'est la coutume parmi les Estes que, quand une personne meurt, elle gît sans être brûlée chez ses parents et amis un mois, parfois deux, et les rois et d'autres personnes hautement appréciées d'autant plus longtemps qu'ils possèdent de plus grandes richesses ; parfois, une demi-année se passe pendant laquelle ils restent non brûlés à la surface de la terre dans leur maison. Et tout le temps que le cadavre gît là, il faut donner beuveries et jeux, jusqu'au jour où on le brûle. Alors, le jour même où ils veulent le porter sur le bûcher, ils répartissent ses biens, ce qu'il en reste après les beuveries et les jeux, en cinq ou six parts, parfois davantage, en fonction de l'importance de ces biens. Puis ils posent la plus grande part dans un rayon d'une lieue de la ville, puis la seconde, puis la troisième, jusqu'à ce que tout soit posé dans un rayon d'une lieue. Et la dernière part doit être la plus proche de la ville où gît le mort.

Puis tous les hommes qui ont les chevaux les plus véloces du pays, tous doivent être assemblés à environ cinq ou six lieues des biens. Sur ce, ils se précipitent tous vers ces biens. Et l'homme qui a le cheval le plus véloce arrive à la première et plus grande part, et ainsi de suite jusqu'à ce que tout soit pris. Et celui qui court jusqu'aux biens situés le plus près de la ville prend la plus petite part. Et alors, chacun s'en va avec ses biens et peut tout garder. Aussi les chevaux véloces sont-ils d'une cherté peu commune en ce pays. Quand les biens du mort sont complètement dépensés de la sorte, on le porte dehors et on le brûle, habillé et armé. Et d'ordinaire, ils dépensent toute sa richesse pendant le long temps où le mort reste gisant et par ce qu'ils laissent le long des chemins, sur quoi se précipitent les étrangers pour l'emporter.

Et c'est aussi la coutume parmi les Estes que les morts de toutes les tribus doivent être brûlés. Et si l'on trouve un seul os non brûlé, il faut payer une grande compensation pour cela. Et il y a parmi les Estes une tribu qui sait produire du froid, aussi les morts y demeurent-ils si longtemps sans se décomposer parce qu'ils les congèlent. Et si l'on pose deux cuves pleines de bière ou d'eau, ils font en sorte que l'une soit recouverte de glace, que ce soit l'été ou l'hiver.

Je n'ai pu résister à l'envie de citer *in extenso* ce passage, avec sa curieuse description des mœurs des Estes. Le récit d'Óttarr est beaucoup plus explicite et long, mais on va voir qu'il mérite également d'être cité dans son entier :

> Ohthere dit à son Seigneur, le roi Alfred, qu'il habitait le plus au nord de tous les Norvégiens. Il dit qu'il demeurait au pays du nord, sur la mer de l'ouest [= la mer de Norvège]. Il dit, toutefois, que le pays est très au nord de là, mais qu'il est complètement désert, si ce n'est qu'en quelques endroits, des Sames (Finnas) demeurent çà et là, chassant en hiver et, en été, pêchant dans la mer.
>
> Il dit qu'une fois, il voulut voir jusqu'à quelle distance le pays s'étendait vers le nord ou s'il y avait quelqu'un pour habiter au nord du désert. Donc il s'en alla vers le nord, en longeant les côtes, laissant tout le temps le désert à tribord et la mer ouverte à bâbord, pendant trois jours. Il était alors aussi loin vers le nord que le point extrême qu'atteignent les chasseurs de baleines. Puis il continua vers le nord tant qu'il put naviguer pendant trois jours encore. Alors, le pays s'infléchit vers l'est ou bien la mer pénétra dans les terres, il ne savait pas lequel des deux. Il sait seulement qu'il attendit là un vent d'ouest et un peu du nord, et qu'il navigua alors vers l'est en longeant la côte tant qu'il put naviguer pendant quatre jours.
>
> Là, il dut attendre un vent du nord, parce que le pays s'infléchissait vers le sud, ou la mer pénétrait dans la terre, il ne savait lequel des deux. Il navigua alors depuis là en longeant les côtes vers le sud autant qu'il put faire voile pendant cinq jours. Alors, il y eut une grande rivière qui remontait dans les terres. [Ce pourrait être la Dvina]. Ils pénétrèrent alors dans la rivière parce qu'ils n'osaient pas naviguer au-delà de la rivière par crainte des hostilités, parce que tout le pays était habité de l'autre côté de la rivière. Il n'avait pas encore trouvé de pays habité depuis qu'il avait quitté son foyer. Mais tout le temps, il avait un désert à tribord, exception faite de pêcheurs, de chasseurs d'oiseaux et de chasseurs, et tous, c'étaient des Sames, et il avait la mer ouverte à bâbord. [...]
>
> Les Biarmiens [70] avaient fort bien cultivé leur pays, mais ils n'osèrent pas aller sur le rivage là. Mais le pays des

70. R. Boyer : « Le Bjarmaland, d'après les sources scandinaves anciennes » dans *Peuples et Pays mythiques*, F. Jouan et B. Deforge éd., Paris, Les Belles Lettres, 1988, pp. 225-236.

Terfinnas [des Sames] était complètement désolé, sauf là où vivaient des chasseurs, des pêcheurs et des chasseurs d'oiseaux. Les Biarmiens lui dirent toutes sortes de particularités tant sur leur propre pays que sur les pays d'alentour, mais il ne savait ce qui était vrai car il ne l'avait pas vu lui-même. Il lui sembla que les Sames et les Biarmiens parlaient presque la même langue.

Il venait jusque-là surtout, outre pour voir le pays, à cause des morses parce qu'ils ont du très bon ivoire dans leurs dents ; certaines de ces dents, ils les apportaient au roi ; et leurs peaux sont très bonnes pour faire des cordages de navires. Cette sorte de baleine est beaucoup plus petite que les autres baleines : elle ne fait pas plus de sept aunes. Mais c'est dans son propre pays que la chasse à la baleine est la meilleure : elles ont quarante-huit aunes de long et, les plus grandes, cinquante aunes de long. De celles-ci, dit-il, il en tua soixante en deux jours avec six harpons.

Il [Óttarr] était très riche de biens en quoi consiste leur richesse, c'est-à-dire en animaux sauvages. De plus, quand il venait trouver le roi, il avait six cents cerfs domestiques qu'il élevait lui-même. Ils appellent ces cerfs « rennes » : parmi ceux-ci, il y en avait six qui étaient pour le leurre, ils ont beaucoup de valeur parmi les Sames parce qu'ils s'en servent pour attraper les cerfs sauvages. Il [Óttarr] était parmi les hommes les plus importants du pays, bien qu'il n'eût pas plus de vingt bêtes à cornes, vingt moutons et vingt porcs. Et le peu qu'il labourait, il le labourait avec des chevaux. Mais leur revenu consiste principalement en tribut que leur versent les Sames. Ce tribut est de peaux d'animaux, de plumes d'oiseaux, d'os de baleine, de cordages de bateaux qui sont faits de peau de baleine et de phoque. Chacun paie selon ses moyens. Les plus riches doivent payer quinze peaux de martres, et cinq de rennes, et une peau d'ours, et quarante boisseaux de plumes, et une tunique d'ours ou de loutre, et deux cordages à bateau, de chacun soixante aunes de long, un fait de peau de baleine et l'autre, de peau de morse.

Il dit que le pays des Norvégiens [Nordmanna land] était très long et très étroit. Tout ce qui peut ou bien être mis en pâture ou bien être labouré se trouve au bord de la mer, quoique ces lieux soient parfois rocailleux. À l'est, il y a des montagnes sauvages le long du pays habité. Dans ces montagnes habitent les Sames. Et le pays habité est le plus large vers l'est, mais va se rétrécissant sans cesse vers le nord. Vers l'est, il peut faire soixante lieues de large ou un peu plus ; à mi-course, trente ou plus et vers le nord, dit-il, là où il était le plus étroit, il pouvait y avoir une largeur de trois lieues jusqu'aux montagnes. Et, de plus, les montagnes sont si larges en quelques endroits qu'un homme peut les traverser en deux semaines ; et en d'autres endroits, si larges qu'un homme peut les traverser en six jours.

Puis, contre ce pays vers le sud, de l'autre côté des montagnes, c'est la Suède [Sweolaland] qui s'étend vers le nord ; et contre ce pays-là vers le nord, c'est la Cwena land [Finlande ?]. Les Cwenas [Finnois ?] mènent parfois des expéditions de pillage contre les Norvégiens en passant les montagnes, parfois, ce sont les Norvégiens qui se portent contre eux. Il y a de très grands lacs d'eau fraîche au-delà des montagnes. Et les Cwenas transportent leurs barques par terre jusqu'aux lacs et, de là, font des expéditions de pillage contre les Norvégiens ; ils ont de très petites barques et très légères.

Ohthere dit que la province qu'il habitait s'appelait Halgoland [= Hálogaland]. Personne, dit-il, n'habitait plus au nord que lui. Puis il y a un port dans le sud du pays [Norvège] que l'on appelle Sciringes heal [Kaupangr, dans le fjord d'Oslo]. Il dit qu'on pouvait l'atteindre en cabotant un mois durant le long de la côte pour peu que l'on campe la nuit et que l'on ait bon vent chaque jour.

[La route maritime] pour l'Irlande serait à tribord, d'abord. Puis [celle pour les Orcades] qui se trouvent à mi-chemin pour ceux qui se rendent en Irlande ou en ce pays [l'Angleterre].

Et finalement la route directe pour ce pays [l'Angleterre] sur la dernière partie du voyage pour Sciringes heal [...] la côte norvégienne toute proche à bâbord tout le temps. Au sud de Sciringes heal, une très vaste mer pénètre dans les terres ; elle est si large que personne ne peut voir de l'autre côté. Et le Gotland [Jutland] est sur le bord opposé, puis Sillende [Sønderjylland de l'est]. Cette mer remonte dans les terres sur maintes centaines de lieues.

Et de Sciringes heal, il dit qu'il navigua jusqu'au port connu sous le nom de aet Haeþum [Hedebyl en cinq jours. Il se trouve entre les Wendes [Winedas] et les Saxons et les Angles et appartient aux Danes. Quand il naviguait jusque-là au départ de Sciringes heal, il avait le Danemark à bâbord et à tribord, la mer ouverte pendant trois jours ; et ensuite, pendant deux jours avant d'atteindre Hedeby, il avait à tribord le Jutland et le Sillende et beaucoup d'îles [danoises].

Dans ces pays, les Angles vivaient avant de venir en ce pays [l'Angleterre]. Et pendant ces deux jours, il avait à bâbord les îles qui appartiennent au Danemark.

De cette circulation par le nord, les preuves sont innombrables : pièces de monnaie et objets découverts dans les trésors enterrés au sol, voire ce seigle inconnu au Danemark et implanté là, visiblement à partir de la Russie. Ce trafic intense coïncide exactement avec le mouvement viking et ne se relâchera que lorsque l'étreinte musulmane sur la Méditerranée se desserrera. Il n'est que de suivre les villes-comptoirs créées ou développées par les Scandinaves commerçant, par le nord puis vers le sud-sud-est, avec le califat. Ces comptoirs se situent aux endroits stratégiques des grandes routes commerciales de l'époque. Or, Hedeby au Danemark, Birka en Suède, Skiringsal-Kaupangr (qui signifie proprement « comptoir », sur le verbe kaupa, commercer) en Norvège ont été fondés au moment précis où s'instaurait le commerce vers l'est.

De plus, redisons d'une autre façon que les Scandinaves ont tenu en très haute estime le commerce, qu'ils ont compté parmi les principales de leurs activités : le terme farmaðr (voyageur par mer, marin, marchand ambulant) est rien moins que péjoratif et son synonyme partiel kaupmaðr (négociant, marchand) en viendra à signifier, purement et simplement, Norvégien dans les sagas islandaises [71]. Sans doute convient-il de ne pas verser dans une outrance inverse de celle que véhicule notre mythe viking, héros guerrier invincible. Rappelons la citation d'Adam de Brême : *Ipsi vero pyratae, quod ille Wichingos appellant, nostri Ascomannos*. Mais méditons plutôt cette façon qu'a Snorri Sturluson de présenter, au chapitre XLIV de sa *Saga d'Óláfr Tryggvason* (dans sa *Heimskringla*), un certain Þórir klakka, qui *var löngum í víkingu, en stundum i kaupferðum ok var víða kunnigt fyrir*, « fut longtemps en expédition viking, mais parfois en voyages de commerce et, en conséquence, connaissait maints lieux ». Le jarl Hákon Sigurðarson le Puissant, des Hlaðir, « l'envoya à l'ouest au-delà de la mer (c'est-à-dire en Grande-Bretagne, c'est l'expression utilisée pour la désigner), lui demandant

71. Voir, par exemple, pour farmaðr, la *Saga de Njáll le Brûlé*, ch. 61, ou la *Saga d'Egill fils de Grímr le Chauve*, chapitre 154, entre autres, et, pour kaupmaðr, *Saga de Njáll*, chapitre 124, ou *Saga de Snorri le Godi* (*Eyrbyggja saga*), chapitre 140.

de faire un voyage de commerce jusqu'à Dublin, comme c'était alors la coutume de beaucoup de gens ». J'ai l'impression qu'ils furent très nombreux, à l'époque où sont censés se passer ces événements, c'est-à-dire à la fin du xe siècle, ceux à qui aurait pu s'appliquer la définition de Snorri : í vikingu, í kaupferđum, selon les circonstances. L'évolution, nettement suggérée dans les deux citations ci-dessus, pourtant de provenances si différentes, proposerait une succession : commerce — commerce avec piraterie — piraterie avec ou sans commerce. Mais commerce toujours.

Car enfin, faut-il revenir sur des constatations déjà faites ici ? Redire que tout rendait primordiales les préoccupations commerciales dans le Nord : substrat géographique, omniprésence de l'eau, côtes découpées, îles innombrables, arrière-pays difficilement accessible à cause des impénétrables forêts, isolement et distances considérables, impensable autarcie économique même dans les régions les moins défavorisées, etc. ? Il fallait, bon gré mal gré, entretenir à longueur de vie des relations d'échanges, sur place dans le Nord, déjà, et ces relations ne pouvaient guère se faire que par voie d'eau. Dans la masse des découvertes archéologiques, l'observateur est frappé par la quantité d'objets qui relèvent directement et exclusivement du commerce, surtout si l'on compare avec ce qui se passait ailleurs chez des peuplades agissant au même moment à des fins identiques, les Sarrasins par exemple : poids et mesures, balances, monnaies de toutes provenances, argent haché, articles à négocier, etc. Voilà ce que nous proposent ces découvertes, bien plus que des armes ou des équipements guerriers. N'oublions pas que le bateau viking était d'abord un instrument parfaitement adapté au transport de marchandises précieuses en petites quantités et au commerce du type « porte à porte », par cabotage. En revanche, on chercherait vainement des dispositions qui laissent entendre des intentions guerrières au sens propre (éperons, catapultes, grappins d'abordage, etc.). Nous parlerons des itinéraires : nous avons noté qu'ils sont presque toujours jalonnés par des centres commerciaux. Ce ne sont pas toujours des routes stratégiques. Je reviendrai sur tous ces points. Je voudrais seulement méditer un peu, ici, sur la notion de félag, déjà abordée.

Elle reste capitale dans des codes de lois islandais comme le *Grágás* ou le *Jónsbók*, pourtant bien postérieurs au phénomène viking. Il s'agissait de mettre (verbe leggja, d'où le substantif lag) son bien (fé, qui est l'équivalent philologique et sémantique du grec pokos, latin pecus) en commun, à deux ou plusieurs, chacun des participants ou félagi étant tenu de défendre les intérêts du ou des autres en cas de mort ou de départ pour l'étranger, ou d'expatriation. Il estait à sa place ou pour son compte en cas de meurtre. La notion ne s'entend pas sans l'idée de voyages constants et de commerce actif. Les sagas attestent encore que le félag était tenu pour une activité bien viking. Dépassant la simple notion moderne de mercantilisme, elle incluait une idée de promotion de la jeunesse, le félagi étant d'abord un homme jeune qui devait aller faire ses preuves à l'étranger, et elle n'excluait pas, tant s'en faut, une idée de bravoure. Il arrive même que félagi et drengr soient interchangeables, dans la composition fardrengr (fardrengr góðr), drengr (terme étudié plus haut) qui voyage. Ajoutons à cela le fait que le félag pouvait être à l'origine d'une certaine promotion sociale. Il n'était pas réservé aux hommes bien nés : c'est le cas de l'Islandais qui « n'était pas de grande famille » et qui finit par entrer dans l'amitié du roi Óláfr, en grande partie parce que c'était « un grand voyageur », comprenons un grand marchand (*Óláfs saga hins helga*, chapitre LXXXV). Il arrivait même que le roi fît félag avec un simple bóndi : tel sera le cas du même Óláfr Haraldsson (saint Óláfr) et de l'Islandais Hallr Thórarinsson du Haukadalr [72].

Quel commerce ?

Parlons donc de commerce, puisque telle fut l'activité principale, ou, en tout cas, privilégiée des Scandinaves que nous appelons vikings ou varègues.

Quelques mots sur le commerce local ne seront pas superflus. Bien vivant, il demeure attesté par les très nombreux toponymes en -kaupangr (ville ou lieu marchand, le nom existe tel quel en Norvège, nous le savons,

72. Prologue de la *Heimskringla*, Íslenzk Fornrit éd., pp. 6-7.

et entre en composition dans de nombreux vocables encore courants de nos jours), en -köping (Jönköping en Suède), ou en -købing (Nykøbing au Danemark) ou en -torg (idée de marché, de foire, puis de place), sans parler des nombreux « ponts » (brú) dont quantité d'inscriptions runiques créditent avec admiration celui qu'elles commémorent : c'étaient, en réalité, dans ces pays marécageux, des chaussées piétonnes ou carrossables que l'on ouvrait pour faciliter les communications d'un endroit à un autre. Ce marché intérieur portait surtout sur la stéatite de Norvège (vers les deux autres pays), le fer (en Norvège et en Suède, vers le Danemark), le grain (au Danemark). Il s'agissait vraisemblablement d'une économie de troc, quoique la monnaie ne fût pas inconnue. Tout démontre qu'une vive activité régnait le long des côtes et par les voies d'eau — qui pouvaient mener de l'Uppland suédois au Vik (la région d'Oslo) norvégien. Le Bohuslän était une importante aire de transit, sans doute depuis longtemps, ce qui expliquerait sa richesse en témoins culturels comme les pétroglyphes de l'âge du bronze. Ces quelques aperçus, qui relèvent de l'évidence, marquent simplement que c'était sur place, déjà, que s'exerçaient ces activités.

Il va sans dire que le commerce extérieur intéresse plus directement notre propos. J'ai noté, reprenant Pirenne et ses nouveaux disciples, qu'à partir du moment où la liaison est-ouest remonta du 40e au 55e parallèle, le Nord se trouva devenir à la fois terrain de transit et lieu de rencontre de courants économiques et culturels.

Nous pouvons retracer les grandes routes qu'au départ de Scandinavie suivirent les vikings. L'usage est d'en distinguer deux, celle de l'ouest et celle de l'est. J'en ajouterai deux autres qui, pour des raisons qui m'échappent, attirent rarement l'attention des commentateurs.

D'abord, celle qui intéresse la Baltique proprement dite, à l'intérieur de laquelle un trafic très vivant existait depuis longtemps : entre Suède et Finlande, ou Suède (Gotland) et côtes baltes, par exemple, nous l'avons vu. Ohthere-Óttarr, dans son second voyage, confirmé par Wulfstan, va de Skiringsal-Kaupangr (Norvège) à Hedeby (Danemark) en faisant le détour par Truso (non loin de Gdańsk à l'heure actuelle). Ansgar, selon Rimbert, se rend, vers 850, de Hedeby à Birka par mer. Et il ne faut pas douter que les grandes îles qui parsèment la Baltique, Gotland, mais aussi Öland, Åland, Bornholm, aient joué un rôle important dans ces échanges : la Hanse ne s'y trompera pas, qui fera un jour de Visby (en Gotland) un de ses grands ports d'attache.

Ensuite, il a existé une route du Nord (norđrvegr) qui est exactement celle d'Ohthere. Elle part du Hálogaland, haut en Norvège, donc, double le cap Nord, débouche dans la mer Blanche et peut redescendre sur les lacs Onega et Ladoga. Il est certain que cette route est antique : elle longeait les territoires des Sames avec lesquels les Norvégiens faisaient un fructueux commerce de peaux et de fourrures. De grands rois comme saint Óláfr prélèveront un tribut payable en cette « monnaie », comme le prouve la *Saga de saint Óláfr*. Il n'y a pas à chercher ailleurs que sur cette route l'énigmatique Bjarmaland (pays des Perm') dont Saxo Grammaticus avait entendu parler et qui fut l'objet de force récits légendaires. Que des relations suivies et de nature commerciale se soient établies entre nord de la Norvège et régions de Mourmansk ou d'Arkhangelsk, la preuve nous en est donnée par le dialecte dit russenorsk, encore parlé en notre siècle par les riverains de ces deux contrées [73]. Et comme les marchandises que livrait ce commerce étaient, par excellence, celles que transportaient, échangeaient ou vendaient les vikings, il ne faut pas douter de l'importance du norđrvegr.

Le vestrvegr ou route de l'Ouest est beaucoup mieux connu. Avec de nombreuses variantes que l'on ne détaillera pas ici, l'expression recouvre en fait trois itinéraires généraux dont la seule composante commune est qu'ils intéressent l'ouest de l'Europe. Le premier part de l'embouchure du Rhin (où était Dorestad, le centre commercial le plus important, de loin, de cette région) pour parvenir en Italie septentrionale par le complexe des fleuves et des rivières axé autour du Rhin et du Rhône. Le second est d'abord maritime : il longe les côtes des Pays-Bas, de France et d'Espagne, en permettant toutes les incursions à l'intérieur des terres par les principaux fleuves (Seine, Loire,

73. Étude dans *Scandinavian Language Contacts*, Sture Ureland & Iain Clarksson éd., Cambridge, 1984, pp. 21-62.

Garonne) et, d'aventure, par le détroit de Gibraltar (Njörvasund) pour atteindre le monde méditerranéen, Italie et même Byzance. Le troisième s'en va plein ouest vers la Grande-Bretagne, les îles nord-atlantiques (Orcades, Shetland, Hébrides, avec retombées sur les territoires celtiques, île de Man, Écosse et Irlande), puis, à partir de 870, l'Islande et, de là, le Groenland, voire l'Amérique du Nord. Ces itinéraires sont de loin, les mieux attestés, les plus connus de nous : il ne s'ensuit pas qu'ils aient été les plus fréquentés.

Car la route de l'Est, austrvegr, a certainement été l'objet d'une circulation aussi intense, mais nos témoins sont moins nombreux : ce sont surtout des Arabes ou des Byzantins. Cela représente une masse de documents beaucoup moins importante que nos annales, chroniques occidentales ou que les sagas qui parlent très rarement des Suédois pour lesquels, curieusement, elles nourrissent, pour parier par euphémisme, des sentiments mêlés. Ici, par excellence, les itinéraires se croisent ou se recoupent après un certain temps et il est plus malaisé de déterminer des axes majeurs.

Proposons tout de même trois orientations. La première part de Birka (Suède, sud de l'actuelle Stockholm) et remonte par la Baltique jusqu'au Ladoga, ville de Staraia Ladoga (vieux norois Aldeigjuborg), ou au lac Beloya (au sud du lac Onega) où se trouve la ville de Beloozero — on peut aussi atteindre ces sites en venant de la mer Blanche, ce qui représente une possible retombée du norđrvegr —, puis passe à Novgorod (vieux norois Hólmgarđr), descend sur Gnezdovo par la Duna et, par la Volga, en passant par Bulgar, atteint la Caspienne à Itil. Là, elle est en contact direct avec tout le monde arabe. Elle peut emprunter les routes millénaires des caravanes. Si c'est plein est, elle va à Boukhara, Samarcande et Tachkent. Sinon, elle traverse la Caspienne jusqu'à Gurgan où d'autres pistes caravanières la font remonter sur Boukhara, etc., ou la mènent, plein sud, sur Bagdad. Tous ces lieux sont plus ou moins directement attestés dans les sources qui nous parlent des Rūs-varègues. Une seconde orientation d'ensemble vient de l'embouchure de la Vistule (Wollin, qui doit être Jómsborg-Jumne). Elle mène à la mer Noire par le lacis des fleuves d'Europe centrale. La mer Noire est atteinte à

Berezany, à la pointe de l'isthme de Crimée ; il n'y a plus qu'à la traverser pour atterrir à Byzance. On peut aboutir au même résultat en descendant, non pas le Dniestr, mais la succession Oder-Neisse. Une troisième éventualité qui, comme on vient de le dire, recoupe partiellement les deux autres, nous est décrite par Constantin Porphyrogénète, vers 950, dans son *De administrando imperio* : il suit en détail un itinéraire Grobin (près de l'actuelle Riga), puis, par la Duna, Gnezdovo, de là, plein sud, par le Dniepr, Kiev (vieux norois Koenugarđr) et Berezany. Le récit de Constantin est si intéressant, il paraît si bien documenté aussi, et il nourrit, à divers titres, le propos du présent livre de façon si substantielle que j'en citerai un extrait de quelque ampleur :

> En hiver, la vie des Rūs est dure. Au début de novembre, les chefs de tous les Rūs quittent Koenugarđr ensemble et vont à leurs fortins circulaires [N.B. : on peut lire aussi : et partent pour les poludia — ce qui signifie tournées — le texte est obscur] dans la région de... chez les tribus slaves qui leur doivent tribut. C'est là qu'ils passent l'hiver, mais au mois d'avril, quand la glace du Dniepr a fondu, ils regagnent Kiev.
>
> [Pour voyager sur les rivières, ils remplacent leurs bateaux par des embarcations locales.]
>
> À Kiev, ils détruisent leurs vieilles barques usées et en achètent de neuves aux Slaves qui les ont façonnées pendant l'hiver en abattant du bois dans les forêts. Ils enlèvent les écopes, les bancs et les accessoires des vieilles barques et en équipent les neuves. En juin, ils partent en expédition pour la Grèce [Byzance]. Pendant quelques jours, la flotte des marchands s'assemble à Vytechev, une forteresse des Rūs juste en-dessous de Kiev. Quand la flotte est au complet, ils prennent tous le départ vers l'aval afin d'affronter ensemble les difficultés du voyage.
>
> [Les principales de ces difficultés sont une série de terribles cataractes et de rapides du Dniepr, près de l'actuelle Dniepopetrovsk. Constantin en décrit sept. La première n'est pas trop dangereuse :]
>
> En son milieu, il y a de hauts rochers escarpés qui ressemblent à des îles ; quand l'eau les atteint et se précipite sur eux, elle fait un tumulte assourdissant et terrifiant en retombant. Aussi les Rūs n'osent-ils pas naviguer parmi ces rochers. Ils mouillent leurs barques le long du rivage, font descendre les gens à terre tout en laissant la cargaison à

> bord. Puis ils marchent tout nus dans l'eau, tâtant le fond du pied afin de ne pas trébucher sur les pierres ; en même temps, ils poussent la barque de l'avant avec des perches, les uns à l'avant, les autres à mi-barque, le reste à la poupe. Par toutes ces précautions, ils progressent dans l'eau à travers ces premiers rapides, tout près de la berge ; dès qu'ils ont passé ces rapides, ils reprennent à bord le reste de l'équipage et poursuivent leur route.
>
> [Mais il y a plus difficile :]
>
> Aux quatrièmes grands rapides [...] ils s'approchent tous de la rive avec leurs vaisseaux, et les hommes dont le rôle est de monter la garde débarquent. Ces gardes sont nécessaires à cause des Petchenègues qui sont toujours à rôder en embuscade. Les autres enlèvent les marchandises des barques et conduisent les esclaves, enchaînés, par terre sèche, sur une distance de six milles, jusqu'à ce que les rapides soient dépassés. Après cela, ils transportent leurs barques au-delà des rapides, partie en les tirant, partie en les portant sur leurs épaules, puis ils les remettent à l'eau, y rechargeant leur cargaison, y remontent et poursuivent leur voyage.

On conviendra que ce « reportage » est d'autant plus précieux qu'il paraît bien documenté. On notera aussi que les trois grandes zones de pénétration qui viennent d'être présentées admettent toutes les imbrications possibles. Le lecteur sera bien inspiré d'essayer de suivre sur une carte détaillée l'ensemble de ces itinéraires. Il s'apercevra très vite qu'en fait, tant à l'est qu'à l'ouest, les vikings ou varègues « quadrillaient », dirions-nous, littéralement tout le monde connu d'eux.

Quant à l'objet du commerce auquel ils se livraient, il a déjà été entrevu plusieurs fois. Faisons une rapide synthèse, tout en répétant que le négoce est leur préoccupation première : voyez le Capitulaire de Pitre, 864, qui fait interdiction de vendre des armes aux Scandinaves. En 873, selon les *Annales de Saint-Bertin*, Charles le Chauve parvient à réduire les vikings à Angers : ils lui envoient des chefs qui « prêtèrent tous les serments qu'il exigeait et remirent tous les otages qu'il réclamait pour promettre qu'ils partiraient d'Angers un jour donné et que, tant qu'ils vivraient, ils ne prendraient ni ne feraient prendre aucun butin. Mais ils demandèrent qu'il leur permît d'habiter l'île dans la Loire [sans doute Noirmoutier] jusqu'en février et d'y faire du commerce [*et mercatum habere liceret*] ». Pour la même année 873, les *Annales de Fulda* rapportent un accord entre les rois danois Sigfred et Halvdan et les Saxons « pour que les marchands, quand ils circulaient entre les deux États avec des marchandises, pussent les acheter ou les vendre en paix [*ut negotiatores utiusque regni invicem transeuntes et mercimonia deferentes emerent et venderent pacifice*] ».

Récapitulons ce qu'ils transportaient, achetaient et vendaient. Le lecteur sera surpris d'apprendre que c'étaient surtout des esclaves, comprenons des hommes, des femmes et des enfants, qu'ils capturaient sur leur passage ou qu'ils allaient eux-mêmes acheter sur les places spécialisées dans ce trafic. Cette « marchandise » était partout fort prisée. Il est établi que Hedeby s'en était fait une spécialité, au point de devenir l'un des grands marchés aux esclaves de l'Occident. Les plus grands preneurs étaient les Arabes et leurs dépositions concordent. Ibn Khordadbeh, vers 844, note : les Rūs vendent « des eunuques, des esclaves mâles, des esclaves femelles, des peaux de castor et de martre et d'autres fourrures ». Ibn Hawqal, plus d'un siècle après : ils raflent des esclaves slaves qu'ils revendent en Espagne et en Égypte (pour ces « esclaves », voir plus loin pp. 257 et sq.).

Viennent ensuite, nous le savons, des marchandises de prix, transportables en petites quantités : des fourrures de toutes sortes, comme on vient de le lire et dont nous avons vu jusqu'où ils allaient les chercher. Très longtemps après, Olaus Magnus le Suédois montrera, dans les superbes bois gravés de son *Historia de gentibus septentrionalibus* (1540-1555), des chasseurs de martres, de zibelines et de petits gris. Puis des cordes que ces marins savaient fabriquer avec art ; du bois de construction, d'essences rares ; de l'ivoire de morse ; du vaðmál, du poisson séché, du miel. Ils revenaient chez eux avec de la soie, un des articles les plus demandés dans tout l'Occident, du sel, des épices (la route des épices et des aromates aboutissait à Byzance, tout comme un embranchement de celle de la soie qui, normalement, passait par Itil, au nord de la Caspienne), des vins, des armes, des bijoux et de la verrerie, de la céramique. On a même retrouvé à Birka des pions de jeux qui pourraient provenir d'Égypte et, à Helgö, une statuette de bronze, du ve siècle, représentant Bouddha, et de facture indienne. Cela ne signifie pas que les vikings soient allés jusque-là, mais l'illustration de l'économie de troc que représente cette trouvaille va de soi. En revanche, l'une des attaches de l'anse du seau trouvé dans le bateau d'Oseberg est en émail cloisonné typiquement irlandais. On peut dire que le monde entier alors connu a laissé des traces dans les tombes ou les trésors scandinaves de l'époque viking fouillés par les archéologues.

Un très rapide aperçu sur la monnaie complétera cette petite enquête. Le sujet est gigantesque [74] et ne sera qu'esquissé. Mais si aléatoires que soient les bilans dressés à ce jour, nous allons voir qu'ils sont riches d'enseignements.

J'ai déjà dit que le moyen d'échange normal à l'étranger, si l'on exclut le troc, était l'argent, plus apprécié que l'or, d'ailleurs rare. Il se monnaie sous diverses formes : pièces de monnaie, hacksilfr (argent haché) ou bracelets notamment que nous allons envisager tour à tour.

Dès le début du IXe siècle, on frappa monnaie en Scandinavie, mais la pratique n'atteignit une grande échelle qu'après 975 environ. Les premières monnaies apparaissent à Hedeby vers 800. Elles n'ont rien d'original, leur teneur et leur poids sont calqués sur des modèles carolingiens. Par la suite, d'un bout à l'autre de la Scandinavie, apparaîtront des pièces dont la grande variété des standards surprend : visiblement, le Nord imitait ce qu'il voyait faire à l'étranger, cette diversité même suffit à établir la multiplicité et l'extension géographique des opérations connues à l'époque. Au demeurant, les Scandinaves battront monnaie ailleurs qu'à domicile : en Irlande ou dans le Danelaw, par exemple. Ils se servent en outre, et indifféremment, de monnaies européennes ou arabes. Le lecteur des sagas retire l'impression qu'en tout état de cause, ces pièces n'étaient pas tant appréciées pour elles-mêmes que pour leur poids, au moins sur place, dans le

74. On en prendra la mesure en consultant l'article du *KLNM*, « Myntbilder », et toute la série des articles tournant autour de la question — tome 12 de cet ouvrage. Les spécialistes les plus autorisés sont B. Malmer et M. Dolley — nombreuses études ou ouvrages.

Nord. Néanmoins, un coup d'œil jeté sur le tableau ci-dessous, repris des données de P.G. Foote et D.M. Wilson [75], suffira à édifier l'amateur. Il dénombre les pièces de monnaie trouvées en Scandinavie par l'archéologie, selon un bilan qui date de quelques décennies :

	pièces arabes	anglo-saxonnes	franques ou germaniques
Norvège	400	2 600	2 500
Suède	52 000	30 000	58 500
Danemark	3 500	5 300	9 000

Compte tenu du fait — important — que la Norvège et surtout la Suède ont connu une histoire moderne beaucoup moins agitée que le Danemark et donc qu'il faut se garder de tirer des conclusions péremptoires d'un pareil bilan, des orientations d'ensemble se dessinent nettement. La Suède, de toujours la plus peuplée des trois nations, exerce une prédominance absolue ; ses ressortissants sont, de loin, les plus grands commerçants du Nord. D'autre part, ce tableau offre des perspectives éloquentes sur les ouvertures de chacun des trois pays en matière de commerce : la Suède s'intéresse beaucoup plus que les autres au monde arabe, la Norvège est plutôt attirée par les Anglo-Saxons, le Danemark, par l'Europe carolingienne, données que vérifient les enseignements de l'Histoire. Si l'on étale dans le temps le même type de statistiques, on découvre que, jusqu'à la fin du Xe siècle, les pièces arabes, ainsi qu'à un degré moindre les byzantines, représentent une grande majorité des trouvailles, alors qu'après l'an mille, ce sont les monnaies germaniques continentales ou anglo-saxonnes qui prédominent. Il faut donc qu'un net changement de zone d'action soit intervenu autour de la fin du premier millénaire. Là encore, c'est bien ce que nous apprendra l'Histoire.

Ces données ne peuvent suggérer qu'un ordre d'idées, puisque la pratique qui consistait à hacher l'argent (hacksilfr) pour l'utiliser au poids semble avoir été au moins aussi courante que l'emploi de la monnaie. En sorte que,

75. *Viking Achievement*, *op. cit.*, p. 198.

si l'on a bien retrouvé des sortes de sacs ou même ce qu'il faudrait appeler un portefeuille à cases dont chacune s'adapte au format de pièces en usage à l'époque, on a découvert également un certain nombre de balances — du type à deux plateaux — dont certaines, repliables et refermables à l'intérieur des « plateaux » (des demi-sphères, en fait), sont des merveilles d'ingéniosité. Au demeurant, pour couper court à l'indignation des délicats que rebuterait la pratique barbare de la mise en pièces de beaux objets pour n'en exploiter le métal qu'au poids, précisons qu'une autre pratique, bien attestée, consistait à fondre de l'argent pour en faire des bracelets (ou anneaux) d'un poids standard, uniformisé, qui servaient si bien de monnaie d'échange qu'ils seront institutionnalisés par les codes de lois (ainsi, le règlement des compensations à verser au plaignant par l'accusé est réglé par un texte intitulé *Baugatal*, c'est-à-dire Dénombrement des Anneaux [d'argent, qu'il faut distribuer à tous ceux qui ont à les recevoir légalement]). Un système d'unités de poids, qu'il est difficile de préciser davantage parce qu'il a varié, quant à sa valeur, avec les temps et les lieux, existait pourtant. En partant du penningr qui fut la monnaie d'argent standard, on obtient 24 ørtugar (singulier ørtug) pour 240 penningar, 8 aurar (singulier eyrir) pour 24 ørtugar et un mörk pour 8 aurar. Je ne m'aventurerai pas davantage, le mörk ayant dû peser, à l'époque viking, autour de 200 grammes, chiffre avancé ici à seule fin de donner un ordre de grandeur. Ajoutons qu'en Norvège, puis en Islande, la monnaie courante n'était pas de métal : c'était l'étoffe de bure grossière tissée sur le célèbre métier vertical et appelée vađmál, qui se monnayait à l'aune. Le vađmál paraît avoir été la monnaie d'échange la plus courante dans les pays scandinaves mêmes, la valeur nominale de la monnaie d'argent n'étant reconnue par les vikings que dans les pays d'origine de cette monnaie. Mais, j'y reviens, il ne faut pas négliger le troc et nous ne savons pas selon quels critères tant de peaux de zibelines (par exemple) étaient estimées valoir tant de toises (fađm) de soie.

Un dernier détail : l'existence des trésors disséminés dans le sol scandinave et que l'archéologie exhume encore de temps à autre pose force problèmes. Étaient-ce les mêmes hommes qui amassaient ces trésors et qui les enfouissaient ? Et, quelle que soit la réponse, faut-il y voir de la prévoyance ? de l'avarice, vice au demeurant fort bien attesté chez les Scandinaves de l'époque [76] ? ou bien un réflexe de protection en une époque de grande insécurité ? Cette dernière hypothèse pourrait convenir au Danemark, mais plus difficilement à la Norvège et à la Suède ! Brita Malmer et Ulla Linder [77] ont fait une constatation curieuse. Le nombre des trésors enfouis dans le sol diminue dans des proportions considérables entre 875 et 900 : cela coïncide exactement avec les grandes attaques vikings à l'ouest et la percée des Rūs à Novgorod et Kiev, dont nous allons parler bientôt (« 2e phase », pp. 155 et sq.). Faut-il comprendre que les Scandinaves seraient passés ouvertement aux armes quand le commerce purement pacifique serait devenu plus difficile ?

Sens du mot víkingr

De tout ce qui vient d'être avancé, il reste à donner une dernière illustration, en étudiant le sens du mot víkingr lui-même.

Il est clair que, si nous étions certains du sens exact du mot víkingr en vieux norois, bon nombre d'aspects énigmatiques et irritants de la question se trouveraient éliminés. Rappelons que le vocable masculin víkingr (où -ingr est un suffixe d'appartenance) désigne l'homme, le substantif féminin víking s'applique à ses entreprises : vera, fara í víkingu, être, aller en expédition (de) viking.

Dès que l'on veut l'étudier de près, en faisant litière des erreurs séculaires et des idées reçues, on se heurte, rappelons-le, à une double ambiguïté fondamentale : c'étaient des individus de forte envergure, qui paraissent pourtant avoir obéi à des règles collectives contraignantes et, nous l'avons assez dit, il est difficile de décider sans appel si c'étaient des guerriers qui faisaient accessoirement du commerce, ou avant tout des commerçants qui

---

76. Voir *Mœurs et Psychologie des anciens Islandais*, *op. cit.*

77. B. Malmer : « Nordiska mynt före 1000 » in *Acta Archaeologica Lundensia*, octavo series 4 966.

ne répugnaient pas à manier les armes quand l'occasion se présentait. Chacune des éventualités a ses défenseurs et peut se réclamer d'arguments sérieux. Mais il faut prendre position. Je voudrais donc essayer de montrer qu'à mon sens, une organisation fortement collectiviste présidait au comportement de ces hommes qui étaient d'abord et avant tout des commerçants.

Je ne m'attarderai pas sur le fait que, dans les textes du XIIIe siècle qui traduisent des originaux en latin, *tyrannus* se rend par víkingr. L'imprégnation cléricale tant de fois signalée ici rend compte de cet usage et ne tire pas à conséquence. J'éliminerai de même trois interprétations qui ne paraissent pas recevables. L'une qui établirait un rapport entre vík- et víg (meurtre, combat) et qui ne se défend pas pour des raisons philologiques ; la seconde, qui renvoie à un wikan, phoque, mais pour quelles raisons ? parce que les intéressés auraient porté des chaussures en peau de phoque ? La troisième, qui établirait une relation avec le verbe víkja, passer rapidement, tourner sur place en raison de l'extrême maniabilité du knörr.

La signification généralement reçue fait venir víkingr de vík, la baie, la crique, le petit golfe. Le víkingr serait cet homme qui va de baie en baie pour piller, ou qui s'embosse dans une baie pour fondre à l'improviste sur l'adversaire de rencontre, ennemi ou bateau marchand. Ce serait « l'homme de la baie, l'homme qui appartient à la baie ». En remarquant que l'interprétation, naturelle pour la Norvège, est plus douteuse pour la Suède ou le Danemark dont les côtes sont beaucoup moins indentées, il resterait à savoir, comme l'exprime L. Musset, si l'argument est sémantiquement suffisant pour aboutir au sens de « pirate », prédateur. Et si n'importe quel marchand itinérant qui fait du cabotage, comme il s'en trouve, de nos jours encore, en Norvège ou en Islande, pourrait être un víkingr. Et il importe de remarquer que Vik, avec une majuscule, s'appliquant dans nos textes scandinaves à la baie d'Oslo, les textes en question appellent les habitants du lieu Víkverjar (hommes du Vík) et non víkingar. Le fait est que le retranchement des vikings n'a jamais, que l'on sache, été une baie, mais un îlot ou une île comme Jeufosse dans la Seine, Noirmoutier pour la Loire, Groix pour la Bretagne, la Camargue pour le Rhône, Walcheren pour la Scheldt, Thanet et Sheppey pour la Tamise, etc. Île se disant ey en vieux norois, il aurait fallu parler alors d'eyingar et non de víkingar !

Reste alors une explication qui ferait de víkingr un mot d'origine étrangère mettant l'accent sur les activités commerciales de cet individu. Nous y viendrons, mais je voudrais faire valoir d'abord que le correspondant exact de víkingr, lorsque le théâtre d'opérations est à l'est et non plus à l'ouest, est vaeringi, pluriel vaeringjar, dont nous avons fait varègue. Le mot se spécialisera vers le Xe siècle pour s'appliquer aux membres de la garde du corps du basileus, sans doute parce que celle-ci fut initialement constituée surtout de Scandinaves [78], la filiation, de toute manière, restant claire. Le terme fut fort répandu, on le trouve en slave, varjag, en grec, βαραγγci, en arabe, varankh'. L'ennui — attendu ! — est que son étymologie repose sur la même ambiguïté que víkingr. Vaeringi peut dériver de vara, marchandise, ou de várar, serment solennel. Dans le premier cas, nous retombons sur l'acception marchand, dans le second (qui n'exclut pas le premier, tant s'en faut), sur l'idée d'une sorte de confrérie jurée de marchands, un peu comme la guilde que nous connaissons. Dans un cas comme dans l'autre, il est difficile d'aboutir à un sens « guerrier ». Le mot slave varjag s'applique, dans les textes, indifféremment à des Suédois, des Gotlandais, des Norvégiens et des « anglianer ». Lorsque nous avons parlé des sépultures collectives de Truso ou de Wiskiauten, nous avons souligné qu'on y décelait nettement des traces de marchands gotlandais et de guerriers suédois. Les varègues renverraient-ils, alors, à une sorte de confrérie où entreraient des marchands protégés par un corps de défense spécialisé ? Si les témoignages de certains Arabes, Ibn Rustah, Ibn Fadhlân, Ibn Khordadbeh, font des varègues des négociants vendant des marchandises, des fourrures surtout, contre de l'argent, de la soie (dibag) ou de la bière (nabid), et pratiquant le commerce des esclaves, le géographe, également arabe, Al'Masudi relate des guerres menées par les Rūs dans la

78. Mais cette spécialisation ne durera pas. Par la suite, les Varègues seront aussi bien des Normands ou des Anglo-Saxons.

Caspienne, en des termes qui rappellent étrangement les descriptions d'attaques vikings à l'Occident.

Nous voici donc, une fois de plus, ramenés au triangle, semble-t-il inévitable, commerce-pillage-guerre : trois activités soit simultanées, soit pratiquées à tour de rôle selon les circonstances. Mais, on n'en démordra pas, il semble bien que l'une, le commerce, ait été originelle et fondamentale.

Car — nous voici ramenés au víkingr — il existe une autre étymologie possible pour ce mot. Elle le ferait venir du latin vicus, qui s'appliqua d'abord à un quartier de ville, puis à la ville elle-même, voire à une province. Le germanique commun aurait repris le vocable wik, vik, généralement en composition, avec le sens de marché, place commerciale. À moins, discussion dans laquelle je ne vois pas l'utilité de m'engager ici, que le sens germanique ait préexisté. W. Vogel [79] pensait que le terme désignait à l'origine une sorte d'entrepôt ou de lieu de déchargement : de là viendrait le sens de marché, puis de ville, et la notion était si importante qu'elle fut appliquée à des villes déjà bien établies, comme Londres, appelée Londonwich dans des documents du VIIIe siècle, dont les douaniers et percepteurs royaux étaient appelés wicgerefa. Ce n'aurait été que vers l'an mille que le mot aurait été supplanté par portus, port.

E. Ennen [80] veut distinguer trois stades : les oppida des tribus germaniques et les emporia du commerce nordique ; puis les wik et villes épiscopales (civitates) ; enfin, les villes médiévales à droit bourgeois propre, indépendantes économiquement. Elle en déduit, sans autre discussion, que le second stade correspondrait à une époque où le phénomène viking était bien engagé, et que l'acception guerrière du mot víkingr l'emporterait alors : ce seraient des dévastateurs de wik. A. Ruprecht [81] croit remarquer, pour sa part, que les inscriptions runiques des premières décennies du XIe siècle ne célèbrent guère que des exploits guerriers, les plus pacifiques et chrétiennes n'intervenant qu'ensuite. Il considère aussi que le mot víkingr n'apparaît

79. *Wikorter und Wikinger*, 1935.
80. *Frühgeschichten der europäischen Stadt*, 1953.
81. *Die Ausgehende Wikingerzeit im Lichte der Runeinschriften*, 1958.

que dans la première série et conclut que ce n'est qu'à partir du XIe siècle que les vikings, d'abord aristocrates et guerriers, se seraient adonnés au commerce. Nous tenons ici un bon exemple de sollicitation des documents à des fins préconçues. D'abord, nous ne possédons pas, et de loin, toutes les inscriptions runiques qui ont dû exister. Ensuite, il faudrait, avec toutes celles dont nous disposons, établir un rigoureux catalogue d'ordre diachronique, en se rappelant que nos critères de datation, pour raffinés qu'ils soient, admettent souvent une marge d'erreur. Enfin et surtout, cette opinion est carrément contredite par l'archéologie : celle-ci ne découvre rien de plus particulièrement mercantile, ou guerrier, dans ses trouvailles du IXe siècle que dans celles des Xe ou XIe siècles.

Ruprecht nous tend d'ailleurs involontairement une perche lorsqu'il établit, avec raison, que le víkingr ainsi célébré est souvent présenté comme heimþaegi (celui qui accepte de loger chez autrui) et, nous le savons, comme félagi — cette dernière notion ayant donné lieu plus haut à des explications précises. Fé renvoyant à biens, argent, nous ne sortons pas de l'idée de commerçants itinérants qui peuvent se muer en guerriers si le hasard le permet. Lucien Musset a raison quand il dit de vaeringi (mais je ne vois pas la différence à faire avec le víkingr) : « désigne étymologiquement des marchands mais fut vite appliqué à des soldats aventuriers [82] ». Rendons à soldats son sens premier, valable seulement pour le varègue qui se met à la solde du basileus, et disons que víkingr désigne étymologiquement un marchand mais fut vite appliqué à un pirate aventureux.

Revenons au wik, vicus. Hedeby n'est autre que la Slesvig de Rimbert — donc un vik danois —, tout comme sont des « wik » Quentovic en France ou Wiik bij Duerstede, c'est-à-dire Dorestad, à côté de Kiel : des centres commerciaux bien attestés et très actifs. Il est fort tentant de considérer qu'un wik a pu désigner un village-rue, ces en-gade-byer (localités constituées d'une seule rue), temporaires ou permanents, volontiers situés en bord de mer pour assurer le chargement et le déchargement des

82. *Les Invasions. Le second assaut contre l'Europe chrétienne* (VIIe-XIe siècles), Paris, PUF, Nouvelle Clio, 12 bis, 1971, p. 121.

bateaux et formés, en fait, essentiellement d'entrepôts. À l'origine, ils n'étaient pas défendus par des murailles et J. Dhondt [83] n'a peut-être pas tort de penser qu'ils seraient nés selon un processus assez semblable à celui qui suscita, il y a plus d'un siècle, les villes-champignons américaines.

Il se peut aussi qu'il faille distinguer entre deux sortes de marchands, liés les uns aux autres par contrat ou serment et formant donc ce que l'on pourrait appeler une fraternité où entreraient de purs commerçants et d'autres personnes plus expressément chargées de la protection et de la défense des premiers. Les fouilles de Kaupangr montreraient que se trouvaient là à la fois des *mercatores frequentantes* et des *mercatores manentes*. Admettons qu'une catégorie intermédiaire se soit peu à peu constituée, chose fort probable : nous voici amenés par une autre voie à une définition un peu plus nuancée, mais immuable sur le fond. Les vikings auraient été des hommes qui commerçaient d'un wik/vicus à l'autre et qui auraient, à l'occasion d'abord, puis en exploitant et/ou en favorisant les circonstances, assez systématiquement substitué le pillage au commerce, puis la guerre lucrative au pillage.

Autrement dit, on ne peut attendre d'une étude prudente et honnête qu'elle débouche sur des conclusions péremptoires. Je ne saurais douter que les Scandinaves aient été particulièrement doués pour le commerce : ils le sont restés, un millénaire au moins après le moment où l'Histoire leur a permis de tenir le haut du pavé. Parce qu'ils avaient besoin (qu'ils étaient appâtés par l') d'argent, de terres nouvelles, et parce que leur bateau leur fournit opportunément le moyen de combler un amour de l'aventure qui, en soi, est de l'homme, mais qui, sous ces latitudes, trouvait plus spontanément à s'exprimer. Un peu de romantisme nous permettra de faire droit à la constatation d'un bon historien anglais, Gwyn Jones qui, cependant, n'a pas toujours su résister aux fallaces du mythe : *Fame, profit, change, adventure, land, women, danger, destruction, service, comradeship, command, irresponsibility [...] And the North, now, had the ships* [84].

---

83. J. Dhondt : « Les problèmes de Quentovic », in *Studi in Onore di Amintore Fanfani*, Milan, 1962, pp. 183-248.

84. *A History of the Vikings*, *op. cit.*, p. 202 : « Renom, profit, changement, aventure, terre, femmes, danger, destruction, service, camaraderie,

Nous voici en état de revenir à l'Histoire *stricto sensu*. Le morcellement qu'implique la méthode que j'ai choisie n'échappera pas au lecteur, notamment les inévitables recoupements ou redites partielles qu'il entraîne. Mais j'aimerais proposer une histoire « dynamique », saisie dans son évolution, des vikings, tant il me semble que c'est la moins mauvaise façon de les décrire dans leur réalité — qui ne saurait avoir offert un front immuable et uni en deux cent cinquante ans !

HISTOIRE DE LA DEUXIÈME PHASE : 850 À 900 ENVIRON

À partir de la date approximative de 850, le monde scandinave tout entier entre en effervescence. Finie, la période des « tâtonnements ». La mesure des adversaires, leur flagrante vulnérabilité çà et là, est prise. Les expéditions, en conséquence, vont s'organiser, devenir plus conscientes de leurs buts qui seront désormais de conquête pure et simple (Danois et Norvégiens), de prise de pouvoir (Suédois), voire d'installation à demeure (phénomène qui vaut d'abord pour l'Islande, en attendant davantage). En dépit d'interférences évidentes entre Danois et Norvégiens, notamment en Irlande et en France, il reste plus commode pour la clarté de l'exposé, de suivre les événements nation par nation.

Les Danois

On soulignera d'abord l'étonnante pauvreté de leur histoire intérieure : comme si toute leur énergie se concentrait, durant cette période, sur leurs activités à l'étranger. Tout ce que l'on peut se risquer à avancer, c'est que, vers 853-854, le roi Horik, fils de Godfred, meurt. Il est remplacé par l'un de ses fils (?), lui aussi nommé Horik. Ce dernier ne paraît pas avoir jamais eu grand pouvoir à

---

domination, irresponsabilité [...] Et le Nord, maintenant, avait les bateaux. » L'hétéroclite même de l'énumération en juge les limites. Mais certains de ses termes ne peuvent être récusés.

domicile. D'ailleurs, ce ne sont pas ces rois qui feront de grands vikings, mais plutôt des chefs de bandes passablement légendaires comme le fameux Ragnarr Loðbrók, déjà nommé, et ses « fils » Björn Járnsiða et Ívarr Beinlauss.

Les champs d'opérations de ces prédateurs ne changent pas : monde anglo-saxon, Europe occidentale et Frise. Nous les examinerons l'un après l'autre par souci de clarté, mais il ne faudra jamais perdre de vue la simultanéité des opérations, non plus que les reversements d'une même équipée d'un front à un autre.

Le monde anglo-saxon où, pour les mêmes raisons, force nous est d'examiner chacune pour soi l'Angleterre puis l'Irlande.

L'Angleterre. En 850, peut-être pour la première fois, les Danois hivernent en Thanet après avoir pillé Canterbury et Londres. Mais l'année suivante, leur chef, Rorik, est battu par le roi Aethelwulf de Wessex. Ils passent de nouveau l'hiver sur place en 855, mais, cette fois, en Sheppey, plus en amont de la Tamise. Autour de 860, Ragnarr Loðbrók aurait fait dans le royaume d'York une incursion dont nous reparlerons. Toujours est-il qu'en 865, une « armée » (500 à 1 000 hommes selon les sources) commandée par trois fils de Ragnarr, Ívarr Beinlauss, Ubbi et Hálfdan, attaque l'East Anglia en guerroyant autour d'York. Les rois locaux, Osbehrt et Ella, qui auraient tenté de s'interposer, auraient été tués en 867. Les Danois mettent la main sur le Deira, c'est-à-dire la part de Northumbrie qui deviendra danoise. C'est là qu'ils auraient prélevé le premier danegeld, qui deviendra rapidement, nous l'avons dit, leur « arme » majeure et qu'explique la remarquable faiblesse des souverains tant anglo-saxons que francs. En 869, Ívarr et Ubbi lancent un raid en East Anglia et exécutent (à Thetford ?) le roi saint Edmond, d'une façon particulièrement cruelle puisque les mémorialistes en conserveront le souvenir fort longtemps [85]. Ils sont donc en possession de l'East Anglia et du Deira.

---

85. Je ne sais s'il faut mentionner ici le trop célèbre blóðörn, pratique atroce qui consistait à exciser, par-derrière, les côtes d'un homme pour lui extirper les poumons que l'on déployait ensuite comme des ailes, d'où le nom d'« aigle de sang ». Le fait est que ce geste — ce rite ? — est parfois mentionné dans des sagas, mais de la catégorie légendaire ;

L'année suivante, Hálfdan seul s'en prend au Wessex et s'empare de Reading. Mais là, les gens du Wessex se défendent et remportent la victoire d'Ashdown : c'est probablement le fait d'Alfred, qui sera surnommé le Grand, son frère, Ethelred, étant mort cette année-là.

À partir de 874, les Danois ayant pris également la Mercie, leur armée se divise en deux : Hálfdan retourne en Deira tandis qu'un certain Guthrum s'établit en East Anglia. S'engage, dès lors, un lent processus de colonisation à proprement parler qui finira par aboutir à la formation du Danelaw (Denelagu), nom plus récent donné à l'ensemble East Anglia-Mercie-Northumbrie où s'installent à demeure les Danois. On peut souligner quelques détails intéressants. Le royaume d'York est fondé en 876 et durera jusqu'en 954. On ne saurait trouver meilleure illustration de l'extrême confusion qu'engendre, là où il n'est pas parfaitement libre (Islande) ou fortement canalisé (Normandie), le phénomène viking. L. Musset [86] évoque la succession de « rois » éphémères qui y régneront : des Danois, des Norvégiens, des Anglais, au total une douzaine dans les soixante dernières années. C'est qu'ils sont déchirés par des rivalités de toutes sortes qui ne cessent d'engendrer des luttes intestines : les sources, la *Chronique anglo-saxonne* en particulier, éprouvent les pires difficultés à s'y retrouver. Ce point est toutefois capital pour nous, dans l'appréciation globale que nous devons porter sur le phénomène viking. Nous allons dans un instant exposer comment, dans le Sud, les Anglais sauront faire face aux entreprises désorganisées des Danois. Cette constatation sera certainement ce qui amènera le royaume d'York, lassé de tant de traverses, à se donner aux souverains du Wessex pour ne plus avoir à souffrir du

---

également, que certaines gravures rupestres de l'âge du bronze pourraient donner à penser que l'usage était fort antique et avait de possibles valeurs religieuses. On ne saurait, toutefois, trop se méfier. Ici peut jouer à plein l'influence de l'hagiographie sur la littérature noroise. La lecture des sagas non légendaires n'apporte jamais la preuve de telles barbaries chez les anciens Scandinaves. Et pour revenir à saint Edmond, l'image qui nous montre son supplice le représente lié à un poteau et criblé de flèches — ce qui renvoie au thème extrêmement populaire du martyre de saint Sébastien.

86. *Le Second Assaut*, *op. cit.*, pp. 140 et sq.

chaos. Un acte qui contribuera directement à implanter un sentiment d'unité nationale en Angleterre et, comme nous ferons des observations similaires à propos de la France et de la Russie, le lecteur est convié à voir là une conséquence imprévue pour lui des incursions vikings !

Revenons en Angleterre du Nord : en 877, un autre État danois se crée en East Anglia, autour des Five Boroughs (Lincoln, Stamford, Leicester, Nottingham et Derby), qui durera jusqu'en 917 dans sa globalité, avec des prolongements plus localisés qui survivront jusqu'en 942. Au total, l'implantation en profondeur des Danois dans le Danelaw ne peut être mise en doute, l'argument toponymique est incontournable, les noms en -thorp (hameau), en -thwaite (zone défrichée), en -beck (ruisseau), etc., provenant bien du vieux norois. Mais le phénomène évoluera radicalement avec le temps. Cela relève du chapitre suivant, nous nous contenterons pour le moment de consigner le fait.

En 878, Guthrum attaque le Wessex. Mal lui en prend : Alfred le contraint à livrer bataille à Eddington, en Wiltshire, et à signer le traité de Wedmore par lequel Guthrum accepte aussi d'embrasser le christianisme sous le nom d'Athelstane : nous avons déjà noté l'importance déterminante de cet acte pour la suite de l'histoire. Il n'empêche qu'en 879, Guthrum-Athelstane s'attribue toute l'Angleterre entre Tamise et Tees, à la hauteur de l'actuelle Middleborough, ce qui nous donne une première délimitation nette du Danelaw ! S'ensuit une bonne décennie (jusqu'en 892) où les activités vikings en Angleterre connaissent un relatif répit.

C'est qu'Alfred le Grand consolide son pouvoir en Wessex. Déjà, en 886, avec son gendre Ethelred, il reprend Londres qui était aux mains des Danois. Puis, à partir de 892, il organise la défense méthodique de son territoire. Il rallie tous les Anglais « libres », c'est-à-dire non soumis aux Danois, puis il met sur pied une armée dont la moitié, par roulement, est toujours sous les armes. En même temps, il élève une série de forteresses occupées en permanence par des garnisons : ces forteresses sont des points de refuge pour la population qui, en échange, doit pourvoir à leur entretien et fournir des hommes d'armes, système qui s'apparente fort au leiđangr que nous avons étudié. Enfin, Alfred équipe une flotte pour prendre les Danois sur leur propre terrain.

Cela fait, il entre en campagne et, de 892 à 896, au terme d'actions systématiques, remporte une série de victoires. Mort en 899, Alfred aura été le premier véritable adversaire des vikings. Son successeur, Edward l'Ancien (the Elder), poursuivra son œuvre, aidé de sa sœur Aethelglaed surnommée « the Lady of the Mercians », qui mourra en 918 mais lui aura permis de reprendre toute la Mercie.

À la mort d'Alfred, en 899, toute l'Angleterre du Sud est libre, y compris Londres placée sous la tutelle du Wessex. Mais le Danelaw est territoire danois où les vikings s'installent, cultivent la terre, imposent leurs lois, leurs coutumes et leur langue.

La situation en Irlande est plus confuse, en raison des incessantes imbrications avec l'histoire d'Angleterre. On se rappelle que, vers 850, l'île est *grosso modo* aux mains des Norvégiens qui se sont concentrés surtout sur les côtes. Les Annales signalent l'arrivée, vers 850, des Dubh Gaill, dont nous savons qu'il doit s'agir des Danois ; ils attaquent les Finn Gaill, les Norvégiens, donc, et leur ravissent, en 851, Dublin en pénétrant dans le Carlingfjord Lough. Les Norvégiens cherchent à prendre leur revanche à Carlingfjord en 852, mais ils sont battus par les Danois après trois jours de combat.

En 853, Amblaibh — qui est peut-être l'Óláfr [le Blanc] dont nous reparlerons quand nous nous intéresserons aux Norvégiens — débarque dans l'île, reprend Dublin et impose son autorité à tous, Danois, Irlandais et, bien entendu, Norvégiens. Du coup, les Danois se rembarquent pour l'Angleterre d'où ils étaient venus. Quand Ívarr, frère et successeur d'Óláfr, comme nous le verrons, voudra s'emparer du Deira et s'en prendra au roi de cette région, Hálfdan, ce dernier, par représailles, viendra attaquer Dublin, vers 877, mais sans succès : il mourra dans le Strangford Lough. En vérité, l'Irlande sera traitée avec plus de soin quand nous parlerons des Norvégiens puisque ce sont eux qui interviennent le plus dans l'histoire de l'île à cette époque. Les faits qui viennent d'être notés n'entendaient que manifester les curieuses relations entre Danois et Norvégiens, ainsi qu'entre Angleterre orientale et Irlande.

Nous traiterons ensemble, par souci de méthode, l'Europe occidentale et la Frise.

Vers 856, Björn Járnsída [87] arrive dans la Seine avec ses bateaux et s'installe dans l'île d'Oissel (un peu en amont de Rouen). Charles le Chauve, dont, on l'a dit, la pusillanimité est grandement responsable de tout ce qui suivra, n'ose l'attaquer et préfère traiter avec lui, début d'une politique déplorable qui fera tache d'huile et instituera de funestes habitudes. Car une autre bande survenant sous les ordres d'un certain Weland (Völundr, sans doute), Danois comme Björn, Charles le Chauve lui offre 3 000 livres d'argent pour... qu'il le débarrasse de Björn ! Weland se garde bien de refuser, il fait même monter la somme à 5 000 livres ! Sachant cela, les hommes de Björn, qui sont en infériorité numérique, lui offrent 6 000 livres pour qu'il les laisse fuir. Ils s'en iront en 862, alors que Charles le Chauve aurait fort bien pu les anéantir après avoir rebâti le pont de Trilbardou (sur la Marne, à l'ouest de Meaux). Weland se fera baptiser par la suite, entrera au service de Charles, mais sera tué en duel par un de ses suivants.

Revenons en 858. Il semble que ce soit cette année-là qu'avec Hásteinn (Hasting de nos textes) et 62 bateaux, Björn ait entrepris un immense raid, assez fabuleux. Il aurait longé les côtes espagnoles, opérant une incursion sans lendemain dans le Guadalquivir, aurait passé le détroit de Gibraltar [88], pillant Algésiras, la Murcie et les Baléares. Au passage, il aurait débarqué en Afrique du Nord, au Maroc (Nekor dans nos sources noroises) et aurait capturé des Blámenn, c'est-à-dire des Noirs, qu'il aurait envoyés en Irlande où ils furent un grand objet de curiosité [89]. Dans la

87. Que Guillaume de Jumièges appelle justement *Bier costae ferrae*.

88. Qui est, en effet, bien connu des sagas islandaises, sous le nom de Njörvasund.

89. Encore qu'à l'évidence, l'existence de ces peuples ne soit pas ignorée de nos sources noroises, on se gardera bien d'y ajouter trop rapidement foi. Sous l'influence visible de textes hagiographiques, blámadr (homme « bleu », c'est-à-dire noir) signifie souvent sorcier, magicien, et sert même à désigner le Diable !

Méditerranée, Björn aurait remonté la côte espagnole puis harcelé celle du Roussillon, pillé (peut-être) Narbonne, campé dans une île de la Camargue, mis Arles à sac, ainsi que Nîmes et Valence, avant de redescendre le Rhône. *Annales de Saint-Bertin* pour 859 : « Les pirates de mer danois cinglèrent longuement entre Espagne et Afrique et pénétrèrent de force dans le Rhône. Après avoir ravagé plusieurs villes et monastères, ils s'installèrent dans l'île Camargue ! »

Après quoi, on les trouve en Italie : en Ligurie, à Pise qu'ils mettent à sac. Ils seraient parvenus jusqu'à Rome qu'ils auraient également dévalisée, s'il faut en croire Dudon de Saint-Quentin et Benoît de Sainte-Maure [90]. Tous deux rapportent la fameuse ruse de Hásteinn — à Luna que les vikings auraient prise pour Rome : Hásteinn se serait fait passer pour mort, aurait demandé aux autorités ecclésiastiques du lieu de se faire inhumer à l'église où son cercueil aurait été solennellement porté par ses guerriers ; au milieu de l'office, le mort se serait relevé et ses suivants auraient sorti les armes qu'ils cachaient sous leurs vêtements, se précipitant sur les clercs et l'assistance terrorisés. On prendra la mesure de l'authenticité de l'exploit en lisant le chapitre X de la *Saga de Haraldr l'Impitoyable* [91] où la même ruse est attribuée, deux siècles plus tard, à Haraldr harðráði.

En fait, tout est obscur dans cette « descente » en Méditerranée. Il paraît établi que cette année-là, une flotte viking a été battue par les Maures à Gibraltar. Les rescapés se seraient tout de même attaqués à Pampelune et ce sont eux que l'on retrouverait, en 862, à l'embouchure de la Loire. Les conditionnels dont se hérissent les paragraphes qui précèdent ne donnent pas à entendre que tout est controuvé dans les relations que nous avons conservées. Il n'est pas question de nier la réalité des exactions vikings, mais seulement de la ramener à des proportions plus raisonnables. On a signalé au début de ce chapitre que, sans conteste, les pillards du Nord furent de grands experts

---

90. Mais en plus des vives réserves faites au début de ce livre sur la valeur des relations de Dudon, on prendra garde que Benoît écrit en plein XIIe siècle.

91. Dans la *Heimskringla* de Snorri Sturluson existe indépendamment : *La Saga de Harald l'Impitoyable*, Paris, Payot, 1979.

dans l'art de la guerre psychologique. Donnons-nous la peine de lire ces lignes d'Ermentaire de Noirmoutier, qui écrit vers 860, pour prendre la mesure du résultat obtenu :

> Le nombre de bateaux va croissant, le flux interminable des pirates ne cesse de s'enfler. Partout, le peuple du Christ est victime des massacres, de l'incendie et du pillage. Les pirates subjuguent tout ce qui se trouve devant eux et nul ne peut leur résister. Ils s'emparent de Bordeaux, Périgueux, Limoges, Angoulême, Toulouse ; Angers, Tours et Orléans sont transformées en déserts. Des vaisseaux innombrables remontent la Seine et d'un bout à l'autre du pays tout entier, le mal s'endurcit. Rouen est dévastée, pillée et brûlée ; Paris, Beauvais, Meaux sont prises, la forteresse de Melun est rasée, Chartres, occupée, Évreux et Bayeux, dévalisées, et toute ville, investie [92].

---

92. Faisons la part des choses et, surtout, des généralisations. Il reste que les *Annales de Saint-Bertin* donnent les vikings en 857 à Paris où ils « mettent le feu aux églises Saint-Pierre et Sainte-Geneviève et à plusieurs autres, excepté Saint-Étienne, Saint-Vincent et Saint-Germain ainsi que Saint-Denys, pour lesquelles, afin qu'elles ne fussent pas mises en flammes, une grosse somme d'argent fut versée. [...] À Chartres, l'évêque Frotbald, que les Danois pourchassèrent dans cette ville, s'enfuit à pied et chercha à traverser la rivière Eure à la nage, mais périt dans le courant ». Le lecteur aura certainement constaté, en outre, que je ne me suis pas appesanti sur la Bretagne. La question vient de faire l'objet d'une étude, exemplaire à plus d'un titre, ne serait-ce que pour des raisons méthodologiques, de Neil S. Price : « The Vikings in Brittany », *Viking Society for Northern Research*, 1989. On y verra que, malgré certaines affirmations de type triomphaliste (« grande armée », « flotte immense ») de l'auteur, l'histoire des vikings en Bretagne est confuse à plaisir, compliquée de collusions constantes avec les menées, authentiques, elles, des chefs de Bretagne, puis des ducs de Normandie, le tout avec ingérences plus ou moins fréquentes, plus ou moins intéressées des rois de France. En sorte que, plutôt que de nous enliser dans le détail d'éléments historiques et d'une *Periodisierung* assez bizarres, on retiendra la conclusion, p. 93 : *There is nothing in the social organization and the institutions of Brittany after 939 that is specifically due to Scandinavian influence. To take this line however, is to ignore the massive impact of the Vikings as a catalyst for political coalition and the formation of an independent Brittany.* (« Il n'y a rien dans l'organisation sociale et dans les institutions de la Bretagne après 939 qui soit dû expressément à une influence scandinave. Adopter cette position, toutefois, c'est passer sous silence l'impact massif des vikings en tant que catalyseurs d'une coalition politique et de la formation d'une Bretagne indépendante. »)

Suit un bref temps de répit qui vient sans doute de la défaite de Guthrum devant Alfred de Wessex, notée plus haut. Les Danois, refoulés d'Angleterre et associés vraisemblablement aux Norvégiens, se replient sur le continent et déclenchent ce qui a tout l'air d'une offensive généralisée sur la France, la Belgique, la Flandre et l'Allemagne occidentale. Cela durera de 878 à 891 mais il ne faut pas se méprendre sur l'expression « offensive généralisée » qui vient d'être employée. Un désordre certain, ou plutôt une absence marquée de plan d'ensemble caractérise les actions que nous allons évoquer. Mais l'effet produit ne varie pas. Lisons une chronique : « Il n'y avait pas une route qui ne fût jonchée de morts, prêtres et laïcs, femmes, enfants et nouveau-nés. Le désespoir se répandait dans le pays, il semblait que tout le peuple chrétien fût en passe de périr. »

Les Danois remontent la Scheldt jusqu'à Gand en 879. Ils sont sur l'Elbe en 880. En 881, le roi Louis III, petit-fils de Charles le Chauve, écrase une « grande » armée à Saucourt (au sud de l'embouchure de la Somme), mais il mourra peu après (882). C'est aussi en 882 que Charles le Gros, fils de Louis le Germanique et qui se trouvait en posture de se battre à Elsloo, près de Maastricht, où les vikings s'étaient retranchés, « eut le cœur qui lui manqua » (*Annales de Saint-Bertin*) et préféra honteusement traiter[93]. Il acheta 2 800 livres d'argent le départ d'une ligue danoise menée par des chefs nommés Godfred, Sigfred et Vurm (Ormr), et institua Godfred souverain d'une partie de la Frise : il est vrai qu'il le fera assassiner, en 885, pour trahison à la parole que Godfred, qui s'était fait baptiser, lui avait donnée. Il n'est pas exclu que la conduite de Godfred et la conséquence qu'elle entraîna aient brutalement mis fin à un phénomène analogue à celui qui se produira en Normandie en 911. La partie de la Frise comprise entre le sud de Walcheren, la région de Dorestad à l'est et le nord-ouest du Zuidersee (Kennemerland) aurait fort bien pu devenir une colonie scandinave : l'observateur a quelque peine à comprendre pourquoi ce territoire tout proche à la fois du Danemark et du Danelaw n'a pas connu le sort du dernier nommé.

---

93. Confirmé par les *Annales de Saint-Vaast* et la *Chronique* de Reginon.

C'est peut-être que les menées vikings s'effectuaient vraiment trop dans la fureur et le bruit. Car, nous l'avons dit, nous sommes dans une période d'intenses déprédations en ordre dispersé un peu partout en France et en Belgique actuelles. On trouve les vikings sur la Scheldt, la Meuse, la Somme, la Marne, la Seine, la Loire, la Maine, l'Aisne, la Vire, l'Oise. Sont pillées ou ravagées ou incendiées (ou les trois ensemble) : Cologne, Aix-la-Chapelle, Trèves, Liège, Rouen, Paris, Soissons, Bayeux, Saint-Lô — pour citer un peu au hasard. C'est le moment d'invoquer Wace et son *Roman de Rou* (c'est-à-dire de Rollon), œuvre qui, à vrai dire, date du XIIe siècle, mais qui situe bien la réaction des victimes :

Jadis soloient Ortenoiz,
Cil de Norwege é li Danoiz,
El altres gens de North aler
Par pluséors lez des rivaiges,
Soleient fere granz damaiges.
Normanz se faseient nomer,
Ki veneient de North par mer.
Mainte grant persécucion,
E mainte grant destrucion,
E maint damage è mainte guerre
Firent Normanz en mainte terre,
Et en France mainte envaïe [94].

De novembre 885 à octobre 886, Paris est assiégée : Abbon de Fleury nous en a laissé, dans son savoureux latin d'école, une pathétique relation [95]. La ville sera héroïquement défendue par le comte Eudes et l'abbé Josselin [96]. Charles le Gros, toutefois, appelé à l'aide, offre aux vikings le passage dans la Seine, leur permet de piller la Bourgogne et leur octroie en outre 700 livres d'argent ! Ce sera l'une des raisons principales pour lesquelles les Francs le destitueront en 888. Paris ne sera tout de même pas prise.

---

94. Wace, *Roman de Rou*, t. I, vers 123 et sq.
95. Voir *le Mythe viking dans les lettres françaises*, *op. cit.*, chapitre premier.
96. Voir l'étude détaillée de N. Skyum-Nielsen : *Vikingerne i Paris*, København, 1967.

Et voici, de nouveau, une conséquence inattendue, mais qu'il est utile de souligner, des incursions vikings : elles auront contribué à faire valoir l'importance géographique et politique de Paris. On sait l'avenir qu'aura cette constatation *de facto* !

Il n'y a pas qu'à Paris que les Danois rencontrent une résistance ferme. En 891, par exemple, ils sont battus sur la Dyle, près de Louvain, par Arnulf, fils naturel de Carloman, roi des Francs de l'Est. Citons Reginon :

> Pendant que ces événements se produisaient, le roi Arnoul [Arnulf] était retenu au fond de la Bavière, où il réprimait les attaques des Slaves ; lorsqu'on lui annonça la défaite des siens et la victoire des ennemis, il déplora d'abord la perte de ses fidèles et répandit des plaintes et des gémissements parce que les Francs, jusqu'ici invaincus, avaient tourné le dos à leurs adversaires ; ensuite, remuant dans son cœur vaillant la honte de cet acte, il s'excite contre l'ennemi et, après avoir rassemblé une armée dans les parties orientales de son royaume, il franchit le Rhin et établit son camp sur les rives de la Meuse. Quelques jours plus tard, les Normands, tout glorieux de leur grande victoire, partent pour recommencer avec fougue leurs destructions ; le roi décide de marcher contre eux avec son armée. Voyant les troupes approcher de la rivière qu'on nomme la Dyle, ils se fortifient, suivant leurs habitudes, derrière un rempart de terre et de palissades, ils harcèlent l'ennemi de moqueries et d'injures, leur répétant avec des insultes et des railleries qu'ils aient à se souvenir et de la Gaule, et de leur fuite honteuse, et du massacre qui avait eu lieu ; que bientôt, ils subiraient le même sort. Le roi, bouleversé de colère, ordonne aux siens, de descendre de cheval et de combattre l'adversaire à pied. Sautant de cheval en moins de temps qu'il ne faut pour le dire, ils poussent un grand cri pour se soutenir mutuellement et forcent le retranchement des ennemis. Dieu leur envoyant des forces du haut du ciel, ils terrassent ceux-ci de leurs armes et les massacrent, si bien que, d'une multitude innombrable, il en resta à peine assez pour aller porter la mauvaise nouvelle à leur flotte. Les choses s'étant ainsi heureusement passées, Arnoul retourne en Bavière [97].

---

97. *Chronicon*, éd. Kurze p. 118 où l'on notera, malgré tout le calque du latin (*Géorgiques* de Virgile), les hyperboles (« multitude innombrable ») et aussi le curieux détail, rarement noté : les vikings se retranchaient « selon leur habitude ».

Les vaincus sont donc refoulés et passent en Angleterre. On signale Hásteinn-Hasting sur la Tamise avec 80 bateaux. Les choses tournent mal, du reste : peste et famine disloquent les grandes « armées » vikings en France, en 892. Cela ne les empêche pourtant pas d'opérer, en 896, une nouvelle descente sur la Seine.

En somme, pour l'observateur au regard froid, il y a plus de terreur que de véritables maux. Le seul élément qui concerne les Danois en cette période, c'est leur mainmise progressive sur le Danelaw.

Les Norvégiens

Ils paraissent plus effacés, ils n'occupent pas, apparemment, le devant de la scène à côté des Danois. Apparemment seulement : outre le fait, probable, qu'ils sont souvent mêlés aux Danois sur plusieurs fronts, ils se livrent, en profondeur, à des activités qui seront plus impressionnantes à longue échéance, notamment en Islande.

Leur histoire intérieure nous offre un trait intéressant : la montée vers la centralisation du pouvoir. Elle est le fait de Haraldr aux beaux cheveux (hárfagri), fils de Hálfdan, peut-être né vers 850 dans le Vestfold. Entachée de légende comme elle l'est, son histoire reste obscure. Il semble cependant qu'il ait choisi de mener une politique d'unification, certainement à l'exemple de ce qui s'était fait plus au sud en Occident. Il est clair, en tout cas, que, vers une date incertaine qui se situe entre 872 et 890, il remporte sur une coalition de roitelets et de jarls locaux la mémorable victoire navale de Hafrsfjörđr (en face de l'actuelle Stavanger) qui lui vaudra d'acquérir la suprématie et de régner jusqu'en 932. On n'est pas tenu de faire droit aux complaisantes déplorations d'un Snorri Sturluson ou autres sagnamenn islandais sur sa « tyrannie », mais il possédait un sens politique et administratif très averti. Il encourage la mise en place de dispositifs stables, la formation de þing en particulier, peut-être est-il le responsable de l'institutionnalisation du leiđangr, d'autant que, viking lui-même dans les îles Britanniques, il connaissait la question. Mais Ph. Sawyer [98] a montré qu'il ne fallait pas se fier aveuglément aux livres de colonisation islandais ni aux sagas pour apprécier ce personnage. Il reste qu'il ouvre la voie à un type de gouvernement qui connaîtra son épanouissement à partir de saint Óláfr.

Cela dit, hors de chez eux, les Norvégiens s'intéressent à deux champs d'activités précis.

Le premier se situe en Irlande. Nous nous rappelons que, vers 850, les Danois avaient livré une bataille manquée sur le Carlingfjord Lough, et que, au même endroit, les Norvégiens avaient été défaits en 852.

L'événement important est l'arrivée dans l'île, en 853, d'un certain Amlaibh (Óláfr [le Blanc ?]), fils du « roi de Norvège » (Lochlann). Mais quel « roi » ? Il est difficile de le savoir. Il se pourrait que cet Óláfr fût de la famille, ou du clan, de ce Turgeis que nous avons présenté et dont l'ambition paraît avoir été de s'assujettir l'île. C'est du moins ainsi que les considèrent les Annales irlandaises. Selon H. Shetelig [99], Óláfr aurait été une sorte de vice-roi, gouvernant, au nom de son père resté en Norvège, des territoires d'outre-mer. Cela n'a rien d'impossible car il rentre deux fois en Norvège, comme s'il agissait sur ordre, pour rendre compte, dirait-on. De plus, à partir de Dublin, qui est son fief, il mènera plusieurs campagnes en Angleterre et en Écosse. La question est de savoir si c'est bien l'Óláfr hvíti de la tradition islandaise, abondamment évoqué dans certaines sagas et dans le *Landnámabók*. Rien n'interdit l'identification, les deux hommes ayant vécu en même temps, mais les textes ne leur donnent ni la même femme ni la même mort. Leur identité, si elle était établie, serait une pièce importante à verser au dossier, particulièrement intéressant, des collusions entre Norvège, Irlande et Islande.

En tout état de cause, Óláfr impose son autorité aux Norvégiens, aux Danois et aux Irlandais qui lui versent

98. « Harald Fairhair and the British Isles » dans R. Boyer : *les Vikings et leur civilisation, problèmes actuels*, *op. cit.*

99. Éd. de *Viking Antiquities in Great Britain and Ireland* I-VI. Oslo, 1940-1954.

un tribut. Il s'installe à Dublin et son frère, Ívarr, à Limerick. Son premier retour en Norvège date de 856 — il est rentré à Dublin en 857 —, le second, de 871. Les Annales notent : « [Il] s'en alla d'Erin en Lochlann pour aider son père Guđrøđr contre les Lochlannes qui avaient entrepris la guerre contre lui. » C'est au cours de ce voyage qu'il mourra, dans une bataille, en Norvège même. En fait, son « règne » aura été des plus agités, c'est à cette époque que le chroniqueur exprime en termes colorés la détresse des Irlandais que nulle langue ne saurait dépeindre.

Il sera remplacé par son frère Ívarr, en 871 donc, proclamé, dit la chronique, *Rex Nordmannorum totius Hiberniae* (qui est le nom conventionnel en latin de l'Irlande) et *Britanniae*. La formule est curieuse. Elle donnerait à entendre que le royaume de Dublin avait des prétentions à l'autorité sur les Norvégiens installés dans le nord-ouest de l'Angleterre.

Le règne d'Ívarr sera pour l'Irlande une période de relative tranquillité, sans doute à cause de la découverte et du début de la colonisation de l'Islande, qui va servir de déversoir à ces aventuriers et dont le prestige fut très fort à ce moment-là. Néanmoins, les divers souverains irlandais de l'île redressent la tête, çà et là, le mouvement de reconquête, qui mettra longtemps à se manifester, s'amorce. Mais surtout, probablement pour des raisons familiales, Ívarr avait des prétentions sur le Deira. Il mobilise toutes ses forces pour se battre contre Hálfdan, roi du Deira. Ce dernier viendra attaquer Dublin en 877 sans doute, et, nous l'avons vu, mourra dans Strangfjord Lough.

Comme on l'a dit plusieurs fois depuis le début de ce livre, tout incite à ne pas trop mettre en relief le comportement « viking » des Norvégiens en Irlande. J'ai suggéré que des relations fort anciennes existaient entre les deux pays, ce qui, n'en déplaise aux annalistes, tempère le côté « terrifiant » du phénomène. En réalité, les querelles quasi dynastiques que nous venons d'entrevoir prouveraient que c'est plutôt à une installation aux prémices anciennes que songeaient les Norvégiens.

C'est d'ailleurs, semble-t-il, leur arrière-pensée constante. C'est pourquoi aussi ils seront, à une très forte majorité, les colonisateurs de l'Islande.

En raison de l'économie d'ensemble de notre livre, je me réserve de traiter en détail cette question au chapitre suivant. Elle est d'ailleurs de taille, puisque l'on peut affirmer qu'elle représente le fleuron du phénomène viking. Notons simplement pour le moment que l'île, dont les toutes dernières recherches archéologiques tendent à remettre en question les affirmations, jusqu'ici incontestées, du *Livre des Islandais* d'Ari Þorgilsson le Savant et des *Livres de colonisation* islandais, a pu être connue et habitée bien avant 874, date donnée par Ari pour le débarquement, à l'emplacement qui correspond à l'actuelle Reykjavík, du Norvégien Ingólfr Arnarson, premier colonisateur du pays : il semble que des Celtes, Irlandais probablement, aient connu l'île fort longtemps avant les Scandinaves.

Notons encore que la colonisation durera quelque soixante ans. On indique la date de 930 pour en fixer le terme.

Les Suédois

Comme c'est au cours de cette période que le phénomène « rūs » prend définitivement forme, nous allons tenter de liquider la question, compte tenu des ouvertures qui ont déjà été faites, afin, si possible, de la situer correctement en diachronie. On a dit pourquoi le problème des rūs-rhos soulevait tant de passions, sans véritable bien-fondé, faut-il le préciser.

Il est vrai que c'est une période obscure, même pour la connaissance de l'histoire intérieure de la Suède. Le seul document qui puisse nous venir en aide, nous le savons, est la *Vita Ansgarii* de Rimbert (écrite entre 870 et 880), dont les faiblesses — c'est une hagiographie dont le point de vue est strictement orienté — sont visibles. Elle établit pourtant que, vers 850, Ansgar retourne pour la deuxième fois à Birka, la première remontant à 829 ; que le roi de Birka est alors un certain Olof, lequel vient de reconquérir la Courlande (Livonie) et d'obliger les Chori à lui payer tribut. Cela laisserait entendre, bien que nous n'en ayons aucune preuve, que ce « royaume » suédois a pu être puissant, riche et durable. Rimbert indique aussi que l'archevêque Ebo de Reims (peut-être un Saxon), qui s'était lui aussi rendu chez les Svíar sur ordre du pape, avait « entrepris d'acheter des garçons d'origine danoise *et slave* [c'est moi qui souligne, Ebo veut dire : pour leur rendre leur liberté, car c'étaient des esclaves ; preuve supplémentaire, soit dit en passant, de l'intérêt que portaient les Scandinaves à ce genre de trafic] et en outre de libérer des prisonniers afin de les instruire pour le service de Dieu » (chapitre 15). On vient d'avancer que ce royaume pratiquait aussi le commerce des esclaves, mais, voyez l'ambiguïté permanente qui cerne ces questions, les « prisonniers » renverraient à l'idée de butin de guerre...

Parlons donc des Rūs.

La première entrée de la *Chronique des temps passés*, dite *Chronique de Nestor*, donne, pour 852 :

> En l'an 852, lors de l'accès au trône de l'Empereur [de Byzance] Michel, le pays des Rūs fut mentionné pour la première fois. Nous avons déduit cette date du fait que c'est pendant le règne de cet Empereur que les Rūs attaquèrent Tsargrad [Constantinople], comme il est écrit dans la Chronique grecque.

Les erreurs de datation — Michel III Kalaphates a accédé au trône en 842 et non 852 — incitent, d'emblée, à traiter ce texte avec circonspection. Cette chronique est dite de Nestor parce que l'on a longtemps cru que l'auteur en était le moine Nestor du couvent Pechersky, à Kiev : elle aurait vu le jour vers 1100, soit bien longtemps après les événements qu'elle détaille. Pourtant, la recherche actuelle tendrait à penser que Nestor ne doit être que l'« éditeur », voire l'un des compilateurs de ce texte, qui pourrait remonter à des sources plus anciennes, en vieux russe également. Ce fut un ouvrage populaire : nous en connaissons deux versions, celle du moine Laurent (chronique laurentienne, fin du XIVe siècle) et celle du monastère Saint-Hypace de Kostroma (Chronique hypatienne, milieu du XVe siècle).

Et nous avons amplement insisté sur le fait que les

Suédois fréquentaient la Russie bien avant 852, preuves littéraires et archéologiques (Wiskiauten, Grobin, etc.) à l'appui. La plus ancienne mention des Rūs que nous connaissions figure dans les homélies du patriarche Photius, en juin 860, à propos d'une attaque qu'ils auraient menée.

Pour 859, la *Chronique de Nestor* dit : « Les Varègues d'au-delà de la mer imposèrent tribut aux Choudes, aux Slaves, aux Meriens, aux Krivines et aux Polianes » ; ces noms s'appliquent à diverses tribus slaves ou finnoises. Le passage est remarquable dans la mesure où le terme rūs n'y figure pas, remplacé qu'il est par varègues. La suite de la *Chronique de Nestor* mérite la citation :

> ... et ils se rendirent au-delà de la mer chez les varègues, chez les rūs. Car on appelait rūs ces varègues, tout comme d'autres s'appellent svie [soit, évidemment, les Svíar, Suédois]. On en nomme encore quantité d'autres nurmane [Norvégiens, peut-être, mais, semble-t-il, plutôt Habitants du Nord en général], anglianer [Anglo-Saxons] et gote [soit les Gots de Gotland, soit les gens du Gautaland].

Mais voici l'extrait capital, qu'il faut lire avec le plus grand soin. 860-862 :

> Les tributaires des Varègues les repoussèrent au-delà de la mer et, refusant de continuer à leur payer tribut, entreprirent de se gouverner eux-mêmes. Il n'y avait pas de loi parmi eux, les tribus se faisaient mutuellement la guerre. Discorde s'ensuivit et ils se mirent à se battre entre eux. Ils se dirent : « Cherchons un prince qui puisse nous gouverner et nous juger selon la Loi. » En conséquence, ils traversèrent la mer pour aller trouver les Varègues Rūs.

Suit le passage qui vient d'être donné il y a un instant. Marquons un arrêt : on ne cachera pas que règne une certaine ambiguïté. Si « varègues » semble bien s'appliquer à tous les Scandinaves — encore que les Danois ne figurent pas et que les Anglo-Saxons apparaissent, mais peut-on être assuré de la réalité ethnique que recouvre « Angliane » : les Angles, après tout, qui donnèrent leur nom à l'Angleterre, étaient bien des Danois —, les distinctions entre rūs, svie et gote ne simplifient pas l'élucidation. Reprenons la lecture de notre passage :

> Les Choudes, les Slaves, les Krivines et les Polianes dirent alors au peuple des Rūs : « Notre pays est grand et riche, mais l'ordre n'y règne pas. Venez nous gouverner et régner sur nous. » De la sorte, ils choisirent trois frères, avec leur parentèle, qui emmenèrent avec eux tous les rūs et émigrèrent. L'aîné, Rurik [Hroerekr], s'installa à Novgorod, le second, Sineus [Snjór ?], à Bieloozero, et le troisième, Truvor [þórir ? þorvardr ?], à Izborsk. À cause de ces Varègues, le district de Novgorod fut connu sous le nom de pays des Rūs. Les habitants actuels de Novgorod descendent de la race des varègues, mais auparavant, ils étaient slaves. Deux ans après, Sineus et son frère Truvor moururent et Rurik conserva seul le pouvoir. Il octroya des cités à ses suivants : Polotsk à l'un, Rostov à un autre, et à un autre, Beloozero.

Le codex Hypatien propose ici une variante importante :

> Ils emmenèrent avec eux tous les Rūs et vinrent d'abord chez les Slaves [Slovene] et ils érigèrent la ville de Ladoga [aujourd'hui Staraia Ladoga, Vieille Ladoga, dont nous avons dit que le nom en vieux norois était Aldeigjuborg, dont le premier membre, ald- convoie aussi l'idée de « vieux »] [...] Après la mort de Sineus et Truvor, Rurik arriva au lac Ilmen et fonda sur le Volkhov une ville qu'ils appelèrent Novgorod.

Poursuivons la lecture de l'entrée de la *Chronique de Nestor* interrompue par cette variante :

> Avec Rurik, il y avait deux hommes qui n'appartenaient pas à sa parentèle mais étaient boyar [chefs]. Ils obtinrent la permission d'aller à Tsargrad avec leurs familles. Ils descendirent donc le Dniepr à la voile et au cours de leur voyage, ils virent une petite cité sur une colline. Comme ils s'informaient de l'identité de ceux qui possédaient cette ville, on leur dit que trois frères, Kiy, Shehek et Khoriv avaient bâti cette cité mais que, depuis leur mort, leurs descendants vivaient là, tributaires des Khazars. Askold [Höskuldr] et Dir [Dyri] restèrent dans cette ville et après avoir assemblé beaucoup de

varègues, ils instituèrent leur domination sur le pays des Polyaniens en même temps que Rurik gouvernait Novgorod.

Nous venons donc d'assister à la fondation, successivement, des royaumes (ou États) de Novgorod-Hólmgarđr et de Kiev-Koenugarđr. Évidemment, on aura toujours beau jeu de contester les faits et les noms propres ainsi rapportés ; on pourra aussi souligner l'allure très littéraire, très écrite de ce texte avec, pour ne prendre qu'une illustration, son schème narratif stable : trois frères pour le Nord, trois frères dans le Sud. Je préfère attirer l'attention sur le fait que l'auteur ne dit pas que les Rūs ont *fondé* Novgorod ou Kiev, ni les autres villes mentionnées, mais qu'ils s'y sont installés en souverains.

La difficulté est bien de déterminer le sens probable de varègue et surtout de rūs. J'ai déjà (*supra* p. 151) discuté vaeringi et ses traductions en russe, grec ou arabe. J'ajouterai que le russe varjag s'applique aussi à un colporteur itinérant ! Nous venons de lire que Nestor entend par βαραγγοι des Scandinaves d'« au-delà de la mer ». Il ne peut s'agir que de la mer Baltique, russe More Varjazxkoie, terme qui semble n'avoir fait son apparition en Russie qu'assez tard (xe siècle ?). Faudrait-il croire alors que varègues et rūs seraient deux dénominations recouvrant des réalités différentes, varègues s'appliquant à une seconde vague scandinave (suédoise ?) qui daterait de l'époque de Vladimir (vers 980) ? C'est peu probable, au moins pour des raisons sémantiques, puisque vaeringi et víkingr s'appliquent au même type d'hommes, avec, nous l'avons vu, la même ambivalence.

Et puis... un texte, encore plus récent, il est vrai, que la *Chronique de Nestor*, la *Guta Saga* (Saga des habitants de Gotland, que nous possédons dans une version d'environ 1350), note qu'à l'époque des grandes migrations (VIIIe siècle), les Gotlandais auraient émigré « et s'en allèrent dans une île au large de l'Estonie dont le nom est Dagaiþi (Dagö), et s'y établirent, et y construisirent une ville fortifiée qui s'y voit encore. Ils ne purent s'y maintenir, s'en allèrent en remontant le cours d'eau qui s'appelle Dvina et traversèrent la Russie. Ils allèrent si loin qu'ils atteignirent la Grèce [= Byzance] ». De fait : nous avons vu, en décrivant la « route de l'est », qu'un itinéraire partait du golfe de Riga (Courlande, c'est-à-dire Estonie) pour emprunter la Dvina, puis le Dniepr, passer à Kiev, traverser la mer Noire. Nous sommes donc en territoire connu.

Quant au vocable rūs... L'hypothèse longtemps admise mettait le mot en relations avec le finnois ruotsi (qui signifie suédois), estonien ruotsi, lequel, à son tour, remonterait au vieux norois róđr, action de ramer, souquer sur les rames, partant, voie d'eau où l'on rame, cours d'eau. Les Ruotsi seraient les róđsmenn, les hommes qui rament ou qui hantent les cours d'eau. Plus précisément encore, les hommes de la province suédoise qui s'appelle aujourd'hui Roslagen (exactement au sud de l'actuelle Stockholm), c'est-à-dire Róđslagen, la province où règne la loi (lag) de la Rame. La dénomination n'a rien d'incongru puisque nous savons qu'il a existé un Bjarkeyjarréttr, un Droit des gens de Bjarkey, ancien Birka (également au sud de Stockholm). Et le Roslagen est, par définition, la partie de la Suède que les Finnois connaissaient le mieux : il suffit de regarder une carte. On n'a pas oublié non plus que la région du lac Ladoga était peuplée surtout de Finnois. Faire valoir, comme E. Hjärne [100], une acception róđr = bateau (par métonymie), róđsmenn = marins du Roslagen, et Roslagen : Loi du Bateau, revient au même.

V. Thomsen [101] et G. Vernardsky [102] ont émis l'hypothèse que les Scandinaves auraient emprunté le nom rūs à la tribu des Alains Ruxs : c'est peu probable, même si les Alains, une peuplade iranienne répandue dans toute la Russie occidentale, n'ont pas pu ne pas se trouver en contacts fréquents avec les Suédois.

Ce n'est pas un hasard non plus si les textes islandais appellent parfois la Russie Svíþióđ hin mikla : la grande Suède, ou Svíþióđ hin kalla : la Suède froide [103], la dénomination la plus courante qu'ils emploient étant toutefois Garđaríki, l'État (ou le royaume) des garđar (singulier garđr), c'est-à-dire des enclos circulaires (russe gorod) qui entou-

100. « Roden » dans *Namn och bygd* 35, 1947, pp. 1-96.

101. « Det russiske riges grundlaeggelse ved Nordboerne » dans *Samlede Afhandlinger* I : 231-414,1919.

102. Ancient Russia, dans *A History of Russia*, vol. I, 1943.

103. Tel, à diverses reprises, Snorri Sturluson dans le Prologue à sa *Heimskringla* et encore dans *Ynglinga saga*.

raient les villes ou places fortes, vraisemblablement parce que l'une et l'autre chose (garđr et ville) n'étaient pas courantes dans le Nord et que c'est en Russie que les Scandinaves en avaient été le plus impressionnés ?

Je crois pourtant que le dernier mot, fort convaincant à mon avis, est donné par S. Söderlind dans l'étude qu'il a publiée dans un ouvrage collectif intitulé *Scandinavian Language Contacts* [104]. Je résumerai cette remarquable étude, qui se fonde d'ailleurs sur les intuitions du Danois V. Thomsen à la fin du siècle dernier. Söderlind part des Gots dont tout le monde s'accorde à reconnaître que c'étaient des Germains orientaux fixés sur la basse Vistule au début de notre ère. Vers le IIIe siècle, ils émigrent vers les rives de la mer Noire où ils fondent le premier grand royaume got dont le plus célèbre souverain fut Ermanaric, le Jörmunrekkr des poèmes héroïques nordiques anciens [105]. Cet empire succomba sous les coups des Huns entre 370 et 380. Les tribus gotes, progressivement séparées du reste de la Germania, tant septentrionale que proprement scandinave, passèrent à l'arianisme. Mais, à la chute de l'Empire hunnique, elles se relèvent pour former le second grand royaume got, en quoi l'apport des varègues, frères de langue, voire d'ethnie, a dû grandement les aider. Or le trait physique caractéristique des uns comme des autres, et visiblement peu banal aux yeux des Slaves, était qu'ils étaient roux [106]. Leurs voisins, puis sujets, slaves les ont donc appelés Rūs : les gens roux. On peut — que l'on veuille bien me passer cette pẹdanterie — détailler un peu et suggérer une chronologie possible. Entre environ 150 et 350, sur le proto-slave ˣrūsŭ/rūdŭ (rouge, roux) on bâtit

104. Pp. 133-170.

105. Voir, dans *Edda poétique*, le *Guđrúnarhvöt* ou, dans *Hervarar Saga ok Heiđreks konungs*, la *Hlöđskviđa*.

106. J'ai déjà combattu le mythe du grand Scandinave blond aux yeux bleus, caractérisation qui, en vérité, conviendrait mieux aux Celtes. D'innombrables sobriquets, jusque dans les sagas islandaises qui nous parlent pourtant d'une population où le type scandinave était et reste fortement mâtiné de celtique, nous rappellent ce détail : Eíríkr le Rouge, Ormr le Rouge (comprenons : le Roux), etc. Que l'on n'aille pas pour autant courir à l'excès inverse. Je ne suis pas en train de dire que tous les Gots et Scandinaves étaient roux, mais que la fréquence du fait a dû frapper les observateurs étrangers.

un ×Rusi, ×Rudi, le (peuple) roux. Autour de 450 surgit une forme palatalisée proto-slave ×Rus' ou ×Rud' (un collectif féminin singulier de type banal voyez des dénominations d'autres peuplades comme Ves', Cud', Perm') qui désigne de façon courante, pour les Slaves, les Gots. En sorte que [107], vers 400-600, les Gots acceptent ce nom pour eux-mêmes et le rendent par ×rauþs [prononcer ro :þs], toujours avec le même sens. Le terme est pan-indo-européen, de toute manière, mais on comprendrait mieux de la sorte pourquoi Wulfila ne l'utilise pas dans sa célèbre traduction en gotique de la Bible (vers 369). Ensuite, entre 600 et 800, les Grecs et les Finno-Ougriens se servent couramment de ce mot pour désigner les Gots, bien entendu, mais aussi tous les autres varègues, dont nous avons suffisamment dit qu'ils étaient surtout des Suédois. De là, le grec rhōs, l'estonien roots, le finnois ruotsi. Alors que les Arabes empruntent la forme slave du mot : Ar-Rūs, les Rūs. Si bien qu'à partir du IXe siècle, Finnois et Slaves entendent, par Rūs, Suédois — revoyez l'entrée de la *Chronique de Nestor*, pour 862, *supra* p. 171. En vieux russe, tout peuple d'origine germanique ou scandinave se dira rūs, avec une spécialisation croissante pour ces Scandinaves qui se sont installés à Novgorod et à Kiev. Lorsqu'ils auront fusionné, les deux royaumes rūs (Novgorod et Kiev) seront capables de défier l'Empire byzantin. L'État rūs atteindra son apogée vers la fin du premier millénaire.

Si je trouve cette argumentation tout à fait convaincante, c'est, entre autres raisons, pour les conclusions que tire S. Söderlind et qui vont exactement dans le sens de la *Chronique de Nestor*. Dans l'État rūs, russe, les Gots ont « démontré les mêmes qualités de fondateurs d'États que les Gots [108] ailleurs : une force militaire et navale incomparable, jointe à une remarquable incapacité de maintenir leur indépendance culturelle et politique ». J'ai maintes fois pris mes réserves sur cette « force militaire [...] incomparable », mais nous aurons plus d'une fois l'occasion de vérifier la pertinence de la fin de cette citation.

---

107. Mais c'est peut-être là le point faible de l'argumentation.
108. Il aurait pu écrire : les Scandinaves en général, mais il pense, bien entendu, aux Ostrogots et aux Visigots.

Cette longue démonstration m'a paru indispensable pour tenter de régler un problème qui ne m'est jamais apparu fondé. Car nous pouvons modifier notre angle de prise de vues et solliciter d'autres genres de témoignages pour vérifier que les Rūs, fondateurs de l'État russe, sont bien des Scandinaves. Prenons-en trois.

D'abord, les « reportages » arabes dont nous avons déjà amplement parlé. Ils abondent en renseignements sur les modes de vie des Rūs, que nous n'avons nulle peine à identifier. La célèbre description des funérailles d'un chef rūs sur les bords de la Volga, en 932, telle que les a vues Ibn Fadhlân, est trop longue pour être rapportée ici [109]. Compte tenu du fait qu'Ibn Fadhlân n'entend pas, et pour cause, tous les détails de la longue cérémonie, fort élaborée, qui se déroule sous ses yeux, et aussi qu'il a, naturellement, tendance à « islamiser » ce qui lui échappe, la science des religions, l'histoire de la culture n'ont aucune peine à replacer ce rite grandiose dans un cadre scandinave. Au point que certains détails nous apportent des éclaircissements, comme cette vieille femme sinistre qui étrangle l'esclave volontaire pour suivre son maître dans l'autre monde et que l'on a identifiée à la dauđafylgja des sagas islandaises, personnage sur le compte duquel nous étions plutôt mal informés. Toutefois, un détail anodin doit être relevé, qui fera plus loin l'objet d'une réflexion importante : les Suédois-Rūs qui nous sont présentés dans cet extraordinaire récit sont déjà bien slavisés ; le chef rūs dont on célèbre les funérailles porte une tunique à boutons, détail vestimentaire inconnu des Scandinaves du Xe siècle !

Ibn Rustah écrit à peu près à la même époque. Tout ce qu'il nous dit des Rūs coïncide avec ce que nous savons des Scandinaves. Il commence en spécifiant que leur activité principale est la chasse aux esclaves — nous n'avons rien dit d'autre !

---

109. Traduction française par Marius Canard : *Ibn Fadlân : Voyage chez les Bulgares de la Volga*, *op. cit.*, pp. 77 et sq. La traduction qui figure dans R. Boyer et E. Lot-Falck, *les Religions de l'Europe du Nord*, est faite sur la traduction anglaise, il vaut donc mieux préférer celle de M. Canard.

> Ils n'ont pas de terres cultivables mais dépendent, pour vivre, de ce qu'ils peuvent tirer du pays des Saqalibah [= Slaves]. [...] Ils n'ont pas de propriétés, pas de villages, pas de champs ; leur seule activité est de s'occuper de zibelines, petits-gris et autres fourrures, et l'argent qu'ils retirent de ces transactions, ils le gardent dans leur ceinture.

Ils ne cessent de voyager et font la guerre en bateaux, ils sont très vaillants et très perfides. Au demeurant, beaux, propres et bien vêtus : Ibn Rustah décrit ces espèces de pantalons de golf que nous retrouvons sur les pierres historiées ou les tapisseries scandinaves. Il note encore que ces gens sont fort hospitaliers, mais querelleurs et portés sur le duel : ce ne sont pas les sagas islandaises qui contrediront l'un quelconque de ces points. Le connaisseur a plus de mal à suivre l'observateur arabe quand il remarque que les Rūs ont des prêtres [110], mais il ne peut qu'approuver lorsque Ibn Rustah précise qu'ils font des sacrifices humains, d'hommes et de femmes, et qu'ils immolent du bétail. C'est même là un renseignement qui démontrerait qu'il s'agit bien des Suédois, christianisés nettement après les autres Scandinaves, car si nous sommes sûrs que le Nord a connu de telles pratiques, leur disparition, faut-il le dire, a coïncidé avec la christianisation. Et, pour couronner le tout, nous sommes avisés que ces sacrifices se faisaient par pendaison : c'est, par excellence, un rite odinique. Un dernier détail : les Rūs ne se séparent jamais de leurs armes, même pour aller faire leurs besoins. C'est bien ce que nous dit aussi, des Islandais, la *Saga de Snorri le Godi (Eyrbyggia saga)*.

Supposons que les deux diplomates qui viennent d'être sollicités nous parlent des Rūs de Novgorod. S'appliquerait plutôt à ceux de Kiev cette constatation, passionnante, due à Istakhri, également vers 950 : « Les Rūs sont de trois sortes. Le roi de ceux qui sont les plus proches de Bulghar habite une cité appelée Kiev. Une autre sorte, plus loin que ceux-ci, est appelée Slawijah et il y a une sorte appelée Arthaniyah, dont le roi habite à Artha. » Les Arthaniyah sont les Erz'a, tribu finnoise fixée sur les

110. Cette notion sera discutée plus loin à propos de l'Islande et des godar.

bords de la Soura, un affluent de la Volga, à l'ouest de Bulghar. Quant aux Slawijah, on ne voit pas qui ils pourraient désigner, sinon des « Slaves », les Rūs de Novgorod sans doute, qui auront été slavisés plus vite que ceux de Kiev.

Interviendrait en second lieu l'impressionnant support fourni par l'archéologie : il s'agit avant tout de ces nombreux cimetières fouillés en territoire russe et qui ne se distinguent pas de leurs équivalents suédois. Ainsi, à Gnezdovo (près de Smolensk), on a découvert 3 000 tombes, avec chambres funéraires charpentées, armes et objets votifs ou propitiatoires, tout à fait identiques à celles de Scandinavie. À Staraia Ladoga, la présence suédoise au Xe siècle est évidente, même si c'est sur un fond finnois ou slave ; notamment, des maisons de rondins de type différent du modèle slave, un fragment d'arc portant une longue inscription runique en mètre scaldique (IXe siècle), 400 tertres funéraires comme le Nord en connaît. Novgorod offre aussi, sur fond slave, un petit apport suédois rapidement recouvert. Mais on y a exhumé également une inscription runique et plusieurs fibules scandinaves des IXe et Xe siècles.

En somme, il est déraisonnable de nier la présence scandinave en Russie. La vraie controverse ne peut jouer que sur leur rôle, mais je le crois bien plus important que ne le pense L. Musset [111] quand il veut le ramener au « cheminement à travers la Russie d'aventuriers suédois prêts à toutes les besognes profitables ». Cette dernière expression est heureuse, elle rend compte du trait le plus caractéristique, à mon sens, des vikings ou varègues : leur soif d'argent à obtenir par tous les moyens. Mais la formulation est trop réductrice, on le verra au chapitre suivant. Ces aventuriers — suédois ou autres — ont trouvé plus « profitables » des établissements définitifs où leur sens de l'organisation faisait merveille.

Il est vrai que les nombreuses inscriptions runiques de Suède qui parlent de Russie, d'une manière ou d'une autre, ne font état que de voyages, non d'établissements. Mais la réponse est élémentaire : dans leur immense majorité, ces inscriptions sont des monuments commémoratifs de la

111. *Le Second Assaut*, *op. cit.*, p. 272.

mort d'un être cher. On ne voit pas pourquoi elles célébreraient tel ou tel individu définitivement installé à Novgorod ou à Kiev. Voyons donc la pierre de Gripsholm : « Tola a fait ériger cette pierre pour son fils Haraldr, frère d'Ingvarr. Ils voyagèrent hardiment, très loin à la quête de l'or : dans l'est, ils donnèrent de la pâture aux aigles. Ils moururent au sud, en Serkland [au pays des Sarrasins] » ; ou celle d'Estaberg, Södermanland, Suède : « [Sigviđr] tomba à Hólmgarđr, le capitaine du vaisseau, avec son équipage » ; ou encore pour nous limiter là, celle de Sjusta, en Uppland : « [Spjallbođi] trouva sa fin à Hólmgarđr. » Mais il n'y a pas à attendre autre chose. Simplement, nous tenons là la preuve d'une intense et constante fréquentation de ces lieux par des Suédois.

Il est temps, d'ailleurs, de revenir à l'Histoire. Elle nous apprend que les relations ne furent pas toujours pacifiques entre les Rūs et Byzance : vers 860, une flotte conduite par Askold et Dir — que nous avons déjà mentionnés à propos de Kiev — aurait été mise en fuite devant la ville. Il semble aussi que, vers 880, de violentes querelles aient opposé les Scandinaves qui ont fondé l'État de Kiev à ceux qui se sont installés à Novgorod. Car Rurik a dû céder la place, à Novgorod, à Oleg (slavisation transparente du vieux norois Helgi), qui venait peut-être lui-même de Staraia Ladoga et qui, au passage, aurait soumis diverses villes, dont Smolensk. Après quoi il impose sa domination à Kiev. La *Chronique de Nestor* dit :

> Oleg s'imposa comme prince à Kiev et déclara que cette ville serait la mère des cités de Russie. Les Varègues, Slaves et autres qui l'accompagnaient étaient appelés Rūs. Oleg se mit à édifier des villes encloses de palissades et imposa un tribut aux Slaves, Krivichiens et Meriens.

Il apparaît en outre que, vers 880, les varègues auraient entrepris un premier raid vers l'Iran. Il sera suivi de plusieurs autres.

En avons-nous assez dit pour convaincre que le problème posé au début de ce long développement n'est pas vraiment capital ? Au gré des arguments et des citations de tout genre, le lecteur aura pris la mesure d'une querelle qui ne mérite pas tant de soins. Il faut une dose considérable de patriotisme teinté d'idéologie naïve pour réfuter la théorie « nordiste » parce qu'elle « refuse aux nations slaves la capacité de former de leur propre chef un État indépendant [112] ».

Un fait fausse les perspectives, qui vaut pour l'ensemble du phénomène viking, et sur lequel on n'attirera jamais assez l'attention. Je ne suis pas sûr que le nombre nécessairement limité des vikings ou varègues explique que, pour un observateur superficiel, ils n'aient pu faire autre chose que passer, éventuellement en semant la terreur. Et donc, qu'ils n'aient rien colonisé (nous allons prouver le contraire dans quelques pages), qu'ils n'aient pas fondé d'établissement définitif, *a fortiori* qu'ils n'aient pas laissé de traces profondes dans la culture et la vie courante. Des affirmations de ce genre vont contre l'évidence.

Mais elles s'expliquent d'un autre point de vue. S'il est une constatation frappante, c'est l'extrême facilité, la confondante rapidité d'adaptation et d'assimilation des Scandinaves partout où ils se sont fixés [113]. Peut-être est-ce en cela que réside l'essentiel de leur génie. Très rapidement — le phénomène est particulièrement vrai à l'Est, tant pour les Gots que, plus tard, pour les Rūs —, ils abandonnent leur identité ethnique, délaissent leur religion, renoncent à leur langue dont il faut chercher les vestiges dans la toponymie ou le vocabulaire spécialisé, et changent de culture. Cela ne signifie pas éradication pure et simple, bien entendu, mais un talent peu commun de concilier l'ancien immémorial et le nouveau récemment acquis. Je parlais des Rūs : en quelques décennies, il n'y a plus de Rūs, il n'y a plus que des Russes. Le fils d'Igor-Ingvarr, que l'on citait plus haut, s'appelle Sviatoslav, dont on perdrait son temps à chercher un équivalent norois. La slavisation et la « byzantinisation » sont complètes.

---

112. N. Jakovlev : « O prepodavanii otecestvennoj istorii » dans *Bolchevik*, n° 22, Moscou, 1947, cité par O. Pritsak, *op. cit.*, p. 4.

113. Sauf en Islande, bien entendu. Mais encore : on dira à quel point les hommes et les femmes qui la peuplèrent étaient d'origines mêlées : Scandinaves et Celtes. Or, en quelques générations, la fusion est si parfaite que les observateurs actuels ne parviennent pas à discerner sans difficultés ce qui revient à l'une ou l'autre culture !

Négliger cette incontestable donnée incite à entrer tête baissée dans toutes les outrances, souvent ridicules, parfois dangereuses, du mythe viking. Laissez-le, ce viking, s'installer à demeure en Orient ou en Occident, donnez-lui deux ou trois générations, faites-le, condition *sine qua non*, se baptiser, et il n'y a plus de Scandinave, il n'y a plus qu'un Anglais, un Normand, un Frison, un Russe . Je ne veux pas dire ainsi, pour risquer une formule simplificatrice, qu'il y perde son âme. Nous allons voir qu'il en sauvegarde quelques composantes essentielles. Mais il cesse d'exister en tant que tel.

Pour en finir avec les Rūs, indiquons qu'Oleg fondera la dynastie des Rurikovitch qui régnera sur l'axe Volkhov-Lovat-Dniepr jusqu'au XVIe siècle. En face, une autre famille rūs, celle de Rogvolod (= Rögnvaldr), établira, sur une voie parallèle, à Blotsk (sur la haute Dvina), une domination analogue qui durera plus d'un siècle. Mais ce sont là des faits qui relèvent du chapitre suivant, où je reviendrai encore une fois sur le phénomène rūs. Je voulais seulement amener le lecteur à en prendre progressivement, en diachronie, la mesure, à admettre une réalité qui a suscité tant de vaines contestations. L'originalité du phénomène viking ainsi vu, à l'Est, aura été de donner des princes gouvernants aux autochtones [114].

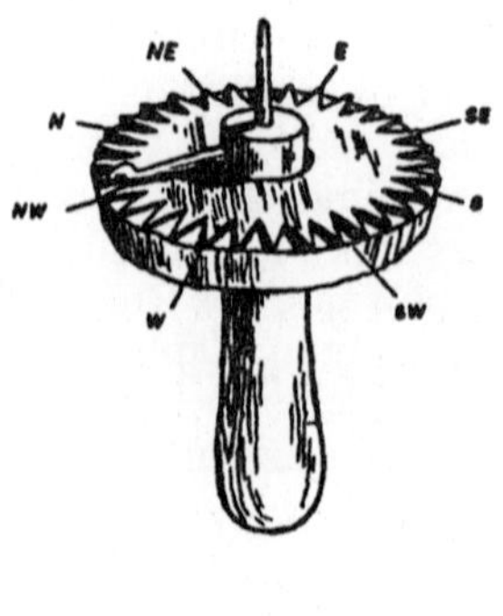

114. L'ensemble de la question est traité avec plus de continuité par Régis Boyer : « La Russie a-t-elle été fondée par les vikings ? » dans *Études germaniques* 1991/4.

IV

LE TEMPS DES COLONISATIONS ET DES INSTITUTIONNALISATIONS (900-980) PUIS DES GRANDS RAIDS (980-1050)

Les nécessités de l'exposé sont brutales. En fait, le mouvement viking tel que nous venons de le saisir, surtout à partir de 850, va se poursuivre longtemps encore et selon les modalités que nous avons dites. Il ne mourra pas tant qu'un élément externe — l'Occident qui se décide enfin à se défendre systématiquement —, doublé d'un élément interne — la conversion officielle et effective des Scandinaves au christianisme —, n'aura pas « dévitalisé » le phénomène.

Pourtant, l'observateur a le droit d'affirmer qu'autour de 900 — cet « autour » n'ayant de valeur que statistique, pour ainsi dire, puisqu'il faudrait remonter en réalité à 874 ici (Islande) ou 911 là (Normandie) —, une sorte d'accalmie d'ensemble se produit, qui durera jusque vers 980. Les causes de ce répit semblent assez nettes, alors que la reprise, autour de 980, pose un problème majeur. D'un côté, c'est le moment des établissements définitifs : Islande, Danelaw, Normandie, Russie. Il faut répéter que le but des vikings fut d'abord d'acquérir de l'argent, par tous les moyens, ensuite de trouver des lieux où la vie fût plus agréable que dans le Nord, afin de s'y fixer. Après un bon demi-siècle de tâtonnements, puis un autre de mises à l'épreuve, les temps sont mûrs, soit pour de véritables colonisations, soit pour des implantations par *modus vivendi*. D'un autre côté, comme toujours en ce qui concerne cette question, il se peut qu'une cause économique ait sous-tendu ce changement notoire d'orientation. Autour de 900, le Nord est contraint de passer du commerce de troc, valable par excellence pour les articles de luxe en petites quantités dont il s'était assuré la spécialité, au commerce moderne. Cela se voit au primat croissant de la monnaie, occidentale ou arabe, dans les échanges. Le Nord, d'ailleurs, se met lui-même, et de plus en plus, à battre monnaie. Et il est incontestable que certains de ses grands centres commerciaux, comme Birka, connaissent un relatif déclin.

Ajoutons une cause culturelle, déjà notée, mais à laquelle il faudra beaucoup de temps pour s'implanter en profondeur et modifier les mentalités : la christianisation. Autour de l'an mille, la Scandinavie sera chrétienne, la Suède marquant un léger décalage (vers 1050) dû plutôt à l'éloignement et au hasard des circonstances qu'à une plus grande solidité de son paganisme. Il n'empêche qu'à partir du moment où il est chrétien [1], le viking perd à la fois de sa pugnacité, car ce sont des coreligionnaires qu'il pille, brûle ou viole, et de son aura épouvantable, puisqu'il n'est plus un suppôt de Satan. Le phénomène ne peut que prendre une coloration politique qui deviendra manifeste au Danemark — vers 980, justement. J'irai jusqu'à dire, et c'est la raison pour laquelle je concentre en un même chapitre les deux phases 900-980, puis 980-1020, que la dernière période (980-1020) représente un de ces soubresauts désespérés que l'Histoire nous propose dès qu'il s'agit de souligner la mort d'une grande tendance.

Essayons de nous imaginer que l'ère viking se sera étendue sur dix générations. C'est beaucoup pour une entreprise marquée (même si ce n'est pas majoritairement) par la violence et, surtout, conduite dans le désordre et la dispersion. Après tout, d'autres incursions similaires, celles des Hongrois, celles des Sarrasins dont nous avons déjà établi la simultanéité, ont fini de la même façon et jusque dans le détail — allons plus loin : avec de confondantes homologies parfois, colonisations, reprise et adminis-

---

1. Et bon chrétien. Voir *la Vie religieuse en Islande (1116-1264) d'après la Sturlunga saga et les Sagas des Évêques*, Paris, Fondation Singer-Polignac, 1979, en particulier le chapitre III. « Christianisme et vie courante ».

tration d'États préexistants, etc. Il y a donc quelque chose de naturel — dirai-je inéluctable ? — et d'attendu dans l'histoire des vikings. Seule, notre imagination férue de mythes aimerait à en faire une exception.

Pour la commodité de l'exposé et par fidélité au principe suivi d'un bout à l'autre de ce livre, je procéderai pays par pays.

LE TEMPS DES COLONISATIONS ET DES INSTITUTIONNALISATIONS (900-980)

La Norvège

Sans revenir sur le léger décalage historique [2] déjà noté, force m'est de présenter en détail le fait islandais, puisque, aspect que l'on a trop tendance à négliger, il fait foncièrement partie du phénomène viking, qu'il va permettre de mettre au point et de vérifier l'ultime allure de l'expansion viking, et qu'il est une affaire essentiellement norvégienne, même avec les réserves qu'il faudra émettre.

Bien qu'il soit à peu près certain que ce ne soit pas l'*Ultima Thule* de Pythéas [3], l'Islande n'était pas inconnue de Bède le Vénérable [4], non plus que de Dicuil, moine irlandais qui composa, vers 825, son *Liber de mensura orbis terrae* où il évoque ce pays, à l'ouest, dont les nuits, une partie de l'année, sont si claires que l'on peut y chercher ses poux dans sa chemise ! Quand Ari Þorgilsson le Savant, dans son *Íslendingabók*, observe que les Scandinaves trouvèrent en abordant dans l'île des papar, des ermites irlandais, qui s'en iront parce qu'ils ne voulaient pas cohabiter avec des païens, il doit dire vrai : l'archéologie actuelle découvre des vestiges celtiques bien antérieurs à 874, surtout dans le sud-est de l'île, et la toponymie, les

---

2. Vraiment léger : la colonisation proprement dite se produira entre 890 et 930, soit en pleine période étudiée ici.

3. Selon les recherches les plus récentes, Pythéas aurait désigné ainsi les Orcades, ou les Lofoten.

4. *Historia Ecclesiastica*, VIIIe siècle.

règles ascétiques de l'érémitisme irlandais, la pratique de la navigation, tout concourt à montrer qu'Ingólfr Arnarson et son équipage ne furent pas les premiers occupants du pays.

Nous sommes bien renseignés sur la découverte de l'île par les Scandinaves grâce aux divers « livres de colonisation » que nous avons conservés [5]. Vers 850 ou 860, le Norvégien Naddoðr qui allait de Norvège aux Féroë aurait été dérouté et serait arrivé dans la région des fjords de l'est. Il aurait baptisé le pays Snaeland, Pays de la Neige. Peu après ou peut-être en même temps, le Suédois Garðarr Svávarsson, qui ne savait rien de l'expédition de Naddoðr, aurait atterri également dans les Austfirðir, puis entrepris de faire le tour de l'île qu'il aurait modestement appelée Garðarshólmr (îlot de Garðarr !). Il aurait même hiverné dans le Nord, à Húsavík. Le Norvégien Flóki Vilgerðarson, ayant entendu parler de ces voyages, se serait embarqué vers 870 avec tout le nécessaire pour s'installer sur place. Ce sont des corbeaux qu'il avait embarqués qui lui auraient indiqué l'existence de l'île et qui lui vaudront son surnom Hrafna-Flóki (Flóki-aux-corbeaux). Il aurait touché terre, lui aussi, dans les Austfirðir, mais se serait installé diamétralement à l'opposé, dans le Breiðafjörðr, plein ouest. Il y aurait passé un rude hiver au cours duquel son maigre bétail aurait péri, ce qui fait qu'il serait rentré en Norvège. Mais c'est lui qui donnera à l'île son nom définitif, Ísland, Pays-de-Glace [6]. Il reviendra par la suite, se fixera et mourra dans le Nord, dans le Skagafjörðr. Il n'est pas certain que l'ordre des « décou-

---

5. Il s'agit, on se le rappelle, de curieux ouvrages qui retracent en détail la colonisation de l'Islande selon un principe topographique consistant à partir d'un point du littoral de l'île et à parcourir la côte dans le sens des aiguilles d'une montre en s'arrêtant à chaque endroit où s'est fixé un colonisateur sur lequel on nous donne tous les renseignements utiles, tant en ce qui le concerne qu'à propos de ses ascendants et, éventuellement, de ses descendants. Voir une traduction partielle par R. Boyer : *le Livre de la colonisation de l'Islande, op. cit.*

6. Faut-il préciser que ce nom, visiblement donné en hiver, n'est pas exactement mérité ? Si elle comporte de grands glaciers, l'Islande n'est ni un pays froid — en raison du Gulf Stream qui l'enserre d'une vaste boucle — ni un pays couvert de glace.

vreurs » qui vient d'être donné soit le bon [7] : peut-être faut-il préférer une série Garđarr-Naddođr-Flóki. Les études récentes [8], ainsi que les efforts de réhabilitation naturelle d'un pays qui a intensément souffert, depuis mille ans surtout, d'éruptions volcaniques, de tremblements de terre et de l'élevage extensif du mouton, portent à ne plus douter des premiers témoignages qui faisaient de l'Islande un pays abondamment boisé, riche d'une faune et d'une flore prospères, de rivières poissonneuses et de ressources maritimes importantes (baleines et phoques notamment). On prendra tout de même les dithyrambes d'inspiration biblique [9] de ces premiers textes avec mesure, le sol volcanique du pays n'étant évidemment pas de nature à en faire un eldorado !

En 874 donc, vraisemblablement, le Norvégien, originaire du sud-ouest de son pays, Ingólfr Arnarson, et son frère juré Hjörleifr Hróđmarsson s'embarquent : ils s'exilent après une affaire difficile avec le jarl Atli. Ils atterrissent, eux aussi, dans les fjords de l'est. Ingólfr y reste, mais Hjörleifr part en expédition viking en Irlande, où il s'empare d'un glaive. Après quoi ils rentrent tous les deux en Norvège et décident, cette fois, de déménager dans les règles. Ils emportent femmes et enfants, marchandises, bétail, mobilier, sans oublier les montants sacrés du haut-siège du maître de maison, les öndvegissúlur. Ils touchent terre, l'un à Ingólfshöfđi (Promontoire d'Ingólfr), l'autre à Hjörleifshöfđi (Promontoire de Hjörleifr), deux lieux situés dans le sud de l'île. Au printemps, Hjörleifr veut labourer et semer : il attelle pour cela à sa charrue des esclaves qui, mécontents, le tuent et cherchent refuge dans les îlots placés au sud-ouest de l'Islande, auxquels ils donneront leur nom : Vestmannaeyjar, îles des « hommes de

7. Voir le *Landnámabók*, *op. cit.*, supra note 5, chapitre S 284.

8. Les travaux fondamentaux sont ceux de Sigurđur þórarinsson, en particulier *Tefrokronologiska studier på Island*, København, 1944. Excellent survol dans *Saga Íslands*, I, sous la dir. de Sigurđur Lindal, Reykjavík, 1974, pp. 29-99.

9. On peut soupçonner les auteurs d'avoir lu de trop près la Bible ; la découverte du pays de Chanaan, en particulier, a dû les impressionner. Notez encore le surnom d'un personnage, þórólfr smjör (le « beurre »), parce qu'il aurait prétendu que dans ce pays coulaient le lait et le miel et que de chaque brin d'herbe dégouttait du beurre !

l'ouest », c'est-à-dire des [esclaves] irlandais. Dans l'intervalle, Ingólfr a envoyé ses propres esclaves à la recherche de ses öndvegissúlur que, selon la coutume païenne, il a jetés par-dessus bord en apercevant les côtes : l'endroit où ils échoueront déterminera le lieu où il se fixera. Les esclaves d'Ingólfr découvrent la mort de Hjörleifr. Ingólfr se met à la recherche des assassins de son frère juré, les découvre et les tue. Puis il retrouve ses öndvegissúlur à un endroit qu'il appelle Reykja(r)vík (Baie de la [ou des] fumée[s], comprenons : des vapeurs qu'exhalent les sources chaudes, nombreuses dans cette région) et s'y installe. Les archéologues viennent de retrouver cet endroit. Il reste à Ingólfr à délimiter le territoire qu'il s'approprie et à donner des terres à ses suivants. Le *Landnámabók* décrit complaisamment les rites de prise de possession du sol, par le feu, par la flèche, par le sillon, etc. [10]. Il nous est difficile de savoir s'il s'agit vraiment d'usages antiques ou s'ils auraient été fixés par Haraldr à la belle chevelure comme le veulent certains de nos textes.

Le départ est ainsi donné d'un vaste mouvement qui, en quelque soixante ans, attirera en Islande environ 430 colonisateurs s'il faut en croire le *Landnámabók* qui les dénombre patiemment. En sorte que, vers 930, on estime la population de l'île à quelque 35 000 personnes. On nous dépeint les modes d'appropriation du pays : en plus des rites qui viennent d'être mentionnés, les arrivants s'entendent avec leurs devanciers qui leur octroient des terres, ou bien il les achètent, ou encore, parfois, se les attribuent par la force en provoquant en duel le premier occupant. Dans tous les cas, il ne s'agit jamais d'habitat groupé, les implantations dispersées demeurent la règle.

Il faut insister avec force sur l'allure extrêmement mêlée de cette population. Car elle n'est pas, tant s'en faut, exclusivement scandinave. Certes, les Nordiques en forment la majorité et, parmi eux, les Norvégiens, en provenance surtout de la province des Agðir, dans le Sogn : l'argument philologique (la langue que l'on appellera le vieil islandais et qui retrouve bien le vieux norvégien du Sud-Ouest) est

---

10. Voir l'étude qui en est faite dans l'ouvrage cité note 5 *supra*, pp. 114 et sq.

convaincant. Mais on trouve aussi des Danois et des Suédois, ainsi que des Flamands, des Saxons et des Anglais. Surtout, la proportion (sans qu'il soit possible d'avancer des chiffres précis) des Celtes est considérable. Ces Celtes viennent avant tout d'Irlande et des îles nord-atlantiques (Orcades, Shetland, Hébrides), voire de l'île de Man ou du nord de l'Écosse où les colonisateurs ont fait longuement escale et où ils ont raflé concubines et esclaves, lesquels deviendront vite des affranchis. On a pu estimer qu'une « famille » moyenne, d'une trentaine de personnes, comptait une bonne moitié de Celtes. Au demeurant, beaucoup d'Islandais du IXe et du Xe siècle que nous présentent les sagas portent des noms celtiques, comme Njáll, Kormákr, etc.

Le fait est capital parce qu'il détermine, d'emblée, l'originalité de la nation islandaise et de son histoire. Il rend compte, d'abord, d'un type physique encore différent, aujourd'hui, de celui des Scandinaves continentaux. Il prendra une importance immédiate dans la formation et le développement d'une culture et d'une civilisation originales, dans les domaines les plus variés, religion, droit, art et surtout littérature. Il y a eu, nous l'avons dit, un « miracle islandais » ; il ne se conçoit pas sans la fusion de deux ethnies, deux traditions, deux modes de vie et de pensée qui s'est réalisée de la sorte. Cela ne veut pas dire que les Islandais ne sont pas des Scandinaves : le seul fait qu'ils aient parlé le vieux norois et l'aient même conservé intact pendant plus d'un millénaire suffit à le prouver. Mais ce ne sont pas des Scandinaves comme les autres et l'apport étranger qu'ils ont admis ne peut être négligé. D'un autre côté, on se gardera de généraliser à l'ensemble de la Scandinavie les observations que l'on peut déduire de la réalité islandaise. Un exemple concerne directement notre sujet : il semble que les Islandais n'aient été des « vikings » que de rencontre, que le phénomène dans son acception normale telle que nous la décrivons ici ne les ait intéressés que d'aventure, voire pour satisfaire, chez les auteurs qui nous parlent d'eux (les sagnamenn ou auteurs de sagas), à une sorte de mode. En revanche, s'ils concernent bien le mouvement viking, c'est dans la mesure, fort importante, où ils vérifient parfaitement ce phénomène d'acclimatation et de fixation dont je ne cesse de dire qu'il aura fait partie intégrante de cette histoire.

Quant aux causes de cet exode massif, elles ont trop fait parler d'elles et je ne pense pas que la question mérite de grands débats. Nous avons déjà fait litière de la bonne vieille théorie, chère à Snorri Sturluson, selon laquelle ce serait la tyrannie de Haraldr hárfagri qui aurait chassé de Norvège ces colonisateurs. En fait, cette page de l'Histoire s'inscrit exactement dans l'esprit de tout ce que nous avons pu dire jusqu'à présent du mouvement viking. Indépendamment du besoin d'aventures et de l'appel de la mer, il y avait là des terres neuves, dans un pays réputé riche et, de plus, adapté au mode de vie nordique traditionnel, c'est-à-dire centré sur l'élevage et la pêche. Je ne sache pas qu'il ait fallu davantage.

Considérons avec attention la physionomie, elle aussi très originale, très inattendue, de la société qui se met en place en Islande : le mixte qu'elle présente est fort intéressant, car il sera responsable des destinées politiques de l'île et n'a pas d'équivalent ailleurs dans le Nord. Parmi les colonisateurs figurent en effet des stórboendr [11], c'est-à-dire de gros propriétaires libres, parfois d'origine royale (comme Geirmundr Heljarskinn, Ingimundr le Vieux ou Grímr le Chauve ; les femmes ne sont pas exclues, témoin la prestigieuse Auðr djúpauðga), souvent marchands importants ou, ce qui est la même chose, vikings renommés, ou même riches parce qu'ils auront su très vite faire fortune en Islande, sur place (comme Guðmundr le Puissant). On pourrait, à la rigueur, si le terme n'avait pas quelque chose d'aberrant dans ce contexte social, les qualifier d'aristocrates. Ils représentent à coup sûr une élite ou, si l'on veut raisonner en termes de classes, une couche supérieure. Sans cloisonnements stricts, toutefois. J'aurai à préciser avec force que l'Islande ne fut ni une véritable démocratie ni une authentique république. Mais, en raison des circonstances, elle prend, à nos yeux, une allure assez démocratique ; entendons que les différences sociales rédhibitoires n'y sont peut-être pas aussi tranchées qu'ailleurs. Les « parvenus », ceux qui réussissent une « ascension sociale » remarquée, s'y rencontrent, comme Snorri le Godi et, plus tard, Hvamm-Sturla Þórðarson.

11. Ce mot sera étudié en détail dans la seconde partie de notre ouvrage, au chapitre V.

Viennent ensuite les petits boendr (smáboendr), souvent moins favorisés par la naissance, la chance ou l'industrie, ou encore affranchis. D'ordinaire fermiers ou métayers des précédents, ils interviennent moins dans la vie politique ou administrative, quoique les exclusives n'existent pas. Boendr de tout genre se définissent par le fait qu'ils ont un domicile fixe. Si tel n'est pas le cas, ce sont des einhleypingar (littéralement : des hommes qui courent tout seuls, comprenons : qui n'ont pas de domicile fixe) ou, ce qui restera la plaie de ce pays, des indigents, quoique « libres », des vagabonds.

Au bas de l'échelle se situeraient les esclaves et les serves. Mais le lecteur français fera bien de laisser de côté sa représentation de la chose. À l'origine, un esclave (þraell) est un prisonnier de guerre ou simplement un individu capturé lors d'un raid viking, ou encore un homme acheté aux marchés de Gásar (dans le nord de l'île) ou d'Eyrar (dans le sud), ou encore un enfant d'esclave. Mais il faut se garder de prendre au pied de la lettre les opinions, visiblement calquées sur des sources étrangères, des sagas. Un þraell n'a rien d'un serf. Il a quantité de possibilités de se racheter : par le versement d'une somme fixée mais aussi, simplement, par une bonne action. Il est alors affranchi (leysingi, frjálsmaðr) et ses enfants seront libres *ipso facto*.

En fait, rien n'est plus flou que la manière de stratification sociale qui vient d'être esquissée. De plus, que l'on sache, les fonctions religieuses, politiques, sociales n'introduisent pas de hiérarchie. Ce qui ne veut pas dire, encore une fois, que nous ayons affaire à une société égalitaire ! Simplement, en raison des circonstances historiques et locales, si les stórboendr nous incitent à parler d'oligarchie ploutocratique, toute classification péremptoire est à proscrire.

Relever le cas de quelques colonisateurs célèbres pourra présenter un certain intérêt. Voici Grímr le Chauve, fils de Kveld-Úlfr (Úlfr du soir, ainsi surnommé parce qu'il avait l'inquiétante faculté de devenir loup-garou [12] le soir venu), de caractère fort peu commode, mais extrême-

12. Hamrammr ou eigi einhamr. Sur cette intéressante notion, voir R. Boyer : *le Monde du double, la magie chez les anciens Scandinaves*, *op. cit.*, pp. 40-43 surtout.

ment industrieux. Il ne s'est pas consolé de la perte de son frère bien-aimé Þórólfr, et s'en est vengé sur le roi Haraldr hárfagri : ce serait la raison de sa fuite pour l'Islande. Il s'installe dans l'Ouest, à Borg, à l'endroit où a atterri le cercueil de son père, mort au cours de la traversée et qu'il a fait jeter par-dessus bord : sans développer la chose ici, cette substitution aux öndvegissúlur mérite l'attention. À Borg, il a fondé trois fermes : une pour la pêche au saumon, une plus bas où il cultive les terres et la troisième équipée pour la chasse au phoque et à la baleine. De plus, c'est un grand smiðr — le mot peut se rendre, en première approximation, par forgeron mais s'applique, en fait, à un artisan habile — adroit à extraire l'hématite du marécage et à en tirer des objets de fer forgé. Homme complet, il est scalde à ses heures, don qu'il léguera à son fils Egill, le plus grand poète de l'Islande indépendante.

Auðr djupauðga (la très-riche, on peut lire aussi djúpuðga, la sagace) est fille d'un homme que le roi Haraldr aurait chassé de Norvège et qui se serait établi dans les Hébrides. C'est là qu'elle aurait épousé un grand saekonungr (« roi de mer », mais nous ne savons trop ce qu'il faut entendre par cette dénomination, assez fréquente dans nos textes), Óláfr. Ils auront un fils qui sera un moment roi d'Écosse. Partie pour l'Islande avec une vingtaine d'affranchis et des esclaves, elle s'installe dans l'Ouest également, dans le Hvammsfjörðr. Sur ses vieux jours, cette grande dame réputée pour son hospitalité donnera son propre festin de funérailles avant de mourir. Point notable, elle était chrétienne, dit le *Landnámabók* [13], et tiendra à se faire enterrer, non en sol islandais qui était encore païen, mais dans cet espace que découvre la mer à marée basse (flaeðarmáli, notre estran). On la retrouve dans de grandes sagas comme celles de Snorri le Godi, des Gens du Val-au-Saumon ou de Gíslí Súrsson.

Pour Geirmundr Heljarskinn (littéralement : à la peau d'enfer, comprenons : basané), il était fils du « roi » Hjörr et passa sa jeunesse en expéditions vikings. Parce qu'il refuse de plier devant le roi Haraldr, il se rend en Islande et s'installe dans le Nord, dans les Strandir, où il édifie quatre somptueuses demeures.

---

13. *Landnámabók*, S 93 et sq.

Helgi magri (le Maigre) est, lui, clairement d'origine irlandaise. Il épousera une sœur d'Auđr djúpauđga et se fixera lui aussi au nord, dans l'Eyjafjörđr. On le dit « de foi fort mêlée » (mjök blandinn í trúnni) parce que invoquant tour à tour, et selon le besoin, le Christ et þórr.

Quant à Uni danski (le Danois), ce serait le fils de Garđarr Svávarsson le Découvreur. C'est le roi Haraldr lui-même qui l'aurait envoyé en Islande pour s'approprier le pays en son nom. Les Islandais l'expulseront, puis le tueront : son histoire est légendaire à souhait, mais il reste qu'une des originalités majeures de ce pays sera de ne jamais accepter de roi ni de chef, malgré diverses tentatives norvégiennes, avant 1262-1264.

Ce n'étaient là que quelques exemples. Les sagas dites des Islandais (Íslendingasögur) ou encore, un peu arbitrairement, « de familles » racontent les heurs et malheurs de ces hommes et de ces femmes auxquels on ne peut refuser ni le courage ni l'énergie.

Car, en dépit des on-dit alléchants qu'ont pu entretenir les premiers découvreurs, les ressources de l'île, sans être négligeables, n'en faisaient pas un paradis. Les nouveaux venus vivaient d'abord de l'élevage extensif des bovidés, et surtout des moutons. On dit d'un bóndi qu'il aurait possédé 2 400 ovins. Prés et pacages ne manquaient pas et la coutume s'institutionnalisa très vite de créer des pâturages communs ou almenningr — qui, d'ailleurs, seront sources de vives querelles. De cet élevage, on tirait de nombreux produits laitiers, comme le skýr [14], la viande que l'on faisait sécher (hangikjöt), la laine dont on tissait l'indispensable vađmál, et des peaux, du cuir, du parchemin. Une des théories qui cherchent à justifier le miracle islandais en matière de littérature part du principe que le velum était abondant et bon marché. Dans le Sud surtout, la pratique de l'agriculture, blé noir principalement, était possible, mais limitée. Le grain sera toujours un article d'importation indispensable. L'autre ressource importante était la pêche : de rivière (saumon et truite) et de mer (morue et hareng). Elle demeure jusqu'à nos jours

14. Sans doute une sorte de petit lait aigre, une boisson en tout cas, et non le fromage blanc très gras que désigne la chose aujourd'hui.

la source principale de revenus. S'y ajoutait la chasse au phoque et à la baleine, pour l'ivoire en particulier. Le poisson, séché sur des échafaudages caractéristiques en forme de V renversé (skreið), pouvait se conserver longtemps sous forme de harðfiskr et assurait la base de l'alimentation. Reste l'artisanat, pratiqué par les deux sexes : filage, tissage, broderie, et aussi travail du bois et du fer, et sculpture sur os ou sur ivoire. Le commerce, comme on peut s'y attendre, tenait une place importante. À partir des ports-comptoirs d'Eyrar, dans le Borgarfjörðr, et de Gásar, dans l'Eyjafjörðr, des liaisons régulières menaient à la Norvège (Björgyn-Bergen et þrándsheimr, en vérité Niðaros-Trondheim), l'Angleterre (Londres) et l'Irlande (Dyflinn-Dublin). Il s'agissait d'importations de bois de construction, de blé, de fer, de goudron, de vin, d'habits de luxe et d'objets d'art, en échange de vaðmál, de laine, de suif et de peaux. Ce trafic était, au sens propre, vital, l'Islande étant tout à fait incapable de vivre en autarcie. Du jour où, le bois faisant défaut, la construction des indispensables bateaux passera progressivement entre les mains des Norvégiens, c'en sera fait de l'indépendance de l'île.

Il est très remarquable que la poignée d'hommes et de femmes qui s'installèrent en Islande entre 874 et 930 ait su s'organiser immédiatement pour vivre d'une manière convenable et même, autant que l'on sache, à son aise.

Mais le plus extraordinaire reste le type de gouvernement hautement original qu'ils surent se donner. Par malheur, si nous savons assez bien à quoi nous en tenir sur ses prérogatives et son fonctionnement, ses origines et sa véritable nature demeurent obscures. Il s'agit des goðar, singulier goði. L'institution n'a rien d'islandais et vient certainement de Norvège. Mais qu'était-ce qu'un goði ? En faire un « prêtre » va contre l'évidence, surtout en fonction de ce que nous entendons aujourd'hui par là. Que l'on sache, la « religion » nordique ancienne — terme lui-même incongru, la langue ne connaissant qu'un vocable, siðr : pratique, coutume, rites à la rigueur, mais ne disposant d'aucun mot pour rendre notre « religion » — ne connaissait ni dogmes, ni doctrine cohérente, ni « caste » de prêtres ayant subi une initiation donnée, jouissant de prérogatives sacrées ou détentrice d'un savoir ou d'un pouvoir ésotériques. Il est très facile de montrer que ce qu'en disent les sagas est calqué sur des modèles bibliques ou classiques. Vouloir que le goði ait été le gardien du temple, percevant en conséquence une redevance spéciale ou hoftollr, appelle les mêmes réserves. Il semble bien, malgré Adam de Brême, *Eyrbyggja saga* ou d'autres textes moins sûrs encore, que le Nord ancien n'ait pas connu de temples : avec toute la prudence requise, on se sent fondé à penser que les trous de poteaux découverts à Gamla Uppsala, en Suède, recevaient les montants du haut-siège (öndvegissúlur, déjà mentionnés) d'un roi, d'un chef de famille ou de clan, non d'un temple. Et les descriptions de temple proposées dans *Eyrbyggja saga*, chapitre 4, par exemple, sont trop visiblement imitées d'images chrétiennes pour qu'on les prenne au sérieux.

Pourtant, il est indéniable que le mot goði est en relation étymologique directe avec l'un des termes qui signifient « dieu », goð ou guð [15]. Prenons une autre voie pour aborder cette notion. En remarquant que si elle ne coïncide pas avec notre conception, la religion nordique ancienne se connaît à — à la limite tient exclusivement en — des gestes signifiants, des pratiques rituelles classées (sacrifices, prédictions, banquets votifs ou propitiatoires), lesquelles sont l'apanage du chef de peuplade (« roi »), de clan ou de famille ; que le sacré et le droit sont inséparables ou, plus précisément, que le droit est sacré et qu'il faut un exécutant ou un porte-parole pour « dire le droit ». Il s'ensuit qu'il a fort bien pu exister, depuis des temps immémoriaux, une institution qui faisait du chef (roi ou jarl pour le culte public, père de famille pour le culte privé) le détenteur de prérogatives sacrées : à la fois célébrer les sacrifices et proclamer la loi. Ces dignitaires sont les goðar. Leur figure est en même temps assez floue pour respecter les prétentions individualistes et libertaires (modérément, sans donner dans l'anarchie ou le laxisme ; nous vivons ici en des époques où la notion d'ordre est souveraine, et pas seulement dans le domaine germanique ; ailleurs, elle engen-

15. Très bonne étude de cette notion par M. Cahen : *Le mot dieu en vieux scandinave*, Paris, 1921.

drera la célèbre théorie des *ordines* [16] qui, dans le Nord, ne connaîtra jamais les connotations sociales [qu'elle connut en Occident] de ces fortes personnalités que furent les Scandinaves), et assez nette tout de même pour imposer un statut, une différence. Les gođar sont donc, simultanément, les « pontifes » au sens étymologique de ce mot [17] et les législateurs mais, semble-t-il, sans pouvoirs temporels, ce qui pourrait justifier les taxes qu'on leur versait pour l'exercice de leurs fonctions. Ils ont pu, la chose est douteuse, former une sorte de communauté spirituelle, encore que — j'insiste sur ce point — sans rapports possibles avec, par exemple, les druides. Leur fonction qui, elle, était traditionnellement sacrée, de chefs de communautés (rois, mais cela ne se rencontre simplement pas en Islande et là réside l'originalité majeure de cette société, sans que l'explication de cette absence soit fournie pour autant ; ou chefs de famille puisque, autre certitude, le culte des ancêtres était l'un des fondements de cette religion) leur assurait *ipso facto* une prééminence religieuse et juridique. Il n'est pas exclu, comme le suggèrent certains de leurs surnoms, tel Freysgođi, gođi de Freyr, qu'ils aient voué un culte à une divinité précise. Il est plus vraisemblable que la fonction était héréditaire, et surtout, revenons-y, elle était l'apanage de la « classe » des boendr. Ce sont les gođar, en tout cas, qui formeront dès le début l'ossature administrative, exécutive si l'on veut, législative et juridique à coup sûr, de la société qui se met en place en Islande autour de 900.

Par la suite — très vite, semble-t-il —, en anticipant un peu sur l'évolution, le gođi sera la personnalité qui jouera un rôle décisif au þing. Ce dernier mot désigne l'assemblée saisonnière de tous les hommes libres, où les décisions d'intérêt général, à quelque domaine qu'elles ressor-

16. On se rappelle qu'il s'agit d'une conception, fort courante au Moyen Âge, selon laquelle la société était voulue par Dieu comme composée de trois « ordres » *(ordines)* : ceux qui prient, ceux qui assurent la défense de la société et ceux qui travaillent de leurs mains pour assurer la subsistance générale. Cette théorie aura trouvé diverses expressions, notamment animales : moutons, chiens et bœufs par exemple. Le schéma qu'elle implique n'a évidemment pas laissé insensibles G. Dumézil et ses disciples comme J. Grisward.

17. Ils établissent un « pont » entre notre monde et l'univers du sacré.

tissent, se prennent en commun. Il est clair que le goði seul ne saurait avoir les moyens de se faire entendre. Il s'adjoint donc assez vite des þingmenn (singulier þingmaðr : homme « de þing »), c'est-à-dire des suivants, des fidèles (j'évite à dessein les mots « client » et encore plus « vassal » qui convoient une idée de féodalité, institution que le Nord n'a jamais connue), des hommes qui l'accompagnent et le soutiennent au þing afin de l'aider à passer les décisions qu'il juge importantes. De la sorte, naîtra bientôt la notion extrêmement originale, elle aussi, de goðorð, partant, de goðorðsmaðr. Le goðorð désigne le pouvoir qu'exerce un goði : c'est une notion morale, en quelque sorte, c'est-à-dire sans délimitations géographiques. Il appartient à une famille ou à un lieu ; quiconque veut s'y rallier, quiconque entend devenir le þingmaðr d'un goði donné, le peut. Il prête alors une sorte de serment d'allégeance ; désormais, goði et þingmaðr se doivent aide et protection réciproques, le goði s'attachant à faire régner la paix parmi ses þingmenn. L'ensemble goði-þingmenn peut aussi s'appeler goðorð et le détenteur de ce pouvoir finira par s'appeler goðorðsmadr. Le goðorð n'est pas inamovible, son possesseur peut le vendre par parties ou intégralement, le transmettre, ou non, à ses héritiers. Le þingmaðr n'est pas tenu de rester au service de son goðorðsmaðr, il peut dissoudre ce contrat (segja sik úr þingi). C'est le goði, puis le goðorðsmadr, qui fixe le prix des marchandises débarquées dans le port par les bateaux ; quant aux þingmenn, ils doivent l'hospitalité à leur goði et sont tenus de lui verser un þingfararkaup, une indemnité couvrant ses frais pour se rendre au þing. On est donc en droit de parler d'association libre, et ce n'est pas la moindre originalité de cette institution.

Mais les rigueurs de l'exposé m'ont forcé à anticiper un peu. Revenons vers 925. L'accroissement et la relative stabilisation de la population (le nombre des terres exploitables n'est pas indéfini ; on peut dire que, à la date en question, presque tout ce qui est colonisable est occupé) rendent sensible le besoin d'une instance judiciaire, dans cette communauté dont le péché mignon est l'amour de la chicane qui dégénère souvent en querelles sanglantes, instance à la fois stable et uniforme. En particulier pour régler les différends entre goðar, ou régler des litiges quand le goði est à l'étranger. Un certain Úlfljótr est chargé, en conséquence, d'aller étudier de près les lois qui ont cours en Norvège, celles du Gulaþing et celles du Frostaþing en particulier. Úlfljótr restera absent trois ans. Rentré en 930, il fondera l'alþing ou þing général, sur les principes des þing en usage dans tout le Nord. Son frère juré, Grímr geitskór, en choisit avec une pertinence remarquable l'emplacement, à þingvellir (Champs-du-þing) : l'endroit, situé à quelque soixante-dix kilomètres au sud de l'actuelle Reykjavík, se prête admirablement, par sa configuration naturelle, à ce genre d'assemblée. C'est là que seront édictées les lois d'Úlfljótr qui resteront transmises par voie orale pendant deux siècles, avant d'être consignées par écrit dans la *Hafliðaskrá* (Rôle de Hafliði, XIIe siècle) puis dans le code dit *Grágás* (fin du XIIe siècle).

L'alþing n'ayant pas, à notre connaissance, d'équivalent ailleurs, nous nous y attarderons un peu. Il se tient dans la deuxième moitié du mois de juin et dure quinze jours. Ses fonctions sont de trois ordres, compte non tenu de rites religieux éventuels, pour l'ouverture et la fermeture notamment, sur lesquels nous sommes trop mal renseignés pour nous aventurer à des affirmations : il règle les questions d'intérêt commun, d'ordre législatif et souvent juridique (ce n'est pas un organe exécutif, l'Islande indépendante n'ayant jamais connu ni armée, ni police, ni milice), il diffuse les nouvelles d'intérêt général, celles, en particulier, qui sont parvenues de l'étranger, et c'est une vaste foire où se traitent toutes les affaires, cessions de terres, achats et ventes, mariages, etc. Y siègent les 36 goðar (dont le nombre passera à 39 en 965), chacun assisté de deux conseillers assis, l'un devant, l'autre derrière lui. Ils élisent pour une durée de trois ans, prorogeable, une sorte de président ou lögsögumaðr : littéralement, l'homme qui dit la loi parce que, en effet, il dispose des trois sessions de son mandat pour débiter intégralement le code d'Úlfljótr. Ainsi, nul n'est censé ignorer la loi. Il lui revient en outre de statuer sur des points litigieux de jurisprudence.

Le pouvoir législatif appartient à la lögrétta, nom qui s'applique à l'assemblée des 36 (puis 39) goðar et de leurs conseillers lorsqu'ils s'occupent d'amender, d'abroger ou de créer des lois. Les décisions doivent être prises à l'unanimité, la règle étant la liberté absolue de parole de tous les hommes libres. Le lögsögumaðr se tient sur une éminence ou Lögberg (mont de la Loi), située juste en face de la falaise de lave qui répercute si bien ses propos que tous les membres de la Lögrétta peuvent entendre sans peine. Pour les questions délicates, il peut solliciter l'aide de lögmenn (lagamenn), des hommes particulièrement versés dans la connaissance des lois. Quelque complaisante qu'elle soit sous ce rapport, la *Saga de Njáll le Brûlé*, surtout dans sa dernière partie, offre un exemple convaincant de la manière dont se déroulaient les opérations.

L'alþing, passé les questions d'ordre législatif, s'érige en tribunal, et ce, dès les origines. Le système s'améliorera en 965 : l'Islande ayant été divisée administrativement en « quartiers » (fjórðungar), chaque quartier aura son tribunal propre ; en 1005, à l'instigation de Njáll, sera créée une Cour suprême ou Cinquième Cour (fimmtardómr) dont les arrêts seront définitifs, le nombre des goðar passant de 39 à 48. Chaque tribunal est désigné par les goðar. La procédure est d'une minutie extrême et parfois confondante, l'essentiel étant plus de respecter la lettre de la loi que... d'avoir raison. Attaque et défense interviennent à tour de rôle. Les arrêts sont rendus par un jury (kviðr, búakviðr). Ajoutons que les résultats sont souvent décevants. En vertu de l'éthique dont nous traiterons dans ce livre, ces orgueilleux admettaient difficilement de reconnaître leurs torts, si bien que les sagas nous offrent souvent le tableau affligeant, après un procès dont les minutes forcent l'admiration, de rixes générales qui en constituent la véritable conclusion. Il faut dire qu'en l'absence de tout pouvoir exécutif, c'était au gagnant du procès de se faire justice lui-même. De là vient l'instabilité de tout ce système, mais aussi, parallèlement, ce jeu subtil et digne de tous éloges, de balance, d'équilibre entre factions adverses qui exigeait une forte dose de diplomatie et dont le miracle est qu'il parviendra, pendant trois siècles et demi, à maintenir un *statu quo* !

Ne quittons pas l'alþing sans préciser qu'il se donnait aussi des allures de fête populaire. Une fois réglées les affaires publiques et sérieuses, on jouait, on dansait, on pratiquait toutes sortes de « sports » et spécialement ces combats de chevaux (hestavíg) dont raffolaient les Islandais même s'ils présentaient souvent le caractère fâcheux de dégénérer en rixes brutales. Et, bien entendu, on récitait des poèmes — eddiques et scaldiques, présumons-nous —, et l'on disait ou l'on lisait des sagas. Au total, en une quinzaine de jours, cette assemblée, qui avait été préparée dans les þing de districts par un þing de printemps (varþing) et dont les décisions seraient répercutées par un þing d'automne (leiđ ou leiđarþing), faisait merveille pour consolider et réchauffer l'âme de la petite collectivité. L'alþing s'achevait par une cérémonie de dissolution (vápnatak, þingslausn).

Telle est, brièvement esquissée, l'histoire de l'Islande à ses débuts, dans la période qui nous préoccupe. Je m'y suis un peu attardé parce qu'elle a quelque chose de paradigmatique : on y voit de quoi étaient capables les vikings. Nous sommes loin des chroniques terrifiées des clercs de l'Occident — que nous allons retrouver dans un instant. Sans doute l'Islande évoluera-t-elle, après l'âge viking, dans le sens d'une oligarchie ploutocratique dont les prémices étaient sensibles dès le début. Mais on ne niera pas les vertus d'organisation, de solidarité, de consensus libre qui ont permis d'édifier ce petit pays. Essentiellement parce qu'il se fondait sur la loi. Comme le dit le proverbe, qui figure aussi bien dans des textes norvégiens que dans le *Grágás* ou la *Saga de Njáll*, « međ lögum skal land byggja en međ ológum eyđa », c'est par les lois que l'on édifiera un pays, c'est par l'illégalité qu'il périra.

L'histoire de l'Islande est le plus beau fleuron du phénomène viking. Il fallait le mettre en valeur.

Nous avons vu que la Norvège y joue un rôle prépondérant. Il est donc temps d'aborder l'autre front où les Norvégiens se manifestent à la même époque.

En évoquant le front Irlande-Northumbrie, nous revenons en partie aux données que nous avons délaissées pour parler de l'Islande : attaques, résistances diverses et confusion générale.

Cearbhall de Leinster a repris en 902 Dublin aux Norvégiens et la conservera jusqu'en 919. Vers 912, une flotte viking, probablement composée de Norvégiens, infeste de nouveau l'Irlande. Elle ira se porter ensuite sur l'Angleterre, mais a repris au passage Limerick et Waterford. Elle est dirigée par un certain Ingimundr qui émet aussi d'obscures prétentions sur le nord du Pays de Galles et Chester : il est repoussé. On a l'impression que les assaillants, quels qu'ils soient, cherchent à se fixer. Le cas du nommé Rögnvaldr, en 914, est plus confus. Il harcèle Waterford et Limerick. Il est difficile de savoir si c'est un Norvégien ou, plus vraisemblablement, un Danois, et s'il agit de son propre chef ou s'il a partie liée avec les Irlandais.

En tout cas, vers 915, l'évidence s'impose d'une forte implantation, en Northumbrie, de Norvégiens venus d'Irlande. Ils paraissent même vouloir créer une sorte de royaume mi-irlandais, mi-northumbrien. C'est peut-être pour cela qu'en 916, des Norvégiens livrent bataille à des Danois à Corfey, en Irlande. Mais en 919, Rögnvaldr arrivé d'Irlande s'empare d'York et s'en proclame roi. C'est cette année-là que les Norvégiens lancent un second raid sur l'Irlande : ils massacrent les insulaires à Climashogue.

En 921, Rögnvaldr est remplacé par un certain Sigtryggr (vieil anglais Sihtric) qui reprend Dublin et tue l'ard rí (le roi suprême) Njáll. Ce Sigtryggr a un fils, Óláfr, qui deviendra roi de Northumbrie, et un frère ou un beau-frère, Guđfriđr, qui lui succédera à Dublin. Inutile de tirer des conclusions péremptoires de nos sources qui se contredisent à plaisir ou s'enferrent dans les noms propres qu'elles citent. La seule certitude, encore une fois, c'est que les Norvégiens cherchent à s'installer à demeure dans tous ces territoires.

Nos hésitations tiennent au fait que la situation, du côté anglais, n'est pas plus claire. Après la mort d'Édouard, en 924, son fils Athelstane — qui est l'Ađalsteinn des sources noroises et dont Hákon, un fils de Haraldr hárfagri, sera le fils adoptif, fóstri — refoule Óláfr fils de Sigtryggr en Irlande, à une date incertaine, peut-être 925 : du coup, il semble que les Norvégiens et les habitants des territoires celtiques essaient de former une manière de confédération. Pendant dix ans, on ne sait exactement qui règne sur quoi, bien qu'autour de 927, Athelstane reconquière la Northumbrie et York. Ce qui est sûr, c'est qu'en 937, Athelstane et son frère Edmund, c'est-à-dire les armées du Wessex et de la Mercie, livrent une formidable bataille à une confédération qui comprend : des Norvégiens d'Irlande menés par Óláfr, fils de Guđfriđr (donc différent de l'Óláfr fils de Sigtryggr mentionné plus haut) ; des Écossais aux ordres d'un certain Constantin ; et des Gallois de Strathclyde dirigés par un inconnu nommé Eugène. Le lieu est Brunanburh, site non identifié qui a suscité bien des hypothèses, peut-être le Vinheiđr mentionné dans la *Saga d'Egill, fils de Grímr le Chauve*. La coalition celto-norvégienne est écrasée. Cette bataille marque la fin des prétentions des Scandinaves venus d'Irlande sur le trône d'York. J'ai très souvent déploré, depuis le début de ce livre, l'indigence des sources à partir desquelles il nous faut travailler. En veut-on un exemple éloquent ? Voici en quels termes les *Annales irlandaises* commentent les événements que nous venons d'essayer de présenter avec quelque méthode :

> Alors, les hommes du Nord, survivants ensanglantés de la lance, s'en allèrent sur leurs vaisseaux cloutés [cnearoum, dit le texte, où nous identifions le knörr] sur Dingesmere au-delà des eaux profondes pour attaquer encore une fois Dublin — l'Irlande, une fois de plus, affligée de cœur. Les deux frères mêmement, le roi et le noble héritier ensemble, défendirent leur propre pays, le pays des Saxons de l'Ouest, exultant de faire la guerre. Ils laissèrent derrière eux, pour se réjouir de la charogne, le corbeau noir au bec crochu et au sombre plumage, et l'aigle aux plumes moelleuses avec sa queue de blanc crêtée, le vorace faucon de la bataille, pour sonner le glas des cadavres, et le loup, la bête grise de la forêt. Jamais jusqu'ici dans cette île, comme nous en informent livres et savants d'autrefois, n'y eut plus grand massacre d'une armée par le fil de l'épée depuis que les Angles et les Saxons débarquant de l'est attaquèrent les Bretons par-delà les vastes mers, fiers forgeurs de guerre qui conquirent les Gallois et guerriers avides de gloire qui leur trouvèrent une patrie.

Malheureusement, Athelstane meurt en 939. Son frère Edmund, qui le remplace, n'a pas sa carrure. Les raids reprennent aussitôt. Óláfr fils de Guđfriđr dévaste la région d'York et les Midlands en 940. Il a certainement posé les fondations de ce qui aurait pu être un État norvégien en Angleterre : nous avons gardé des monnaies qu'il fit battre à York en 940 (son nom, Anlaf, y figure).

Nous constatons qu'en 948, Eiríkr blóđøxi (« à la hache sanglante »), fils de Haraldr hárfagri, a été expulsé de Norvège et qu'il règne à York. Il en sera expulsé en 954, livrera la bataille de Stainmore, dans le Northumberland, où il périra. Les Anglais reprennent York et connaissent une paix de quelque vingt-cinq années. Le résultat de l'affaire est qu'il devient impossible de réunir les royaumes de Dublin et d'York : Óláfr Kvaran y renonce définitivement en 951. En fait, un simple coup d'œil jeté sur la carte suffit à prouver que cette ambition n'était guère réalisable. Mais c'est tout de même sous le règne d'Óláfr Kvaran que l'on peut dire que l'Irlande aura réellement, quoique partiellement, été colonisée par les Norvégiens. Pour citer les Annales, dont nous savons maintenant le goût pour les outrances : « Il y avait un roi norvégien dans chaque province, un chef dans chaque clan, un abbé dans chaque église, un prévôt dans chaque village, un guerrier dans chaque maison. » Tout excessif qu'il soit, le détail sur l'« abbé dans chaque église » contient probablement une part de vérité : c'est également du temps d'Óláfr Kvaran que le christianisme commence à se répandre parmi les vikings norvégiens : Óláfr lui-même finira ses jours moine, à Iona, en 981. De ce fait, les Irlandais vont relever la tête : dès 980, ils infligent aux Norvégiens une sévère défaite à Tara [18].

Les mêmes tendances, d'ailleurs — christianisation, fixation, centralisation —, s'étaient dessinées en Norvège même. Revenons un peu en arrière : Haraldr hárfagri est mort vers 932. Lui succède son fils Eiríkr blóđøxi qui sera chassé avec sa femme Gunnhildr (ou Ragnhildr ?), par son frère Hákon le Bon, surnommé Ađalsteinsfóstri (enfant adoptif d'Athelstane, nous l'avons déjà rencontré) : Hákon paraît avoir été un excellent roi, ainsi que son sobriquet l'indique. Grand législateur, ce serait lui qui aurait institutionnalisé les lois du Gulaþing et celles du Frostaþing. Stratège et défenseur intelligent de son pays, il aurait développé et codifié le leiđangr, peut-être mis en place par son père sur un modèle étranger. Mais il eut fort à faire pour endiguer les attaques du roi danois Haraldr Blátand (« à

18. On prendra garde à la citation faite quelques lignes plus haut : elle permettra de prendre la mesure de ce qu'il faut entendre par « roi ».

la dent bleue », c'est-à-dire noire ; cette traduction, toutefois, n'est pas sûre) sur le sud-ouest de son pays. Il cherchera à attaquer le Danemark à son tour et sera tué — entre 960 et 965 — à Fitjar, par les fils d'Eiríkr Blóðøxi qui s'installent en Norvège, le principal étant Haraldr Gráfeldr (au manteau gris). C'est en 968 ou 969 qu'a dû naître un petit-fils de Haraldr hárfagri, Óláfr Tryggvason, dont nous aurons à reparler.

Le cas norvégien est éclairant : on voit que les temps des coups de main, raids prédateurs, etc., sont en voie d'achèvement, ce qui n'empêche pas une descente sur Compostelle en 968. Mais comme nous l'avons dit plus haut, le vent a tourné : il va maintenant à la colonisation, réussie en Islande, plus ou moins heureuse en Irlande, manquée en Northumbrie, et surtout à la formation d'un État fort et centralisé, sur place, en Norvège.

L'allure du mouvement, sans être strictement la même, présente d'assez grandes similitudes du côté des Danois.

Le Danemark

Là aussi, les événements se rangent sous des chefs différents : des actions dispersées et un déclin visible des succès ou des velléités de fixation à l'étranger, une énergique reprise en main des affaires intérieures à partir du règne de Haraldr Blátönn.

Le premier fait notable est la perte — politique — du Danelaw, ce qui n'exclut pas, nous en avons parlé, une implantation en profondeur avec assimilation relativement rapide. À cela, deux causes : d'une part, le manque flagrant de sens politique des Danois. Ils auraient dû s'allier à la Northumbrie et aux Norvégiens, ils n'ont pas su concilier avec leurs propres desseins les prétentions norvégiennes sur York, que nous venons de retracer. En second lieu, nous trouvons toute une série de rois anglais décidés à reprendre leurs États en mains. Vers 918, Édouard, fils d'Alfred, a établi une ligne de forteresses pour se protéger des Danois : à Hertford, Witham, Buckingham, Bedford, Maldon, entre autres, toutes érigées entre 911 et 916. À partir de cette dernière date, il entreprend une lutte systématique contre les Danois et remporte presque toujours la victoire. À sa mort (924), son fils Athelstane poursuit cette action. C'est lui qui reprend la Northumbrie et, en 927, la ville d'York. Il meurt en 939. Son frère Edmund poursuit son œuvre, mais il sera assassiné en 946 par un homme qu'il avait mis hors la loi et qui avait réussi à rester roi de Northumbrie.

C'est à ce moment que les rois anglais changent de politique, pour faire preuve d'une remarquable sagacité. Le frère d'Edmund, Eadred (946-955), puis Eadwig, « the all-fair » (955-959), puis le frère de celui-ci, Edgar (959-975), ne cherchent plus à combattre les Danois : ils essaient de vivre en bonne intelligence avec eux, leur but étant d'en faire des sujets. Et ils y parviennent avec une facilité qui ne nous étonne plus, au point où nous sommes parvenus. Edgar sera remplacé par son fils Edward (975-978), qui mourra assassiné et sera canonisé, puis par le frère de celui-ci, le malhabile Ethelred « the unready » (le jamais prêt) (978-1016) qui verra tous les malheurs de l'Angleterre et dont nous ne traiterons pas ici : il intéresse la période suivante. Encore convient-il de préciser que les malheurs en question ne seront pas le fait des Danois fixés sur place, mais de flottes venues du Danemark. On peut dire, puisque nous en sommes au temps des colonisations, que même si le Danelaw est finalement resté anglais, l'implantation en profondeur de l'élément danois y est maintenant chose faite.

Beaucoup plus spectaculaire, surtout pour nous, Français, est la « colonisation » de la Normandie [19], qui est bien une affaire danoise, quelles que soient les querelles, vaines et mal informées, que suscite « Rollon » dont on a fait tantôt un Danois, tantôt un Norvégien, un Orcadien, voire un Suédois ! Affirmons que cela n'a pas grande importance, quand bien même Göngu-Hrólfr [20] ne serait

19. Très bonne étude de Jean Renaud : *les Vikings et la Normandie*, *op. cit.*, avec bonne bibliographie.

20. Non pas, en vertu d'une erreur tenace, Hrólfr marche-à-pied, parce qu'il aurait été de si haute taille qu'il ne se trouvait pas de cheval assez haut pour le porter ! Mais bien « vagabond », parce qu'il n'avait pas d'attache fixe ; göngu- est le premier membre de göngumaðr (où maðr = homme), le vagabond, l'errant. Il semble en effet, quelle qu'ait été son origine, fort discutée, que Hrólfr ait été « sans terre ».

pas danois, chose qu'il reste à prouver. Son armée, en tout cas, était danoise. Et l'archéologie, la toponymie, l'histoire de la culture et des institutions, tout donne à penser que les colonisateurs de la Normandie venaient du Danemark.

L'histoire est bien connue, même si, on l'a dit, il ne faut absolument pas prendre au pied de la lettre les affabulations complaisantes de Dudon de Saint-Quentin, Wace et autres... Göngu-Hrólfr fut certainement, d'abord, un viking dans l'acception habituelle du terme. Il aura infesté la France pendant plusieurs années. Mais en 911, il assiège Chartres sans succès. Charles le Simple, dont nous connaissons la pusillanimité, avait résolu d'appliquer, sans doute, la politique que son grand-père, Charles le Chauve, préconisait déjà en 876, selon les *Annales de Saint-Bertin* : « pouvoir passer de la meilleure façon possible avec les Normanni un accord ». À Saint-Clair-sur-Epte, en 911, il institue Hrólfr maître du « pays de Caux », c'est-à-dire des territoires de la Seine inférieure, de l'Eure, du Calvados, de la Manche et d'une partie de l'Orne, auxquels s'ajouteront, en 924, le Bessin et le Maine, puis, en 933, le Cotentin et l'Avranchin — c'est-à-dire ce que nous appelons aujourd'hui encore la Normandie. Cette solution était raisonnable et ne va pas sans évoquer l'attitude, à la même époque, des souverains anglais en Danelaw. La chance aura voulu que Göngu- Hrólfr-Rollon fasse preuve, dans ses nouveaux États, d'un sens politique et administratif admirable. Il comprend qu'il n'est pas question d'exercer un pouvoir reconnu s'il n'est pas chrétien et se fait donc baptiser dès 912. Il rend hommage à Charles le Simple et promet de défendre son pays... contre ses congénères ! Il prend donc tout de suite fait et cause pour sa province, et il édicte à son intention une législation originale qui durera longtemps. La dynastie qu'il va fonder restera stable, la Normandie demeurant jusqu'à la fin de l'Ancien Régime l'un des plus beaux fleurons de la couronne française. Mais on saisira ici, une fois de plus, l'occasion de relever un trait particulièrement important. Il n'y a pas eu de « conquête », encore moins d'« invasion » scandinave en Normandie. Ce que le Nord a apporté, c'est ce que nous appellerions des cadres et tout un système administratif et législatif. Ici encore, les Scandinaves étaient trop peu nombreux pour que l'on puisse parler de colonisation *stricto sensu*. On le voit presque dès l'intronisation de Rollon. La société « normande » présente un caractère aristocratique et féodal tout à fait inconnu, non seulement au Danemark, mais même en Danelaw. Pas de þing, pas de hundrađ en Normandie, les structures locales demeurent en place. C'est un mode de gestion, un esprit nouveau qui s'instaurent. Établissement, soit, colonisation, non. En d'autres termes, les Danois qui secondent Rollon s'intègrent avec la même rapidité étonnante au milieu français que les Rūs aux Slaves. L'histoire proprement danoise de la Normandie couvre quelques lustres au maximum. Ensuite, nous sommes en domaine français et, à ce titre, la Normandie échappe au cadre de notre livre [21].

Car, pour ne mentionner qu'un fait célébrissime, la conquête de l'Angleterre par Guillaume le Bâtard, descendant direct de Rollon, est un fait français, elle n'a plus rien à voir ni avec la Scandinavie ni, *a fortiori*, avec les vikings.

Du reste, en France aussi, les activités danoises sur d'autres fronts déclinent. Vers 919, des vikings tenteront bien de s'établir à Nantes et d'y créer un État danois qui subsistera vaille que vaille pour sombrer en 937. C'est une époque de « liquidations ». 926 marque la date du dernier grand tribut versé en France aux vikings ; lesquels sont définitivement expulsés de Bretagne en 936.

C'est que — le parallèle avec la Norvège a déjà été souligné — la situation change au Danemark même.

Au Danemark, en effet, 936 a vu l'avènement de Gormr le Vieux, mari d'une certaine þyri, et père de Haraldr Blátönn. Gormr et son fils sont bien connus grâce aux prestigieuses pierres runiques de Jelling. La première dit : « Le roi Gormr a fait ce monument à la mémoire de þyri, sa femme, Danmarkar bót [22]. » Ces deux derniers mots ont déchaîné la sagacité des chercheurs. On peut com-

---

21. Je parlerai très succinctement plus loin de Robert Guiscard et de la conquête du sud de l'Italie et de la Sicile, pour préciser que ce n'est plus un phénomène viking, mais normand de Normandie.

22. Bibliographie exhaustive dans L. Musset : *Introduction à la runologie*, *op. cit.*, p. 419.

prendre « gloire du Danemark » ou « amélioration du Danemark » et l'expression peut, du point de vue de la syntaxe, se rapporter aussi bien au roi qu'à sa femme. Il est permis d'interpréter cette formule comme une louange faite à Gormr qui aurait restauré la grandeur passée du Danemark. Mais comme visiblement la dédicataire est þyri, la reine, je préfère lire « gloire du Danemark » appliqué à son épouse — il existe en vieux norois des expressions similaires appliquées à des femmes, comme bekkjarbót, « gloire du banc [23] ». En tout état de cause, il ne fait pas de doute que Gormr a grandement contribué à affermir ses États et consolider le pouvoir royal. Il aura coupé court, en particulier, aux prétentions suédoises sur le Danemark.

Son fils, Haraldr Blátönn, lui succède à sa mort, vers 950. C'est lui qui fait graver la seconde pierre runique de Jelling, ainsi rédigée : « Le roi Haraldr a fait faire ce monument à la mémoire de Gormr, son père, et de þyri, sa mère, ce Haraldr qui s'acquit tout le Danemark et la Norvège et qui fit des Danois des chrétiens. » Il est établi, en effet, que Haraldr fut un très grand roi, qui parvint à unifier le Danemark et acquit une sorte de suzeraineté, éphémère en vérité, sur quelques provinces du sud de la Norvège. Son règne ouvre une période de prospérité. C'est Haraldr qui posera les bases de la formidable puissance militaire dont on suivra les effets — et les échecs — dans la période suivante. Le commerce est florissant sous son règne. Nous en avons deux témoins : il développe le vik marchand d'Aarhus, fondé un demi-siècle plus tôt ; et l'Arabe Al'Tartushi, venant du califat de Cordoue, rend compte, vers 950, de son voyage à Hedeby qu'il décrit comme une ville active et prospère.

Mais surtout, vers 960, sous l'influence de l'évêque Poppo envoyé au Danemark par Othon Ier, Haraldr se convertit au christianisme — d'où la fin de la seconde inscription de Jelling. J'ai déjà dit à plusieurs reprises l'attention qu'il fallait prêter à ce fait. L'Église n'apporte

---

23. C'est-à-dire du banc dans la salle commune (skáli). Observons que j'écarte l'hypothèse, puérile, selon laquelle, s'il faut en croire la légende, þyri aurait été l'instigatrice de la réfaction du Danevirke, d'où « amélioration » du Danemark !

pas seulement son magistère religieux et la culture de ses clercs, elle favorise un type de pouvoir qui a depuis longtemps fait ses preuves. Autrement dit, Haraldr se sent désormais encouragé dans ses menées pour établir une autorité centralisée et forte, en attendant d'être monarque de droit divin. L'importance politique du geste ne saurait échapper. Et de fait : sans doute poussé par quelqu'un des siens, il attaque le Norvégien Hákon le Bon, est d'abord battu, puis remporte la victoire. Après la mort de Hákon à Fitjar, dans les années 960, il régnera en effet, pour quelque temps, sur Norvège et Danemark. On le crédite également d'incursions en Suède et chez les Wendes : il épouse une princesse wende et c'est chez les Slaves qu'il aurait fondé Jómsborg (c'est-à-dire Jumne ? Wollin ?). Si la chose était prouvée, elle serait d'importance : elle démontrerait que Haraldr avait des desseins militaires précis et qu'il s'affairait à mettre en place un dispositif cohérent pour mener à bien sa politique. Car les vastes expéditions de Sveinn Tjuguskegg et de Knútr le Grand ne peuvent être nées *ex abrupto*, il faut leur supposer une préparation lointaine. Malheureusement, comme on l'a vu, la seule source qui nous éclairerait, bien que fort ancienne dans la catégorie des sagas, la *Saga des vikings de Jómsborg*, est trop impure et entachée de légendes pour qu'on puisse se permettre de la prendre au pied de la lettre.

Il n'empêche : Haraldr a certainement mis en place un système dont bénéficieront ses successeurs. Il a soumis, dirions-nous, son pays à un indispensable aggiornamento. Que son ambition ait été grande, trop grande, cela n'est pas douteux, mais nos sources sont obscures : a-t-il mené des expéditions en Holstein, vers 973, et provoqué en représailles une attaque d'Othon II qui aurait investi le Danevirke ? Sa fin est mystérieuse : son fils, Sveinn, se serait soulevé contre lui, le forçant à fuir chez les Wendes — en 984 ou 985 —, et il aurait trouvé la mort aussitôt.

Mais, comme ses équivalents norvégiens et suédois, son rôle est déterminant dans l'histoire du phénomène viking. En fixant sur place les coureurs d'aventures, en développant considérablement le commerce, il coupait court aux justifications majeures du mouvement viking...

La Suède

Le parallélisme avec la Suède est, sur le fond, éclairant. Pouvoir fort à l'intérieur, fixation dans des colonies privilégiées à l'extérieur, nous ne cessons de suivre le même schéma directeur !

La période où nous sommes est pour la Suède un temps de grande puissance et d'intense activité. À l'intérieur du pays, la pleine prospérité règne et, par exemple, Birka connaît des jours fastes, notamment dans la première moitié du xe siècle.

C'est pourquoi il n'y a pas grand-chose à relever dans l'histoire de ce pays, sinon ses démêlés confus avec le Danemark, que nous allons entrevoir. En fait, l'explication va de soi, toute l'énergie suédoise se concentre sur « la route de l'est », ce qui, à nos yeux, donne à son histoire une allure un peu marginale.

Vers 900, les Suédois s'en prennent donc aux Danois au Danemark même et sévissent dans le sud de ce pays. Cela se passerait, s'il faut en croire Adam de Brême, sous le règne d'un roi Óláfr que nous identifions mal. Un moment, ils contrôlent le grand centre de Hedeby. Au point qu'en 934, le roi suédois de Hedeby, un certain Gnupa (mais on voit mal à quel anthroponyme suédois peut renvoyer ce mot), est nommé dans une inscription runique de Hedeby : « Ásfriđr a fait ce monument à la mémoire de Sigtryggr, son fils et celui de Gnupa » — une seconde inscription trouvée au même endroit le confirme. Ce Gnupa aurait également attaqué la Frise ; selon Widukind (*Res gestae Saxonicae*), c'est Henri Ier l'Oiseleur qui, ayant attaqué Hedeby en 934, aurait battu « Chnuba » qu'il aurait forcé à se baptiser. De toute façon, ce règne suédois sur une partie du Danemark cessera avec Haraldr Blátönn, comme on l'a vu. Et, vers 970, il semble que la fortune de Birka décline.

C'est, je l'ai dit, que l'intérêt se situe alors en Russie où les activités suédoises sont débordantes.

Évoquons brièvement, pour en finir avec des confusions trop fréquentes, les Varègues en tant que garde impériale du basileus, à Byzance, institution qui semble n'avoir fait son apparition que vers la fin (plutôt que le début) du Xe siècle. Les documents byzantins nous renseignent bien sur leur compte, leur règlement, leurs campagnes en Crète, en Italie méridionale, en Mésopotamie, en Dalmatie. Mais ils ne figurent ici que pour mémoire. Ils ne relèvent du phénomène viking que dans la mesure où ils illustrent l'une des tendances des Scandinaves de l'époque : leur aptitude au mercenariat à des fins lucratives. Mais les considérations de nombre que nous avons si souvent soulignées interdisent de faire de la garde varègue une réalité vraiment scandinave. Peut-être les hommes du Nord lui ont-ils longtemps fourni des « cadres » — on voit, par exemple, dans sa saga, le célèbre (futur) roi norvégien Haraldr l'Impitoyable (harđráđi) y servir un temps — s'il faut, toutefois, ajouter foi aux récits hautement légendaires qui le concernent. Le recrutement de cette garde est très varié (Anglais, Normands, Français) et elle sort, en tant que telle, des limites de notre étude.

Revenons aux Rūs. Ils ne vivent pas, semble-t-il, en bonne intelligence avec Byzance. Un affrontement a pu avoir lieu en 907, encore que la relation qui nous en est faite soit si fantaisiste qu'elle légitime les réserves les plus élémentaires : une flotte de 2 000 vaisseaux portant 80 000 hommes aurait forcé les fameuses chaînes du Bosphore en montant les bateaux sur roues et en leur faisant passer ainsi les chaînes à la force des bras ! Il a dû, pourtant, se produire un affrontement puisque la *Chronique de Nestor* donne, pour 911-912, le texte extrêmement intéressant d'un traité passé entre les Rūs et Byzance. En voici le début, où la nature évidemment nordique des noms de personnes se passe de commentaires :

> Nous, de la nation des Rūs : Karli [= Karli], Ingeld [= Ingjaldr], Farlof [= Farúlfr], Vermund [= Vermundr], Rulov [= Hródleifr ?], Gody [= Góđi], Ruald [= Hróaldr], Karn [= Kárni], Frelav [= Friđleifr], Aktevu [= Angantýr ?], Truan [þrándr], Lidul [= Leiđólfr], Fost [= Fasti], Stemid [= Steinviđr ?], sommes envoyés par Oleg [= Helgi, le Rūs qui a unifié Novgorod et Kiev], grand-prince des Rūs, et par tous les illustres et puissants princes et les plus nobles boyards de sa suite, à vous, Léon, Alexandre et Constantin, grands souverains par la grâce de Dieu, empereurs des Grecs, pour la proclamation et le maintien de la longue amitié entre Grecs et Rūs...

Suivent des règlements sur les meurtres, les vols, les naufrages, le pillage, les rançons, les héritages, etc.

La même année 912, d'ailleurs, l'Arabe Al'Masudi rapporte une grande expédition rūs à travers la Caspienne jusqu'à Bakou et l'Azerbaïdjan. Elle se termine de façon désastreuse, mais elle évoque irrésistiblement quelques-uns des grands raids vikings sur l'Occident.

C'est en 922 que le diplomate du califat Ibn Fadhlân compose l'extraordinaire reportage, déjà mentionné, sur les Rūs de la Volga [24].

> Je n'ai jamais vu corps plus parfaits que les leurs. Par leur taille, on dirait des palmiers. Ils sont blonds et de teint vermeil. Ils ne portent ni tuniques ni caftans, mais un vêtement qui leur couvre un côté du corps et leur laisse une main libre [25]. Chacun d'eux a avec lui une hache, un sabre et un couteau et ne quitte rien de ce que nous venons de mentionner. Leurs sabres sont des sabres à large lame, striée de rainures, semblables à des sabres francs. De l'extrémité des ongles jusqu'au cou, le corps de chacun d'eux est tatoué en vert de dessins représentant des arbres, des figures, etc. [détail qui ne va pas sans étonner car il n'est guère attesté, même en supposant que l'Arabe ait pris des peintures pour des tatouages]. Les femmes ont, toutes, sur leurs seins, une boîte de fer, d'argent, de cuivre, d'or ou de bois, selon le degré de richesse de leurs maris et leur importance sociale. Dans chaque boîte en forme de cercle, il y a un couteau, le tout attaché sur les seins. Elles portent au cou des colliers d'or et d'argent, car tout homme, dès qu'il possède dix mille dirhams, fait confectionner pour sa femme un collier, et s'il en possède vingt mille, il lui fait faire deux colliers et ainsi de suite ; dès que sa fortune augmente de dix mille dirhams, il ajoute un collier à ceux que sa femme possède déjà, de sorte qu'il peut y avoir sur le cou d'une seule femme plusieurs colliers. Les plus précieuses des parures sont constituées chez eux par des perles de

---

24. Le texte figure dans J. Brøndsted : *The Vikings*, pp. 264 et sq. ; dans G. Jones : *A History of the Vikings*, *op. cit.*, pp. 164 et sq ; en traduction française commentée (d'après la version anglaise) dans R. Boyer : *les Religions de l'Europe du Nord*, *op. cit.*, ou encore, directement traduit de l'arabe en français, dans *Ibn Fadlân Voyage chez les Bulgares de la Volga*, traduit et présenté par Marius Canard, *op. cit.*, pp. 77 et sq.

25. Détail confirmé par l'archéologie. Voir les reconstitutions exactes dans l'ouvrage de B. Almgren et alia : *Vikingen*, *op. cit.*

verre, vertes, de même fabrication que les objets en céramique que l'on trouve sur leurs bateaux. Ils les payent d'un prix exagéré, car ils achètent une telle perle de verre au prix d'un dirham. Ils les enfilent en sautoirs pour leurs femmes. Ils sont les plus malpropres des créatures de Dieu. Ils ne se nettoient pas des souillures produites par les excréments ou l'urine ; ils ne se lavent pas après les relations sexuelles ; ils ne se lavent pas les mains après le repas. Ils sont comme des ânes errants [26]. Quand ils arrivent de leur pays, ils ancrent leurs bateaux sur le fleuve Atil, qui est un grand fleuve, et construisent sur le bord de grandes maisons de bois. Dans une seule et même de ces maisons sont réunies dix et vingt personnes, plus ou moins. Chacun a un lit sur lequel il s'assied. Avec eux sont de belles jeunes filles esclaves destinées aux marchands. Chacun d'entre eux, sous les yeux de son compagnon, a des rapports sexuels avec son esclave. Parfois tout un groupe d'entre eux s'unissent de cette manière, les uns en face des autres. Si un marchand entre à ce moment pour acheter à l'un d'eux une jeune esclave et le trouve en train de cohabiter avec elle, l'homme ne se détache pas d'elle avant d'avoir satisfait son besoin.

Viennent ensuite des détails répugnants sur la façon dont ils font à tour de rôle leurs ablutions dans le même vaisseau, puis des détails sur leurs pratiques religieuses, enfin le célèbre passage où nous est décrit avec un luxe impressionnant de détails l'enterrement d'un chef rūs.

Ce témoignage laisse pantois le chercheur actuel. À côté d'observations parfaitement vérifiées, quantité de notations incitent à se demander — outre la question de savoir si l'imagination de l'observateur ne l'a pas emporté sur la rigueur scientifique — si les Rūs qu'il nous décrit là ne sont pas, en fait, un amalgame de Scandinaves et de ces esclaves dont ils faisaient un fructueux commerce. Toutefois, dans l'ensemble, et sur certains points précis, essentiels pour nous, il n'y a pas lieu de mettre en doute ce remarquable document. C'est en tout cas le plus complet et le plus circonstancié dont nous disposions. Ce texte, au demeurant, surtout confronté à d'autres du

26. M. Canard, *op. cit.*, note 24 *supra*, note 268, p. 120, précise qu'un autre observateur arabe, Mas'udi, « note simplement qu'ils n'obéissent à aucune loi religieuse ». Le détail est aberrant et doit être considéré comme la réaction d'un musulman pratiquant.

même genre, devrait attirer bien plus l'attention qu'il ne l'a fait jusqu'ici. Ibn Khordadbeh, par exemple, nous présente les Rūs carrément comme des marchands, alors qu'Ibn Fadhlân les donne pour mi-commerçants, mi-guerriers.

Revenons à l'histoire. En 941, une flotte menée par le prince Igor (Ingvarr) attaque de nouveau Byzance, sans succès — elle est détruite par le feu grégeois. Une récidive est signalée en 945, mais les assaillants sont abusés par une feinte diplomatique de Byzance. Cela nous vaut un nouveau traité signé par cinquante Rūs, mais, remarque intéressante qui abonde dans le sens d'une observation déjà faite plusieurs fois dans le présent ouvrage, beaucoup de ces signataires portent maintenant des noms typiquement slaves ! Ce traité précise que les Rūs n'auront plus le droit de passer l'hiver ni à Byzance ni même à Berezany, mais qu'ils devront repartir pour Kiev chaque automne. Il n'est pas exclu que ce soit de cette flotte-là que nous parlent des témoins arabes : elle aurait pénétré, en 943, dans la Kura, une rivière qui passe au sud de Bakou, aurait atteint la ville de Berda, mais les musulmans l'auraient repoussée et la dysenterie se serait mise dans ses rangs.

Vers 950, nous le savons, le basileus Constantin Porphyrogénète rédige son *De administrando imperio*, que nous avons déjà mis à contribution (voir *supra* p. 37). Rappelons qu'il y décrit les convois de navires rhōs descendant le Dniepr jusqu'à Berezany puis Byzance, à partir de Novgorod puis de Kiev. Le détail intéressant à noter ici, parce qu'il prouve une installation déjà solide et des habitudes qui n'ont plus rien à voir avec de simples mœurs prédatrices, c'est que, note Constantin, en cours de route, les Rhōs perçoivent les tributs que sont tenues de leur verser diverses peuplades slaves : il s'agit de monnaies, de fourrures et d'esclaves.

Igor-Ingvarr a eu, de sa femme Olga-Helga, un fils, Sviatoslav qui, en 955 (ou 957), vient à Byzance recevoir le baptême. Sans revenir sur la signification capitale que prend, partout, ce geste, je note simplement que c'est le signe non équivoque d'une assimilation en bonne voie. En 965, Sviatoslav s'empare de la forteresse Khazar de Sarkel. Surtout, il donne Novgorod à son fils Vladimir-Valdimarr et Kiev à son autre fils, Jaropolk.

C'est vers cette époque, en 968, que Liutprand de Crémone rencontre des Rhōs qu'il tient pour les mêmes gens que « ceux que l'on appelle Normanni » : ce dernier mot est vague, assurément, mais il ne saurait en aucun cas s'appliquer à des Slaves. En 971, Sviatoslav rencontre sur le Danube le basileus Johannes Tsimiskes, avec lequel il signe un traité. Il sera tué par les Petchenègues en 972, laissant, comme on vient de le voir, deux fils, Vladimir et Jaropolk. Vladimir prendra seul le pouvoir après avoir éliminé son frère, mais ces événements appartiennent à la dernière période qu'il nous reste à étudier.

Une remarque s'impose : vers ce dernier quart du xe siècle, on constate une très nette décrue de l'argent arabe en Scandinavie : c'est certainement la raison première du déclin de Birka, déjà signalé. Les causes de ce phénomène ne sont pas assurées : la Volga aurait-elle été coupée par les Bulgares ? Les mines d'argent arabe étaient-elles épuisées ? L'Islam a-t-il traversé alors une grave crise monétaire ? La réponse n'est pas donnée, mais la conséquence est capitale. Une nouvelle fois, l'intérêt majeur qui a poussé les vikings dès leur apparition sur la scène de l'Histoire va se retourner. De nouveau, c'est vers l'ouest, la Germanie continentale et la Grande-Bretagne, notamment, et au-delà encore, que va s'exercer leur activité. Cela nous conduit à aborder une nouvelle période dans la présentation de l'histoire des vikings.

Mais celle que nous allons quitter aura incontestablement été l'âge d'or du commerce scandinave, non pas en vertu des activités prédatrices des vikings — ce temps est en somme révolu —, mais en conséquence directe de leur implantation progressive sur le Dniepr, à Julin sur la côte balte, en Normandie, dans le Danelaw, en Irlande, dans les îles nord-atlantiques, en Islande. L'archéologie retrouve partout de l'argent soufique, Birka connaît un éclat incomparable, la pénétration scandinave touche la Pologne, Hedeby frappe monnaie.

Mais cette implantation, condition *sine qua non*, diraije, de cet essor, a entraîné également une conséquence capitale : partout, l'assimilation des Scandinaves aux populations qu'ils ont subjuguées, ou administrées, est en bonne voie. Nous sommes en 980 approximativement : le viking tel que nous l'avons vu agir disparaîtra dans moins d'un siècle.

980-1050 : LES GRANDS RAIDS

L'intitulé de ce sous-chapitre est peut-être un peu trop général : il ne s'applique vraiment qu'au Danemark (vers l'Angleterre) et, selon toute vraisemblance, à la Suède (vers l'Asie). Quelques-unes des justifications éventuelles de ce changement de physionomie du phénomène viking ont déjà été suggérées. Dans la perspective de notre étude, il n'en est, au fond, qu'une seule plausible : c'est la recherche de nouvelles voies commerciales, vers le monde anglo-saxon, vers la Méditerranée et le « Serkland », à la rigueur vers le Groenland et au-delà, qui explique de façon satisfaisante une évolution aussi radicale. N'oublions pas non plus qu'il n'y a plus guère de rapport entre les trois pays d'où partent les vikings vers la fin du Xe siècle, et ce qu'ils étaient deux cents ans plus tôt. La conjonction de différents facteurs explique ce changement.

Comme d'habitude, j'étudierai la question sur les trois fronts de l'expansion — l'Islande, nouvelle venue en ce domaine, le Danemark et la Norvège ensemble, car leurs destinées se conjuguent désormais, et la Suède. Mais ici encore, le lecteur sera frappé, je pense, de la simultanéité qui affecte le phénomène, à quelques décennies près.

Islande, Groenland, Vinland

L'Islande, même s'il n'avait pas été question d'expansion vers l'ouest, aurait mérité un traitement à part en raison de sa christianisation et des étonnantes conséquences qu'elle aura, à longue échéance, dans le domaine littéraire.

Nous l'avons laissée après 930, colonisation achevée, système administratif, législatif et judiciaire en place. L'événement capital se situe maintenant en 999 : c'est le passage unanime de l'île au christianisme, qui n'a rien d'un miracle ni d'un fait aberrant. Dès les origines, on le sait, l'île était comme imprégnée de religion chrétienne, ne serait-ce qu'à cause de la nature de la population mi-celtique, mi-scandinave qui l'avait colonisée, ou du contact incessant que ses habitants devaient entretenir, par la force des choses, avec le monde chrétien, celtique notamment. J'ai pu écrire que la religion adoptée par les Islandais en 999 était de caractère politique [27] : la formule est certainement injuste, mais il y a fort à parier que l'on aurait pu appliquer à l'ensemble des Islandais, vers la fin du Xe siècle, ce que le *Landnámabók* dit du colonisateur Helgi le Maigre : ils étaient « de foi mêlée ».

L'impulsion décisive est venue de Norvège, du grand roi convertisseur et évangélisateur que fut Óláfr Tryggvason (qui régna d'environ 995 à environ 1000). Il envoie, en 997, le prêtre allemand Þangbrandr en mission dans l'île. Les mœurs de Þangbrandr n'étaient pas précisément pacifiques et, s'il opéra quelques conversions, on ne saurait dire que son magistère fut de nature à emporter une adhésion massive et sans réserves [28]. C'est Óláfr Tryggvason qui saura manœuvrer. Il allait de soi que tout jeune Islandais de bonne famille allât rendre visite à ses parents demeurés en Norvège et parfaire dans ce pays ses « enfances » — il participait la plupart du temps à une expédition viking. De sorte que se trouvaient constamment en Norvège des fils de personnages islandais importants. Deux grands boendr, Hjalti Skeggjason et Gizurr le Blanc (inn hvíti), se rendent au pays de leurs ancêtres où ils rencontrent le roi Óláfr qui, selon toute vraisemblance, doit leur soumettre ce qu'il faut appeler un ultimatum : ou bien vous faites en sorte que toute l'Islande se convertisse officiellement, ou bien je garde ici, en Norvège, en otages, les fils de tous les Islandais importants. Je suis convaincu de cette explication car quelque méfiance qu'il convienne de garder à l'égard de nos sources pour lesquelles la tentation hagiographique était trop grande, je ne vois pas comment expliquer autrement l'unanimité qui suivra. S'interdire toute relation avec la Norvège revenait à couper le cor-

27. C'est la thèse défendue dans *la Vie religieuse..., op. cit.* note 1 supra, chapitres I et II de la 1re partie. « De la religion politique à la politique religieuse. »

28. La meilleure étude est celle de Dag Strömbäck : *The Conversion of Iceland*, qui se fonde sur une analyse critique d'Ari Þorgilsson, de la *Kristni Saga (Saga du christianisme)*, de la *Saga de Njáll le Brûlé*, etc.

don ombilical ! Hjalti et Gizurr rentrent donc au pays et y prêchent la foi chrétienne. De façon typique, les Islandais décident de débattre de la question lors du prochain alþing, en juin 999. Passons sur les détails dont certains dénotent une tendance à l'affabulation complaisante. L'assemblée, divisée en deux factions, finit par s'en remettre à la décision d'un seul, þorgeirr goði des gens de Ljósavatn. Celui-ci, au terme d'un long délai de réflexion, et après avoir spécifié qu'il ne se prononcera que s'il est certain de l'assentiment unanime de l'assemblée, proclame que, désormais, tous les Islandais seront chrétiens, se feront baptiser [29], car — et je prie le lecteur de prêter la plus grande attention à la citation qui va suivre — « il faut que nous ayons tous une loi et une religion. Car il s'avérera, si nous bafouons les lois, que nous romprons aussi la paix ». On ne saurait mieux dire que cette petite communauté savait la valeur primordiale, pour elle, de la paix ; que la loi est au point de départ de tout ; et que, pour l'association loi-religion, c'est l'assise immémoriale du sacré en milieu germanique qui se trouve envisagée. En d'autres termes, c'est toute la Weltanschauung scandinave ancienne que résume admirablement la déclaration de þorgeirr. Lequel obtient le consentement unanime de ses compatriotes — et voici l'Islande devenue chrétienne sans la moindre rixe ni effusion de sang.

Dès le début, l'Église d'Islande se donnera une allure tout à fait originale, qui va dans le sens exact de ce que nous avons noté plus haut. Ce sera une góðakirkja (Église des goðar) ou encore une þjóðkirkja (Église nationale). Entendons que la continuité avec l'ancien état des choses est assurée : les goðar se feront prêtres chrétiens ou inciteront leurs fils à le devenir [30], et ils seront aussi les pro-

29. Un texte ajoute que, s'il en est qui veulent continuer de sacrifier aux dieux païens, cela ne leur sera pas interdit, à condition qu'il n'y ait pas de témoins ! Toutefois, on est fondé à révoquer en doute cette affirmation, voir *supra* note 1.

30. Rappelons que le célibat ecclésiastique n'existait pas encore légalement ; il ne sera adopté que plus tard. Ne soyons donc pas étonnés de voir que Gizurr l'évêque est fils d'Ísleifr, également évêque. C'est seulement avec l'évêque þorlákr þórhallsson, fervent défenseur de la réforme grégorienne, que cette institution prendra force de loi, non sans mal. Voir la *Saga de Páll*, dans les *Sagas des Évêques*.

priétaires des églises et des biens qui en dépendent. Cette association intime du spirituel et du temporel maintient la main-mise des grands boendr sur l'île, tout en permettant la promotion d'une culture de type « aristocratique » (réservée à une élite, en tout cas). On le voit bien au rôle capital que joueront les premiers évêques : des étrangers d'abord (dont un Français sans doute, Hróđólfr) qui fondent des couvents, diffusent la connaissance de l'alphabet latin, encouragent la lecture et l'écriture. Puis les premiers évêques autochtones : Ísleifr Gizurarson, instruit en Allemagne, sacré en 1056 et qui occupe le siège de Skálaholt (aujourd'hui Skálholt) dans le sud-ouest du pays, puis son fils Gizurr Ísleifsson, également formé en Allemagne, sacré en 1082, qui institue la dîme et exercera une forte influence sur l'évolution de l'Islande dans le sens d'une oligarchie ploutocratique ; enfin þorlákr þórhallsson (évêque de Skálaholt de 1178 à 1193), qui sera canonisé et se montrera défenseur ardent, voire impitoyable, de la réforme grégorienne ; son confrère au siège de Hólar (le second évêché islandais, dans le Nord-Ouest), Jón Ögmundarson, également canonisé, défendra (il sera sacré en 1106) un esprit plus proche de celui des ordres mendiants.

L'observateur est frappé de l'extrême rapidité de la diffusion de la cléricature en Islande, en moins d'un siècle, ainsi que de la création d'« écoles » (à Skálaholt, à Hólar, bien entendu, mais aussi à Oddi ou à Haukadalr : ces véritables « centres culturels » vont propager la lecture de tout ce qui s'écrit d'important à l'étranger) et de couvents (þingeyrar, Möđruvellir, Munkaþverá, Helgafell, Viđey, etc.), dont les *scriptoria* seront de véritables pépinières de sagnamenn ou auteurs de sagas et textes apparentés. Il n'y a pas d'autre explication à l'instauration du ritöld (âge de l'écriture) qui sort du cadre de ce livre, mais qui verra la consignation de l'*Edda poétique*, la composition des poèmes scaldiques, des sagas et toute l'étonnante production « scientifique » dont on parlera plus loin avec quelque détail.

Tels sont rapidement esquissés le milieu et l'atmosphère au sein desquels va s'inscrire maintenant l'un des chapitres les plus remarquables de l'histoire de l'Occident.

La découverte du Groenland

Curieusement, le sujet que nous abordons a, depuis longtemps, déchaîné la passion des Français. On voit mal pourquoi, nos compatriotes étant, en règle générale, si mal informés de la réalité, et ayant tellement contribué à la prospérité du mythe viking. En tout cas, la découverte du Groenland et ses séquelles ne cessent de susciter théories, thèses, pures sottises ou mystifications.

Je poserai un principe simple qui se déduit de l'examen, même rapide, d'un planisphère : navigateurs de grande classe, les vikings se sont déplacés régulièrement, à l'ouest comme à l'est, à l'intérieur d'un secteur compris entre soixantième (Bergen, Shetland, Féroë, cap Farewell de Groenland, éventuellement nord du Labrador — et, dans l'autre sens, Uppsala, Ladoga, Finlande) et soixante-dixième parallèles (cap Nord, mer Blanche, Mourmansk et, en direction inverse, Disko en Groenland et mer de Baffin). C'était, dirai-je, leur domaine ; personne n'est venu les y concurrencer, que l'on sache. Il est donc normal que, dans un sens comme dans l'autre, leur progression ait été quasi irrésistible et que la découverte de l'Amérique du Nord se soit inscrite dans la logique des choses. Je tenais à avancer ce postulat puisque, si le bon sens incite à penser que les Islandais fixés au Groenland ont fort bien pu découvrir l'Amérique presque un demi-millénaire avant Christophe Colomb, nous n'en avons toujours pas la preuve scientifique et irréfutable. N'en déplaise aux âmes romantiques et aux bâtisseurs d'élucubrations pseudo-savantes !

Mais c'est anticiper. Parlons d'abord du Groenland dont la découverte, puis la colonisation ne font aucun doute et se trouvent vérifiées par toutes sortes de sources, dont l'archéologie à laquelle, par principe, j'attache un prix décisif.

Entre 900 et 930, sans que l'on puisse en dire davantage, un certain Gunnbjörn qui se rendait de Norvège en Islande est dérouté par les vents et aperçoit, au-delà de l'Islande, un groupe d'îlots qu'il baptise Gunnbjarnarsker (Rochers de Gunnbjörn) : peut-être s'agit-il d'îles proches de l'actuelle Angmagssalik, exactement à la hauteur du Snaefellsnes (en Islande). Il n'y aborde pas, mais rapporte cette nouvelle en Islande.

En 985, un grand bóndi islandais, Eiríkr rauđi (le Rouge, c'est-à-dire le Roux), est banni pour une méchante affaire. Il décide de quitter le Breiđafjörđr où il réside et de se mettre à la recherche des Gunnbjarnarsker : il arrive en fait au Groenland (littéralement : pays vert, grœn-land ; un texte nous dit qu'il aurait été baptisé ainsi pour donner envie à d'autres d'y venir ! En dépit du fait que des taches d'un beau vert peuvent, en effet, se présenter sur les rives, à la belle saison, malgré aussi la philologie qui autorise un sens : superbe, magnifique, pour grœnn, cette « explication » est douteuse et sent son clerc. La recherche vient d'être relancée par la découverte, dans les archives du Vatican, d'une dénomination : pays de Kron — sans que l'on sache à quoi renvoie ce « kron »), dans la région qui sera appelée Eystribygđ, colonisation de l'est — mais elle se situe en fait sur la côte ouest du Groenland, comme l'autre district, également colonisé, qui portera le nom de Vestribygđ : colonisation de l'ouest. L'Eystribygđ se trouve au sud-sud-ouest alors que le Vestribygđ se présente plein ouest. Eiríkr le Rouge retourne en Islande annoncer la chose, fermement décidé à emmener d'autres aventuriers au « Pays vert » (Groenaland ou Groenland). Et en effet, l'année suivante, en 986, il s'embarque dans l'intention de coloniser ce pays ; 25 bateaux prennent le large, mais 14 seulement arriveront. Les colons s'installent dans l'Eystribygđ (autour de l'actuelle Julianehaab) et donnent des noms aux endroits où ils se fixent : Brattahliđ, Garđar, qui deviendra le centre de cette population. Tous les colonisateurs sont islandais. Ils vont fonder un État calqué en tout point — lois, religion, modes de vie — sur l'image islandaise. On connaît les principaux sites où ils se fixent : Herjólfsnes (Igikait), Ketilsfjörđr (Tasermint), Hrafnsfjörđr (Agdluitsoq), Álptafjörđr (Sermilik), Siglufjörđr (Unartoq), Einarsfjörđr (Igaliko), etc. Au total, ce peuplement comprendra bientôt 190 fermes, 12 églises dont une cathédrale (à Garđar), un monastère et un couvent pour femmes.

Depuis le Vestribygđ, ils tentent des expéditions plein nord en longeant la côte ouest du Groenland, vers ce qu'ils appellent le Norđrsetr. Tout le reste du territoire est constitué d'óbygđir, de territoires inhabités. On ne sait trop quels rapports les nouveaux venus ont entretenus avec les Eskimos. Nous allons reparler des Skraelingar, pour dire que nous ne sommes pas sûrs de la réalité ethnique à laquelle le terme s'applique. Le Vestribygđ sera nettement moins peuplé que l'Eystribygđ : cela peut être dû à des raisons climatiques, comme à l'hostilité des indigènes. À vrai dire, les Eskimos (Inuit) étaient et sont restés foncièrement pacifiques, en sorte qu'il paraît difficile d'ajouter foi aux récits qui font d'eux des créatures malveillantes. Que les Groenlandais, c'est-à-dire les Islandais fixés au Groenland, aient poussé loin vers le nord, cela est attesté par la pierre runique de Kingigtorssuaq, 72°58′ de latitude nord, qui témoigne d'une expédition dans le Norđrsetr [31].

Quelque étonnant que ce soit, il apparaît que la vie au Groenland n'était ni difficile ni, *a fortiori*, dramatique. Un texte norvégien du XIIe siècle (dans son état premier), le *Miroir royal* ou *Konungsskuggsjá* (qui vient d'être traduit par Einar M. Jonsson aux éditions Esprit ouvert), affirme que l'existence y était agréable. Il faut dire que fourrures et peaux s'y trouvaient en abondance, et que les habitants pouvaient faire commerce de cordes, d'ivoire (de narval ou de morse), de laine, d'huile de phoque et, marchandises particulièrement appréciées à l'époque, d'ours blancs et de faucons blancs. En revanche, il leur fallait importer le bois, le fer, le blé et la plupart des objets de consommation courante. En d'autres termes, les ressources locales, en dehors de la pêche et de la chasse, se limitant à l'herbe et à quelques céréales, le Groenland était totalement dépendant de son commerce extérieur pour survivre. À une moindre échelle, ce sera aussi le cas de l'Islande.

Cela explique probablement le sort tragique de cette petite population. Le sujet sort des limites chronologiques imposées à notre livre, mais nous l'évoquerons pour être complet, et aussi parce que nous tenons là un mystère qui n'a jamais été élucidé. Le Vestribygđ ne survivra que jusqu'au milieu du XIVe siècle, l'Eystribygđ jusqu'au début du XVIe siècle. Ensuite, c'est l'extinc-

---

31. Voir L. Musset : *Introduction à la runologie*, *op. cit.*, p. 443, numéro 167 : « Erlingr, fils de Sigvatr, Bjarni, fils de Þórđr et Eindriđi, fils d'Oddr, le samedi avant les Rogations, ont bâti ce tumulus et déblayé... » On remarquera que l'inscription paraît dater du XIVe siècle.

tion totale de cette population. On peut trouver à cette situation plusieurs explications, la plus vraisemblable étant la disparition progressive des bateaux appartenant aux Groenlandais. Par un phénomène assez identique à ce qui se produira pour l'Islande après 1262, la négligence de la Norvège, puis du Danemark, à ce propos a pu être fatale. D'autre part, les habitants n'ont jamais été nombreux : 3 000 au grand maximum. Épidémies et/ou famines ont pu avoir raison des plus tenaces. Il ne faut pas négliger non plus un phénomène climatique qui doit également être pris en considération à propos du Vinland. Du IXe au XIe siècle, nous avons la certitude d'un notable réchauffement de l'Atlantique nord : il serait impossible, aujourd'hui, de faire les mêmes voyages, dans les mêmes conditions, qu'Eiríkr le Rouge et ses enfants. Après 1200, est intervenue une « petite période glaciaire » avec développement de la banquise et important apport d'icebergs. Cela aura suffi à l'extermination des habitants, bien plus que l'intervention, invoquée par certains, d'Eskimos Dorset, puis Thulé, à partir du début du XIVe siècle : j'ai dit que je ne croyais pas aux mœurs sanguinaires de ces peuplades. Toujours est-il que le Vestribygđ est mentionné pour la dernière fois en 1342. L'Eystribygđ survivra plus longtemps, peut-être parce qu'il était plus peuplé et moins aride. Rome se désintéresse totalement du Groenland après 1377, date de la nomination du dernier évêque de Garđar, et le Danemark, qui affrétait chaque année un navire à destination de ce pays, le Groenland knörr, ne le remplace pas après sa destruction en 1367 ou 1369. Plutôt que de faire droit aux déclarations des *Gottskálksannáll* islandaises qui incriminent les « Skraelingar », je crois, comme Gwyn Jones [32], que la recherche devrait s'intéresser de plus près aux traditions eskimos où il est question des Nordiques : peut-être y trouverait-on la clef de ce tragique mystère et celle de bien d'autres énigmes attachées au Groenland. Celles, notamment, qui concernent le Vinland, auquel nous arrivons enfin [33].

---

32. Dans *The Norse Atlantic Saga*, London, 1964, dont c'est une des thèses les plus originales.

33. La question est traitée dans la « notice » des Sagas du Vinland, dans *Sagas islandaises*, *op. cit.*, pp. 1607-1617.

Le Vinland

Nos sources principales sont islandaises et remontent à une époque bien postérieure aux événements rapportés — un siècle et demi, au mieux. Ce sont l'*Íslendingabók* d'Ari þorgilsson le Savant, le *Landnámabók*, et surtout les trois sagas dites du Vinland : la *Saga d'Eiríkr le Rouge*, qui s'intéresse surtout à þorfinnr Karlsefni, la *Saga des Groenlandais* où il est question de Bjarni Herjólfsson et le *Dit des Groenlandais*, encore appelé *Dit d'Einarr Sokkason*, qui n'existent plus que dans des versions récentes, les originaux étant perdus. Les autres documents sont secondaires et n'abordent pas directement le sujet.

Je procéderai en deux temps, en reconstituant d'abord les faits éventuels d'après les sources qui viennent d'être données, puis en dressant le bilan des conclusions de la recherche actuelle.

Vers 986, l'Islandais Bjarni Herjólfsson, partant du Groenland, est dérouté vers l'ouest-sud-ouest. Il aperçoit les côtes et les forêts d'un pays inconnu, n'ose y aborder et regagne le Groenland où son père vient de s'installer. Son voyage aller aurait duré quatre jours. En 999 (ou 1000), Leifr hinn heppni (le Chanceux), fils d'Eiríkr le Rouge, veut retrouver le pays de Bjarni. Il suit le même itinéraire, arrive d'abord au pays qu'aurait vu Bjarni : des montagnes, des glaciers, un sol nu, sans herbe. Il l'appelle Helluland (pays de la Pierre plate). Puis il poursuit le long de côtes de sable blanc, plates, avec un arrière-pays forestier qu'il baptise Markland (pays des Forêts). Il parvient alors à un cap précédé d'une île. C'est ce qu'il nomme le Vinland, le Promontorium Winlandiae d'une carte attribuée à l'Islandais Sigurđur Stefánsson vers 1590 !

Ouvrons une parenthèse. Une première question est de savoir si ce Vin- porte un i long (noté í) ou bref. Si c'est un í, il faut comprendre : Pays de la Vigne ; si c'est un i bref, Pays aux Prairies. La présence de vigne sous ces latitudes ne manque pas de surprendre et le récit qui nous présente les deux esclaves de Leifr partis pour une incursion à l'intérieur des terres et revenant avec de la vigne rappelle trop la découverte du pays de Chanaan pour qu'on ne se montre pas sceptique. Toutefois, Jacques Cartier, en 1530, découvre du raisin de part et d'autre du Saint-Laurent : il ne faut pas oublier que le climat a pu être plus doux autrefois qu'à l'heure actuelle dans ces parages. S'il s'agit de prairies, il est remarquable que la découverte, dont nous allons parler, faite par Helge et Anne Ingstad, se situe au lieu dit L'Anse-aux-Meadows (L'Anse-aux-Prairies). Il est vrai, toutefois, que le dernier état de la question voudrait faire de ces meadows d'anciennes « méduses » : l'Anse-aux-Méduses, donc. Ce simple détail donne la mesure de l'ambiguité qui marque le sujet dans son ensemble.

Mais revenons à Leifr : il passe un hiver au Vinland, y construit des baraquements de bois qui portent son nom, Leifsbúđir, puis retourne au Groenland.

L'année suivante, 1000 ou 1001, son frère, Þorvaldr, se met en route. Il atteint le Vinland, trouve les Leifsbúđir, y passe un hiver et un été. Puis, il remonte vers le Markland, nomme Kjalarnes (cap de la Quille) un cap qu'il double et que l'on a voulu identifier au cap Porcupine du Labrador. C'est là qu'il rencontre des Skraelingar.

Un second arrêt est ici nécessaire, la légende et les déformations s'étant également emparées du vocabulaire. Skraelingr (au singulier) dénote l'idée de chétif, malingre, « tordu ». Il semble que le mot se soit indifféremment appliqué aux Eskimos et aux Indiens. G. Jones voudrait que ce fussent des Algonquins et il est intéressant de noter qu'en 1930, l'archéologue Aage Roussell a trouvé à Sandnes, dans le Vestribygđ, une tête de flèche en quartzite analogue à celles qu'utilisent les Indiens autour du lac Melville, emplacement que Þorvaldr Eiríksson a fort bien pu visiter si l'on suit les relations que nous sommes en train de retracer. De plus, Þorvaldr aurait vu les petits esquifs des Skraelingar et ce que l'on nous en dit est conforme à l'allure des canoés algonquins, plus qu'à celle des kayaks eskimos. Ajoutons que le Hvitramannaland (pays des Hommes blancs), dont nous dirons un mot tout à l'heure, pourrait renvoyer aux Indiens Naskaupi qui se vêtaient de peaux de chamois blancs jusqu'en notre siècle. Toujours est-il que Þorvaldr a de sévères difficultés avec les Skraelingar : il les tue mais sera lui-même occis d'une flèche dans une expédition punitive. Son équipage retourne aux Leifsbúđir, y passe l'hiver et rentre au Groenland en 1003. Le frère de Þorvaldr, Þorsteinn, voudra tenter le voyage mais sera dérouté par une mer mauvaise.

C'est alors que Þorfinnr Karlsefni (son surnom indique qu'il a tout à fait l'étoffe d'un homme valeureux) Þórđarson, apparenté à Eiríkr le Rouge, s'embarque dans l'intention de coloniser le pays nouveau. Il part avec trois bateaux, quelque 150 personnes semble-t-il, du bétail et des « biens meubles ». Il arrive en Helluland (Terre de Baffin ?) puis en Markland, longe ce qu'il appelle les Furđustrandir (Rivages formidables ; l'expression n'est pas, Fridthiof Nansen l'a le premier remarqué, sans évoquer les îles Fortunées de notre Moyen Âge [34]), double un Kjalarnes qui doit être le même que celui de Þorvaldr et entre dans le Straumfjörđr (fjord du Courant) que Gwyn Jones veut situer à l'entrée nord du détroit de Belle-Isle, au nord de Terre-Neuve. Il y rencontre, lui aussi, des Skraelingar, puis retourne au Groenland et, de là, en Islande.

Reste l'expédition, vers 1010, de Freydís, fille d'Eiríkr le Rouge : elle aborde en Vinland, rencontre des Skraelingar qu'elle épouvante en se dénudant la poitrine. Mais elle s'ingénie à provoquer des rivalités entre les membres de son équipage, qui s'entre-tuent, et revient au Groenland : épisode hautement romanesque et sujet à caution.

Voilà donc les « faits » ! Ajouterons-nous que, pour 1121, les annales islandaises (*Konungsannáll*) donnent : « L'évêque Eiríkr du Groenland s'en alla à la recherche du Vinland » et que, pour 1347, d'autres annales islandaises (*Skálholtsannáll*) disent : « Il arriva un bateau du Groenland, plus petit de taille que les petits bateaux islandais ; il arriva dans le Straumfjörđr [en Islande] et n'avait pas d'ancre. Il y avait dix-sept hommes à bord. Ils avaient fait un voyage au Markland, mais avaient ensuite été chassés par une tempête jusqu'ici. » C'est la dernière mention islan-

34. Il n'est peut-être pas inutile de citer ce qu'Isidore de Séville dit à ce sujet : « Les îles Fortunées laissent entendre par ce nom que poussent là en quantité toutes sortes de bonnes choses, comme si elles étaient bénies de fruits en abondance. Par excellence, elles ont des forêts qui donnent de précieux fruits ; les collines sont couvertes de bas en haut de vigne qui pousse d'elle-même. Blé et légumes y poussent comme de l'herbe. De là vient cette erreur chez les païens ainsi que dans les poèmes profanes que ces îles doivent être le Paradis puisqu'elles sont si fertiles. Elles se trouvent dans l'Océan en face de la rive occidentale de la " Mauretania " et elles sont séparées les unes des autres par des chenaux » (*Étymologies*, XIV. 6.8).

daise de l'événement, mais on peut faire intervenir Adam de Brême qui dit citer le roi danois Svend Estridsen (mort en 1076) : « Il me dit aussi qu'il existait encore un autre pays, découvert par de nombreuses personnes dans cet océan, que l'on appelle Vineland à cause du fait que la vigne y pousse spontanément et donne le meilleur des vins. »

Concluons donc que le Vinland, Vinland it góđa (Vinland le bon), se situerait entre 64° et 58° de latitude nord et pourrait être au Labrador ou à Terre-Neuve.

Un premier élément sérieux de suspicion tient aux incroyables récits ou merveilleuses péripéties dont font état nos textes. *Eyrbyggia Saga*, par exemple, en son chapitre 64, nous parle, à propos d'un grand voyageur, Björn Breiđvikingakappi, du « pays des Hommes blancs » (Hvitramannaland) où le héros serait parvenu quasi miraculeusement à rester en vie. Il est intéressant de préciser que le texte semble ne pas faire de nuance entre pays des Hommes blancs et « Irlande la grande » (Irland it mikla). Comme s'il s'agissait de répéter une légende celtique, importée d'Irlande et probablement en relations avec la *Navigatio*, voire les *Imramma* dont nous reparlerons. Ailleurs, il est question de monstres que connut tout le Moyen Âge, comme les Unipèdes. Ou encore d'une « mer [pleine] de vers », ou de hafgerđingar — formidables vagues. Bien entendu, l'imagination des chercheurs a, dans tous les cas, trouvé des explications à ces merveilles, mais je ne les retiendrai pas. Pas plus que de grossières mystifications, comme la célèbre « carte du Vinland » qui n'est qu'un faux habile, ou la pierre de Kensington, ou l'évocation de « Syasi la blonde », etc.

Les découvertes de Helge et Anne Ingstad, en revanche, méritent le respect. Ils ont exhumé, à L'Anse-aux-Meadows, près d'Epaves-Bay, dans le nord de Terre-Neuve, des emplacements de vastes maisons de type scandinave, y ont trouvé divers objets dont une enclume et un volant de fuseau en stéatite. Outre que la datation par le C 14 « amélioré » n'offre pas une précision satisfaisante, il ne faut pas négliger (pas plus que pour la pointe de flèche en quartzite ou les coffres de mélèze trouvés à Herjólfsnes, c'est-à-dire Ikigait au Groenland, et qui proviendraient du Labrador ou de Terre-Neuve) les déplacements d'objets dus à une économie de troc en usage chez les Eskimos. Tout comme les « maisons » des Ingstad ne sont pas nécessairement scandinaves : les Eskimos, Dorset notamment, ont pu s'inspirer de l'habitat qu'ils avaient sous les yeux au Groenland pour construire des demeures apparentées sous des latitudes plus clémentes que celles dont ils avaient l'habitude. Là encore, ce sont probablement les Eskimos qui détiennent la clef de l'énigme.

Il me reste à passer brièvement au filtre les textes mêmes dont part obligatoirement l'étude du sujet [35] : la critique moderne vient de démontrer de façon imparable que, contrairement à une croyance bien établie même parmi les spécialistes, le texte de base qu'il nous faut utiliser n'est pas la *Saga d'Eiríkr le Rouge* (improprement nommée, d'ailleurs, son véritable titre étant *Saga de Þorfinnr Karlsefni*), mais la *Saga des Groenlandais* (même remarque : son véritable titre est *Dit des Groenlandais*). Or, ce dernier texte donne cinq voyages vers le Vinland alors que le premier n'en mentionne que deux, et dans des termes tout à fait contradictoires. Nul ne doutant que l'auteur de la *Saga d'Eiríkr le Rouge*, en raison des détails sur lesquels, visiblement, il tient à s'étendre, est un clerc, on considère que ce récit a voulu imiter des sources étrangères — sur les îles Fortunées, comme on l'a dit, ou encore, à partir de traditions celtiques bien vivantes, sur toutes sortes de détails légendaires dont les origines seraient celtiques et qu'il faudrait aller chercher dans la *Navigatio* de saint Brendan, texte qui connut au Moyen Âge une faveur extraordinaire, voire dans les *Imramma* qui avaient fini par constituer un genre en soi. En tout état de cause, il est imprudent d'affirmer que les Islandais du Groenland ont découvert l'Amérique du Nord. Une très forte présomption n'est pas une évidence et, tant que l'archéologie n'aura pas fourni la preuve irréfutable du fait, il sera plus raisonnable de tenir les sagas pour des élaborations particulièrement réussies de thèmes qui hantaient l'Occident tout entier : sur bien des points, ce pourrait être là, d'ailleurs, la définition de toute saga bien faite.

Revenons en terrain plus sûr et renouons avec l'Histoire réelle.

---

35. Je condense ici l'étude mentionnée *supra* note 33.

Danois et Norvégiens ensemble : l'Angleterre

La période 980-1050 est avant tout marquée par de gigantesques entreprises danoises et, en partie, norvégiennes, contre l'Angleterre. Nous en avons entrevu les prémices dans les décennies qui précèdent. Nous avons affaire à un nouveau type d'expéditions vikings, sans grands rapports avec ce à quoi nous sommes habitués. Les responsables en sont des personnalités exceptionnelles, Sveinn Tjuguskegg et son fils Knútr le Grand pour le Danemark, Óláfr Tryggvason, Óláfr Haraldsson le Saint, Haraldr inn harðráði pour la Norvège : ces rois sont grands, avant tout, pour avoir su tirer les leçons de ce qu'ils voyaient à l'étranger. Leurs menées conduiront le phénomène viking à son terme tout en faisant du Danemark et de la Norvège, respectivement, des États forts, capables d'affronter le monde moderne.

En même temps, les grandes routes et les centres commerciaux changent eux aussi d'allure. À l'est, si, nous l'avons vu, les liaisons avec le califat vont décroissant, cause, peut-être, du déclin de Birka, les relations s'intensifient avec Byzance : elles ne connaîtront leur terme qu'avec les interventions des Petchenègues en 1068. À l'ouest, les événements vont provoquer un afflux d'argent anglo-saxon. C'est un moment de grande activité, où naissent ou prennent leur essor des villes comme Roskilde, Lund (Danemark), Sigtuna, Skara (Suède), Tønsberg, Niðarós (Norvège).

S'il est facile d'envisager la Suède à part, l'extrême complication de l'histoire du Danemark et de la Norvège, étroitement imbriquées, chacune exerçant à tour de rôle la suprématie sur l'autre, incite à ne pas les séparer. J'adopterai donc un principe diachronique, en procédant, une fois encore, par « vagues » dominées par le souverain qui s'est trouvé être pendant un temps, en quelque sorte, le moteur de l'Histoire.

La période 980-1014 se place sous le signe de Sveinn Tjuguskegg. Vers 980, nous assistons à une reprise généralisée et quasi systématique des raids vikings, mais avec davantage d'envergure. Les causes de ce changement sont évidemment multiples. Quelques-unes ont déjà été suggérées : tarissement des mines d'argent du califat, coupure des chemins qui y accédaient ? Fin de l'époque des colonisations par occupation des terres exploitables (Islande) ou par absorption des Scandinaves dans l'élément autochtone (Danelaw, Normandie) ? Ou encore, mise au point, par Haraldr Blátönn puis son fils Sveinn, des fameux camps militaires fortifiés que nous avons présentés plus haut ? Ou première manifestation de ce qui restera jusqu'à nos jours un vieux rêve nordique et que l'on appelle scandinavisme [36] : unifier sous un même sceptre non seulement les pays scandinaves, mais aussi tous ceux où des Nordiques se sont implantés [37] ? La réponse n'est pas donnée. Mais, pour ne prendre qu'un cas qui paraît intéressant dans cette optique, il est curieux de voir, en 983, les Danois reprendre le Schlesvig et expulser vers le sud les Allemands qui l'occupaient [38].

En 983 également, le jarl norvégien Hákon Sigurđarson du Trøndelag rompt l'alliance qu'il avait passée avec le roi Haraldr Blátönn et qui lui assurait le gouvernement des provinces du sud-ouest de la Norvège. Il livre à Haraldr la célèbre bataille de Hjörungavágr (au sud de l'actuelle Ålesund) et défait les Danois et les Wendes leurs alliés. Du coup, en 984 ou 985, Haraldr Blátönn est contraint de fuir devant son propre fils, Sveinn Tjuguskegg (Barbe double, ou : à la barbe fourchue), dont le pouvoir s'exerce sur tout le Danemark. Il semble que Sveinn ait eu très tôt l'ambition de s'assurer la même domination sur l'Angleterre.

986 est la date où l'on mentionne pour la première fois le nom du célèbre Norvégien Óláfr Tryggvason : c'est le type même du viking légendaire selon les cœurs les plus romantiques ! Très tôt, de nombreux historiographes se sont intéressés à lui. À l'époque moderne, on a trop souvent eu le tort de le confondre avec son homologue Óláfr Haraldsson (saint Óláfr), au moins aussi haut en couleur

36. Il fleurira de nouveau à l'époque romantique dans les œuvres du Danois Oehlenschlaeger, du Norvégien Bjørnson ou du Suédois Tegnér, entre autres.

37. C'est particulièrement le cas de l'Angleterre, depuis les Angles jusqu'aux occupants du Danelaw.

38. Le Schlesvig restera danois jusqu'en 1864.

que lui, ne serait-ce que parce que l'un et l'autre ont été des évangélisateurs énergiques. il faut donc prendre quelque distance vis-à-vis des aventures dont ses admirateurs le créditent — à commencer par Snorri Sturluson qui lui consacre une des plus belles sagas de sa *Heimskringla*. Óláfr Tryggvason serait un descendant de Haraldr hárfagri, qui aurait dû s'enfuir, tout jeune, avec sa mère, serait devenu esclave, puis, délivré contre rançon, aurait obtenu les faveurs d'une grande dame en Russie et aurait vécu, dans sa jeunesse, toutes les aventures dont nous créditons volontiers « le » viking. Ainsi, en 986, il aurait mené une attaque typiquement viking contre l'île de Bornholm. C'est peut-être lui qui commandait les Norvégiens, en 991, lors de la fameuse bataille de Maldon contre les Anglais : cet affrontement a suscité un poème en vieil anglais qui exalte l'héroïsme du chef de l'Essex, Byrhtnoth. Peut-être est-ce la première d'une série de batailles de grande envergure contre Ethelred the Unready (le Malavisé), pleutre s'il en fut jamais, qui accepta de verser aux vikings un danegeld de 10 000 livres, début d'une longue série dont le montant total atteindra, selon E. Albrectsen, 158 000 livres [39]. Cette pratique, nous le savons, était ancienne. La première mention en remonte à 810, date où les Frisons auraient versé 100 livres à Godfred. Les Français (845), les Bretons (847), Carloman (884), entre autres, avaient cru devoir recourir à ce moyen. Au cours du IXe siècle, au moins 44 250 livres d'or (une livre d'or valant de dix à douze fois une livre d'argent) sortirent ainsi des trésors carolingiens. Il faudra reparler des effets que cette mise en circulation de métal précieux devait avoir sur l'Occident.

Mais revenons aux Danois. En 994, ils lancent une attaque sur l'Elbe. La même année, une coalition qui regroupe Óláfr Tryggvason et Sveinn Tjuguskegg s'en prend à Londres, mais ne parvient pas à s'en emparer : les Anglais paient 16 000 livres leur tranquillité. Ce serait à cette occasion qu'Óláfr se serait converti au christianisme. Peu importent les circonstances : ce fait est capital. Non seulement en raison de ses implications religieuses et culturelles, mais aussi d'un point de vue

39. *Danmark i Oldtiden*, 1949, p. 154.

politique. Óláfr rentre en Norvège couvert de gloire et bien décidé à unifier le pays par le biais de la christianisation. Il posera ainsi les fondations d'un édifice dont, un peu plus tard, Óláfr Haraldsson voudra assurer la figure idéologique et politique. Car, quelles que soient les méthodes employées, Óláfr Tryggvason parviendra très vite à réaliser ses desseins. Il monte une expédition contre le jarl Hákon, qu'il bat, et devient donc seul roi de toute la Norvège. Il va bientôt épouser þyri, sœur de Sveinn. Notons au passage que c'est autour de 995 qu'a dû naître Óláfr Haraldsson inn digri (le Gros) qui sera un jour canonisé.

Les Danois, seuls, s'en prennent au Wessex qu'ils ravagent systématiquement de 997 à 999. Je ne saurais mieux faire que citer, pour 999, l'ouverture de l'*Anglo-Saxon Chronicle*. Elle permettra surtout au lecteur de comprendre pourquoi le malheureux roi anglais Ethelred a été surnommé the Unready, car on verra qu'il ne s'est jamais résolu à un affrontement ouvert :

> Cette année-là, l'armée [viking] de nouveau entra dans la Tamise et remonta le Medway jusqu'à Rochester. Leur fit face la troupe levée dans le Kent et une rude rencontre eut lieu : mais hélas [les Anglais] tournèrent les talons et s'enfuirent bien trop vite parce qu'ils n'obtenaient pas le renfort qu'ils auraient dû avoir, et les Danois prirent possession du lieu du crime, trouvèrent des chevaux et chevauchèrent en tous lieux comme il leur plaisait, détruisant et dévastant presque tout le Kent occidental. Alors le roi et ses conseillers décidèrent de marcher contre eux à la fois avec des forces navales et des levées territoriales, mais quand les bateaux furent prêts, on temporisa de jour en jour, ce qui harassa fort les malheureux marins qui équipaient les navires. Heure après heure, plus une chose était urgente, plus le délai d'une heure à la suivante était long, et pendant tout ce temps-là, on permettait aux ennemis d'accroître leurs forces ; et comme ils continuaient de battre en retraite depuis la mer, l'ennemi les serrait de près. Si bien que finalement, ces préparatifs sur mer et sur terre furent un échec complet et ne réussirent qu'à ajouter à la détresse du peuple, au gaspillage de l'argent et à l'encouragement de l'ennemi.

Un brusque revirement se produit vers l'an mille. À Svöldr, dans l'Øresund, à moins que ce ne soit au large de

Rügen, dans la Baltique, un formidable affrontement oppose Óláfr Tryggvason à une coalition où figurent Sveinn Tjuguskegg, Óláfr Skötttkonungr, roi des Suédois, et le jarl Eiríkr, fils de Hákon Sigurđarson. La partie est inégale, Óláfr Tryggvason se noie. On peut se demander pourquoi le roi suédois intervient dans cette affaire. Peut-être parce que þyri, femme d'Óláfr Tryggvason, avait d'abord été l'épouse du Polonais Boleslaw et qu'Óláfr aurait voulu récupérer le douaire de þyri ? Svöldr est un événement important : la défaite et la mort d'Óláfr Tryggvason font de Sveinn Tjuguskegg le roi du Danemark et de toute la Norvège !

En 1002, nouvelle attaque des Danois et des Norvégiens, qui forment maintenant un État unifié, sur l'Angleterre. Comme d'habitude, Ethelred verse un danegeld, de 24 000 livres cette fois. Il vient d'épouser Emma, sœur du duc Richard II de Normandie. Peut-être, disent les historiens anglais, est-ce sur les conseils du duc Richard qu'Ethelred donne, le 13 novembre 1002, l'ordre de faire assassiner tous les « Danois » d'Angleterre. Ce jour est celui de la Saint-Brice et il aura la même allure inexpiable que notre Saint-Barthélemy à laquelle il fait irrésistiblement penser. Non qu'il faille en grossir démesurément l'importance : en fait, peu de Danois du Danelaw furent exterminés, mais beaucoup de Scandinaves périrent, y compris des femmes et des enfants, ainsi que, selon la tradition, Dame Gunnhildr, sœur de Sveinn. Il n'en faudra sans doute pas davantage pour fournir un bon prétexte — la vengeance — et permettre de concrétiser les visées de Sveinn.

Car, de 1003 à 1005, le Danois multiplie les attaques sur l'Angleterre : au motif initial lucratif et, vraisemblablement, politique s'ajoute le droit sacré de vengeance. De nombreuses villes comme Exeter, Wilton, Salisbury, Norwich, Thetford sont mises à sac. Seul résiste victorieusement — le fait est notable ! — l'Anglo-Danois Ulfkell Skilling. Mais, une grande famine accablant l'Angleterre en 1005, Sveinn est forcé de rembarquer.

Il revient en 1006 pour exercer de nouvelles déprédations. Ethelred verse 36 000 livres en 1007. Les Danois partis, il essaie, mollement, de mettre en place un dispositif de défense qui rappelle un peu celui qu'avait aménagé avec succès Alfred de Wessex, mais qui restera inefficace, par manque de fermeté. Il commet en outre la sottise de nommer gouverneur de la Mercie un individu cauteleux, Eadric Streona, qui soutiendra sa propre cause mais non celle de l'Angleterre.

1009 est une date capitale. Cette année-là, et pour la première fois, les Scandinaves déclenchent une vaste attaque organisée sur l'Angleterre. Sveinn surgit avec une formidable flotte (à l'échelle de l'époque, et en ramenant aux proportions que nous avons suggérées les chiffres excessifs que fournissent chroniques ou annales ; indiquer un nombre de bateaux ou d'hommes me paraît toutefois impossible) qu'il commande avec un certain þorkell hávi (le Haut), peut-être un frère du jarl Sigvaldi dont il est amplement question dans la *Jómsvikinga saga* et dans l'entourage duquel figurent un certain Óláfr Haraldsson ainsi qu'un éventuel frère de þorkell, Hemmingr. Il est tentant de penser que cette armée sortait des camps d'entraînement que nous avons évoqués (*supra* p. 99) : Trelleborg, Aggersborg, etc., auxquels on peut sans doute ajouter Jómsborg, puisque l'archéologie les date de 970 au plus tôt, 1020 au plus tard. Ils pouvaient contenir quelque 5 000 hommes, ce qui nous fournit un ordre de grandeur. Nous avons des preuves que ces camps ont dû voir passer des mercenaires provenant d'autres pays scandinaves que le Danemark. Il ne faut jamais oublier le rôle que le mercenariat n'aura cessé de jouer dans le phénomène viking, qu'il s'applique aux intéressés eux-mêmes ou qu'ils l'aient utilisé à leurs propres fins. Il est clair, en tout cas, que Sveinn veut s'emparer du pouvoir en Angleterre. Il défait sans difficultés la « grande flotte » équipée à la hâte par Ethelred, et ses troupes se répandent dans tout le sud de l'Angleterre.

En 1010, les Danois livrent une bataille rangée aux Anglais à Ringmere : ils n'auraient pas dû la remporter, et ce pour diverses raisons, à commencer par l'inégalité flagrante des effectifs. Mais les Anglais sont divisés par leurs querelles intestines et ne parviennent pas à opposer un front uni. Ils cèdent donc le terrain, ce qui livre aux Danois toute l'East Anglia et plonge l'Angleterre dans un désarroi sans précédent. Lisons l'*Anglo-Saxon Chronicle* pour 1010 :

> Alors, ils [= les Danois] retournèrent à leurs bateaux avec leur butin ; et alors qu'ils se dispersaient pour aller à leurs

> bateaux, il eût fallu que les levées territoriales sortent et soient prêtes, pour le cas où ils [les Danois] chercheraient à revenir à l'intérieur du pays. Pourtant, les levées territoriales étaient en train de regagner leurs foyers. Et quand l'ennemi était à l'est, nos levées étaient convoquées à l'ouest ; et quand il était dans le sud, nos levées étaient dans le nord. Alors, tous les conseillers furent convoqués chez le roi, pour un plan de défense du royaume mais quel que fût le plan adopté, on ne le suivait même pas un seul mois. À la fin, il n'y avait plus de chef qui voulût lever des troupes, mais chacun fuyait du plus vite qu'il le pouvait ; et pour finir, il n'y avait plus même un comté qui voulût aider l'autre.

Il semble bien, en effet, que telle ait été la situation. Mais la prudence reste de rigueur. Prenons, par exemple, l'épisode, obscur à souhait, de Canterbury. Les Danois enlèvent la place en 1011 et mettent honteusement à mort un saint vieillard, l'archevêque Aelfeah. Ce fait paraît établi. Ce qui ne l'est pas, c'est l'interprétation qu'en donne une source peu sûre, *Encomium Emmae* : indigné par les circonstances de ce meurtre, þorkell hávi, qui était chrétien, serait passé dans les rangs d'Ethelred, et c'est pour se venger de cette trahison que Sveinn serait, revenu à la charge en 1014. La vérité, c'est que l'Angleterre, divisée, hésitante et épuisée, était une proie facile, le peuple accablé ne pouvant plus faire face ni aux brimades danoises ni aux tributs qu'exigeait le roi pour obliger les envahisseurs à rembarquer. En 1011, Ethelred aurait en effet promis, et versé, un danegeld de 48 000 livres !

Ouvrons une brève parenthèse : ce doit être en 1013 qu'Óláfr Haraldsson se fait baptiser à Rouen ; cela ne l'empêche pas d'aller faire le viking sur les côtes de Galice et d'Aquitaine, entre 1013 et 1015.

En tout cas, c'est en 1014 que Sveinn revient seul à la charge contre l'Angleterre. Cette fois, Ethelred s'enfuit en Normandie chez son beau-frère, voici Sveinn maître de l'Angleterre, qui le reconnaît pour unique roi. Mais il meurt cinq semaines après. Son fils, Knútr (Canut) le Grand (inn mikli), alors âgé de dix-huit ans, le remplace.

Knútr, qu'on surnommera le Grand, régnera de 1014 à 1035. Les débuts sont difficiles. Knútr est contraint de rembarquer pour le Danemark dès cette année 1014, car la noblesse d'Angleterre, qui vient d'apprendre la mort de Sveinn, rappelle Ethelred. D'ailleurs, Knútr a fort à faire au Danemark même pour s'assurer la succession de son père. Il bénéficie de l'alliance de son beau-frère, le jarl Eiríkr Hákonarson des Hlaðir qui a épousé sa sœur, Gyða, ainsi que de l'assistance de Þorkell hávi qui vient de repasser du côté des Danois.

En 1015, une fois rassuré du côté de ses États, Knútr repart à l'assaut de l'Angleterre, toujours incapable de surmonter ses divisions internes : Eadric Streona, notamment, joue un rôle équivoque. En 1016, Ethelred meurt de maladie. Son fils Edmund Ironside lui succède. Comme les Danois tentent d'assiéger Londres, sans succès, Edmund essaie de les déloger, mais en vain. Il parvient tout de même à surprendre l'armée de Knútr à Otford, et la bat. Knútr prend sa revanche à Ashingdon, en Essex, la même année, grâce à la trahison d'Eadric Streona. Cela lui donne à nouveau toute l'Angleterre. Mais comme Edmund demeure en vie et reste menaçant, le Danois compose : il lui concède le Wessex et garde pour lui le reste du pays. La malchance voulant que, toujours en 1016, Edmund meure alors qu'il n'a que vingt-deux ans, voici de nouveau Knútr seul roi de toute l'Angleterre, du Danemark et de la Norvège. Il a sous ses ordres le jarl Eiríkr de Norvège qui tient la Northumbrie, Þorkell hávi qui possède l'East Anglia et Eadric Streona qui garde la Mercie.

1016 est décidément une année importante. Laissons un instant les affaires anglaises et revenons à Óláfr Haraldsson : il met à profit l'absence du jarl Eiríkr, qui se trouve en Angleterre aux côtés de Knútr, pour écraser une coalition des autres chefs norvégiens à Nesjar, dans le fjord d'Oslo. Son principal rival, le jarl Hákon Eiríksson, figure parmi les vaincus. Óláfr, qui fut avant tout un génie politique de premier ordre et un esprit fort en avance sur son temps, s'établit à Niðarós. Vers la fin de l'année, il est roi de la plus grande partie de la Norvège. Il va, comme Óláfr Tryggvason avant lui, christianiser son pays. Il est évidemment très difficile de se faire une opinion précise de ses intentions, presque toutes les sources — nombreuses — qui nous parlent de lui relevant du genre hagiographique, avec les défauts inhérents. Mais l'extrême popularité qu'il connaîtra dès sa mort (1030), non seulement en Norvège mais dans tout l'occident, interdit, me semble-t-il, de contester l'authenticité de sa foi et de son zèle chrétien. Il se peut que le christianisme ait servi ses visées politiques (unification, centralisation, établissement d'une monarchie de droit divin qui coupe court à toutes les querelles d'ordre dynastique) et qu'il en ait usé avec habileté. Il n'empêche qu'il aura joué un rôle capital, tant pour la christianisation de son pays que par son action de législateur, professant, malgré tout, un goût prononcé pour la paix et la sécurité. Il rend aux þings locaux leur importance, il amende les codes de lois, il fait délibérément entrer son pays dans la civilisation occidentale en établissant une Église nationale, avec le concours de son ami, l'évêque Grimkell, et en instaurant une hiérarchie efficace. Qu'il ait dû pour cela bousculer les structures traditionnelles et battre en brèche, en particulier, l'antique autorité des grands boendr responsables de ce qu'il faut bien appeler l'arriérisme norvégien, c'était là une chose inévitable qui le mènera du reste à sa perte [40]. Mais l'effort qu'il aura accompli, avec une énergie et une intelligence politique évidentes, mettra un point final à l'âge viking en Norvège et assurera à ce pays une place solide dans le concert des nations européennes.

Nous nous sommes désintéressés un instant de l'Angleterre. Nous voici en 1017. Rappelons-nous que Knútr l'a divisée en quatre, mais il reprend peu après la Mercie, après avoir fait exécuter Eadric Streona. Cherchant à se concilier la noblesse locale, il épouse Emma, veuve d'Ethelred the Unready. Le principe des danegelds n'a pas disparu pour autant : ils n'ont guère perdu que leur nom, pour subsister sous forme d'impôts. Le record sera battu en 1018, année où sont ainsi versées 72 000 livres auxquelles s'ajoutent 10 500 livres pour Londres seule [41]. L'archéologie constate d'ailleurs une importante augmentation du

---

40. Voir la traduction par R. Boyer : *la Saga de saint Óláf*, *op. cit.*, en particulier l'introduction où ce problème est discuté en détail.

41. On ne s'étonnera pas de l'apparent désaccord entre ces chiffres et ceux qui ont été donnés plus haut. La disparité vient de ce que le calcul est fait en livres d'argent, comme ici, ou en livres d'or, comme plus haut.

nombre des pièces anglaises dans les trésors découverts en Scandinavie, entre le début du xe siècle et 1050.

1018 : Knútr a laissé le gouvernement du Danemark à son frère Haraldr, qui meurt cette année-là. Cet événement oblige Knútr à renvoyer sa grande flotte au Danemark et à s'embarquer lui-même pour s'assurer de la succession.

Marquons un nouveau temps d'arrêt : un peu comme Óláfr Haraldsson en Norvège, Knútr aura été un souverain de grande envergure au Danemark, qu'il aura pacifié comme les autres pays dont il sera roi plus ou moins longtemps. Ce fut aussi un législateur et un administrateur de premier ordre, capable d'édicter des lois pertinentes, tant anglaises pour les Anglais que danoises pour les Danois : plus restaurateur que novateur en ce domaine, son souci étant de retrouver, consolider et adapter d'anciennes structures plutôt que d'en inventer. Homme d'État déclaré, politicien habile, il sut se servir de l'Église pour asseoir son pouvoir en passant des accords avec le pape et l'empereur. Car ce fut aussi un excellent défenseur de l'Église : il fait canoniser saint Edmond et saint Aelphège (Aelfeah), redresse les monastères ruinés, fait consacrer des églises, encourage les pèlerinages à Rome, etc. Le parallèle avec Óláfr Haraldsson est éloquent. Il n'y a pas lieu de mettre en doute la foi de l'un plus que celle de l'autre. Nous nous trouvons devant des hommes intelligents qui avaient compris que la problématique de la modernité de l'époque passait par l'Église, mais cela n'autorise pas à douter de leur sincérité.

Knútr est reparti pour l'Angleterre après avoir confié, en 1024, la régence du Danemark au jarl Úlfr qui a épousé Ástriðr, sa sœur. Óláfr Haraldsson saisit l'occasion pour tenter d'obtenir l'indépendance de la Norvège. Il monte donc une coalition contre le Danemark avec Önundr Jakob, fils du roi de Suède Óláfr Sköttkonungr : ils signent un pacte d'alliance à Konungahella (aujourd'hui Kungahälla), à la frontière entre Suède et Norvège.

Le régent Úlfr semble avoir été un personnage peu sûr. On le soupçonne d'avoir favorisé plus ou moins ouvertement les ambitions d'Óláfr. De plus — faut-il parler de rivalités personnelles ? —, il tente de faire du propre fils de Knútr, Hörða-Knútr, le seul roi du Danemark.

Voici donc Knútr le Grand contraint de revenir d'Angleterre. Il s'ensuit une période particulièrement confuse ; en 1027 probablement, se déroule à Helgaá, en Scanie orientale, une grande rencontre dont les résultats ne sont pas clairs, si ce n'est qu'Önundr Jakob s'enfuit en Suède [42], qu'Úlfr sera traîtreusement assassiné, sur les ordres de Knútr, dans la cathédrale de Roskilde [43] et qu'Óláfr doit regagner la Norvège. Redevenu maître de la situation, Knútr s'assure de la fidélité des grands dignitaires (hersar) norvégiens et, en 1028, s'embarque pour la Norvège. Óláfr Haraldsson, comprenant la vanité de toute résistance, s'enfuît en Russie chez Jarizleifr Valdamarson (Jaroslaw), qui lui offre l'hospitalité. Knútr confie alors la Norvège au jarl Hákon Eiríksson et rentre une nouvelle fois en Angleterre après avoir remis le gouvernement du Danemark à son fils Hörđa-Knútr. Nous avons conservé une lettre énigmatique, de 1027, adressée au peuple anglais, qui qualifie Knútr de *Rex totius Angliae et Dennemarchiae et Norregiae et partis Suavorum*. Ce dernier élément pose problème : faut-il entendre que la Scanie et le Blekinge étaient considérés comme se trouvant dans la mouvance suédoise ? Ou doit-on lire Slavorum pour Suavorum ? Mais alors, pourquoi ? De quels Slaves s'agit-il : les Wendes, voisins du Danemark à l'est, ou les Russes de Novgorod ou les Polonais, les uns et les autres en raison de liaisons familiales ? Quoi qu'il en soit, ce document établit clairement les prétentions du Danois à une large hégémonie sur les pays riverains de la mer du Nord et de la Baltique, et traduit certainement une ambition consciente.

Nous voici en 1029. Le jarl Hákon Eiríksson, régent de Norvège, se noie. Knútr envoie aussitôt son fils naturel Sveinn, né de sa concubine Aelgifu, prendre la tête du royaume.

Mais, en 1030, Óláfr rentre de Russie en Norvège pour reprendre son royaume, et tente de rallier ses partisans. Il n'y parviendra pas. Pour les raisons que l'on a dites,

---

42. On n'oubliera pas que la Scanie fait partie du Danemark et ne passera à la Suède qu'au XVIe siècle.

43. Si le lecteur veut découvrir une affabulation savoureuse de ces événements, qu'il lise, dans son style inimitable, *la Saga des Fiers-à-Bras*, de Halldór Laxnes, traduction française de R. Boyer, Aix, Pandora, 1979.

les grands boendr, les hersar aux antiques prérogatives n'admettent pas ses menées modernistes et absolutistes. Ils parviennent à dresser le peuple contre lui. Le 29 juillet 1030, il est battu et tué à Stiklarstaðir, dans le Trøndelag. La postérité ne l'oubliera pas, il passera très vite pour un saint et sera canonisé. Popularité qui contribuera à assurer, en 1035, son remplacement par son fils Magnús, dit le Bon, hinn góði, que l'on enverra chercher en Russie chez Jarizleifr. Mais Knútr reste de nouveau seul maître à bord.

Pas pour longtemps : il meurt le 12 novembre 1035 en Angleterre ; il sera enterré à Winchester.

1035 marque la fin de l'empire, à vrai dire trop dispersé et disparate, que Knútr le Grand avait, vaille que vaille, réussi à rassembler. Les séquelles seront vite énumérées. En Angleterre, un fils illégitime de Knútr (avec Aelgifa), Haraldr Harefoot, remplacera son père et sera élu roi en 1037. En Norvège, Magnús hinn góði expulse Sveinn et Aelgifa, et se fait proclamer roi. Au Danemark, Hörða-Knútr règne. Les trois royaumes sont donc de nouveau séparés. Quant à la reine Emma, elle sera exilée en Flandre en 1037. C'en est fini de l'épopée de Knútr le Grand, dont on notera qu'elle ne fut possible, indépendamment de la réelle valeur de ce souverain, qu'à cause de la confusion extrême régnant dans tout le nord de l'Europe pendant ces années-là. Certes tout n'est pas encore clair, on va le voir, mais le lecteur pourra se demander s'il s'agit désormais d'événements qui, *stricto sensu*, relèvent encore du phénomène viking.

La dernière période 1035-1056, est celle de la « liquidation ». L'échiquier politique va en effet connaître des bouleversements inattendus. Ainsi, par un amusant retournement de situation, c'est la Norvège qui, cette fois, se trouvera sur le pavois.

Partons de 1038 : Hörða-Knútr, qui règne sur le Danemark, a de bonnes raisons de s'estimer dépossédé de l'Angleterre par son demi-frère Harald Harefoot. Il conclut donc un accord avec Magnús Óláfsson (le Bon) de Norvège pour aller reconquérir l'Angleterre et y recouvrer ses droits. Or, en 1040, Haraldr Harefoot meurt de maladie. Aussitôt, Hörða-Knútr se rend en Angleterre et exige un danegeld de 32 000 livres qui lui sera versé en 1041. En 1042, lui-même meurt subitement au cours d'une beuverie. Selon les termes de l'*Anglo-Saxon Chronicle* : « Cette année-là, Hörða-Knútr mourut alors qu'il était à boire, et il tomba soudain sur le sol dans d'horribles convulsions. Ceux qui étaient auprès s'emparèrent de lui, mais il ne retrouva jamais la parole et trépassa le 8 juin. » La conclusion est inattendue : le trône d'Angleterre et celui du Danemark sont vides. Magnús Óláfsson s'attribue donc celui du Danemark, tandis que les Anglais élisent roi Édouard le Confesseur, fils d'Ethelred the Unready et d'Emma. Magnús Óláfsson, qui entend privilégier son propre royaume, institue comme régent du Danemark son cousin Sveinn Úlfsson (habituellement appelé Estridsen, d'après sa mère), le fils de cet Úlfr que Knútr le Grand avait fait assassiner à Roskilde.

L'année suivante, 1043, les Wendes, dont nous avons parlé à plusieurs reprises, rentrent en scène. Ils menacent le Danemark. Magnús organise contre eux une expédition punitive au cours de laquelle il prend et détruit Wollin — qui est peut-être, rappelons-le, la Jómsborg de la saga. Il n'en a pas fini pour autant avec les Wendes qui envahissent le Jutland : il leur livre à Lyrskov Hede une bataille dont il sort vainqueur.

Il nous reste à faire paraître à l'avant-scène celui qui fut sans doute le dernier viking selon notre imagerie romantique, Haraldr harðráði, Haraldr l'Impitoyable, celui qu'Adam de Brême appelle « l'éclair du Nord ». Et quelle envergure aussi, quelle aura de légende ! Snorri Sturluson ne s'y est pas trompé, qui lui consacre la saga la plus enlevée de sa *Heimskingla*. C'est un demi-frère de saint Óláfr, qu'il a aidé à reconquérir la Norvège [44]. Présent à Stiklarstaðir où il fut blessé, on le trouve à Byzance, peut-être chef des Varègues du basileus. Avec cela, brave, rusé, aimé des belles. Et grand amateur de poésie, excellent scalde lui-même. Nous allons voir de quelle façon il aura sans le vouloir infléchi durablement le cours de l'Histoire.

Nous le trouvons en 1045, au moment où, rentré de Byzance, il débarque en Suède. Il s'allie à Sveinn Estridsen pour ravager la Sjaelland et Fyn (la Fionie). Mais

44. Voir note 40 *supra*.

comme Magnús le Bon meurt (peut-être d'une chute de cheval) en 1047, Sveinn Estridsen est proclamé roi du Danemark — et le restera jusqu'à sa mort, en 1074. Du coup, Haraldr harđráđi se retourne contre lui. C'est le début d'une longue guerre qui ne se terminera qu'en 1064, quand Haraldr aura reconnu Sveinn pour roi du Danemark. Au cours de ces hostilités, Haraldr pillera puis détruira par le feu Hedeby, en 1050. Mais revenons à 1047 : Haraldr s'est proclamé roi de Norvège en remplacement de Magnús. Comme son demi-frère, il va essayer de réunifier le royaume, avec des fortunes diverses.

Ramenons maintenant l'éclairage sur l'Angleterre. Édouard le Confesseur est parvenu, en 1052, à se débarrasser du parti anglo-danois qui contrariait ses visées anglaises. Or, il meurt le 5 janvier 1066. Lui succède Harold Godwinson de Wessex.

1066 est une date assez célèbre dans l'histoire de l'Occident pour qu'il ne soit pas indispensable de s'y arrêter longuement. Je me contenterai donc de mettre en lumière un élément capital trop souvent négligé. Harold est devenu roi, mais Haraldr harđráđi ne l'entend pas de cette oreille : il estime avoir de légitimes prétentions sur le trône d'Angleterre. Il monte donc une imposante expédition contre l'Angleterre, atterrit non loin d'York et marche sur la ville. Pour se mettre en appétit, il défait les armées des earls Edwin de Mercie et Morcar de Northumbrie.

C'est ici que se situe l'événement capital, plus important encore que Hastings qui n'en est que la conséquence. Le roi Harold Godwinson est monté du sud de l'Angleterre avec sa fameuse armée d'élite, les housecarles, afin de tenter de mettre un terme aux exactions de Haraldr harđráđi. L'affrontement a lieu près d'York, à Stamford Bridge. Les Norvégiens sont hors d'état de s'imposer aux housecarles qui font une véritable hécatombe : Haraldr harđráđi lui-même y laisse la vie [45], le 25 septembre 1066.

Sur ces entrefaites, Harold apprend que Guillaume le Bâtard de Normandie (Guillaume le Conquérant) vient

45. Disons pour compléter qu'il sera remplacé en Norvège par ses fils Óláfr kyrri (le Débonnaire) et Magnús Haraldsson, Oláfr régnant seul à partir de 1093.

de débarquer avec son armée dans le sud de l'Angleterre — j'ai dit que cette importante page de l'Histoire ne concernait plus le phénomène viking. Il est donc obligé, avec ses housecarles, de redescendre à marches forcées pour se porter à la rencontre de ce nouvel ennemi. On connaît la suite : le 14 octobre 1066, Guillaume écrase Harold à Hastings et s'ouvre ainsi la voie vers le trône d'Angleterre. Il me paraît certain que, si Harold n'avait pas dû, d'abord, monter à Stamford Bridge livrer une rude bataille, si Haraldr harðráði n'était pas intervenu dans l'Histoire, la bataille de Hastings aurait pu connaître une tout autre issue, risquons la formule : la face de l'Histoire européenne en eût été changée, rien ne permettant de penser que les housecarles n'auraient pas été capables de tenir tête à l'envahisseur.

Stamford Bridge marque en tout cas la fin des prétentions scandinaves sur l'Angleterre. On peut admettre aussi que cette date conclut l'ère viking. Car la suite est sans ambiguïté. Indiquons rapidement les ultimes retombées de l'affaire : en 1069, Sveinn Estridsen envoie en Angleterre une flotte commandée par deux de ses frères. Guillaume le Conquérant fait en sorte qu'elle ne puisse agir, en mettant à sac le Danelaw : ainsi, les Danois ne pourront y subsister. Leur flotte sera contrainte de repartir sans avoir rien tenté. Une nouvelle expédition navale danoise, qui aurait compté 200 navires, est montée contre l'Angleterre en 1075 : elle croise devant le Yorkshire, mais Guillaume l'élimine rapidement. En 1085, l'affaire paraît plus sérieuse. Knútr II le Saint rassemble avec son beau-père, le comte Robert de Flandre, et le Norvégien Óláfr kyrri (le Débonnaire), une flotte dans le Limfjord : il lance une expédition contre l'Angleterre, mais une révolte interne fera tout échouer et Knútr y laissera la vie. L'ultime retombée date de l'extrême fin du XIe siècle ou du début du XIIe siècle : Magnús le Déchaux (berfoettr) se rend dans les Hébrides et les Orcades, redescend sur l'île de Man et le Pays de Galles, mais il trouve la mort en Irlande. C'en est fini à jamais des prétentions danoises et norvégiennes sur la Grande-Bretagne. Ces dernières tentatives n'ont d'ailleurs plus rien de viking, elles relèvent d'un autre âge et, pour nous, marquent la fin de cette histoire.

Du sort de quelques enclaves vikings

Afin d'être complet, nous pouvons cependant récapituler ce qu'il faut savoir du sort de quelques enclaves vikings.

L'Irlande et la part celtique de la Grande-Bretagne offrent ainsi un bon exemple du phénomène, plusieurs fois relevé, de récupération locale après assimilation en profondeur de l'élément scandinave. Nous avons déjà remarqué le cas typique d'Óláfr Kvaran qui mourra moine au monastère d'Iona en 981.

Vers l'an mille, le jarl Sigurđr le Gros (digri) contrôle à lui seul, après son mariage avec la fille du roi écossais Malcolm, non seulement les Orcades sur lesquelles règne une vieille dynastie de jarls norvégiens [46], mais aussi les Hébrides et Man.

Vers 980, la succession en Irlande d'Óláfr Kvaran a été assurée par son fils Sigtryggr Silkiskegg (Barbe de Soie), mais il ne se trouvera personne pour s'opposer à l'ascension et aux efforts de reconquête de Mael Seachlainn, au nord, et surtout de Brian Boru (ou Boroimhe : le Tribut), au sud. Quoique de petite extraction, ce dernier finira par détrôner l'ard-rí (roi suprême) Mael Seachlainn II, en 1002, et unifiera tout le pays, en levant force tributs, d'où son surnom ! Nous avons là, une fois de plus, une particularité du phénomène viking : une nouvelle accession, irlandaise en l'occurrence, au sentiment d'unité nationale. En 1014, au moment précis où, profitant de la mort de Sveinn Tjuguskegg, les Scandinaves tentent de s'assurer la suprématie sur le monde anglo-saxon, et y réussissent pour un temps avec Knútr le Grand, une coalition menée par Sigtryggr Silkiskegg, le jarl Sigurđr Digri des Orcades, Bróđir de l'île de Man et Maelmordha de Leinster, essaie, selon toute vraisemblance, d'exploiter les circonstances pour s'assurer le contrôle de l'Irlande. Ils affrontent à Clontarf, en mars 1014, Brian Boru assisté de son fils Murdach, de Mael Seachlainn II et d'Óspakr de Man. La réalité des événements reste mal connue, ce haut fait ayant été déformé à plaisir par la tradition his-

46. Voir la traduction par Jean Renaud de *la Saga des Orcadiens*, Paris, Aubier, 1990. Rappelons que Hrólfr (Rollon) a de bonnes chances de descendre de ces jarls.

torique et poétique. Toujours est-il que Brian, comme le dit la *Saga de Njáll le Brûlé*, remporte la victoire mais perd la vie, ainsi que le jarl Sigurđr [47]. Cette victoire irlandaise consacre la fin de la politique conquérante des Scandinaves dans l'île. Ils n'en seront cependant pas expulsés, demeurant longtemps dans les villes où ils resteront connus sous le nom d'Ostmen (hommes de l'Est). On peut préférer à 1014 la date de 1052, lorsque Diarmaid de Leinster reprend définitivement le royaume de Dublin. Il reste qu'à partir de 1014, il n'y a plus de véritables entreprises « vikings » en Irlande.

Notons encore que, vers 1050, le jarl Þorfinnr des Orcades, descendant du roi Malcolm d'Écosse, entreprend l'ascension qui finira par faire de lui le souverain de la partie nord-ouest de l'Écosse. Il n'y a pas à s'attarder non plus sur les faits et gestes d'un certain Godred Crovan qui, entre 1080 et 1095, semble avoir plus ou moins régné sur Dublin et le Leinster. Nous sommes en terrain celtique et des mouvements de ce genre relèvent de l'histoire locale plus que du phénomène scandinave. Notons cependant la civilisation originale, de type mixte, qui a vu le jour dans l'île de Man et dont témoignent les célèbres croix ornées d'inscriptions runiques.

N'oublions pas de dire un mot d'un phénomène qui, s'il ne relève plus de l'histoire viking, manifeste néanmoins la persistance d'un esprit d'aventure et d'installation que nous connaissons maintenant fort bien : il s'agit des incursions, à partir de la Normandie française [48], de mercenaires qui partent chercher fortune en Italie méridionale et en Sicile, et qui parviendront, dès 1029, sous la conduite d'un certain Renoulf, à s'y faire concéder un fief. À partir de 1047, après diverses tentatives similaires mais dispersées, un aventurier de génie, Robert Guiscard, s'emparera de la Campanie, attaquera les Byzantins, prendra Reggio, Bari et la Sicile, en 1060.

---

47. Voir le chapitre 157 de cette saga.

48. Insistons : c'est là un fait normand de Normandie, non scandinave, ni, *a fortiori*, viking.

Les Suédois

Il nous reste à examiner l'Histoire sur le front est, c'est-à-dire à étudier le sort des Suédois.

Nous les avons laissés « invités » à prendre le pouvoir à Novgorod et à Kiev. Ils s'y sont installés et Helgi-Oleg a soumis tout le territoire « rūs ». Il a été remplacé par Ingvarr-Igor qui a eu un fils, Sviatoslav, lequel a donné à son fils Valdimarr-Vladimir l'État de Novgorod et à son autre fils, Jaropolk, celui de Kiev.

Cette période va marquer, ici comme ailleurs, la liquidation ou, plus exactement, l'absorption de l'élément scandinave en Russie. Nous suivrons ce processus en remarquant toutefois, comme H. Arbman [49], qu'il subsiste des « trous », tant dans la chronologie des princes de Novgorod que dans celle des seigneurs de Kiev.

Voyons d'abord la carrière de Vladimir, dit le Grand, ou encore saint Vladimir, qui régnera de 980 à 1015. Son nom, en slave, signifie qu'il est le souverain qui règne. Le vieux norois traduit à peu près la même idée : glorieux par son pouvoir. L'homophonie est plus que troublante ! Il s'agit d'une personnalité intelligente, puissante, despotique, et son influence, toute littérature hagiographique mise à part, a évidemment été déterminante. Souvenons-nous cependant qu'un de ses premiers gestes consista à faire assassiner son frère Jaropolk pour réunir les deux États rūs et leur donner comme capitale Kiev.

Génie politique très sûr, à l'image des deux Óláfr (Tryggvason puis Haraldsson) en Norvège, il a très vite compris le rôle unificateur de la religion. C'est sans doute la raison pour laquelle, en 982, il embrasse le catholicisme, et déploiera ensuite une formidable énergie à faire construire des églises, christianiser les peuplades qu'il gouverne, sans tenir compte de leurs origines ni de la diversité des paganismes qu'elles professent. Il fera de Novgorod et de Kiev des communautés chrétiennes vivantes et c'est lui qui imposera à son Église la langue slave, dans sa version ancienne, évidemment. Il ouvre ainsi la future Russie à l'influence byzantine : on sait l'importance de cette déci-

49. H. Arbrnan : *The Vikings*, London, 1961.

sion, non seulement pour la religion, mais aussi pour l'éducation, la culture, l'art et le commerce. La cause immédiate de cette conversion fut sans doute l'aide militaire importante qu'il apporta à l'empereur Basile II Bulgaroctonos, afin de mater la rébellion de Bardas Phocas. En remerciement, Basile lui donnera sa sœur en mariage — non sans réticence de la part de l'intéressée, en raison du grand nombre de concubines ou de femmes-esclaves de Vladimir ! Vladimir sera néanmoins canonisé après sa mort, en 1015. Toutes querelles partisanes mises à part, il reste difficile de décider s'il faut le considérer comme un personnage encore scandinave ou déjà slave.

Précisons que, dans ses entreprises, il a bénéficié d'une sorte de consensus, non seulement européen, mais également panscandinave : il ne fait rien d'autre dans ses États que ce que ses contemporains danois et norvégiens accomplissent dans les leurs, et plus encore les suédois. Autour de l'an mille règne en Suède Óláfr Sköttkonungr Eiríksson, personnage que nous avons déjà rencontré, plutôt énigmatique, faute d'une documentation suffisante sans doute, mais qui doit avoir été l'unificateur de son royaume car il est le premier à être appelé *Rex Sveorum Gothorumque*. Ce fut certainement un grand souverain : nous l'avons vu s'allier avec Sveinn Tjuguskegg et le jarl Eiríkr Hákonarson contre Óláfr Tryggvason. Tout donne à penser qu'il a embrassé le christianisme, mais sans parvenir à le faire adopter par son peuple, pour des motifs qui me paraissent d'ordre géographique (les distances sont immenses en Suède et les communications particulièrement malaisées à l'époque) plutôt qu'en raison de véritables résistances païennes. Quoi qu'il en soit, la politique d'Óláfr vise clairement à faire entrer son pays dans le concert des nations européennes. Peut-être aussi parce que la Russie de Vladimir s'était définitivement détachée de sa souche d'origine pour se constituer en une entité autonome.

Nous avons quitté cette Russie en 1015. Suit un bref interrègne. Jaroslav, surnommé le Sage, accède au pouvoir après son père, en 1019, et le gardera jusqu'en 1054. Il siège à Kiev et fera preuve d'une rare énergie. Il demeure tout à fait conscient de ses origines suédoises : il épousera Ingigerdr, fille d'Óláfr Sköttkonun ; il accueillera et secondera de son mieux Óláfr Haraldsson lorsque celui-ci sera forcé de s'exiler, et c'est lui qui offrira un refuge au fils d'Óláfr, Magnús le Bon. De même, il hébergera Haraldr harđráđi après la bataille de Stiklarstađir, lui trouvera un poste de commandement dans son armée, fera de lui son homme lige et finira par lui donner en mariage sa fille Elizabeth. On ne saurait avancer meilleur argument, me semble-t-il, pour montrer à quel point les Rūs restaient conscients de leurs attaches scandinaves : des considérations purement géographiques ou politiques ne sauraient justifier une telle sollicitude. En revanche, nous ne serons pas surpris de retrouver une politique à la fois européenne et internationale dans la façon dont Jaroslav (Jarizleifr pour les sources noroises) marie ses enfants : une autre de ses filles à André Ier de Hongrie, une autre encore, Anne « de Kiev », à Henri Ier de France, quatre de ses fils épousant des princesses nobles de Byzance ou d'Allemagne. Décidément, nous sommes sortis des petits « bricolages » de l'époque purement viking.

La grande affaire de Jaroslav fut de pacifier ses États. D'abord contre les Petchenègues qu'il écrase vers 1030 : en action de grâces, il fait ériger la première cathédrale russe, l'église Sainte-Sophie de Kiev, peut-être sur le modèle de celle de Constantinople. Puis, il se retourne contre les Chud', au nord, qu'il contraint à demander la paix. Il parvient ainsi à assurer la sécurité de la route du Dniepr, dont nous savons l'importance pour le commerce. Jaroslav fut également un grand roi civilisateur et législateur. Il développe considérablement Kiev et c'est à partir de son règne que la ville connaît le prestige que l'on sait, avec ses écoles et ses monastères. Il tente aussi d'imposer un système uniformisé de législation.

Il ne commet qu'une seule maladresse, en 1043, quand il tente une expédition malheureuse contre Byzance, et y perd sa flotte.

La fin de son règne marque le terme de l'influence du monde scandinave sur le monde slave. Vers 1050, on peut dire que l'assimilation complète est, là aussi, chose faite. Il reste à préciser, pour mettre un terme à des controverses dont nous avons suivi les avatars durant plus de deux siècles, que la présence suédoise en Russie aura été responsable parfois de la naissance, et à coup sûr de l'essor de villes importantes : outre Kiev et Novgorod, Beloozero, Izborsk, Polotsk, Rostov, Smolensk, Byelosersk, Chernigov et Murom. Nous disposons d'ailleurs d'un bon « baromètre » des activités rūs avec le nombre de monnaies soufiques retrouvées dans les tombes de Birka [50] :

date des pièces	nombre
700-750	12
750-800	14
800-850	17
850-890	4
890-950	42
950-	1

Indiquons enfin qu'en 1068, une nouvelle et décisive intervention des Petchenègues isolera définitivement le monde slavo-scandinave de la Baltique. Désormais, la Russie sort du cadre de notre étude. Mais je ne quitterai pas Jaroslav avant d'avoir noté encore deux faits.

Le premier est mystérieux et romantique à souhait. C'est la fameuse expédition, vers 1040, d'Ingvarr inn víđförli (le Grand Voyageur, il donnera lieu également à une saga islandaise du type légendaire [51]), qui partit de Suède pour aboutir au Serkland — dénomination aussi vague que sa traduction courante : pays des Sarrasins — où il périt avec son armée. Nous ne savons pas grand-chose de cet événement, mais ce dut être une prouesse formidable, à en juger par le nombre des inscriptions runiques qui le commémorent — presque une trentaine, à peu près toutes dans la région du Mälar, en Suède. Les « pierres d'Ingvarr » mentionnent régulièrement qu'Un tel est mort « à l'Est avec Ingvarr », en Estonie, en Serkland [52],

---

50. Je reprends ces chiffres à Ph. Sawyer : *The Age of the Vikings*, *op. cit.*, p. 176.

51. Voir la traduction anglaise et une excellente présentation, qui prend toutes les précautions à l'égard de l'historicité de ce texte et d'autres apparentés, par Hermann Pálsson : *Vikings in Russia. Yngvar's Saga and Eymund's Saga*, Edinburgh, 1989. Hermann est connu pour ses positions hypercritiques ; il aura beaucoup fait pour « démythifier » les vieux textes norois ; mais sa réflexion est à la fois pertinente et utile.

52. Notez que ce mot peut aussi venir du latin *serica*, la soie, vieux norois *silki*, ou encore, sans parler des Sarrasins du latin *Sarraceni*, de la ville de Sarkel, sur le Don. Il paraît raisonnable de situer le Serkland au sud-est de la Russie, en Turkestan, Iran, etc.

etc. Le désastre final qui paraît avoir marqué cette expédition a probablement eu lieu du côté de Bagdad. L'inscription de Gripsholm dit en effet : « Tola fit ériger cette pierre à la mémoire de son fils Haraldr, frère d'Ingvarr :

Ils allèrent vaillamment
au loin chercher de l'or
et dans l'Est
donnèrent de la pâture à l'aigle,
Moururent dans le Sud
En Serkland. »

Il s'agissait évidemment d'une expédition navale à but lucratif. L'aura légendaire dont elle a été entourée illustre bien le prestige que conservaient ces fantastiques aventures aux yeux des vikings de cette dernière génération. On pourrait probablement dire la même chose à propos d'une seconde expédition du même genre, menée par un certain Frøygeirr — peut-être un chef de la garde varègue — qui dut mourir en Estonie, également vers 1040, mais nous n'en savons pas assez pour développer le sujet. En somme, pour reprendre une suggestion déjà faite ailleurs, ces fabuleuses incursions s'inscrivent dans la logique des mouvements vikings vers l'est, symétriquement aux déplacements vers l'ouest des éventuels découvreurs du Vinland.

Le second point que je voudrais évoquer concerne une fois encore Haraldr l'Impitoyable (harðráði). Il séjourna en Russie chez Jaroslav, et prit sans doute part à la campagne de Pologne en 1031. Nous savons qu'il fut Varègue, en 1034, peut-être comme chef de ce corps d'élite. Nous avons dit la complaisance avec laquelle Snorri Sturluson (confirmé par un écrit anonyme grec d'environ 1075, le *Livre des conseils à un empereur*) s'étend sur les hauts faits de Haraldr, ses combats en Méditerranée, en Palestine, en Sicile et en Bulgarie : l'impératrice Zoé en aurait même volontiers fait son époux !

Qu'il s'agisse de Haraldr ou d'Ingvarr, ils me fournissent une excellente conclusion au présent chapitre puisqu'ils semblent cumuler héroïsme intempérant et aventures légendaires. Pour citer Gwyn Jones auquel ces pages doivent beaucoup, ils alimentent à merveille notre mythe viking : ils représentent « l'essence du viking qui vivait de rapine et de guerre, croyait au renom, à la richesse et à la puissance, et employait bons et mauvais moyens pour les obtenir[53] » ! En ce qui me concerne, toutefois, je n'ai cessé de montrer que cette image, sans être radicalement fausse dans tous ses détails, est notoirement incomplète. Dans l'énumération que fait G. Jones, je retiens le mot « richesse » et reste persuadé que ce fut là la motivation majeure de ces aventuriers. Il suffit de voir comment, partout où ils se sont fixés, les vikings ont été des facteurs de remise en ordre et d'éclosion — en Russie comme ailleurs —, pour estimer que l'on ne peut les tenir pour de simples fiers-à-bras « vivant de rapine et de guerre ». Peut-être faut-il les créditer d'un dynamisme et d'une énergie peu communs à l'époque. C'est ce qui leur aura donné ce prestige et aura également suscité ces craintes dont les chroniqueurs ont tant parlé. On aura cependant noté que ces terreurs ne sont jamais le fait des observateurs qui les ont vus vivre à l'est, alors que tout donne à penser qu'ils ne s'y sont pas conduits autrement qu'en Occident.

Mais un mythe est un mythe et celui-là a la vie particulièrement dure. Voyez quel est le jugement d'un des meilleurs historiens britanniques actuels, pourtant l'un des mieux documentés et des plus prudents. S'abstenant des outrances ou des déformations complaisantes, ses divers ouvrages comptent parmi les plus équilibrés qui soient. Mais il faut qu'un élément extraordinaire, une atmosphère exceptionnelle entourent le phénomène et Ph. Sawyer, qui refuse à juste titre de faire des vikings des surhommes, tient cependant à voir en eux... des croisés remarquables : « L'âge des vikings commença quand les Scandinaves attaquèrent l'Europe occidentale et il se termina quand ces attaques cessèrent. Une fois que l'Ouest leur fut fermé, les Scandinaves furent forcés de chercher de nouvelles façons d'acquérir renom et fortune, et beaucoup le firent en tant que croisés. Certains, comme le roi norvégien Sigurđr [c'est-à-dire Sigurđr Jórsalafari, qui fit effectivement le pèleri-

53. *A History of the Vikings, op. cit.*, pp. 405-406.

nage de Jérusalem, d'où son surnom] à Jérusalem, tandis que d'autres suivaient la tradition plus " viking " en se croisant contre les Slaves, Baltes et Finnois qui étaient encore païens[54] ». Retombée inattendue où subsiste la volonté de faire des « pirates du Nord » des guerriers intrépides et sans égaux.

54. *Kings and Vikings*, *op. cit.*, p. 6,

DEUXIÈME PARTIE

CIVILISATION

Dans cette deuxième partie, J'essaierai de donner une idée de ce qu'il faut résolument appeler la civilisation viking, dont j'ai noté au début de ce livre qu'elle seule était finalement responsable du phénomène viking dans son ensemble. Répétons-le : si les Scandinaves ont pu, en quelque sorte, imposer leur présence au monde de leur époque, s'y installer et fonder des États stables, c'est qu'ils véhiculaient des valeurs et des structures solides. La civilisation scandinave était différente de ses contemporaines et son dynamisme s'explique certainement par l'état d'achèvement auquel elle était parvenue. Il vaut donc la peine de l'étudier de plus près [1].

---

1. Les chapitres qui vont suivre entendent donner une idée d'ensemble de la civilisation scandinave, sans en négliger aucun aspect. Le sujet est vaste et a rarement été traité de manière intégrale, le modèle du genre restant P.G. Foote & D.M. Wilson : *The Viking Achievement*, London, 1970, nombreuses rééditions. Ces développements risquent de faire parfois double emploi avec deux autres ouvrages de l'auteur du présent livre : *la Vie quotidienne des Vikings (800-1050)*, Paris, Hachette, 1992, nombreuses rééd. et *L'Islande médiévale*, Paris, Les Belles Lettres, 2001, bien que les perspectives diffèrent d'un livre à l'autre. En fait, ces trois ouvrages devraient se compléter.

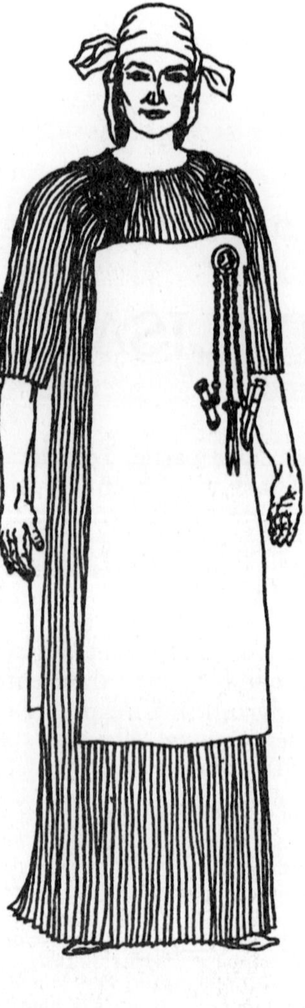

V

LES STRUCTURES DE LA SOCIÉTÉ VIKING

J'aurai à reprendre ici des idées déjà partiellement exposées à propos de l'Islande [2]. Toutefois, on n'aura pas oublié que l'île des sagas constitue un microcosme particulier, hautement original, et que l'on ne peut tenir pour paradigmatique en raison de sa nature « mêlée ». Le présent chapitre entend s'intéresser à la Scandinavie ancienne dans sa globalité. S'il apparaît nécessaire de reprendre quelques points déjà exposés à propos de l'Islande, la perspective en sera différente.

La société

Une des originalités incontestables de la société nordique ancienne tient à sa structure que domine la notion de bóndi. Il est nécessaire, me semble-t-il, de revenir sur des notions, jusqu'à ce jour trop négligées. Je veux parler de la fameuse tripartition esclaves — hommes libres — jarls

---

2. *Supra*, pp. 194 et sq. Il est incontestable que l'Islande ne s'est pas alignée sur les autres pays scandinaves, notamment la Norvège d'où sa population purement scandinave provenait en majorité. Je ne crois pas qu'il faille en tirer des conclusions hâtives. Deux points suffisent à expliquer cette différence et cette originalité : d'abord, comme on l'a dit plusieurs fois, l'apport celtique qui a pu contrarier (ou équilibrer), voire annuler l'apport germanique ; ensuite et surtout, le petit nombre des habitants.

(ou rois), qui, si elle a attiré l'attention de Georges Dumézil, exige d'être soigneusement reconsidérée. Tout comme, pour rester dans l'optique dumézilienne, le prétendu trifonctionnalisme qui régirait la religion des vikings. J'ai le sentiment que nous avons là un bon exemple de projection d'idées préconçues sur une réalité sollicitée pour les besoins de la cause, et qu'il importe de réviser certaines notions considérées comme acquises. De même que j'ai dû récuser les notions trop rapidement tenues pour bien établies de démocratie ou de république, appliquées à l'Islande, je crois qu'il faut réexaminer nos sources pour apprécier les structures sociales de la Scandinavie ancienne.

La difficulté vient d'un des poèmes de l'*Edda poétique*, la *Rígsþula*, qu'a commentée, entre autres, G. Dumézil. C'est un texte passablement obscur et impur, et énigmatique à plus d'un égard [3]. La version la plus ancienne que nous en possédions ne remonte pas au-delà du XIVe siècle, même si les hypothèses vont bon train, qui voudraient parfois le faire remonter à trois siècles plus tôt. Et, surtout, la preuve paraît être bien établie que ce poème témoigne d'influences, pour ne pas dire d'une imprégnation, tout à fait celtiques. À commencer par son titre : la *Rígsþula* est l'énumération (ou le catalogue : þula) des descendants qu'aurait eus le dieu Rígr (que l'on nous donne pour l'équivalent du dieu, bien scandinave, lui, Heimdallr). Or Rígr est l'irlandais rí, roi, selon un vieux thème indo-européen (qui a aussi donné rex, d'où roi) qu'on ne rencontre pas en vieux scandinave sous cette acception.

L'argument de la *Rígsþula* se résume rapidement. Parti en voyage à travers le monde, le dieu Rígr reçoit l'hospitalité, trois soirs successifs, dans trois maisons différentes. Chaque fois, il passe la nuit avec la maîtresse de maison et engendre ainsi Þraell (littéralement : Esclave), puis Karl (Homme), enfin Jarl. Chacun des trois, parvenu à l'âge d'homme, se trouve une compagne appropriée. C'est

3. Peu de poèmes de l'*Edda* ont donné lieu à autant de commentaires. On en prendra la mesure en consultant C.J. Clover and J. Lindow : *Old Norse-Icelandic Literature. A Critical Guide*, Ithaca and London, 1985, notamment pp. 94-97.

ainsi que sont fondées les trois couches ou classes sociales : les esclaves, les hommes libres et les jarls (ou rois). Le poème détaille complaisamment les noms des personnages et de leurs enfants, et leurs occupations. Il est certain que l'auteur du texte ou la tradition dont il est porteur entendent imposer une vision sociale tripartite très nette. La question est de savoir si cette vision des choses se fondait sur une réalité autochtone scandinave. Personnellement, j'en doute. Mais il sera plus facile, pour la commodité de l'exposé, de suivre ce schéma et de l'examiner.

Rígr-Heimdallr aurait donc engendré la première catégorie, celle des esclaves, avec Edda (Aïeule), épouse d'Ái (Aïeul). L'enfant, þraell (Esclave), aurait épousé þý (Serve) et leur progéniture, qui porte des noms aussi gracieux que Bouseux, Crotte, Puant et Fiente, se livrerait à toutes les basses besognes. Le mépris, la satire lourde de l'auteur éclatent aux yeux et rappellent les attitudes exprimées par les compositeurs de certaines sagas comme *Eyrbyggja saga*.

Mais justement : le parti pris paraît trop littéraire et doit relever d'un genre ou d'une mode en milieu sinon aristocratique, en tout cas supérieur. Sans nier l'existence d'une couche sociale moins favorisée — moins riche ou de moindre naissance, c'est-à-dire de tradition moins lointaine —, je ne vois pas qu'il ait existé dans le Nord une « classe » d'esclaves au sens que nous avons coutume de donner à ce terme. Bien entendu, je fais ici une différence entre les authentiques esclaves, disons les esclaves-marchandise, dont les vikings faisaient grand commerce, et qui étaient des prisonniers, du butin de guerre, Slaves, Baltes, Finnois, Anglo-Saxons, Francs, Celtes, capturés au cours d'expéditions, pour être revendus sur des places quasi spécialisées comme Hedeby (et à ce titre, ce trafic a pu provoquer un intéressant brassage de populations, conséquence, même mineure, du phénomène viking) et « esclaves » selon les sagas et les textes de lois. D'autre part, il est raisonnable de penser que, le viking partant se livrer à ses activités saisonnières, commerciales ou prédatrices, il fallait bien que quelqu'un restât sur place pour vaquer aux indispensables besognes (agriculture, élevage, chasse, pêche) sans lesquelles le domaine eût dépéri. Encore faut-il, pour admettre ce fait, partir du principe que le viking se serait absenté plus longtemps que, disons, quelques mois. Or rien ne prouve qu'il s'en allait pour une période plus longue, les mois précisément (entre juin et octobre) où, récoltes (c'est-à-dire fenaison) et besognes indispensables achevées, il se trouvait libre. Et il est exact que la langue connaît une variété de désignations pour ces hommes et ces femmes : þraell et þý, comme on vient de le voir, mais aussi ambátt, þerna, deigja (qui évoque la pâte à pétrir), voire, au collectif, comme si on leur refusait toute valeur individuelle, man, puis hjú, hjón (soit ceux qui dépendent d'une maison). En d'autres termes, il a certainement existé une catégorie que nous dirions défavorisée et qui, par principe, se chargeait des gros travaux.

Mais c'est là que pèche ce raisonnement. Car, d'une part, tout concourt à montrer que le bóndi est vraiment un homme à tout faire, capable de tous les travaux, sans qu'aucune nuance péjorative s'attache à ses activités ; d'autre part, il n'apparaît pas que l'on puisse parler de serfs taillables et corvéables à merci, méprisables et susceptibles d'être tués, vendus ou échangés impunément — les textes des sagas, voire des lois qui se font l'écho complaisant de ces vues paraissent imiter des sources ou des usages classiques.

En d'autres termes, il n'y a (nous avons étudié cette notion à propos de l'Islande) que des boendr. Simplement, il faut établir une hiérarchie assez stricte parmi eux. Il a existé de « petits » boendr, sans fortune, sans lignage, forcés de se mettre au service de personnages plus nantis. On n'est pas pour autant autorisé à les traiter d'esclaves. Affaire de terminologie, dira-t-on. Soit. Mais trop de connotations douteuses s'attachent au vocable et à l'image de la société qui en découlerait pour que l'on ne reste pas prudent.

Posons en principe (mais je ne me sens pas capable de le démontrer scientifiquement, faute de témoins) qu'il y eut deux sortes d'« esclaves » : ceux qui méritent ce nom à nos yeux de modernes, c'est-à-dire les hommes, les femmes et les enfants achetés sur les places spécialisées dans ce trafic, et revendus ailleurs ; et ceux qui constituaient réellement un « butin de guerre » et provenaient donc des pays que harcelaient habituellement les vikings.

À propos des premiers, je dis qu'il n'en est jamais question dans nos textes. Raflés où l'on voudra, Noirs ou Arabes éventuellement, ils étaient revendus avant que le viking rentrât chez lui et je ne connais pas d'exemple de cette « marchandise » qui ait été ramenée sur place en Scandinavie. Pour les autres — non Scandinaves mais Européens, ou Scandinaves d'une autre ethnie que celle dont nous parle tel texte —, un fait est acquis, que toutes nos sources illustrent : si esclaves il y eut, avec toutes les réserves qui viennent d'être faites, il est saisissant de voir avec quelle facilité ils pouvaient s'affranchir, soit pour service rendu, soit par faveur, soit encore en versant une somme fixée. Lisons ce passage d'une saga où l'on nous parle d'un grand bóndi, Erlingr :

> Erlingr avait toujours chez lui dans sa ferme trente esclaves, en plus d'autres domestiques. Il avait coutume d'assigner à ses esclaves la besogne de la journée, mais après cela, il leur laissait leur liberté, avec la permission à chacun qui le désirait de travailler pour son propre compte le soir ou la nuit. Il leur donnait ces terres labourables pour semer du grain pour eux-mêmes et leur laissait le profit de leur récolte. Il assignait un certain travail à chacun pour qu'il gagne sa liberté en le faisant ; et il y en avait beaucoup qui conquéraient leur liberté de cette façon en une année ou dans la seconde année, et tous ceux qui étaient en état de travailler pouvaient se rendre libres en trois années. Avec cet argent, il achetait d'autres esclaves. Il enseignait à certains de ses affranchis comment pêcher le hareng, à d'autres, il enseignait des métiers utiles, certains lui défrichaient des terres ou lui bâtissaient des maisons. De la sorte, il contribuait à la prospérité de tous.

On conviendra que ce ne sont pas là les mœurs d'un négrier ou d'un « maître » tels que nous avons l'habitude de les concevoir. Retenons que ces « esclaves » pouvaient s'affranchir avec une surprenante (pour nous) facilité. La cérémonie impliquait des formalités légales complexes et tout un rituel social. Je relève surtout l'expression leiđa í aett, littéralement, introduire dans la famille (de celui qui affranchit, bien entendu, et en prenant « famille » au sens large), qui démontrerait qu'il ne s'agissait pas de servitude au sens strict, mais d'une sorte de défaveur dans une société où la famille est l'élément fondamental. Certains textes distinguent deux étapes dans cette opération : l'affranchi peut n'être que frjálsgjafi, à qui l'on a donné sa liberté mais qui conserve certaines obligations envers son « maître » ; le stade suivant étant leysingi, qui est tout à fait libre. Quoi qu'il en soit, l'affranchi a des enfants complètement libres (sauf, peut-être, en Norvège où l'émancipation totale a pu s'étaler sur plusieurs générations), avec des cas particuliers : l'enfant d'une esclave et d'un homme libre tient à sa mère, sauf en Suède où le père pouvait affranchir son enfant. Le christianisme fera disparaître cet état de choses, au plus tard au XIIe siècle.

Mais je récuse, au risque de me répéter, les commentaires trop fréquents disant, par exemple, que les esclaves non seulement permettaient aux vikings de partir en expéditions, mais qu'ils laissaient en outre aux hommes libres le loisir d'exercer des activités « nobles » (guerre, commerce, poésie, art, jurisprudence) : nous allons voir à nouveau dans un instant que le bóndi est un homme à tout faire et qu'il est rare qu'il se spécialise.

Pour résumer un point délicat qui n'a fait que trop couler d'encre : il a existé deux sortes d'« esclaves ». Les premiers étaient de la marchandise comme les peaux et fourrures et n'interviennent pas, que je sache, dans la vie scandinave à domicile ; les seconds, qui étaient des prisonniers (de guerre ou de raids), pouvaient se racheter — et, autant que je peux voir, se rachetaient en fait — avec une remarquable facilité pour devenir des hommes libres. Bref, je récuse carrément la notion d'« esclave » appliquée à cette société ; les mentions que les textes en font me paraissent relever de la pure littérature.

La société viking, ce sont par excellence les boendr (singulier bóndi), les hommes libres si l'on veut. Ce seraient, toujours selon la *Rígsþula*, les enfants de Rígr et d'Amma (Grand-Mère), elle-même épouse d'Afi (Grand-Père). À vrai dire, leur fils ne s'appelle pas Bóndi (dans le poème, ce nom sera donné à l'un de leurs petits-fils) mais Karl, qui présente à l'époque, semble-t-il, à peu près les mêmes connotations : l'idée d'« habiter », de préparer la terre pour la rendre apte à porter du fruit (verbe búa, d'où participe présent substantivé búandi, bóandi > bóndi) étant absente [4]. Dans le poème, Karl et sa femme Snör se réservent des activités plus nobles que celles de þraell. Leurs enfants ont aussi des noms parlants qui renvoient à leurs fonctions, comme Drengr (que nous connaissons) [5], Smiđr (artisan, forgeron), etc.

Cette couche sociale présente une étonnante uniformité et une remarquable homogénéité, même si elle admet une sorte de hiérarchie interne, dans l'ensemble de l'ancienne Scandinavie. Elle en constitue l'élément caractéristique et annonce, à terme, les traits sociologiques spécifiques de la Scandinavie d'aujourd'hui. Il est probable que l'idée même de bóndi repose essentiellement sur la liberté de personne et la liberté de parole héritées du système tribal (ou clanique) des anciens Germains et qu'admirait déjà Tacite. On peut y voir aussi une conséquence de la dispersion de l'habitat sous ces latitudes, à l'époque, et du sentiment de relative indépendance qui en résultait.

Le bóndi c'est donc l'homme qui « habite », qui a sa résidence fixe, sa propre maisonnée (comme on parlait, en France, de « mesnie, » au Moyen Âge), et qui s'occupe à faire fructifier sa terre et ses biens. Car il est possesseur, en totalité ou en partie, de la terre sur laquelle il réside. C'est sans doute là la condition et la marque de sa liberté. C'est en tout cas le trait qui fonde son statut légal et juridique. J'ai dit que la notion connaît d'importantes nuances. Par exemple, si cette terre lui appartient par héritage depuis plusieurs générations, il est óđalsbóndi : traduisons (approximativement) par bóndi de franc alleu (vieux danois othelbondoe). L'óđal est certainement une notion très ancienne. Je viens de parler d'alleu : il s'agit de la propriété insécable, transmissible d'un seul tenant à l'un des héritiers — le droit d'aînesse n'existant pas dans les textes de lois, sinon dans la coutume. Tout donne à penser que cette idée d'óđal (ó-, préfixe négatif, -dal, du verbe deila, sans doute : diviser) se constitue dans la religion ancienne. Nous aurons l'occasion de préciser que la famille est à la base du sacré et que la religion a pu com-

4. Le mot karl est sûrement ancien, plus que bóndi qui dénote une formation de type savant. L'évolution sémantique du terme donnera : homme du commun, puis vieillard, puis l'équivalent de notre populaire « type ».

5. Voir *supra* pp. 97 et sq.

mencer par le culte des ancêtres. L'óđal est donc la marque visible de la perpétuation des grands morts d'un clan donné et sa détention, sa préservation reviennent à un acte cultuel. Il faudra s'en souvenir quand nous aborderons le thème de la royauté. Voilà pourquoi l'óđal ne peut sortir de la famille sans le consentement de celle-ci. Pourquoi aussi le terme óđalsbóndi (dont l'Islande, qui ne peut avoir de patrimoine foncier héréditaire, du moins à l'époque de l'installation des quelques grandes familles qui régiront ses destinées et dont nous parlent, presque exclusivement, les sagas dites « de familles », fera stórbóndi, « grand » bóndi) paraît avoir admis, surtout en Norvège, un synonyme [6], hauldr (pluriel hauldar), qui sera considéré, en Grande-Bretagne, à l'égal des jarls et des rois. Hauldr me paraît dérivé du verbe halda, holda : tenir. C'est l'homme qui tient ses pouvoirs, sa terre, de ses ancêtres sous les espèces matérielles de leurs biens. Toutes ces réflexions reviennent à inscrire la notion dans le cadre d'une religion et d'une éthique de caractère familial ou clanique. Elle peut donc instituer *de facto* une sorte de hiérarchie, pour ne pas parler d'aristocratie. Le bóndi est un homme capable de récapituler son lignage sur plusieurs générations. Il n'est pas interdit de voir là la justification des premiers poèmes que le Nord nous ait laissés, qui sont de caractère généalogique (*Ynglingatal* de þjóđólfr des Hvínir, *Háleygjatal* d'Eyvindr Finnsson skáldaspillir, tous deux Norvégiens), voire des sagas encombrées — à nos yeux — d'interminables généalogies qui n'ont d'autre fonction que de légitimer, sinon la noblesse, du moins l'importance de tel nouveau personnage apparu dans le récit.

Voilà pourquoi aussi les textes de lois témoignent d'une grande richesse lexicologique, avec d'intéressantes nuances, autour de ce thème. Au Danemark, ils parlent de iorthoegoendoe man, littéralement : homme qui possède une terre. Ils n'établissent pas, à proprement parler, de différences entre hommes libres, tous doivent recevoir la même compensation en cas d'offense ; si ce n'est que certaines provinces utilisaient la pra-

6. Du moins est-ce ainsi que je l'interprète : je ne pense pas, contrairement à certains spécialistes, que le terme fasse problème.

tique du gørsum (gersemi) pour désigner une somme additionnelle à verser en fonction de l'offensé — pratique dont nous trouvons un reflet indirect dans certaines « sagas de contemporains » islandaises comme *Þorgils saga ok Hafliđa*. L'Islande, d'ailleurs, a dû entériner cette coutume puisque la distinction est couramment faite entre smáboendr, boendr et stórboendr (respectivement : petits boendr, boendr « normaux », et grands boendr). En Norvège, les nuances sont encore plus précises, malgré d'importantes variations selon les provinces. Dans l'Ouest, on distingue l'árbóndi ou aettborinn bóndi (la dénomination est éloquente : bóndi né tel par sa famille) qui possède un établissement sur une terre qu'il n'a pas héritée, et óđalsbóndi que nous connaissons. Dans le Trøndelag, la hiérarchisation est encore plus poussée puisque l'on y distingue le reksþegn, homme libre qui s'emploie chez les autres, de l'árborinn mađr et du hauldr, par ordre d'importance croissante. La Suède ne semble pas avoir pratiqué de telles nuances, on n'y discerne pas de grandes différences entre les boendr encore que certains textes laissent entendre que la richesse matérielle pouvait entraîner des discriminations.

J'ai tenu à souligner le fait que la société viking n'est pas de type égalitaire ou, *stricto sensu*, démocratique. La possession de biens, par excellence de biens fonciers, crée une hiérarchie incontestable, même si celle-ci n'a pas la rigueur, ou les fondements sacrés (ce dernier point restant discutable) qu'elle présente en d'autres lieux.

Venons-en aux précisions pratiques. De plein droit, qu'il tient de ses ancêtres, de sa richesse, éventuellement de sa fonction sociale, le bóndi peut : ester ; prendre part à toutes les affaires publiques, c'est-à-dire à l'édification ou à l'amendement de la législation, aux décisions d'intérêt général ; donner son avis, sur quelque question que ce soit, au þing ; siéger dans les tribunaux ; donner un témoignage recevable ; faire partie d'un hreppr [7] ; porter les armes ; et surtout, bénéficier pleinement de la loi, c'est-à-dire recevoir pleine compensation (bót) en cas d'offense, envers lui ou l'un des siens, de quelque nature que soit cette offense [8].

7. La notion sera présentée plus bas, p. 272.

8. L'Islande connaît d'intéressantes précisions : à condition qu'il

Que, forte de ces prérogatives, cette « classe » ait été nettement distinguée du reste de la société, cela transparaît à travers mille détails. Ainsi, en Norvège, après la christianisation, les Gulaþingslög préciseront que la place attribuée à un défunt au cimetière n'est pas laissée au hasard. Le cimetière entourant l'église, comme le cas est encore fréquent aujourd'hui, on inhumera tout près du lieu saint le bóndi, puis, plus loin, le hauldr, puis le leysingi, puis le frjálsgjafi [9]. La Suède n'opère de distinctions qu'entre boendr d'une part et, de l'autre, ce qui répondrait à notre notion de « pauvre » : fátoekt folk, hussoetu folk, leghu hjón, heimae hjón, les stafkarlar ou mendiants venant en dernier lieu.

Remarquons qu'étaient également hommes libres, sans se voir conférer pour autant le titre de boendr : les intendants de grosses exploitations et les métayers — désignation courante : bryti, sur le verbe brjóta, celui qui répartit (« brise ») la nourriture — en général des affranchis, dont le nombre paraît être allé décroissant [10] ; les ouvriers agricoles : il n'y avait rien d'infamant pour un homme libre à se louer dans une ferme, bergers, bouviers, chasseurs, pêcheurs, bûcherons, tourbiers, etc., trouvant à s'employer sans rien perdre de leur statut ; et les artisans (terme général smiđr), probablement assez rares puisque tout bóndi est aussi, indifféremment, forgeron, menuisier, etc. : la notion ne se répandra qu'avec le développement des villes et des centres commerciaux, avec des spécialisations (orfèvres, charrons, par exemple) précises.

Exista-t-il dès l'origine des professions spécialisées ? Il est malaisé de trancher sur ce point, le bóndi étant, rappelons-le, homme à tout faire. On peut cependant avancer que trois professions ont dû être distinguées.

---

possède, en biens propres, au minimum l'équivalent de la valeur d'une vache, kúgildi, et qu'il ait versé à son gođorđsmađr le þingfararkaup ou tribut pour se rendre au þing.

9. On se rappelle que ces deux derniers termes s'appliquent à l'affranchi. La différence entre eux n'est pas bien établie : il se peut que le leysingi ait « acheté » sa liberté, le frjálsgjafi l'ayant reçue. Il y a une idée de rendre libre dans leysa et de donner dans gjafi.

10. On doit, toutefois, rester prudent, le bryti désignant aussi, mais à partir d'une époque difficile à préciser, l'intendant du roi dans certains de ses domaines.

Celle des légistes d'abord, dans une civilisation qui reposait avant tout sur la connaissance et le respect des lois. L'exemple islandais du lögsögumaðr (l'homme-qui-dit-la-loi) installé, pour remplir ses fonctions, sur le Lögberg (Mont-de-la-Loi) se passe de commentaires : on peut estimer que cet usage n'était pas une invention islandaise. Les sagas prouvent à quel point le dernier petit bóndi était averti des moindres détails de procédure. C'est pourquoi le lögmaðr, l'homme qui connaît les lois et se trouve en mesure de donner des conseils judicieux à point nommé, a dû jouir d'un statut particulier. En Suède, on en trouvait un, élu, dans chaque province. Là encore, l'institution possédait certainement des assises religieuses (païennes), tout comme la famille, les deux notions s'étayant et se complétant.

En second lieu, dans ces milieux turbulents, sinon violents, le médecin-chirurgien-rebouteux-guérisseur (le terme laeknir admet toutes ces définitions) a dû jouer un rôle non négligeable et ce, dès l'époque païenne où nous verrons le rôle majeur que tenait la magie — magie et « médecine » étant inséparables, là comme ailleurs. Il se peut que ces fonctions aient été exercées plus volontiers par les femmes ; il n'est pas non plus fantaisiste d'imaginer, étant donné les latitudes, que des techniques réputées ultramodernes, comme la cryothérapie, aient été familières aux gens du Nord. Au-delà du domaine habituel de la médecine et de la chirurgie, le rôle du laeknir était renforcé par des dispositions de la loi qui voulaient que les compensations à verser pour blessures fussent calculées, en fonction de l'identification et du « classement » de celles-ci ; le laeknir était donc rémunéré selon la loi. Lisons, à titre d'illustration, cet extrait des *Frostaþingslög* :

> Il faut verser un paiement pour l'os (beingjald) chaque fois qu'un os se détache d'une blessure, si petit soit-il, du moment qu'il résonne [lorsqu'on le secoue] dans un bouclier : alors, il faut verser [au médecin] un eyrir. On paiera un eyrir pour chaque os, jusqu'au nombre de six, mais si l'on peut enlever un os si gros qu'on puisse y perforer six trous, alors il faut verser six aurar, encore que le paiement pour l'os ne doive jamais excéder cette dernière somme. Mais si une blessure exige cautérisation, il faut verser un

> eyrir, somme exigible chaque fois que cautérisation est requise. Pour le salaire du médecin, on paiera un eyrir par mois, plus l'équivalent de ses besoins en farine et en beurre pour deux mois. C'est celui qui a fait la blessure qui paiera.

Il s'ensuit que les fonctions de laeknir ont dû jouir d'une considération particulière. En Islande, la célébrité de l'un d'eux fut telle qu'il eut droit à sa propre saga (dans la compilation de la *Sturlunga saga*). C'est Hrafn Sveinbjarnarson. On se gardera, toutefois, de pousser trop loin l'admiration : on a pu démontrer que les techniques et thérapeutiques dont il est fait état dans ce texte et dans certains autres écrits savants (contenus dans la compilation intitulée *Hauksbók*, début du XIVe siècle), s'inspirent directement du *Regimen sanitatis Salernitanum* (c'est-à-dire de Salerne).

Le cas des « prêtres » (goðar, singulier goði) a déjà été examiné à propos de l'Islande (*supra* pp. 194 et sq.). Je ne vois rien de particulier à ajouter concernant l'ensemble de la Scandinavie, les mêmes réserves valant de part et d'autre. Je me contenterai de rappeler que la religion nordique ancienne consistait essentiellement en actes cultuels et que ces gestes étaient, par définition, semble-t-il, du ressort du « roi » pour le culte public et du chef de famille pour le culte privé. En d'autres termes, il paraît difficile de démontrer qu'il ait jamais existé de « caste » ou de corps spécialisé de prêtres et tout ce que nous pouvons glaner dans les textes appelle trop de réminiscences bibliques, classiques ou chrétiennes pour que nous y ajoutions foi sans réserves. Le cas des prêtres chrétiens, qui n'apparaîtront en Scandinavie que vers l'an mille, échappe à notre étude. Contentons-nous de dire que, sauf exceptions et jusqu'au XIIe siècle, ils étaient plutôt réduits à la portion congrue.

Telle est donc, rapidement présentée, cette classe sociale des boendr dont l'importance ne saurait être négligée si l'on veut connaître la société. Nous avons noté qu'elle se fonde sur les notions de propriété et de liberté, et qu'elle s'inscrit dans le cadre de la famille et du droit. J'ai déjà combattu à plusieurs reprises l'assimilation de cette société à une forme de démocratie ou de république. J'ai parlé d'oligarchie, voire de ploutocratie. Il reste que, l'Islande à part, la Scandinavie a connu des

« rois », encore qu'il soit nécessaire de s'expliquer sur le véritable sens à donner à ce mot, avant le XIe siècle. Mais, surtout à l'échelle des sociétés contemporaines des vikings, la société des boendr est plus égalitaire, moins fortement hiérarchisée qu'ailleurs. Nous avons vu que les boendr formaient volontiers des associations d'hommes libres (notions de félag, de guilde, de hirđ) qui ont joué un rôle de premier plan dans l'histoire viking. Car « le » viking par excellence fut un bóndi.

Il faut aborder ici un sujet qui a beaucoup trop fait parler de lui et suscité les rêveries les plus échevelées, surtout à l'époque romantique, la condition de la femme. On laissera de côté les élucubrations qu'ont engendrées certaines héroïnes — mal comprises — de sagas comme la Hallgerđr de la *Saga de Njáll le Brûlé*, ou l'image trouble des valkyries qui appellent de tout autres explications que les fantaisies wagnériennes, si géniales soient-elles [11].

Légalement, la femme du bóndi possède une condition inférieure à celle de son mari, elle n'a pas de droits juridiques ni politiques, tout au plus peut-elle parfois témoigner. Mais elle ne peut ester [12] et elle est normalement exclue de l'héritage, sauf dans certains districts, au Danemark, où elle a droit à la moitié de ce que reçoit son frère. En un sens, on peut dire qu'elle vit toute son existence sous tutelle : de son père — ou frère, ou tuteur —, puis de son mari. Le mariage est une affaire, il se dit brúđkaup (« achat » de la mariée), et il est le fruit de transactions qui annoncent les nouvelles paysannes — normandes, du reste — d'un Maupassant : on marie des terres et un certain cheptel et, surtout, on associe une famille à une autre, la conjonction devant être, on l'espère, hautement bénéfique. L'expression *hón var gefin til fjár*, elle fut mariée pour de l'argent, est assez banale dans les sagas. L'accord de l'intéressée n'est pas toujours requis puisqu'il s'agit d'une opération avant tout sociale où les sentiments ne sont pas au premier plan. C'est que la

---

11. Pour quelques précisions, voir R. Boyer : « Les valkyries et leurs noms » dans *Mythes et personnification*, Paris, Les Belles Lettres, 1980, pp. 39-54.

12. En raison de sa faiblesse physique, s'il faut en croire *Eyrbyggja Saga*. Il fallait, en effet, allier la force au bon droit si l'on voulait mener à bien un procès.

femme est tenue d'apporter une dot (heimanfylgja) que contrebalancera le douaire (mundr) fourni par l'époux et qui restera sa propriété à elle : on comprend que certains parvenus comme Snorri le Godi (dans *Eyrbyggja saga*) se soient ainsi hissés jusqu'au haut de l'échelle sociale, rien qu'en mariant avantageusement leurs filles.

Devenue épouse, la femme est accablée de charges de toutes sortes. Il lui revient, même avec une nombreuse domesticité, de s'occuper de la nourriture, du ménage, de la lessive et des enfants, mais aussi de la laiterie, des travaux des champs auxquels elle participe souvent, et encore du tissage (tous les vêtements étant fabriqués à domicile) et de la broderie, de la tapisserie, etc.

La femme ne dispose d'aucune liberté sexuelle. L'adultère qui serait de son fait est un délit grave. Elle a toutefois, avant la christianisation naturellement, le droit de divorcer pour impuissance déclarée de son mari, insultes ou brimades corporelles. Il lui suffit, alors, de prendre des témoins du fait qu'elle se dit séparée de son conjoint. Mais l'affaire est délicate car, ressentie comme une grave insulte par la famille du mari, elle peut déclencher l'une de ces inexpiables querelles dont les sagas se font les minutes complaisantes. En outre, l'épouse doit tolérer les concubines (singulier friđla ou frilla) qui font, normalement, partie de la maisonnée. Leur présence ne tire pas à conséquence, elle n'altère en rien son autorité, symbolisée par le trousseau de clefs (des quelques coffres qui constituent l'essentiel du mobilier) qu'elle porte à la ceinture. Tous les écarts sexuels sont sévèrement punis par la loi ; impudeur, fornication, rapt, viol et même le fait d'accepter que l'on compose en sa faveur des chants amoureux ou mansöngr. Dans une société qui ne badinait pas avec le respect que l'on doit à sa propre nature (il est infamant pour un homme de se déguiser en femme et la pire insulte est d'être traité de ragr ou argr, terme qui s'applique à l'homosexuel passif), il lui était interdit de « faire l'homme », sauf en cas de force majeure.

Cette condition peut, à première vue, paraître subalterne et ne coïncide évidemment pas avec nos clichés. Mais ne nous empressons pas d'en tirer des conclusions trop hâtives. Car nous avons dit l'importance capitale de la famille et de la maison. Or, c'est la femme qui en est l'âme, l'homme n'en étant, si l'on peut dire, que le bras. Examinons cela de plus près.

Dans la pratique, la femme est respectée et c'est elle, finalement, qui détient la véritable autorité. Elle règne, si ce verbe est permis, innan stokks (une fois passée la poutre de seuil, stokkr, qui avait valeur sacrée sous le paganisme puisqu'elle marquait l'entrée de la « maison », d'où l'expression équivalente innan húss), le mari se réservant les activités « extérieures ». C'est dire que le « bonheur », d'abord matériel, de sa famille dépend d'elle, sans parler de l'éducation des enfants et de l'assignation des tâches de la domesticité. Mais elle est aussi mainteneuse de traditions, celles de son propre clan comme celles du clan de son mari. Peut-être est-ce à ce titre que l'on fait volontiers d'elle la détentrice de « savoirs » ténébreux comme la magie et la sorcellerie — qui ne sont pourtant pas son apanage, tant s'en faut —, mais aussi, nous venons de le voir, de la « médecine ». C'est également à ce titre qu'il lui revient de garder en mémoire et d'inculquer aux siens la science généalogique (aettartölur) dont nous avons dit le retentissement en poésie comme en prose. Voilà peut-être pourquoi la ou les femmes jouent un rôle aussi important dans les poèmes héroïques, notamment ceux du cycle de Sigurđr Fáfnisbani, ainsi que dans certains poèmes eddiques comme le *Hyndluljód*, les *Baldrsdraumar* et surtout la *Völuspá*. Un pas encore, et la voici dépositaire et gardienne sourcilleuse de l'honneur familial : elle entretient le souvenir des hauts faits des ancêtres, prophétise d'aventure, va jusqu'à attiser les haines ou rappeler les hommes de sa maison au droit sacré de vengeance : le personnage de Bergþóra, dans la *Saga de Njáll le Brûlé*, résume tout cela admirablement. Il n'est pas interdit de penser qu'elle prolonge inconsciemment cette Grande Déesse ou Déesse Mère ou Terre Mère qui fut certainement la toute première divinité qu'aient connue les Scandinaves, pétroglyphes de l'âge du bronze à l'appui, et que retrouvent partiellement les trois grandes déesses du panthéon nordique, Freyja, Skađi et surtout Frigg. On s'expliquerait ainsi pourquoi Tacite conférait à la femme germanique un caractère sacré.

La femme assurait en particulier la bonne marche du domaine en l'absence de son mari parti í vikingu, en expédition viking : il fallait donc bien qu'elle possédât les qualités et les prérogatives requises ! Dans cette société qui avait du rôle de la femme une conception sans rapports avec les prétentions égalitaristes de nos féministes actuelles mais qui ressortissait bien, et intelligemment, à une conception de la complémentarité sans hiérarchisation des rôles sexuels, elle me paraît avoir constitué un élément capital de la « classe » des hommes libres. C'était le gage de solidité de cette société, l'éducatrice, la gardienne de l'esprit et des traditions.

Cependant, juridiquement, c'est le père qui avait autorité sur les enfants fort nombreux, on le devine. Le droit d'exposition du nouveau-né (útburdr, qui consistait à abandonner l'enfant aux intempéries et aux bêtes sauvages si l'on ne voulait pas de lui) a certainement existé à l'époque païenne. Un enfant n'avait le droit d'exister qu'une fois qu'il avait été reconnu par son père. Je ne sais si la coutume de l'aspersion ou de la lustration, souvent évoquée par les sagas, faisait vraiment partie des mœurs (ausa barn vatni, qui rappelle très fort le rite romain ou le baptême chrétien), mais il semble que l'acte important consistait à donner un nom à l'enfant : cela revenait au père, le choix n'étant jamais gratuit et répondant à des usages qui ont pu varier selon les lieux et les temps [13] mais qui renvoient nettement au culte des ancêtres [14]. Cette manière d'intronisation était confirmée par le tannfé, cadeau que l'enfant recevait pour la percée de sa première dent. Détail intéressant : ce n'étaient pas nécessairement les parents naturels qui devaient élever leur enfant. L'usage a existé — mais peut-être sous des influences celtiques ? — du fóstr, qui revenait à confier un enfant en bas âge à des amis, des alliés, afin qu'ils l'élèvent. C'était une façon d'élargir l'aire d'influence du clan, profitable, par la suite, au bénéficiaire. L'enfant

13. Ou bien donner un prénom qui rappelle en partie celui du père, en partie celui de la mère — la fille de Sigurdr et de Dagný s'appellera Signý (voir là-dessus M. Keil : *Altischländische Namenwahl*, Leipzig, 1931) ; ou bien choisir un prénom illustre à l'intérieur d'un clan donné, du moins pour le fils aîné (voir dans la *Sturlunga saga*, Egill pour les Borgfirdingar, Sturla pour les Sturlungar, Kolbeinn pour les Ásbirningar, etc.).

14. Sans qu'il soit nécessaire, même si l'hypothèse n'est pas à exclure, de parler de croyance en la réincarnation.

accédait à la majorité à un âge variable selon les temps et les lieux : douze ans au plus tôt, quinze ou seize à la rigueur [15]. Dans cette société, quoi qu'il en soit, la promotion des jeunes était chose normale [16]. Ajoutons pour conclure que les lois distinguent soigneusement l'enfant légitime (skilgetinn) de l'enfant naturel (óskilgetinn, en général né d'une concubine) qui, normalement, n'a pas droit à l'héritage, bien que la possibilité s'en présente si le père consent à le faire entrer officiellement dans la famille, par le rite de l'aettleiđing. Cette dernière opération, étant donné le caractère sacré de la famille, sur lequel nous avons dûment insisté, et son importance à tous égards, avait une valeur capitale. Mener (leiða) un nouveau membre dans une famille donnée (ætt) lui conférait *ipso facto* les droits et prérogatives attachés à ladite famille et quand on sait la solidarité vraiment contraignante qui régnait dans ce milieu, on comprend que le rite ait été élaboré. Voici ce qu'en disent, en termes fort pittoresques, les lois du Trøndelag (Norvège) :

> Il y a pleine ættleiđing quand un père introduit son fils dans la famille avec l'accord de ceux qui sont ses plus proches héritiers. Il faut brasser la bière de trois mesures /de malt/ et abattre un bœuf de trois ans. Il faut dépouiller la patte arrière droite /du bœuf/ au-dessus du genou et en fabriquer une chaussure. Le père /s'il met lui-même le pied dans la chaussure/ doit porter dans les bras ses enfants légitimes qui n'ont pas l'âge légal, mais ses fils adultes entreront eux-mêmes dans la chaussure. S'il n'a pas de fils légitimes, ce sont les individus qui sont les plus proches héritiers après lui qui doivent entrer dans la chaussure. L'homme qui est introduit dans la famille doit être porté dans le giron des hommes et des femmes. Celles-ci peuvent porter témoignage à égalité avec les hommes qu'un individu a été pleinement introduit /de la sorte/ dans la famille, de même que la chaussure dans laquelle ils ont pénétré si on la conserve.

---

15. Voir R. Boyer : « Les grandes dates de la vie chez les anciens Scandinaves », in Actes du Colloque du Centre d'Études médiévales de Paris-Sorbonne, Paris. PUPS, 1992.

16. On n'oubliera pas non plus que, là comme ailleurs, la longévité moyenne n'était pas considérable.

Je ne quitterai pas la catégorie des hommes libres sans dire un mot d'une des tâches qui lui incombent de droit, l'entretien des pauvres. C'est l'un des aspects les plus originaux de cette société et il mérite un moment d'attention. La notion de pauvre est éminemment fluctuante, mais le vocabulaire peut nous aider : pauvre se dit, en vieux norois, fátaekr ([qui] reçoit peu) ou félítill (qui a peu de bien), félauss (sans bien) ou ómagi (qui n'a pas de possibilités).

Entretenir les pauvres (et les vieillards, qui leur sont généralement assimilés, une personne âgée étant par définition et étymologiquement ómagi) était considéré comme un devoir social, peut-être en vertu du principe germanique de la solidarité du clan. La pratique, en tout cas, paraît avoir existé avant le christianisme. Le Danemark et la Suède connaissaient le flaetføring : le fait, pour un individu, de s'en remettre à autrui du soin de sa subsistance. Il était alors en général à la charge de sa famille, mais pas nécessairement. Si, pour une raison ou pour une autre, la famille faisait défaut, le district, la province ou le land tout entier pouvaient s'en charger. Ou le hreppr.

Cette institution tout à fait originale, dont les origines demeurent obscures, semble avoir été connue surtout en Norvège et en Islande, qui l'a institutionnalisée. Il s'agissait d'un organisme tenant de notre assurance-vieillesse et de nos compagnies d'assurances tout court, puisqu'il luttait contre la pauvreté, mais veillait aussi à remédier aux pertes de bétail, aux dégâts provoqués par les incendies (un fléau pour cette société où les constructions étaient à peu près exclusivement en bois) ; il surveillait enfin le respect des limites des champs ou des domaines de pêcheries. Un hreppr était composé de vingt boendr, ou davantage, payant le þingfararkaup. Il correspondait à une unité géographique différente de l'aire d'un goðorð. Il était dirigé par cinq boendr élus par leurs pairs, les hreppssóknarmenn, les autres membres étant dits simplement hreppsmenn. Le hreppr contrôlait aussi la fixation et la perception des impôts (de la dîme, notamment, après son institution, puisqu'un quart en revenait aux pauvres) et c'est lui qui répartissait entre les pauvres les dons en nourriture (matgjafir) appelés kristfé (bien du Christ) dans la terminologie de l'Église qui reprendra évidemment les hreppar à son compte. On s'est beaucoup interrogé pour savoir si ces divers moyens de pallier la pauvreté étaient imputables à l'Église ou antérieurs à son apparition. Je pencherais volontiers pour le second terme de l'alternative, car les divers organismes en question me paraissent relever de ce sens collectif typique de la société scandinave ancienne et, plus particulièrement, des boendr, dont on voit bien l'importance et la qualité. C'était une couche sociale largement majoritaire, bien structurée et organisée en profondeur. Parler des vikings sans les connaître en détail serait une aberration.

La *Rigsþula*, à laquelle il faut revenir une dernière fois, n'en a pas terminé pour autant. Rígr, dans sa dernière étape, loge chez Fađir (Père) et Mođir (Mère) avec laquelle il conçoit un fils, prénommé Jarl, qui épousera un jour Erna. Leurs enfants seront de nobles personnages vaquant à des occupations fort distinguées et Rígr en personne s'occupera de l'un d'eux, Konr, dit Konr le jeune (konr ungr, d'où konungr, roi [17]), qui sera roi. Qu'importe, au fond, cette affabulation ; il n'en reste pas moins que la Scandinavie connut d'éminents personnages, les jarls et les rois, qu'il faut essayer de connaître de plus près puisqu'ils sont si souvent apparus dans la partie historique de notre livre.

Quoique le mot, lui non plus, n'ait pas reçu d'étymologie satisfaisante — le ˣerilaR de maintes inscriptions runiques peut aussi bien renvoyer à jarl qu'aux Hérules et il paraît dérisoire de faire de cette dernière peuplade une sorte de tribu aristocratique dont les membres auraient imposé leur autorité partout où ils se trouvaient —, il semble avoir eu le sens original d'homme de rang, de distinction. La dénomination, en tout état de cause, est fort ancienne. Au demeurant, l'Histoire ne connaît guère que deux dynasties de jarls, ceux de la province des Hlađir, en Norvège, les Hlađajarl (ils sont attestés dès le début du IXe siècle), et celle des Orcades dont la dynastie fut fondée par Torf-Einarr vers 900. Snorri Sturluson leur assigne un rôle administratif : selon lui, Haraldr hárfagri, en Norvège, vers la fin du IXe siècle, aurait institué un jarl

17. Cette étymologie fantaisiste — le vrai sens du mot konungr sera donné plus loin — est l'une des raisons qui portent à suspecter l'authenticité du poème tout entier.

à la tête de chaque fylki (une division administrative), avec au moins quatre hersar sous ses ordres. C'est tout ce qu'il est permis d'avancer, le type de « noblesse », *a fortiori* d'aristocratie, que représenteraient éventuellement les jarls restant tout à fait obscur.

En revanche, nous sommes mieux informés sur le compte du « roi » scandinave ancien. Il fallait, pour pouvoir être roi, appartenir à un lignage donné : là aussi, les critères qui justifient la manière d'élection de ces familles nous échappent ; peut-être était-ce une question d'ancienneté. Il reste que le mot konungr lui-même est un dérivé de kyn, parentèle. À lui par excellence convient la dénomination, fréquente dans les sagas, appliquée à de « grands boendr » : il est aettstórr, grand par sa famille. Cela dit, et ce point est capital, on n'est pas roi par définition. Il faut, pour le devenir, être choisi — élu, en fait — par les grands boendr, ou les hersar en Norvège sans que l'on sache sur quels critères sont désignés et les grands boendr qui élisent le roi, et la ou les familles elles-mêmes au sein desquelles on élira le roi. Il est probable que l'antiquité et une longue tradition en aient décidé. Et cela même ne suffit pas. L'individu ainsi sélectionné doit être reconnu par les þings locaux. En Suède, il devait s'y rendre selon un itinéraire fixé, dit Eiríksgata. Alors seulement, le nouveau roi prenait possession du trésor royal. Il montait ensuite sur une pierre sacrée, d'où il pouvait être symboliquement renversé en cas de mécontentement de ses sujets. C'est d'une partie de son peuple qu'il tenait donc son pouvoir, quelle que fût sa famille. Et il restait soumis à la loi, il ne la dominait pas. La notion demeure confuse à souhait et les nombreuses études auxquelles elle a donné lieu ne font guère que l'obscurcir. Était-il *primus inter pares* ? Faut-il chercher parmi ces peuples de navigateurs l'origine de l'institution du droit des gens de mer, que l'on a déjà évoqué ? Nos sources, en contexte viking, parlent fréquemment de saekonungr, « roi de mer », mais il faut avouer que nous ne savons rien de précis sur son compte. En tout état de cause, la poésie scaldique connaît une telle profusion de synonymes (heiti) appliqués au roi [18] qu'il faut que ce

18. Dragnir, qui renvoie à une idée de parangon, dróttinn, seigneur, goedingr, godi, gramr, harri, hildingr — ces deux derniers à connotations

thème ait eu des résonances profondes. Peu importe : le roi ne transcende pas la communauté qu'il est censé gouverner. Lisons en effet ce court extrait des Frostaþingslög : « Nul homme ne doit en attaquer un autre, ni le roi, ni qui que ce soit d'autre. Et si le roi le fait, un message par la flèche sera dépêché dans tout le fylki, et on l'attaquera et on le tuera si on le trouve. Et s'il s'échappe, il ne devra jamais revenir dans le pays. » À quoi fait écho, en plein XIe siècle, donc après la christianisation, le discours que Snorri Sturluson met dans la bouche du grand bóndi þorgnýr (dans la *Saga de Saint Óláfr*, chapitre 80), à destination du roi suédois Óláfr Sköttkonungr Eiríksson, qui refuse d'écouter les conseils qu'on lui donne, de conciliation avec Óláfr Haraldsson de Norvège :

> « Or, c'est notre volonté, à nous autres, boendr, que tu fasses la paix avec Óláfr le Gros, roi de Norvège, et que tu lui donnes en mariage ta fille, Ingigerdr. Et si tu veux reconquérir les États, sur la Route de l'Est, que tes parents et tes ancêtres ont possédés là, nous sommes tous disposés à t'y seconder. Mais si tu ne veux pas qu'il en soit comme nous le disons, nous allons t'attaquer, te tuerons et ne tolérerons pas de toi hostilités et injustice. C'est ainsi qu'ont fait nos ancêtres. Ils précipitèrent dans un bourbier, au þing de Múli, cinq rois qui s'étaient montrés pleins d'arrogance, comme toi envers nous. Dis vite maintenant quel parti tu veux prendre. » Alors l'assemblée fit aussitôt un grand vacarme et cliquetis d'armes. Le roi se leva et prit la parole, disant qu'il voulait faire en tout point comme le voulaient les boendr, que c'est ce qu'avaient fait tous les rois des Suédois : laisser les boendr décider entre eux tout ce qu'ils voulaient.

On ne peut guère douter de l'authenticité de cet épisode, surtout sous la plume de Snorri qui ne ménageait pas son admiration pour la royauté telle qu'on l'entendait en Occident chrétien. Il est clair que l'autorité royale était strictement circonscrite par la puissance des chefs locaux et des boendr. Ce point éclaire au moins deux aspects importants

---

guerrières —, hilmir, jöfurr, hofdar, mildingr, raesir, stillir, vísi, þjódann, þjódkonungr, ódlingr. La gamme des nuances couvertes par une telle énumération est confondante. Il n'est en fait pas de domaine qui ne se trouve couvert.

de l'histoire des vikings : ses débuts d'abord, puisque aucune puissance souveraine et absolue ne pouvait empêcher les activités d'hommes résolus à tous les coups de main ; son évolution ensuite, l'émergence progressive, en Scandinavie, de rois forts, à l'occidentale, mettant finalement un terme aux entreprises de type anarchique de leurs sujets — ou les canalisant vers de grands raids, à la danoise.

Car les fonctions du roi, telles que nous pouvons les connaître, vont aussi dans le sens de l'analyse proposée ici. Il doit maintenir et améliorer l'honneur, la sécurité et le bien-être de son peuple. Cela n'implique pas, contrairement à une opinion si courante qu'elle paraît indéracinable, qu'il soit avant tout un grand chef de guerre — sans pour autant exclure cet aspect. On ne voit pas davantage que ses prérogatives soient d'abord d'ordre législatif ou judiciaire. En revanche, pour reprendre des suggestions faites à plusieurs reprises dans ce livre, je croirais volontiers au caractère religieux, certainement archaïque, de sa fonction. C'était lui, le pontife chargé d'établir un lien entre les Puissances divines et la communauté qui l'avait investi, lui, le grand prêtre sacrificateur des opérations du culte public. C'est en ce sens que l'on peut parler de royauté sacrée : pour reprendre une thèse de Kantorowicz [19], il a « deux corps », l'un, mortel, éphémère et soumis à ses sujets, l'autre, immortel, qui tient à sa fonction d'intermédiaire entre les dieux et les hommes. Or, nous aurons l'occasion de le dire, la religion scandinave, ancienne ne privilégiait nullement la fonction martiale ou même la fonction juridico-magique, mais bien la troisième, la fonction « végétative », celle de la fertilité-fécondité. Nos textes sont formels sur ce point : le roi était élu til árs ok friđar, pour une année féconde *et pour la paix*. C'est au point que l'on voit encore, à la fin du XIIIe siècle, trois cents ans après la christianisation, l'Islandais Sturla Þórđarson, neveu de Snorri Sturluson, historiographe du grand roi norvégien Hákon Hákonarson qui régna bien après la disparition du dernier viking, s'extasier sur la qualité du règne de ce roi en remarquant

19. E. Kantorowicz : *les Deux Corps du roi*, 1957. Traduction française, Paris, Gallimard, 1989.

qu'il fut marqué d'une prospérité peu commune [20]. Il faut que l'idée ait été particulièrement profonde et tenace pour connaître une pareille longévité ! Au point que, si le roi manquait à assurer à son peuple le bien-être et la paix, il était impitoyablement sacrifié [21], geste dont le sens propitiatoire ne peut nous échapper. Je n'entrerai pas ici [22] dans une discussion approfondie de ce sujet, ni dans une réfutation des nombreuses erreurs d'interprétation auxquelles il a donné lieu. Je ne retiendrai qu'un argument, de poids il est vrai (en rappelant que le « roi » du temps des vikings régnait en paix sur de toutes petites collectivités limitées dans l'espace et en nombre), c'est que l'extrême facilité avec laquelle le Nord s'est converti au christianisme [23], puis s'est aligné sur les pratiques occidentales, n'appelle pas d'autre explication. Pour la Bible aussi, la religion est une affaire royale, le roi est l'intermédiaire, l'interprète et l'organe des arrêts divins, il est conçu pour appeler la bénédiction du Très-Haut sur ses sujets et Dieu est plus puissant que les hommes, y compris le roi.

Rappellerai-je encore, pour reprendre un thème largement développé dans les premiers chapitres de ce livre, que cette société viking, fondée sur la famille et sur le droit, essentiellement représentée par des boendr appliqués à faire fructifier leur patrimoine, servie par des « esclaves » dont le rôle était d'aider à de telles activités, et rassemblée autour de rois conçus comme intercesseurs pour des années fécondes et pour la paix, ne pouvait que servir et favoriser des activités d'ordre avant tout commercial ? Certes, ces hommes avaient le souci de défendre leurs biens et s'organisaient en conséquence, mais tout concourt à démontrer, à commencer par l'orga-

---

20. *Hákonar saga Hákonarsonar*, chapitre 20 : « Quand le roi Hákon fut pris pour roi, il y eut une bonne année dans le pays. Cet été-là fut si bon qu'il y eut beaucoup d'endroits où les arbres fruitiers portèrent deux fois du fruit et où les oiseaux voulurent couver deux fois.

21. C'est, par exemple, le cas de Dómaldi, *Ynglinga saga*, chapitre XV ; le texte en prose, de Snorri, est du début du XIIIe siècle mais il se fonde sur une strophe de Þjóðólfr des Hvínir qui remonte, elle, au IXe siècle.

22. Voir R. Boyer : « Pagan Sacral Kingship in the Konungasögur » dans *Workshop papers. The Sixth International Saga Conference*, København, 1985, vol. I, pp. 71-87.

23. Revoir la question dans *le Christ des Barbares*, *op. cit.*

nisation sociale, que les Scandinaves avaient d'abord des préoccupations pacifiques. Si l'Histoire a voulu que la tonalité guerrière l'emporte un temps, cela ressortit à ses impondérables, non pas au caractère des intéressés.

L'administration

Pour conclure ce chapitre, disons quelques mots de l'administration des pays scandinaves à l'époque viking. Cela nous renforcera dans la conviction que, partout, ce sont bien les boendr qui en assurent la bonne marche. Procédons par pays pour respecter les différences de terminologie. Le roi et le jarl seront traités à part puisqu'ils ne figurent pas partout (en Islande, par exemple) et que, nous l'avons vu, il n'est pas sûr qu'ils aient eu de réels pouvoirs administratifs.

Au Danemark, ceux-ci reviennent au stryroesman, une sorte de chef aux prérogatives peut-être d'abord militaires : on en trouve de un à quatre dans chaque herred (district). Leur fonction est héréditaire. Au-dessus d'eux, dans le herred, figure un hetwarthoeman (homme digne d'honneur), parfois appelé landsman (homme du land [24]).

La Norvège, qui est divisée en fylki, ne connaît que des hersar (singulier hersir), un pour chaque fylki sans doute, dont les attributions sont également héréditaires. Nous savons peu de chose sur leur compte si ce n'est que leur titre (sur herr, l'armée ?) pourrait, lui aussi, dénoter des préoccupations guerrières, d'ordre défensif plutôt qu'offensif que l'on sache, éventuellement en liaison avec le leiđangr (comme d'ailleurs, le styresmaen). Ils seront remplacés, vers 1200, par des lendr menn — une sorte d'équivalent de nos barons, ce titre ne semble pas autochtone. Si le lendr mađr est responsable d'un domaine royal, il est appelé ármađr.

Moins bien étudié, le système suédois devait être identique au danois. Il semble qu'il ait connu, lui aussi, des landsmenn qui avaient sous leurs ordres des hoeradshöfiđingjer (chefs de districts).

Quant aux îles nord-atlantiques, Orcades, Shetland,

24. Rappelons que la notion de land a fait l'objet d'un développement au début de ce livre, pp. 69 et sq.

Hébrides et Féroë, elles ne nous fournissent guère de renseignements. Les Orcades et les archipels voisins ont certainement été gouvernés par une dynastie de jarls secondés par les gaeðingar (hommes d'importance), sans que l'on sache exactement quelles étaient les prérogatives des uns et des autres.

Pour l'Islande, nous avons vu plus haut (pp. 190 et sq.) l'organisation originale qu'elle s'était donnée.

Dans tous les cas, on ne voit pas qu'il ait existé une force armée régulière, ni une milice (quoique les textes parlent de gestr, qui pourrait renvoyer à cette notion), ni de force de police. Ce sont les boendr qui assuraient, d'une manière ou d'une autre, ces fonctions.

On peut donc dresser le schéma d'ensemble, très vague en vérité, de la hiérarchie qui régissait ces sociétés :

	(roi)	
	(jarl)	
Hersir	hetwarthae maðr	landsmaðr
(lendr maðr)		
	styroesmann	heradshöfðingi
boendr	boendr	boendr

Nous ne sommes pas en mesure de tirer des conclusions précises de ce système. Si ce n'est, encore une fois, que le bóndi assume à peu près toutes les fonctions sociales que l'on puisse envisager.

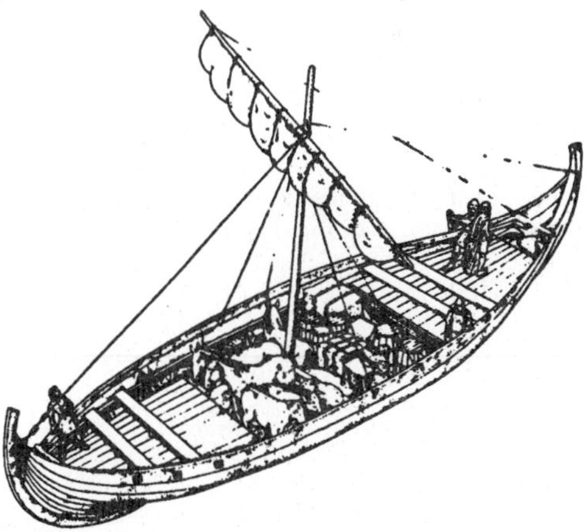

VI

LA CULTURE DOMESTIQUE [1]

Les vikings, nous n'avons cessé de le dire, étaient exactement le contraire de « barbares » dans l'acception courante du terme en français. Ils disposaient d'une culture — au sens exact qu'a ce mot, kultur, dans les langues scandinaves actuelles : il s'applique, selon une optique chère à Lévi-Strauss, à toutes les interventions de l'homme vis-à-vis de la nature — qu'il n'est pas nécessaire de saisir dans ses manifestations les plus achevées (littérature, art ou grandes réalisations techniques comme le knörr) pour l'apprécier. C'est pourquoi on prêtera attention à des domaines trop souvent escamotés dans des ouvrages comme celui-ci. J'ai parlé avec insistance de la remarquable faculté d'adaptation dont ont fait preuve les vikings partout où ils se sont installés à demeure : adaptation, non adoption. Ils avaient quelque chose à apporter qu'ils ont greffé sur le milieu où ils s'établirent. C'est même ce qui fait l'originalité, en géneral durable, de leurs colonisations. Il vaut donc la peine de mieux connaître cet apport.

---

1. Dans ce chapitre, les indications fournies seront de caractère plutôt schématique puisqu'elles sont appelées à trouver des développements beaucoup plus étoffés dans *la Vie quotidienne au temps des vikings*.

L'habitat [2]

Nous sommes bien renseignés à ce sujet par l'archéologie. Le site de Lindholm Høje, aux impressionnants vestiges (Danemark, XIe siècle), celui de Bergþórshváll (Islande, Xe siècle, c'est le centre nerveux du chef-dœuvre des sagas, la *Saga de Njáll le Brûlé*), ou encore celui de Flugumýrr (Islande, XIIIe siècle, il joue un rôle majeur dans la *Sturlunga Saga*) et surtout la ferme de Stöng (Islande, admirablement reconstituée par Hörður Ágústsson [3]), les investigations de Bergen, York, Dublin, celles de Löddeköpinge (Suède), de Fjäle (Gotland), d'Ytre Moa (Norvège, dans le Sogn), de Troms (Norvège), des Lofoten, etc., autorisent des conclusions précises. Rien que dans la région du Mälar, 8 500 cimetières contenant ensemble environ 25 000 tombes ont été inspectés : c'est assez pour établir qu'il y avait, au XIe siècle, quelque 4 000 fermes pour une population d'au moins 40 000 habitants dans cette région de Suède particulièrement favorisée par la nature, il est vrai.

En gros, le Nord a connu plusieurs types de maisons. L'un est carré, avec une cour intérieure. C'est le cas à Lindholm Høje ; il paraît très inhabituel en Europe du Nord à cette époque et n'a pas reçu d'explication précise. Le second est commun à toute la Germania : ce sont des maisons longues, aux curieux murs, recourbés dans le sens vertical, couvertes d'un toit de chaume qui évoque irrésistiblement un bateau renversé. Ces maisons peuvent exister seules. Mais en général elles sont groupées, chaque bâtiment, de dimensions variables, ayant alors une spécialisation propre. On trouve ainsi la stofa ou le

---

2. Ce chapitre s'inspire de nombreuses notices du *KLNM* et du Volume XVII de l'encyclopédie *Nordisk Kultur*. Le texte doit beaucoup à Valtyr Gudmundsson : *Privatboligen paa Island i Fristatstiden*, København, 1889, et à Kristján Eldjárn : *Kuml og haugfé úr heiðnum sið à Íslandi*, Reykjavík, 1956 (en tenant compte des ajouts faits par l'auteur à sa thèse dans l'Annuaire de *Hinn islenzka fornleifafélag* de 1957-1958, 1965 et 1967).

3. Les meilleures études sont celles de Hörður Ágústsson, notamment « Íslands byggeskik i fortiden », dans *Nordisk byggdelag*, 10, 1968, pp. 19-37, ou *Hér stóð Baer*, Reykjavík, 1972.

skáli (qui s'appliquent au bâtiment principal, ce que j'aimerais appeler vivoir), la skemma qui est une petite maison (le terme générique pour ce dernier mot étant hús) plus élégante, parfois réservée aux femmes ; le smiđjubuđ (buđ étant également un terme général, quelque chose comme notre « baraquement »,voyez l'anglais booth) [4], qui est la forge, les útibúr ou dépendances, parmi lesquels la resserre à provisions, l'étable, féhús devenue fjós, la bergerie, etc. Chacune de ces bâtisses possède une fonction propre, l'ensemble des hús ainsi définies constituant la ferme ou boer, enclose d'une palissade ou d'un muret, le garđr, qui a valeur juridique car il délimite la propriété légale du bóndi [5]. Devant le skáli — la coutume n'en est pas perdue en Scandinavie actuelle dans les campagnes — s'étend un petit pré ou tún, objet de soins jaloux car c'est là qu'est engraissé l'animal — cheval et surtout porc — qui sera sacrifié pour la grande fête du solstice d'hiver (jól, scandinave moderne continental jul). C'est dans le tún aussi que pousse l'arbre sacré, norvégien tuntre (arbre du tún), suédois vårdträd (« arbre gardien »), qui renvoie peut-être au Grand Arbre du Monde Yggdrasill et dont les habitants de la ferme étaient persuadés que dépendait la chance attachée à leur clan. Toutes ces hús sont longues et rectangulaires, la maison ronde ou carrée (le cas de Lindholm Høje étant à part) est inconnue. Le quatrième type d'habitation est une variante du troisième : les hús ont un plancher, gólf, qui ne couvre pas toute la surface intérieure mais court le long des murs — le reste du sol est de terre battue — et entraîne donc une dénivellation.

Ajoutons, si l'habitation se trouve, comme c'est le plus souvent le cas, au bord de l'eau, le naust ou hangar à bateau(x) et le moulin, à meule ordinaire, actionné à la main (il en subsiste des traces dans le *Gróttasöngr* de l'*Edda poétique*), puis, vers la fin de l'âge viking, à eau

---

4. Le mot búđ, tout seul, revient fréquemment lorsqu'il s'agit de l'alþing de þingvellir en Islande. Il s'agissait bien de baraquements provisoires : sur une assise permanente, faite de murs de tourbe, on montait une charpente amovible recouverte de toiles.

5. Nous avons un exemple, dans la *Saga de Viga-Glúmr*, d'un déplacement sournois de garđr en l'absence du propriétaire, qui déclenchera toute une saga.

(mylna), certainement sous des influences méridionales (latin molinus).

Les dimensions moyennes d'une maison type varient : de 10 à 30 mètres de long, quelques mètres de large. Les murs, on l'a vu, sont le plus souvent inclinés et le toit fortement incurvé. Les murs sont faits de pierres entassées, jointoyées de terre gazonnée, l'Islande ayant mis au point une curieuse technique par bandes de blocs de tourbe en oblique, chaque rang de blocs étant alternativement incliné vers la droite et vers la gauche. Ces murs sont d'une épaisseur considérable en raison des rigueurs du climat. Ils n'admettent que de toutes petites ouvertures ou passages, d'où l'extrême facilité et, malheureusement, la fréquence de la barbare coutume qui consiste à incendier dans leur maison les habitants en les empêchant de sortir — le cas le plus tristement célèbre nous en est offert par la *Saga de Njáll le Brûlé* en son chapitre 129. Il n'y a pas de cheminée : un trou de fumée pratiqué dans le toit en fait office, ce qui laisse imaginer les conditions de vie à l'intérieur. Les fenêtres, tendues de peaux, sont rares ou réduites à des lucarnes (vindauga ou vindgluggr).

Décrivons plus en détail le bâtiment principal ou skáli, celui où vit la maisonnée quand elle ne vaque pas à ses occupations à l'extérieur. Le skáli (ou eldhús, eldskáli, skáli où figure le feu, eldr) est nettement séparé des autres hús et, d'ordinaire, plus élaboré, de dimensions plus grandes. C'est une maison longue, comportant une ouverture marquée d'un passage bas à chacune de ses extrémités — mais généralement pas dans ses longs côtés. Le centre en est occupé par une fosse à feu (eldgröf, langeldr) rectangulaire et assez longue, où l'on entretient un feu constant, de tourbe ou de bois, qui sert à éclairer, à chauffer, à faire la cuisine, encore que ce dernier office puisse être rempli par une maison spéciale attenant au skáli ou en constituant une partie individualisée par une cloison, l'eldaskáli ou eldhús. Tout autour de la fosse à feu et à une certaine distance de celle-ci courent, le long des murs longitudinaux, des bancs (singulier bekkr) qui sont en fait de très longs coffres compartimentés, à couvercle : on s'y assied le jour, on en sort la literie le soir, pour y dormir. Ces bancs eux-mêmes admettent deux dénivellations, l'une au centre de l'un des murs longitudinaux, l'autre en face. La première est occupée par le haut-siège du maître de maison, qui peut, en fait, recevoir plusieurs occupants : ce sont les öndvegi (mot dont l'étymologie n'est pas sûre, mais qui renvoie certainement à des croyances païennes bien ancrées [6]) délimités par des poteaux probablement sculptés à l'image d'une divinité [7] ; l'un des hauts-sièges revient donc au maître de céans, l'autre, situé en face, à l'invité qu'il veut particulièrement honorer. Dans certains cas, une troisième surélévation, dans le sens transversal de la maison, cette fois, ou pallr (hápallr, þverpallr), sorte de petite estrade, a pu être réservée aux femmes de distinction, à commencer par la maîtresse de maison (húsfreyja, le maître de maison étant appelé húsbóndi). Il n'y a pas de tables fixes : seulement des tables volantes (borð) que l'on sort au moment des repas et dont on fixe le ou les pieds dans des trous pratiqués à cet effet dans le plancher. De même, les sièges indépendants sont rares, et s'il s'en trouve, ce sont des tabourets à trois pieds. L'occupation des places (rúm) sur ces bancs n'est pas laissée au hasard. Les anciens Scandinaves étaient extrêmement attentifs aux préséances. Lors d'un banquet, par exemple, une saga ne manque jamais de préciser par le menu qui siège où, et les querelles qui viennent de ces dispositions sont monnaie courante.

On comprend que le mobilier ait été extrêmement réduit. Il consiste essentiellement en coffres — à vêtements, à objets précieux, dont les serrures, fondées sur des systèmes astucieux bien qu'en général d'après des modèles romains, font l'objet de soins attentifs ; les clefs, de fer ou de bronze, sont accrochées comme on l'a vu à la ceinture de la maîtresse de maison dont elles symbolisent l'autorité — et, parfois, en placards (klefi) pour ranger les vivres quand ceux-ci ne bénéficient pas d'un local propre.

Au-dessus des bancs court un lambris, à quelques centimètres du mur pour éviter la dégradation. Ce lambris est l'objet de tous les soins ; sa décoration dénote la

6. On a vu que les colonisateurs de l'Islande leur laissaient, pour ainsi dire, le soin de déterminer l'endroit où ils se fixeraient après les avoir jetés par-dessus bord une fois en vue des côtes de l'île.

7. Peut-être, car les sources ne sont pas sûres, le Nord ancien ne semblant pas avoir connu d'idoles en dehors de petites amulettes.

richesse, le rang, le goût du maître de maison. Il peut être décoré, sculpté, peint, recouvert surtout de tapisseries précieuses. Le poème du scalde Úlfr Uggason (fin du xe siècle) Húsdrápa décrit amoureusement les décorations du skáli d'un grand chef islandais, Óláfr le paon Höskuldsson. Sont également accrochés aux murs les belles armes, objet de la fierté du viking, épées rhénanes au pommeau doré et aux gardes incrustées, précieuses cottes de mailles, ainsi que des râteliers pour les haches, lances, piques, et hallebardes.

Le long de l'un des murs se dresse le « meuble » le plus important de la maison, le célèbre métier à tisser vertical dont nous reparlerons. L'éclairage était certainement médiocre, il consistait surtout en lampes à huile, en stéatite, matériau que fournissait abondamment la Norvège du Sud.

Le skáli sert normalement de pièce à tout faire, la fosse à feu faisant fonction de cuisine et les bancs, de lits. Il arrive qu'une hús spéciale serve de chambre à coucher, collective, bien sûr ; elle peut alors s'appeler stofa, terme qui, à vrai dire, s'applique aussi à un skáli. Il se peut également que le skáli soit divisé en deux par une cloison pour isoler une partie réservée aux hommes (karlaskáli) d'une autre destinée aux femmes (kvennaskáli). Les alcôves (lokrekkja) qui se ferment de l'intérieur ne sont pas inconnues. La literie consiste principalement en une couette et un édredon.

Si la cuisine occupe une place à part, elle se nomme eldhús. Ses placards contiennent les ustensiles requis, seaux et baquets, poteries de diverses sortes — dont beaucoup étaient des objets d'importation — et instruments de métal pour faire bouillir ou griller, notamment de curieuses rôtissoires de fer à long manche dont l'extrémité s'enroule en colimaçon.

Comme tout le Moyen Âge, la Scandinavie a connu les étuves. Elles ont pu occuper un bâtiment à part, baðstofa [8], encore que ce dernier mot s'applique souvent à stofa et à skáli, ce qui donnerait à entendre que les étuves pouvaient être incluses dans ceux-ci. Il semble que les vikings en aient été de grands amateurs. Les sagas en témoignent, il

8. D'où le suédois moderne bastu. Rappelons que sauna est du finnois.

est vrai que les conditions naturelles en Islande (sources chaudes) s'y prêtaient : on peut voir encore les vestiges des étuves, particulièrement raffinées, que Snorri Sturluson s'était fait aménager, chez lui à Reykjaholt.

Il arrive que les divers bâtiments qui constituent la ferme communiquent entre eux par d'étroits passages, soit pour éviter de sortir par mauvais temps, soit pour permettre de fuir en cas d'attaque imprévue.

On a fouillé et reconstitué, à Jarlshof, dans les Shetland [9], un domaine fondé par les vikings qui s'étaient installés là de bonne heure. L'exemple est intéressant, notamment parce qu'il nous permet de suivre son extension progressive. Il date du milieu du IXe siècle : ne remonte à cette période qu'un seul bâtiment rectangulaire et long, constitué d'un ensemble skáli-eldhús et entouré d'un passage. Vers 900 est venue s'ajouter une seconde bâtisse de même longueur, à angle droit de la première, qui formait pour moitié un skáli, moitié une étable, les deux parties étant bien séparées. Viendra par la suite un tout petit bâtiment carré, les lieux d'aisances sans doute, qui se trouvaient toujours à l'extérieur. Plus tard encore, et un peu à l'écart, un petit bâtiment oblong au sol de terre battue, vraisemblablement une étable. Enfin, à la fin du Xe siècle, deux nouveaux éléments : une forge avec âtre et enclume et, un peu plus loin, une longue bâtisse rectangulaire qui fut une étable ou une laiterie, ou l'un et l'autre. L'ensemble forme un boer tout à fait conforme à ce que nous savons, tant par les acquis de l'archéologie partout en Scandinavie que par la lecture des sagas.

Quant à la concentration de l'habitat, il nous est difficile de nous faire une opinion tranchée, les lieux accusant évidemment de notables différences. En dehors des grands centres commerciaux dont on va parler (Hedeby, Kaupangr, etc.) et des points de ralliement politiques (Uppsala, Bergen, Niđarós), la règle paraît avoir été l'habitat dispersé, très probablement à cause de l'élevage, l'une des ressources essentielles du viking à domicile, ainsi que de la concentration sur la famille (aett). Ce principe vaut moins pour le Danemark, pays ouvert et plat, mais il subsistera

9. Présentation dans J.R.C. Hamilton : *Excavations at Jarlshof*, London, 1956.

fort longtemps puisque, à quelques exceptions près, la Scandinavie ne connaîtra guère de concentrations urbaines ou même semi-urbaines avant l'époque moderne.

L'outillage [10]

On peut compter sur les Scandinaves, qui ont été de tout temps des maîtres artisans, pour avoir su se doter, bien avant l'âge viking, des outils et instruments nécessaires aux diverses activités de l'existence. J'ai évoqué, en passant, quelques ustensiles domestiques. Je concentrerai ici mon attention sur deux domaines.

L'agriculture et la pêche, d'abord. Le bóndi était fondamentalement un paysan (sens que le mot bonde a pris dans toutes les langues scandinaves modernes), pêcheur de surcroît si son lieu de résidence s'y prêtait.

Initialement, il retournait la terre avec un araire (arđr) de bois, à soc simple et droit. Par la suite, il adoptera la charrue en fer (plógr) avec soc, coutre et reversoir. Il a connu la herse (herfi) : l'engin est mentionné dans un texte de l'*Edda poétique*, l'*Atlakvitđa*. Il utilisait des pelles de bois, pointues (páll) ou carrées (reka), des pics et des pioches et, bien entendu, comme partout ailleurs, la houe. Il coupait les céréales ou l'herbe avec des faucilles ou des faux (ljá) qu'il aiguisait au moyen de pierres (brýni) dont on a retrouvé de nombreux exemplaires. Enfin, il se servait de fourches et de rateaux en bois dont les formes n'avaient guère évolué il y a encore un siècle.

Pour la pêche, son matériel ne présentait pas d'originalité particulière par rapport à ce que nous connaissons ailleurs. Il pêchait indifféremment à la ligne ou au filet.

J'insisterai davantage sur les activités du charpentier et du forgeron (terme d'ensemble smiđr) qui font du viking un artisan consommé, réputé en tant que tel. Il n'est pas fortuit que la mythologie scandinave ait fait une place de choix à la version du thème universel du forgeron

10. Outre, une fois de plus, les articles du *KLNM*, voir l'ouvrage de B. Almgren et alia : *Vikingen*, *op. cit.*, avec de saisissantes illustrations.

merveilleux, Völundr, auquel est consacré l'un des textes les plus fascinants de l'*Edda poétique* (la *Völundarkviđa*) et qui se verra même raccordé, par un biais généalogique quelque peu gratuit, au parangon du héros, Sigurđr Fáfnisbani. Nous avons vanté cette merveille technique et artistique qu'était le knörr ; nous aurons également à évoquer les bijoux étonnamment élaborés que portaient femmes et hommes. D'autre part, bien qu'elles ne ressortissent pas à l'époque viking (elles sont plus récentes d'un siècle au moins), les églises « en bois debout » (stavkirker) norvégiennes n'ont pu voir le jour dans leur extraordinaire achèvement sans une longue tradition que rien n'autorise à ne pas tenir pour autochtone.

On a retrouvé à Byland, en Norvège, la tombe d'un smiđr dans laquelle, selon l'usage, on avait déposé le gros coffre contenant ses outils et certains de ses travaux. Soit : quatre épées, quatre pointes de lances, sept haches, deux bosses de boucliers, neuf couteaux de tailles diverses, treize pointes de flèches, quatorze crécelles (qui étaient un moyen de regrouper le bétail), huit clous, deux pincettes, des marteaux de formes et de destinations diverses, une petite enclume portative, une paire de cisailles pour tondre les moutons, un tréfiloir, deux limes, une louche pour verser le métal en fusion, un moule pour argent fondu, une barre de fer, des soufflets, etc. L'enemble donne une parfaite idée des capacités techniques du possesseur et des travaux précis auxquels il se livrait.

C'est le moment de préciser que le fer fut l'une des grandes ressources de Scandinavie viking, point trop souvent escamoté, sur lequel Ph. Sawyer [11] a judicieusement attiré l'attention. Qu'il s'agisse de fer suédois, qui était, comme aujourd'hui, de première qualité ou, surtout, de celui que l'on tirait de l'hématite, minerai fort répandu dans ces pays marécageux, Islande comprise, ce fut sans aucun doute un matériau très exploité. On a calculé, par exemple, qu'il avait fallu 80 kilos de fer pour le seul bateau de Gokstad. L'exploitation des sites était d'ailleurs ancienne, certains remontent au début de notre ère. On en a découvert presque deux cents qui remonteraient à 600 au plus tôt, 1 200 au plus tard. Quelques-uns, comme

11. *Kings and Vikings*, *op. cit.*, pp. 61 et sq.

celui de Møssvatn dans le Hardangervidda, en Norvège, à une altitude de 900 mètres, ont été fouillés avec soin. Certains avaient huit ou neuf fourneaux, d'autres comptaient une centaine de fosses à charbon de bois par kilomètre carré. Celui de Møsstrond, sur une superficie de 275 km^2, pouvait fournir environ quatre tonnes de fer par an. Le produit fini n'était pas toujours d'une trempe à toute épreuve (les sagas nous dépeignent parfois des combattants obligés d'interrompre leurs assauts pour redresser sous leur talon le fer de leur épée ou de leur lance), ce qui fait que les meilleures armes étaient importées, de Rhénanie notamment, mais c'était le lot d'à peu près tout le Moyen Âge.

En revanche, il a fallu aux orfèvres un matériel extrêmement élaboré pour parvenir à fabriquer les bijoux contournés, filigranés, niellés, incrustés que nous avons retrouvés. Il suffit de feuilleter un superbe album comme *Trésors d'art suédois* de Pontus Grate [12] pour vérifier que ces artisans relevaient d'une longue et prestigieuse tradition (le splendide collier en or d'Ålleberg, VIᵉ siècle, ou les merveilleuses garnitures de bronze doré incrustées de grenat et niellées, casques, armes de Vendel, VIIᵉ siècle) et qu'ils ont su se montrer dignes d'elle : témoin les garnitures en bronze doré de Broa (vers 800), la girouette de Söderala également en bronze doré (vers 1050), sans parler de réussites équivalentes en provenance du Danemark ou de Norvège. Comme le dit très bien le présentateur, même si, dans nombre de cas, les origines de ces techniques doivent être cherchées ailleurs qu'en Scandinavie — en Germanie centrale ou orientale notamment —, c'est toujours dans le Nord qu'elles trouvent leurs plus belles réalisations.

On en dira autant du travail sur bois pour lequel existent tous les outils requis (planes, hachettes de tout genre, égoïnes ou scies normales, coins, rabots, tarauds, etc.). Il a fallu, pour sculpter les ornementations du bateau d'Oseberg et des divers objets qu'il contenait, des artistes de premier plan. Il a probablement existé des « spécialistes », charpentiers, graveurs, sculpteurs, etc., qui jouissaient d'une considération évidente puisque la *Rígsþula* pré-

12. Malmö, Allhem, 1963.

nomme de leur nom générique, smiðr, l'un des fils de Karl l'homme libre. On retiendra aussi ceux qui se livraient au travail sur os ou sur bois de cervidés et qui nous ont laissé des peignes, poignées, instruments de tissage, coffrets, pièces de jeux dignes de ce que nous appelons aujourd'hui les « formes scandinaves ». Le plus remarquable est en effet que, dans la plupart des cas, ces beaux objets qui obéissent avec des siècles d'avance aux normes de notre « design » soient en même temps parfaitement fonctionnels.

Il faut mettre à part le travail de la stéatite, plus importante, et peut-être plus ancienne, que la poterie proprement dite. J'ai dit la banalité de ce minéral en Scandinavie. On en faisait toutes sortes d'ustensiles dont nous n'avons retrouvé que des fragments, ce matériau étant particulièrement fragile. En revanche, la poterie garde son mystère : elle est presque toujours importée, de même que la verrerie, rare au demeurant. Cette importation demeure une énigme pour les archéologues, l'argile ne faisant pas défaut sur place. Là encore, c'est de Rhénanie ou d'Orient que proviennent la plupart des trouvailles effectuées à ce jour.

Restent le cuir et, plus tard, le parchemin que les vikings savaient fort bien travailler. Pratiquant l'élevage souvent extensif, ils ne manquaient naturellement pas de matière première. Il se peut que la profession de tanneur ait existé en soi. Un épisode célèbre en matière de poésie scaldique, et qui se serait déroulé au temps de Haraldr l'Impitoyable, dépeint en termes mythologiques une querelle entre un tanneur et un forgeron [13]. La scène se passerait au XIe siècle. Faut-il enfin ajouter que le travail des fourrures, cuirs et peaux, l'article le plus important, en qualité comme en quantité, du commerce viking, avait été poussé à un tel degré de perfection que les produits finis étaient universellement appréciés ?

J'ai fréquemment parlé dans les pages précédentes de spécialisation : le terme n'est peut-être pas congru ni nécessaire. Une lecture fine des sagas — fidèles sur ce point à une longue tradition — prouverait que ce genre

13. Cité avec des commentaires dans R. Boyer : *la Poésie scaldique*, *op. cit.*, pp. 139-140.

d'inférence n'est probablement pas indispensable. Le bóndi était réellement un homme à tout faire : on le voit semer son grain, pêcher la morue, rentrer du bétail, faire sécher son foin, chasser le renard ou l'élan, mais aussi sculpter le bois ou l'os, forger une grille, sans parler d'activités plus « intellectuelles ». Il incarne certainement une manière d'idéal humain, d'homme complet : cela suffirait déjà à doter le viking d'une richesse et d'une profondeur qui ridiculisent nos clichés modernes et à expliquer l'étonnante facilité avec laquelle il a imposé, à des titres divers, sa présence à l'Occident.

Habillement, tissage et filage

Le viking était également tisserand, occupation à laquelle se livraient indifféremment hommes et femmes dès qu'ils en avaient le loisir. Il est probable, étant donné son importance à tous égards, qu'ils lui consacraient un temps considérable. Car cétait l'activité majeure après les indispensables besognes domestiques. Filer et tisser la laine d'abord, le lin en second lieu, allait bien au-delà des strictes nécessités de l'habillement et des besoins de l'habitat : un peu partout — cela deviendra une sorte de monopole islandais —, la grosse étoffe de bure tirée de la laine du mouton, chaude, imperméable, résistante, dite vaðmál, servait aussi de monnaie d'échange. On voit fréquemment dans les sagas un Islandais s'embarquer pour l'étranger en emportant pour toute fortune un certain nombre de ballots de vaðmál qu'il négociera une fois parvenu à destination. Le vaðmál était marron ou beige, mais la teinture, obtenue selon des méthodes assez primitives en écrasant des herbes et des coquillages, n'était pas inconnue.

Primitives également, les techniques du filage : une quenouille, une pièce de bois percée de trous, ou « dé », dans laquelle passaient les fils, pour s'accrocher à un poids que l'on faisait tourner.

Le tissage s'effectuait sur le célèbre métier vertical dont on a vu qu'il était la pièce la plus importante du mobilier. Il était donc droit, et dressé contre le mur. La navette paraît avoir été inconnue. Les fils étaient tendus verticalement au bord supérieur du cadre par des poids — le plus souvent, de simples pierres. On glissait entre ces fils verticaux une sorte de lame de bois porteuse du fil horizontal que l'on tassait avec un fouloir et lissait au moyen d'une batte. Les accessoires nous sont présentés, dans une affabulation macabre, par *Darradarljód*, un poème qui figure au chapitre 157 de la *Saga de Njáll le Brûlé* [14]. Il est hors de doute que les anciens Scandinaves attachaient le plus grand prix à cette activité : elle répondait à des nécessités pratiques et économiques évidentes et laissait l'esprit libre pour d'autres activités. Tout comme R. Perkins [15] a pu se demander si le canevas fondamental de la poésie scaldique ne pouvait se trouver dans les éventuels « chants de rameurs » qu'ont certainement pratiqués les vikings, je me suis souvent posé la question de savoir si ce même genre de poésie, si régulièrement rythmée de façon tout à fait caractéristique, ne pouvait tirer ses origines du geste du tisseur, voire si la science extrême de la composition des sagas qui sont si souvent construites selon le procédé, cher à Péguy, de l'entrelacement [16], ne viendrait pas d'une longue fréquentation du métier à tisser.

La broderie connaissait elle aussi une grande faveur. Nous avons retrouvé les cadres de bois à partir desquels elle se pratiquait ; il y en avait un dans le bateau d'Oseberg. Soie importée d'Orient, laine colorée, et même fils de métal donnaient ces jolies compositions qui resteront l'une des prédilections scandinaves jusqu'à nos jours, et dont quelques-unes des tapisseries que l'on peut admirer dans les musées du Nord donnent une bonne idée : celle de Grenjadarstadir, par exemple, en Islande, qui date de l'époque chrétienne et raconte la vie de saint Martin, ou celle de Skog, également d'époque chrétienne, au musée des Antiquités nationales de Stockholm.

---

14. Traduction française dans R. Boyer : *L'Edda poétique, op. cit.*, pp. 551 et sq.

15. « A Medieval Icelandic Rowing Chant » dans *Medieval Scandinavia*, 1969, 2, pp. 92-101.

16. J'en ai proposé un exemple détaillé et précis, sous forme de schéma, dans l'introduction à la traduction française de la *Saga de Snorri le Godi*, Paris, Aubier, 1973 ou *Sagas islandaises*, Gallimard, Bibliothèque de la Pléiade, pp. 1566 et sq.

L'habillement courant du viking mérite d'autant plus une brève description qu'il ne coïncide pas, lui non plus, avec nos idées reçues.

L'homme porte une sorte de chemise avec une échancrure au col, une tunique (kyrtill) si l'on préfère, et des caleçons longs qui vont jusqu'à la cheville, le tout de laine et de lin. Il a des braies, plus rarement un pantalon long. Comme il met aux pieds des chaussures de cuir faites d'une seule pièce habilement repliée et cousue, sur des bas à jarretières ou ce qu'il faudrait appeler des bandes molletières, sa silhouette évoque celle d'un joueur de golf il y a quelques décennies. Sa ceinture de cuir est volontiers rehaussée de plaques de métal, historiées ou décorées. Elle peut être attachée à la tunique. Y pendent sa bourse et son couteau — qui peut aussi être suspendu à son cou par un lacet. Le port du chapeau, en feutre et de toutes sortes, est commun, de même que celui de gants ou, plus souvent, de mitaines. Sur le tout, il endosse en général un manteau, avec ou sans capuchon, qui lui dégage un bras. Il est fermé sur la poitrine par une broche. Ce portrait admet évidemment de nombreuses variantes.

La femme porte une très longue chemise de laine ou de lin qui lui tombe sur les pieds et, parfois, une sorte de pantalon. Cette chemise est fermée, au-dessus de chaque sein, par une broche qui peut être un véritable bijou. Il suffit de détacher cette broche pour allaiter, les grossesses, ici comme ailleurs à la même époque, se succédant sans interruption. La femme peut également arborer une robe à ceinture d'où pendent un couteau, une bourse, et, on se le rappelle, si elle est maîtresse de maison, son trousseau de clefs. Par-dessus cette chemise, ou, éventuellement cette robe, pend une sorte de tablier, c'est-à-dire une longue pièce rectangulaire de tissu qui va de la poitrine aux mollets et comporte un devant et un derrière symétriques. À ce « tablier » sont accrochés les menus ustensiles de couture. Il n'est pas rare d'ajouter à l'ensemble un fichu ou un foulard, voire une espèce de châle triangulaire selon une mode venue de Byzance. Les bas de laine se rencontrent également. Les cheveux sont longs et flottants chez la jeune fille, noués en chignon pour la femme mariée. Toutes sortes de coiffures se rencontrent, les modes sévissant là comme ailleurs. La plus banale est un foulard noué sur la nuque. Pour les grandes occasions, une curieuse coiffe de lin empesé ou faldr, qui a la forme d'une large corne recourbée vers l'avant, devait donner à la silhouette une allure fort imposante. Ce faldr était l'objet d'une sollicitude marquée, il déclenche une querelle inexpiable dans *Laxdoela saga* ! Un manteau, éventuellement aux rebords brodés, ample et sans manches, complète l'habillement. Faut-il préciser que le port des bijoux est très fréquent : colliers, bracelets, fibules et broches surtout ? Les boutons sont inconnus.

Pour dormir, on est normalement nu. Le port de chemises existe pourtant. Rappelons que les sous-vêtements sont une invention des temps modernes.

Dernière remarque troublante : si, comme on l'a vu plus haut, le viking en armes, le cavalier surtout, ne va pas sans évoquer un Hongrois, le viking en tenue courante rappelle très fort le Same (Lapon) en costume traditionnel ! La recherche moderne n'est pas parvenue à tirer des conclusions précises de ces constatations.

Les travaux et les jours

Il nous reste à voir comment se déroulait le cours normal de l'existence du « viking moyen ». Remarquons d'abord que le Nord ne faisait guère notre distinction entre les quatre saisons. L'année se composait de l'hiver et de l'été, et le temps se comptait, de façon significative, en hivers. On dit non pas : « il resta parti à l'étranger quatre ans », mais : « quatre hivers ». De même, on parlait plus volontiers de nuits que de jours, également en matière de chronologie : « cela se passa douze nuits avant la mi-été », et non : « douze jours ». Pour qui a vécu un certain temps sous ces latitudes, la justification de ces usages va de soi.

Les noms des jours de la semaine — qui comptait seulement cinq jours dans la Germanie ancienne, usage tombé depuis longtemps en désuétude à l'époque viking — ne soulèvent pas de problèmes et s'alignent sur les noms latins, avec des transpositions intéressantes : lundi est mánadagr, jour de la lune, mardi, týsdagr, jour de Týr, tenu pour équivalent de Mars, mercredi, ódinsdagr, jour d'Ódinn que toute l'Antiquité classique a assimilé à Mercure, jeudi, þórsdagr, jour de Þórr ou encore fimtudagr, cinquième jour puisque, selon l'usage chrétien, la semaine s'ouvre par le dimanche, vendredi, frjádagr, jour de Frigg qui partage certains attributs avec Vénus, samedi, laugardagr, jour des bains, ou þváttadagr, jour de la lessive en raison d'un usage sans doute immémorial, et dimanche, sunnudagr, jour du soleil. En revanche, les noms des mois sont tout à fait originaux. Ils varient selon nos sources, mais l'accord peut se faire autour de la liste que donne Snorri Sturluson dans son *Edda* dite *en prose* (Skáldskaparmál 78). La voici telle qu'il la dresse, mais, on le verra tout à l'heure, il n'y a pas à chercher de correspondances avec nos propres noms de mois, ni avec l'ordre qui est proposé (ainsi, gormánuđr n'est pas janvier). Soit : 1) gormánuđr (mánuđr : mois, le sens de gor n'est pas établi) ; 2) frermánuđr (même remarque) ; 3) hrútmánuđr (qui pourrait être le mois du bélier) ; 4) þorri (désigne une petite divinité archaïque de la fertilité-fécondité) ; 5) gói (*ibidem*, il s'agit d'une autre divinité que la précédente) ; 6) einmánuđr (sens incertain) ; 7) gaukmánuđr ok sáđtíđ (mois du coucou et temps des semailles : on soupçonne à bon droit le scalde Snorri Sturluson d'avoir cédé ici à son penchant à la poésie !) ; 8) eggtíđ ok stekktíđ (temps des œufs et temps où l'on fait rôtir la viande, même commentaire que pour le précédent) ; 9) sólmánuđr ok sáđmánuđr (mois du soleil et mois des semences) ; 10) heyjannir (temps de la fenaison, certainement une désignation ancienne) ; 11) kornskurđarmánuđr (mois de la moisson) et 12) haustmánuđr (mois de l'automne). Sans nous y attarder davantage, il est intéressant de faire observer que cette nomenclature dénote des préoccupations essentiellement rurales !

J'emprunte le développement qui va suivre à la remarquable étude de Jacqueline Simpson [17], en la résumant.

L'année du bóndi, telle que la dépeignent calendriers et annales, commence à la fonte des neiges, vers la mi-avril. C'est donc le mois du coucou ou temps des semailles (sáđtími). Le bétail est sorti pour être mené aux pâturages

17. Jacqueline Simpson : *Everyday Life in the Viking Age*, London, 1967, chapitre III.

(afrétt), on procède au labourage et aux semailles de céréales. C'est le moment d'extraire la tourbe et d'abattre du bois de chauffage, de réparer les murs et les enclos des maisons, et de fumer les champs. Un mois après, vers la mi-mai, il faut procéder au ramassage des œufs des oiseaux sauvages, opération qui vaut, bien entendu, pour la Norvège et l'Islande. Les oiseaux sont capturés au filet ou bien dénichés par un escaladeur hardi qui se laisse pendre du sommet de la falaise par une corde, prestation périlleuse que nous décrivent certains textes. C'est aussi la lambatíđ, le temps des agneaux qui sont sevrés et marqués, les moutons étant tondus. Leur longue laine angora servira à fabriquer le vađmál dont nous avons souligné l'importance.

La transhumance commence vers la mi-juin. Chaque ferme a son abri dans la montagne, vieil islandais sel, norvégien setr (norvégien moderne seter). Une part importante de l'année, comme à l'époque moderne, se déroule dans le setr, une proportion non négligeable de la maisonnée se rendant dans ce refuge pour y vivre les deux mois d'été aux longues journées interminables dans une ambiance animée et joyeuse. C'est pourquoi ce mois-là, qui s'appelle normalement selmánuđr, est plus souvent dit sólmánuđr (où sól = soleil). C'est aussi le moment de fabriquer les produits laitiers, le skyr notamment, le syr au goût aigre que l'on obtient au moyen d'une sorte de présure, et l'indispensable beurre toujours salé (smjör). Enfermé dans des boîtes de bois, il peut se conserver fort longtemps et fait partie des vivres qu'embarque le viking. La mi-juin est aussi l'époque des grandes réunions publiques, þing (en Islande, alþing ou þing général). Nous avons déjà vu que toutes les affaires importantes s'y règlent. Ajoutons que le þing est aussi un organe d'information très apprécié : on y diffuse les nouvelles de l'étranger apportées par ceux qui viennent de rentrer d'expéditions printanières. Ceux qui songent à partir pour l'été, éventuellement dans l'intention d'hiverner sous des cieux plus cléments, quittent le pays après le þing. S'ils ne s'embarquent que pour une incursion limitée ils reviendront en automne.

À la mi-juillet, on aborde la fenaison, qui peut s'étendre huit semaines et courir ainsi jusqu'à la mi-septembre.

Étant donné la longueur de l'hiver, l'importance et la durée des chutes de neige, il est en effet vital de faucher et de rentrer toute l'herbe possible, et tout le monde s'y met, femmes et hommes. Une disette de foin est une véritable catastrophe, comme en témoigne entre autres la *Saga de Njáll le Brûlé*. La fin de cette période est marquée par le þing d'automne (leiđ ou leiđarþing), dont la première fonction est de récapituler les décisions et événements du þing de juin. Auparavant, là où c'est possible, se déroulent les moissons, autour de la mi-août en général.

La mi-septembre est un moment important, le haustmánuđr (mois d'automne) concluant en quelque sorte l'année active et préparant les longs mois d'hiver à venir, sur le plan vivrier, s'entend. Il faut donc rassembler, parquer, compter le bétail selon ses divers propriétaires. Cela se pratique dans des parcs spéciaux délimités par un système de murets, ou rétt. L'opération, souvent décrite, certainement fort vivante et pittoresque, soulève fréquemment de chaudes querelles, comme on peut l'imaginer. Les gens qui ont passé deux mois dans le sel ou setr rentrent à la ferme. C'est aussi l'époque où la pêche bat son plein. Le poisson — de la morue en général — est suspendu à ces échafaudages typiques en forme de V renversé, ou skreiđ, pour sécher en plein air. Le produit fini se conserve longtemps, s'empile, est emballé et compte, lui aussi, parmi les vivres indispensables qu'embarque le viking.

La mi-octobre est un des temps forts de la vie. Sans doute faut-il, d'urgence, remettre en état les bâtiments de la ferme, avant la tourmente de l'hiver et faire les provisions de bois et autres combustibles qui permettront de passer la saison froide. Mais la viande que l'on a abattue quelques semaines plus tôt, en fonction des besoins de la maison et de la réserve de foin disponible, est abondante et la bière a été brassée généreusement. C'est donc à ce moment-là qu'ont lieu les fêtes, que l'on lance les invitations importantes, que l'on célèbre les noces, bref, que l'on donne ces banquets (veizla) que les sagas ne manquent jamais de décrire en grand détail, tant il est clair qu'ils marquent un des temps forts de la vie. La date privilégiée de ces agapes, dite vetrnaetr (nuits d'hiver), se situe dans les derniers jours d'octobre. Elle remonte certainement à des usages fort anciens, marqués par le paganisme. Accepter une invitation à un banquet, — qu'il faudra toujours rendre — relève de la courtoisie la plus élémentaire et revient toujours à reconnaître un honneur qui vous est fait. D'ailleurs, ces festivités durent plusieurs jours et donnent lieu à toutes sortes de manifestations.

Restent les trois mois d'hiver, longs et souvent pénibles, þorri, gói et einmánuđr. La vie doit se concentrer à l'intérieur — sans claustration, bien entendu : on peut toujours chasser, pêcher en brisant la glace, aller faire du patin ou du ski. Mais il va de soi que la période est particulièrement propice aux travaux de filage, de tissage, de broderie et de couture, comme aux activités artisanales du smiđr. Et puis, le soir, ce sont les longues veillées dont les passe-temps ont été évoqués. À voir l'étonnant génie conteur dont font preuve les Scandinaves depuis que nous les connaissons, il est vraisemblable que la déclamation de poèmes ou de récits allait bon train : nous recenserons, au chapitre des loisirs, toutes les occupations que prisaient les vikings. Elles sont assez diverses pour qu'ils n'aient pas eu le temps de s'ennuyer ! Enfin, les mois d'hiver étaient interrompus par ce qui constituait la plus grande fête de l'année, celle du solstice d'hiver, Jól, dont l'institution se perd dans la nuit des temps. Nous ne connaissons pas l'étymologie de ce terme, mais tout laisse penser que c'était d'abord une grande célébration de la fertilité, destinée à faire revenir le soleil fécondateur dont l'absence était si dure. On y sacrifiait l'animal engraissé à cet effet, on y banquetait à loisir, les fêtes de Jól pouvant durer jusqu'à deux semaines. Il est remarquable que nos diverses sources — le contenu de cette fête ayant évidemment varié au cours des siècles — s'accordent au moins sur un point : Jól était une célébration pour une bonne année à venir et pour la paix. Bède le Vénérable est encore plus explicite, qui place la Nuit des Mères (modranicht) à cette date-là : les Mères (matrae, matronae), même si elles peuvent avoir une forte coloration celtique, renvoient en dernière analyse à la Grande Déesse ou Terre-Mère et relèvent, elles aussi, de la troisième fonction dumézilienne.

Pour être complet, je dirai quelques mots de la nourriture du viking, dans la mesure où elle n'est pas déjà déduite des pages qui précèdent.

La base en était les laitages et le poisson. La viande est

plus rare : elle est toujours cuite dans l'eau, puis, le cas échéant, rôtie. Les Scandinaves appréciaient le rôti : ils disposaient de toutes sortes d'ustensiles pour le préparer, chaudrons, broches et grils. Ils le mangeaient avec un fond de sauce qui était préparé périodiquement et servait à l'assaisonnement de tous les mets, un peu comme, de nos jours, le ketchup américain. Le pain — sans levain — d'orge, de seigle, voire de pois et même d'écorce d'arbres, survit aujourd'hui sous les espèces du knäckebröd suédois ou du flatbrød norvégien. Il existait des fours, dont certains de belles dimensions. Mais le mets fondamental était et restera fort longtemps le gruau (grautr) qui, dans la vie courante, formait l'essentiel du repas. Non que les légumes et les fruits eussent été inconnus. En dehors des pois et des haricots, il s'agissait surtout d'espèces sauvages auxquelles s'ajoutaient diverses algues séchées et toutes les variétés possibles d'oignons, d'ail, de poireau, l'angélique jouissant d'une faveur particulière ; pour les fruits, on mangeait des baies de toutes sortes, de la bouillie de glands et, en Suède et au Danemark, des pommes, des cerises, des prunes, des fraises, une prédilection marquée s'attachant aux noisettes et aux noix. On n'oubliera pas, toutefois, que la Norvège, l'Islande et une bonne partie de la Suède ne se prêtaient guère à la fourniture de ce genre de ressources. Pour l'essentiel, la nourriture du viking était plutôt fruste. Elle fait d'ailleurs rarement l'objet de commentaires particuliers, contrairement à la boisson (bière, hydromel, très rarement du vin, toujours importé).

Il n'y avait en temps normal que deux repas quotidiens : le dagverđr, après les premiers travaux du matin — vers 9 heures — et le náttverđr, vers 16 ou 17 heures, une fois achevées les besognes de la journée. On les prenait dans des écuelles ou des bols de bois, de stéatite ou de métal, avec des cuillers de corne ou de bois, et l'inséparable couteau. Bien entendu, la fourchette n'existait pas.

En somme, la vie quotidienne du viking chez lui ne se distinguait pas radicalement de celle de ses contemporains plus occidentaux ou méridionaux. Nous sommes en culture agraire, ignorant, de plus, les luxes et les raffinements de la cité. Il est certain que la fréquentation des mœurs étrangères a dû susciter une vive curiosité. On le voit à travers les efforts d'explications que se sentent tenus de fournir, à la fin du XIIe siècle, les traducteurs-adaptateurs de nos romans courtois. La simplicité est certainement ce qui définit le mieux le mode de vie du viking. Elle fournit une justification commode à ses grandes facultés d'adaptation, si souvent soulignées dans cet ouvrage.

Les loisirs

Il reste à compléter cette rapide étude de la culture domestique en disant quelques mots des loisirs du viking. En une première approximation, la chose tient en deux mots : la boisson et les femmes. Le Nord tout entier semble y avoir été particulièrement porté.

En ce qui concerne la boisson, il s'agissait surtout de bière, dont il existait plusieurs sortes, le support étant le malt plutôt que le houblon. Elle n'aurait sans doute évoqué que d'assez loin ce que nous entendons aujourd'hui par bière ; il arrivait qu'elle fût mêlée de miel, la bière courante, bjórr ou öl, devait être un peu moins forte que le mungát dont le nom même suggère une idée de friandise. À côté de la bière, le Nord connaissait, comme tous les Indo-Européens, l'hydromel, mjöđr. Tout cela se buvait dans des cornes de bœuf ou en métal, souvent artistement décorées. Être un grand buveur faisait partie des prestations qu'un homme digne de ce nom était tenu de fournir : on relira, pour s'en convaincre, la *Saga d'Egill, fils de Grímr le Chauve*, chapitre 44 (où l'on notera que la délicatesse ne figurait pas au premier plan, Egill vomissant dans la figure de son rival le trop-plein de bière qu'il vient d'ingérer) ou, dans l'*Edda* de Snorri, le détail des exploits auxquels le dieu þórr lui-même se soumet chez Útgarđaloki. Au, demeurant, il existait des rites de boisson (où hommes et femmes étaient associés !) très précis, que l'on bût seul, ou à deux, ou à la ronde. La coutume de porter des toasts, qui avait un sens religieux — on buvait d'abord aux ancêtres, puis aux dieux et, après la christianisation, au Christ, à la Vierge Marie et aux saints —, était bien établie. Il est significatif que le terme veizla (banquet) admette pour synonyme drykkja, qui signifie proprement beuverie. L'ivresse était la conclusion normale, sinon obligée, d'une beuverie, à telle enseigne que l'usage existait de prêter serment devant témoins, avant le début des agapes, de ne tenir aucun compte des propos qui seraient énoncés ensuite ! On n'oubliera pas non plus qu'au « paradis » qu'avait conçu cette mythologie, la Valhöll (Walhalla), les plus hauts délices qu'imaginaient les vikings consistaient à festoyer à longueur de soirée en buvant bière ou hydromel servis par les valkyries.

Le vin, quoique connu, ne figurait pas parmi les articles de consommation courante, pour d'évidentes raisons de transport.

Quant aux femmes, si j'ai pu écrire que nos textes sont étonnamnent pudiques, on se rappellera que le Moyen Âge, le scandinave pas plus que l'occidental dans son ensemble, ne connut pas le puritanisme qui est une invention moderne. On a dit que le mariage était d'abord une « affaire » — qui n'excluait pas les sentiments — et que cette société ne voyait aucun obstacle au concubinage. Il y avait chez les vikings un tel sens du naturel qu'il faudra attendre les clercs du XIIIe siècle pour lire des textes à connotations moralisatrices en matière de relations sexuelles. Lesquelles, en général, tiraient si peu à conséquence qu'elles n'appellent que très rarement des commentaires. Pour le reste, même dans les sagas qui furent rédigées en grande majorité par des clercs, on est surpris de constater avec quelle facilité les femmes se laissent séduire. Mais, je viens de le dire, il s'agit de nature, de naturel : les perversions sexuelles paraissent avoir été extrêmement rares et j'ai déjà indiqué que l'homosexualité était honnie ici comme ailleurs en Occident. Il faudra attendre, non seulement la christianisation, mais la montée du culte marial, à partir du XIIe siècle et de la littérature courtoise qui en est un reflet (elle sera traduite et imitée presque immédiatement dans le Nord), pour que les sentiments se raffinent, ce qui ne signifie pas que les mœurs se soient modifiées. Notons que l'on a trouvé, à Bergen, une inscription runique où un prêtre avoue son amour pour une belle.

Viennent ensuite les jeux de dés et de tables que les vikings chérissaient. Tirer au sort était d'ailleurs une pratique courante, même dans le domaine juridique. Il existait toutes sortes de jeux de dés dont nous ne connaissons pas les règles et qui étaient peut-être importés. Il est possible qu'il en aille de même pour les jeux de tables, leur dénomination d'ensemble elle-même, tafl, étant visiblement empruntée au latin. L'archéologie a retrouvé des jeux et des pions, parfois artistement sculptés. Il s'agit du hneftafl, qui évoquerait assez bien notre jeu du loup et des agneaux, où une pièce se déplaçant sur un damier doit essayer de ne pas se laisser enfermer par les autres (ce jeu est clairement évoqué dans le poème Énigmes de Gestumblindi inséré dans *Hervarar saga ok Heidreks konungs* [18]), et du kvátra, sans doute une sorte de trictrac, certainement venu de France : la *Sturlunga saga* fait un proverbe de l'expression, pour dire tirer le pire lot, *kasta deuss ok áss*, jeter le deux et l'as. Le jeu d'échecs était connu : il est attesté au XIIe siècle en Islande et sensiblement plus tôt en Scandinavie continentale.

De toute manière, les vikings adoraient jouer, depuis leur plus tendre enfance, nous en avons des témoins : armes de bois, petits bateaux, fermes miniatures en argile, petits animaux de bronze, etc. Grands et petits raffolaient de la pantomime — cela se perd dans la nuit des temps, bon nombre de scènes figurées par les pétroglyphes de l'âge du bronze ayant bien l'air de jeux masqués et dansés, de caractère rituel vraisemblablement, sans que cela soit nécessaire. Le mot leikr (jeu) s'applique à diverses sortes de divertissements, mais désigne avant tout des pantomimes généralement satiriques : la *Sturlunga saga* nous en a conservé quelques exemples qui suffisent à établir la popularité du genre. Pourtant, dans ce milieu où le regard d'autrui jouait un rôle prépondérant et où le sens que l'on avait de son honneur était fort chatouilleux, la moquerie, sous quelque forme que ce fût, était très mal prise et ne manquait pas de déclencher de sanglantes querelles. Il n'empêche : la langue dispose d'une riche collection de termes pour qualifier ce type de divertissements (ainsi spótt, flimtán, háđ, kanginyrđi, etc.), et tout donne à penser qu'une des meilleures façons de l'exécuter était de la danser. Au demeurant, le folklore témoigne de la remarquable vitalité de ces danses, capables de s'emparer de modèles étrangers pour les adapter (ainsi, plus tard,

---

18. Traduction française dans la Saga de Hervör et du roi Heidfrekr, Paris, Berg International, 1988, pp. 51-59.

de notre carole qui deviendra danse puis folkevise [19]). Mais il en existait, à l'évidence, d'autochtones : Constantin Porphyrogénète a vu, vers 950, des varègues masqués et déguisés, dansant pour les fêtes de Jól. Toutefois, nous ne savons rien des mélodies et de la musique en général que pratiquaient les vikings. Les archéologues ont bien retrouvé des lurs (lúđr), sortes de longues trompes qui évoquent notre alpenhorn, et des harpes (rappelons que, dans le cycle héroïque de Sigurđr, Gunnarr dans sa fosse aux serpents charme les reptiles en jouant de cet instrument... avec ses orteils), des espèces de violons et des pipeaux, mais nos connaissances s'arrêtent là, et c'est bien dommage : on aimerait savoir, notamment, si les poèmes scaldiques étaient chantés, comme tout donne à le penser, et dans ce cas sur quelles mélodies [20].

En fait, le grand divertissement d'intérieur devait être la déclamation : de poèmes, eddiques ou scaldiques, de textes en prose qui préfigurent les sagas (lesquelles, rappelons-le, ne verront le jour dans la forme que nous leur connaissons qu'un bon siècle *après* la fin de l'âge viking, mais rien n'interdit de considérer qu'elles ne sont que le développement et la mise en forme, sur des modèles historiographiques et hagiographiques importés, de récits ramassés ou þaettir, singulier þáttr), de jeux d'énigmes comme celles de Gestumblindi mentionnées tout à l'heure, ou de joutes de savoir, l'équivalent nordique de notre « jeu parti » dont certains poèmes eddiques (*Vafþrúđnissmál, Fáfnismál, Alvíssmál*) offrent de bons exemples. Ces jeux pouvaient manquer d'innocence ! Le mannjafnađr, par exemple, qui semble avoir connu une belle popularité, dégénérait dangereusement dans la plupart des cas : l'assemblée étant divisée en deux camps, il consistait dans le choix d'un « champion », héros local ou autre, pour chaque camp, chacun défendant sa précellence par tous les moyens possibles, oratoires d'abord, puis, très vite, musculaires !

Quant aux divertissements d'extérieur, ils étaient nom-

---

19. R. Boyer. « De la carole à la folkvisa » dans *Influences*, éd. par G. von Proschwitz, Göteborg, 1988, pp. 7-21.

20. J'ai proposé dans *la Poésie scaldique*, *op. cit.*, chapitre I, 3°, des justifications de la syntaxe torturée de ces poèmes, à partir d'éléments musicaux, mais ce n'est qu'une conjecture.

breux et de type nettement « sportif ». On n'oublie pas, pour reprendre Montesquieu après Tacite, que la rigueur de ces climats favorisait les dépenses d'énergie ! Ne parlons pas de la chasse ou de la pêche qui pouvaient donner lieu à des prestations prestigieuses (plus d'un personnage, surnommé veiđimađr, grand chasseur [ou pêcheur], jouit, à ce titre, d'une haute considération). Mais l'aviron, la course, le saut, le ski, le patin comptaient parmi les jeux de choix. Deux « sports » bénéficiaient d'une faveur notable : la natation et la lutte. La première, où s'illustra, par exemple, le célèbre roi Óláfr Tryggvason, ne coïncidait pas avec nos conceptions actuelles. Il s'agissait de choisir un adversaire de sa taille et de voir lequel des deux parviendrait à maintenir le plus longtemps l'autre sous la surface. Jeu aux origines rituelles, peut-être, puisqu'un mythe nous présente les dieux Loki et Heimdallr s'y adonnant. Quant à la lutte, glíma, elle présente, elle aussi, un caractère particulier. Les adversaires portaient des courroies de cuir autour de la taille et des cuisses : il fallait essayer d'empoigner le lutteur par ces courroies pour le précipiter brutalement au sol ! Indépendamment du duel (hólmganga ou einvígi), les assauts d'armes étaient des jeux fort courus.

Mais le « sport » le plus populaire était le knattleikr, un jeu de ballon (en vérité, une boule de chanvre enveloppée de cuir) et de battes : il préfigure assez bien notre thèque, le cricket anglais, ou le base-ball américain. Il pouvait se jouer sur un pré ou, avec des patins, sur un lac gelé. C'était un jeu d'une brutalité insigne mais qui semble avoir bénéficié de la faveur particulière des belles !

Pourtant, il est hors de doute qu'aucun divertissement d'extérieur n'a connu une popularité comparable à celle du combat de chevaux, hestaát ou hestavíg, qui ne manquait pas, lui non plus, de dégénérer. Pratique vénérable : elle est attestée, dès le VIe siècle, par une illustration de la pierre de Hägeby, en Suède. Pratique sans doute religieuse à l'origine, et associée au dieu Freyr, c'est-à-dire à des rites de fertilité : au XVIIe siècle encore, en Scandinavie, on était convaincu que, si les chevaux s'étaient bien battus, les récoltes seraient bonnes ! Rappelons que ces chevaux étaient en fait, des poneys de bonne taille. Il s'agissait de faire s'affronter deux chevaux, chacun étant excité par son propriétaire armé d'un gourdin — lequel gourdin s'égarait parfois sur les côtes, non du cheval, mais de l'homme qui soutenait la bête rivale ! Le cheval vainqueur était celui qui réussissait à terrasser l'autre. Les sagas, à des siècles de distance, continuent de se faire le fidèle écho des passions, paris préliminaires, commentaires pendant et après le combat, que soulevaient ces affrontements.

Si j'ai tenu à m'attarder sur ce thème des loisirs, c'est en partie pour récuser l'image austère et cruelle que certains veulent donner de la société viking, en partie pour en faire valoir les qualités d'équilibre et d'éclectisme. Il semble permis de dire que ces hommes et ces femmes aimaient vivre, ne rêvaient pas que plaies et bosses, ne négligeaient aucun secteur de l'activité humaine. Certes, la vision de l'homme, de la vie et du monde que nous proposent les sagas nous paraît souvent noire et dure [21]. On n'y trouve guère de chant d'oiseaux dans les hautes frondaisons, de rire clair de jeune fille en fleur, ni même de beau sang vermeil dans l'herbe drue. Mais le rire et la joie sont aussi fonction d'une culture. Absolument rien n'autorise à affirmer que les hommes et les femmes qui relevèrent de cette civilisation ouverte et équilibrée ne connaissaient pas une véritable joie de vivre.

C'est d'ailleurs avec fierté que, vers 1150, le jarl Rögnvaldr recense — la citation est quasi obligée en l'occurrence — les plaisirs qu'il apprécie en ce monde [22] :

Il est neuf *arts de moi connus —*
Je joue des tables *en connaisseur ;*
Je me trompe rarement en fait de runes *;*
Lire, tailler *fer ou bois sont à ma portée ;*
Je sais effleurer le sol à skis,
Manier un arc, ramer *à plaisir ;*
Je sais plier mon esprit à l'un et à l'autre des arts que [voici :
Le lai du poète *et le jeu de la* harpe.

---

21. J'ose dire qu'à de rares exceptions près, la caractérisation vaut pour l'ensemble des littératures scandinaves jusqu'à nos jours. Voir R. Boyer : « Lumière du Nord : lumière noire » dans *Le Texte et l'Idée*, Nancy, 1991.

22. C'est moi qui ai souligné les termes importants.

VII

LA VIE PUBLIQUE

Ce chapitre n'entend pas reprendre les notions et les faits exposés dans la première partie de notre ouvrage. Celle-ci s'attachait à montrer que le commerce était et resta, dans l'ensemble, l'activité majeure et, en quelque sorte, la raison d'être des vikings. D'un autre côté, elle suivait patiemment, en diachronie, le développement des activités mercantiles des Scandinaves, parallèlement à leurs menées guerrières ou à la faveur de celles-ci.

En fait, le titre véritable de ce chapitre, s'il ne courait le risque d'être trop limitatif, devrait être « Le þing », notion capitale dont il a déjà été plusieurs fois question et dont l'existence dans le Nord est attestée dès les origines connues. Nous l'avons défini (*supra* pp. 196 et sq.) et nous en avons suivi le déroulement, notamment à la faveur de l'exemple islandais sur lequel nous sommes bien documentés.

S'il était naturel de centrer sur la ferme et ses activités une étude de la civilisation domestique dans un monde qui ne connut pas de véritables « villes », il est commode de partir du þing pour présenter les grands éléments de la vie publique, puisque cette institution a une triple implication : commerciale, c'est là que se règlent les affaires importantes, il se double ordinairement d'une foire ou marknaðr ; juridique, puisque l'on y tranche les litiges importants, on y dit le droit ; et religieuse car, à l'origine, le þing était en relation directe, comme on l'a démontré pour le site de Jelling au Danemark, avec ce haut lieu cultuel (bois sacré, éminence, etc.) que l'on appelait vé. þing-marknaðr, þing-dómr (tribunal), þing-vé : commerce, droit, religion, nous avons bien là les trois grands aspects de la vie publique telle que la connurent les vikings. J'en reprendrai donc les trois aspects, d'ailleurs étroitement liés puisque le droit est sacré et que les « affaires » sont placées sous le signe du droit.

J'ai tenu à situer cette étude des vikings sous le signe du bóndi, en insistant sur le fait que c'était avant tout un commerçant. Or, il va de soi que le commerce exige des règles de vie communautaire. On est même fondé, dans une société qui privilégiait visiblement les notions conjointes d'année fertile et de paix — ár ok friðr —, au point d'en faire le gage de la sacralité de son roi, à se demander si cette société n'a pas à l'origine conçu le þing comme une sorte de support ou d'organe à la fois logistique et juridique des activités du bóndi. Après tout, la mention du mot hermaðr (l'homme de guerre, le guerrier) est considérablement plus rare que celle de kaupmaðr (marchand) ou de farmaðr (marin, homme qui voyage par mer pour commercer). Être un grand kaupmaðr et farmaðr était tenu à grand honneur, Óðinn lui-même était surnommé Farmatýr ou Farmaguð, le dieu qui veille sur les cargaisons. Nous savons que le mobile principal des expéditions vikings, avant même 793, puis pendant les deux siècles au moins que couvre le phénomène, fut le commerce. Personne ne jugeait cette activité indigne ou subalterne : le jeune homme allait ainsi prouver sa valeur « à l'étranger » et les rois ne dédaignaient assurément pas de s'y intéresser [1]. Un texte passionnant, bien que récent à l'échelle qui nous occupe (il date du début du XIIIe siècle mais se fonde, à l'évidence, sur des traditions et des versions plus anciennes), le *Speculum regale* (*Konungsskuggsjá*) norvégien, s'ouvre, avant de parler de la hirð puis, comme il se doit, du roi, par un long chapitre sur le marchand, où l'on lit, sans surprise pour nous, ces considérations sur « le métier de marchand » :

1. Voir là-dessus l'étude, tout entière centrée sur cette idée, d'Aksel E. Christensen : *Vikingetidens Danmark*, 1969.

> Je ne blâmerai pas cette profession car ce sont souvent les meilleurs hommes qui la choisissent [...]. Celui qui doit être marchand, il lui faut se mettre en maint péril de sa vie, parfois en mer et parfois en pays païen et surtout fréquenter toutes sortes de peuples inconnus, et il lui faut également penser à se bien comporter là où il est. En mer, il a besoin d'être actif, prompt et hardi [...]. Rends-toi familier de toutes les lois, mais si tu veux être marchand [2] familiarise-toi avec le Bjarkeyjaréttr [3]. Si tu connais les lois, ne t'expose pas à des escroqueries si tu as des accusations à porter contre tes semblables. Alors, tu sauras répondre selon la loi en toutes choses.

On ne saurait mieux dire que le commerce était régi par des lois précises, et l'on ne voit pas où celles-ci auraient été instituées, amendées, réglées, si ce n'est au þing puisque nous ne connaissons pas d'autre organisme juridique.

C'est pourquoi je reprendrai bon nombre de thèmes déjà abordés en parlant un peu des « villes ».

Les villes

Nous le savons, le Nord n'a pas connu de véritables « villes » au Moyen Âge. Il semble ne s'être d'abord agi que de centres de rassemblement, saisonniers le plus souvent, d'artisans, de marchands et d'administrateurs — j'ai déjà proposé le mot « comptoir », la règle étant à peu près partout l'habitat dispersé. À ce titre, elles n'ont guère pu exister avant 800, date où, sous l'impulsion de la Frise, le commerce prend un essor véritable dans le nord de l'Europe. Au lieu de parler de villes, il vaudrait sans doute mieux dire centres commerciaux. Les principaux, que nous allons examiner, ne remontent pas au-delà du IXe siècle.

Certes, Helgö, dans le Mälar, bien protégée de la Baltique, a pu exister dès le Ve siècle. C'est aujourd'hui Lillön

---

2. N'oublions pas que ce texte du XIIIe siècle établit une différence entre marchand, homme de la hirđ (hirđsmađr) et homme du roi (konungsmađr), différence qui, selon toute vraisemblance, n'avait aucun sens trois ou quatre siècles plus tôt.

3. Droit des gens de Birka, droit des gens de mer, voir plus haut p. 174.

dans la paroisse d'Ekerö : c'était autrefois une île (d'où Lillön : petite île), maintenant rattachée à la terre. Il se peut qu'elle soit tombée en désuétude à cause de Birka. On y a retrouvé, en tout cas, une série de ces maisons longues, rectangulaires, que nous connaissons bien, l'archéologie [4] ayant établi l'existence de contacts avec l'Allemagne, les Slaves, les Baltes, les Finnois, la Grande-Bretagne et même la Méditerranée. C'est là que l'on a découvert un petit Bouddha de bronze et des coquillages en provenance de l'océan Indien qui n'ont guère pu atteindre ce site que par les itinéraires familiers des Rūs. Le comptoir possédait un port — comme tous ceux que nous allons mentionner — qui s'est envasé. C'est peut-être la raison de son déclin. Il permet d'établir que les activités commerciales prospéraient bien avant l'ère viking. On notera que la cité perd son éclat en même temps que l'établissement suédois de Grobin, en Lituanie !

Helgö fut donc remplacée par Birka, mentionnée par Rimbert dans sa *Vita Anskarii* dès la fin du IXe siècle, et encore par Adam de Brême vers 1070 [5]. Rimbert précise que les lieux sont hantés par deux sortes de personnes : les résidents (populi) et les marchands (negotiatores). Björkö est une toute petite île, admirablement située, dans le Mälar, à quinze kilomètres à peine de Helgö, sur l'axe où se créera un jour, beaucoup plus tard, Stockholm. Le site comprenait, au nord de l'île, une cité fortifiée proche du port, entourée d'une enceinte jugée imprenable, la forteresse étant gouvernée par un représentant du roi, et un þing. À quelque distance, plusieurs nécropoles, dont l'une immense à l'échelle des lieux. Mais la ville valait surtout par son port qui ne vivait que de commerce, avec, d'après les vestiges exhumés, les Carolingiens, et surtout, bien entendu, les Slaves, les Arabes et Byzance. On a retrouvé dans les tombes des pièces de monnaie arabes, franques, anglaises et byzantines. La ville a dû faire florès entre 800 et 950 environ, après quoi l'intérêt se déplaça

---

4. W. Holmquist & B. Arrhenius : *Excavations at Helgö*, I, 1964, ou W. Holmquist & Granath : *Helgö, den gåtfulla ön*, 1969.

5. *Vita Anskarii auctore Rimberto*, éd. G. Waitz. SSRG, Hanover, 1884. Existe en traduction anglaise : *Anskar, the Apostle of the North*, tr. C.H. Robinson, 1921 ; Adam de Brême : *Gesta Hammaburgensis* I, p. 60. Sur Birka : H. Arbman : *Birka, Sveriges äldsta handelstad*, 1939.

vers Sigtuna ou Gotland. Ce déclin progressif s'opéra apparemment sans violence, compte tenu d'attaques locales sans conséquences (dont une, en 853, menée par un roi suédois, Önundr, soutenu par une flotte danoise). La fin de Birka coïncide, à peu de chose près, avec le changement d'orientation générale du phénomène viking qui justifie la « Periodisierung » que j'ai adoptée.

Les fouilles des nécropoles de Birka ont donné des résultats éloquents qui résument fort bien notre propos. On y trouve de la verrerie et de la poterie en provenance de Rhénanie ; du drap frison, très prisé à cette époque, comme on le sait ; des soieries et brocades venues de Byzance, certaines même de Chine (on se rappelle que quelques-unes des variantes de l'austrvegr, la Route de l'Est, recoupaient les grands itinéraires des caravanes orientales) ; des ceintures de cuir rehaussées de plaques de métal dont on a pu établir l'origine persane ; des pièces de jeux (tables) en cristal comme on en fabriquait au Proche-Orient ; un anneau d'améthyste qui est un travail purement arabe ; et, pour les objets de provenance scandinave, de l'ambre, brut ou travaillé, des défenses de morse dont l'ivoire était fort prisé, des bois de rennes et autres cervidés, des fourrures d'ours, de castor, de martre, de renard argenté, de loutre, etc., bref, esclaves mis à part, à peu près tout ce que trafiquaient les vikings. On aura aussi vérifié qu'il n'y figure rien de lourd ni d'encombrant, ni aucune marchandise bon marché.

Certes, on dira qu'il s'agit du secteur suédois de l'activité viking, si tant est qu'un panscandinavisme déclaré n'ait pas marqué les entreprises vikings. Mais la situation n'était pas différente à Hedeby, au Danemark.

Car Hedeby ancienne Haithabu[6] également nommée dans certains textes Sliesthorp ou Sliaswic (on notera le -wic !) puisqu'elle se trouvait sur la Schlei, en Jutland, en face de l'actuelle ville de Schleswig, est sans conteste l'endroit le plus souvent cité et le mieux connu des contemporains des vikings. Les similitudes avec Birka sont frappantes, si ce n'est que les dimensions en étaient nettement plus grandes : même enceinte semi-circulaire

6. L'ouvrage de base reste celui de Herbert Jankuhn : *Haithabu. Ein Handelsplatz der Wikingerzeit*, 4e éd., Neumünster, 1963.

ouvrant sur un port, même fort ou forteresse à l'intérieur. La description plus détaillée que propose Th. Ramskou [7] mérite l'attention :

> La ville était divisée en quartiers différents selon les métiers que l'on y pratiquait. L'un de ces groupes de maisons était habité surtout par des fabricants de peignes, dans un autre vivaient les cordonniers, dans un troisième, ceux qui travaillaient le bronze, chose reconnaissable aux nombreux moules que l'on a retrouvés sur place. En examinant ces moules, on constate qu'une proportion importante des bijoux découverts en Suède comme en Norvège ont été fabriqués à Hedeby où l'on n'a cependant retrouvé aucun exemplaire les bijoux étant réservés à l'exportation.

Hedeby a pu fonctionner dès 800, certainement, selon H. Jankuhn, comme conséquence du commerce entre la côte frisonne et la Baltique. Bon nombre de voyageurs non scandinaves nous l'ont décrite, à commencer par le chroniqueur Aethelweard (xe siècle), en passant par Adam de Brême (*Gesta hammaburgensis* I, 57). Le témoignage de l'Arabe Al'Tartushi, vers 950, est particulièrement intéressant. Il établit que la localité était très peuplée et qu'elle entretenait des relations commerciales avec toute l'Europe, à cause notamment des activités de ses artisans, fort réputés. Mais écoutons-le :

> Il y a des puits d'eau douce dans la ville. Les habitants adorent Sirius, exception faite de quelques chrétiens qui y ont une église. Ils tiennent un banquet pour lequel ils se rassemblent tous afin d'honorer leur dieu, de boire et de manger. Quiconque tue un animal en sacrifice plante un piquet à la porte de sa maison et y empale l'animal, que ce soit un bœuf, un bélier, un bouc ou un verrat ; ainsi, on sait qu'il a fait une offrande en l'honneur de son dieu. La ville est pauvre de biens et de trésors. La nourriture principale des habitants est le poisson, très abondant en ce lieu. Quand un enfant naît, on le jette souvent à la mer pour épargner la dépense. Parmi eux, les femmes ont le droit de proclamer le divorce, et la femme arrange son propre divorce comme cela lui plaît. Il y a aussi un cosmétique pour les yeux fait avec grand art ; si elles l'em-

---

7. *Vikingetiden, Skibel, Svaerdet og Vaegten*, p. 84.

> ploient, leur beauté ne disparaît pas mais, au contraire, augmente. Je n'ai jamais entendu chanter aussi horriblement que les gens de cette ville ; c'est un raclement qui vient de la gorge, comme le jappement des chiens, mais encore plus sauvage.

Le lecteur aura pu vérifier dans cette citation bon nombre d'affirmations apparues depuis le début de ce livre.

Hedeby aura sans doute été la première ville du Nord à frapper monnaie : on y a retrouvé des semi-bractéates [8] qui pourraient remonter aux derniers temps de l'existence de Hedeby. La ville périt par le feu vers 1050, des mains de Haraldr harđráđi, semble-t-il, puis fut pillée par les Wendes en 1066. Elle était, de toute façon, en déclin. Mais elle demeure intéressante pour nous, au premier chef : il faut la tenir pour un wik typique dépendant étroitement du commerce extérieur et dont la chute coïnciderait avec le tarissement de l'argent arabe, selon l'optique défendue au début de notre livre. Sa fortune ne sera pas totalement perdue, elle sera reprise par Schleswig, située juste en face. Il est difficile d'expliquer la différence et par conséquent les rapports entre les deux localités. C'est pourquoi H. Jankuhn considérait que Hedeby et Schleswig n'étaient que les deux noms, l'un, danois, l'autre, germanique continental, de la même cité, ce que confirmerait une notation d'Aethelweard : la ville « est appelée Sleswic par les Saxons et Haithaby par les Danois ». Je me rallierais volontiers à cette thèse et elle me fournirait même un argument de poids. Les spécialistes de la toponymie scandinave s'accordent à considérer que les très nombreuses formations en -by sont en quelque sorte une spécialité de l'âge viking, un de leurs arguments étant qu'un grand nombre de noms de lieux qui doivent leur existence aux Scandinaves, en Angleterre, sont en -by. On aurait alors une équation -by (haitha étant la lande) = -wic (sle étant la rivière), qui va exactement dans le sens du propos

---

8. Les bractéates sont des médailles frappées d'un seul côté sur une feuille de métal mince, en sorte que le motif est en relief au recto et en creux au verso. Le Nord en possède une riche collection, beaucoup étant ornées de figures plus ou moins énigmatiques et d'inscriptions runiques brèves. Excellentes reproductions dans *l'Art scandinave* I, La Pierre-qui-Vire, collection Zodiaque, 1969, planches 1 à 9.

général de ce livre. On ne peut qu'être frappé par la constatation que le déclin de Hedeby, dépeinte comme une sorte de haut lieu du commerce scandinave tant par Ohthere que par Wulfstan (voir *supra* p. 122), coïncide exactement avec la fin de l'ère viking.

Suède (Helgö, Birka), Danemark (Hedeby) : reste la Norvège qui posséda également un centre important, quoique beaucoup moins bien connu, Skiringsal (dans la graphie du roi Alfred de Wessex, Sciringes healh), située dans le Vestfold, au bord du fjord d'Oslo, et que l'on dénomme d'après la ferme de Kaupangr qui s'y trouve aujourd'hui. La localité était moins importante que Birka (la moitié) et que Hedeby (un tiers), mais c'était un wik typique, avec un port (sans enceinte) et deux nécropoles à l'extérieur. Elle assurait un commerce local et étranger, comme l'ont prouvé les fouilles, ainsi qu'une belle activité artisanale. C'est là, mieux que partout ailleurs, semble-t-il, que l'on peut établir l'existence de ces fermiers-marchands, guerriers à l'occasion, formule qui résume exactement la notion de bóndi, partant, celle de viking. En somme, le modèle de ces marchés locaux développant des relations internationales comme il a dû s'en trouver beaucoup en Scandinavie entre les IXe et XIe siècles.

Nous n'avons pas épuisé la nomenclature de ces villes-comptoirs qui servirent de base à tout vrai viking. Mais les quatre que l'on vient de mentionner auront suffi à éclairer le sujet. Il faudrait, pour être complet, ajouter les centres de Gotland : Visby, qui connaîtra une belle fortune à l'époque hanséatique, n'avait pas encore cette importance. C'est surtout Västergarn qui fut prospère en Gotland au milieu du Xe siècle. Prise entre un lointain passé certainement prestigieux et un proche avenir qui ne le sera pas moins, Gotland, pourtant relais naturel sur la Route de l'Est, connaît une sorte d'éclipse à l'âge viking. Il est vrai que la question reste mal connue, l'abondance des trésors trouvés dans l'île incitant à penser qu'elle a pu jouer un rôle plus important que ce que nous permettent d'en dire nos connaissances.

Des lieux comme Sigtuna, Skara, Lund et Södertälje, en Suède actuelle, Ribe, Aarhus, Viborg, Aalborg, Ringsted et surtout Roskilde, au Danemark, Oslo, Bergen et Trondheim, en Norvège, doivent leur naissance aux vikings, ou ont été promus grâce à eux : en somme, presque toute l'infrastructure urbaine de la Scandinavie.

Il ne faut pas oublier l'étranger, où les vikings fondèrent des comptoirs qui devinrent par la suite des villes importantes, ou donnèrent un essor décisif à des localités préexistantes. La récapitulation de ces sites — puisque la plupart des noms qui vont suivre sont déjà apparus à divers titres — est d'une éloquence qui se passe de commentaires.

En Irlande, tous les grands ports, Cork, Limerick, Waterford, Wexford ont été fondés par les vikings et deviendront rapidement des marchés internationaux. Dublin, qui existait avant eux, leur devra sa fortune, à la bordure du monde occidental. Les Scandinaves y battent monnaie dès 955. J'ai plusieurs fois indiqué d'une part que la base des opérations vikings se situait — très approximativement — entre les 55e et 60e parallèles, et d'autre part qu'une étonnante symétrie (autour d'un axe qui serait occupé par la presqu'île du Jylland) régissait l'ensemble du phénomène. Avant tout débordement vers l'ouest, l'est ou le sud, la zone viking, celle de leur industrie fondamentale, est délimitée par Novgorod et par Dublin. Et comme je suis persuadé que ces activités existaient, dans un sens comme dans l'autre, depuis bien avant 800, qu'elles n'ont dû de paraître à l'avant-scène de l'actualité qu'à un concours assez peu banal de circonstances, je crois qu'il faudrait développer la recherche sur le front irlandais comme sur le front russe, pour prendre enfin la juste mesure du phénomène et en terminer avec nos clichés.

Dans l'ensemble Angleterre-Normandie, les réflexions que l'on vient de faire s'appliquent aussi à York, Stamford, Nottingham, Lincoln, Derby, Leicester et encore Rouen, sans parler de l'inaccessible Quentovic.

Le domaine balto-slave (Russes à part) n'est pas moins intéressant. Nous avons évoqué Truso, près de Gdańsk, Apuole, en Lituanie (qui est l'Apulia de Rimbert), Grobin, en Lettonie (Seeburg, pour Rimbert ; nous venons de dire qu'elle disparaît entre 800 et 850), Wolin, près de l'actuelle Szczeczyn, peut-être la Jumne d'Adam de Brême ou la Jómsborg de la saga : autant de sites vikings, durables ou temporaires, qui démontrent aussi que toute la côte baltique « exploitable » leur fut familière.

En Russie même, répétons que Staraia Ladoga, Novgorod, Kiev, Izborsk, Bieloozero, Chernigov, Rostov, Smolensk n'auraient sûrement pas été ce qu'elles sont devenues sans les vaeringjar, même si les fouilles — de Staraia Ladoga ou de Gnezdovo, par exemple — ne démontrent pas une prédominance scandinave, mais slave. Cet argument a déjà été abordé par nous : nulle part (sauf en Islande, bien entendu, qui était vide) il ne peut s'être agi de « conquêtes » ni d'investissements.

Je ne saurais mieux faire pour conclure ces considérations que de traduire un curieux document islandais, datant de 1387 dans la version que nous en possédons (ÁM 194, 8°) mais certainement antérieur, encore qu'à l'évidence l'auteur en soit chrétien et se préoccupe d'abord de pèlerinages [9]. Il énumère les « routes » (leiđir) que pouvaient fréquenter ses contemporains. Le début n'intéresse que l'Islande, mais la suite montre dans quelle familiarité des grands itinéraires européens vivaient encore les descendants immédiats des derniers vikings. Un tel savoir n'est sûrement pas le fait de guerriers, mais bien de négociants qui savaient où se rendre, et comment, pour y écouler leurs marchandises :

> Du Stattlander en Norvège, il y a quatre jours de voile jusqu'aux Féroë et, de là, trois pour l'Islande, à Horn, dans les fjords de l'est. De Horn au Hjörleifshöfđi, un jour, et encore un jusqu'au Reykjanes, un troisième jusqu'à Barđr, un quatrième jusqu'à Horn de l'ouest, un cinquième jusqu'au Skagi, un sixième jusqu'au Lauganes, un septième jusqu'à Horn [10].
>
> On compte vingt jours de marche pour faire le tour de l'Islande en été et quatre pour la traverser.
>
> Il y a sept jours de navigation d'Islande à la Norvège moyenne [11] et de Norvège, on va à pied vers l'ouest en Gautland et vers le nord en Suède, et de là en Scanie au Danemark.

---

9. Il figure dans *Alfraeđi íslenzk*, éd. Kålund, I, pp. 44-45.
10. De l'est, après avoir donc fait tout le tour de l'île.
11. Til Nóregs miđs, c'est-à-dire, probablement, Bergen.

L'Øresund est une rivière [12] entre la Scanie et la Sjaelland, et le Grand-Belt est une rivière [12] entre la Sjaelland et la Fionie. Le Petit-Belt est une rivière [12] entre la Fionie et le Jylland.

Du Jylland, on va à pied à travers le Saxland et la France, par la Lombardie jusqu'à Rome.

Du Saxland, on va à pied en Hongrie et de là, qui le veut peut aller en Russie vers l'est ou au loin à Byzance en Grèce et ensuite jusqu'à Jérusalem.

Romaborg s'appelle Roma, et Miklagarðr, Constantinopolis, et Iorsalaborg, Hierusalem.

Le droit

Le þing a donc pour première fonction, au-delà de toutes les autres activités qu'il regroupe, de « dire le droit ». En soi, bien sûr, à partir du vieux précepte universel énoncé en latin sous la forme bien connue *ubi societas, ibi jus*, mais aussi, certainement, parce que les Scandinaves — les Germains en général, sans doute — attachaient à cette notion une importance capitale, plus peut-être que d'autres cultures (indo-) européennes, sauf la culture latine. Aborder la question ne va pas sans poser de problème, des études récentes [13] tendant à montrer que, dans leurs formulations, les nombreux codes de lois scandinaves hérités de l'époque viking ou légèrement postérieurs rappellent étrangement des modèles latins ou bibliques. Il ne faut certes pas faire litière de ces arguments, la « spécificité » nordique ayant souffert de graves atteintes depuis quelques décennies. Il n'empêche qu'en esprit, quelque chose d'inaliénable préside à l'expression de ces mentalités en matière de droit, et qu'il faut se donner la peine d'élucider si possible la question.

Au départ, il y a le sacré ; plus exactement, le droit est sacré. L'affirmation est simple, mais elle appelle naturellement une démonstration. Je procéderai par approximations progressives, en partant d'une autre notion, encore

12. Comprendre : détroit.

13. Par exemple Michael Jacoby : *Germanisches Recht und Rechtssprache zwischen Mittelalter und Neuzeit unter besonderer Berücksichtigung des skandinavischen Rechts*, I-II, Berne, 1986.

plus sacrée que le droit puisqu'elle en justifie l'existence et l'exercice : la famille. On verra plus loin qu'il est difficile de savoir si la religion scandinave ancienne a commencé par le culte des ancêtres ou par la vénération des grandes forces naturelles. Il semble bien que le premier terme de cette alternative soit le bon.

Les Scandinaves considéraient que la valeur fondamentale suprême, au-delà de toute divinité individualisée ou anthropomorphisée, était le Destin[14] aux innombrables visages. Ce destin se manifestait en chaque individu par la chance qui lui avait été donnée (substantif gaefa ou gifta, sur le verbe gefa, donner, avec le sens de destin), qui constituait son honneur — le dépôt sacré en quelque sorte par lequel il savait que les Puissances s'étaient intéressées à lui dès sa naissance —, et qu'il lui fallait accepter, connaître sous les colorations personnelles qu'elle avait prises pour lui, et assumer. Mais cette analyse est trop simpliste. En fait, l'individu n'existe qu'en fonction de sa famille ou de son clan et sa gaefa s'inscrit dans une perspective plus vaste, plus profonde aussi, qui embrasse toute cette famille. Cela porte un nom, hamingja, qui est aussi la capacité de réussite, la chance attachée à un homme, manifestée par ses actes (máttr ok megin, disent les textes, les deux substantifs dérivant du verbe mega, allemand mögen, anglais may) ; elle tient à toute une famille et est transmissible de génération en génération. Une saga islandaise du XIIIe siècle, la *Saga de Glúmr le Meurtrier*, nous en donne une illustration saisissante. On y voit, à la mort en Norvège du chef d'un clan familial, la hamingja de ce clan, sous les apparences d'une femme gigantesque, venir se manifester en rêve au successeur désigné de ce chef, en Islande ; celui-ci comprend qu'une passation de pouvoirs vient de s'opérer de la sorte, et donc que son aïeul en Norvège vient de mourir, ce que confirmera le prochain bateau arrivant de Norvège. En d'autres termes, la notion qui paraît absolument sacrée aux anciens Scandinaves — le Destin — est de

---

14. J'ai abondamment développé cette idée dans bon nombre d'ouvrages. En particulier *L'Edda poétique, op. cit.*, l'essai liminaire sur « le Sacré chez les anciens Scandinaves », ou l'introduction à la *Saga des gens du Val-au-Lac*, Payot, 1980.

nature d'abord collective et, selon toute vraisemblance, inscrite dans le cadre de la famille ou du clan.

Or les dieux, premièrement, sont soumis aux arrêts du Destin comme les hommes ; deuxièmement, sont eux aussi conçus au collectif, les dénominations qui les caractérisent et qui sont fort variées (guđ, gođ, höpt, bönd, regin, rögn) s'entendant toutes au pluriel. Une affabulation, sans doute plus récente, voudrait même les regrouper en deux « familles », celle des Ases et celle des Vanes. Peu importe : le premier stade de cette réflexion, c'est que le destin sacré s'applique indifféremment aux dieux comme aux hommes en tant que communauté, quitte à redescendre ensuite au plan individuel.

Le second stade ressortit à un constat d'évidence : les Puissances ne sont pas toutes « bonnes », il en est de « mauvaises ». J'ai placé bonnes et mauvaises entre guillemets car les connotations que comportent pour nous ces termes ne s'appliquent pas, que l'on sache, à l'éthique nordique ancienne. Il vaut sans doute mieux parler d'ordre et de désordre, de chaos et d'organisation, notions qui parlaient à ces mentalités et que traduisent force mythes ou catégories de créatures surnaturelles (les géants sont des fauteurs de désordre ou des figurations du chaos, les ases-vanes, des forces de vie — c'est certainement le sens du mot áss, thème sanskrit asu — et de mise en ordre).

Or il est un mythe vraiment fondateur, pour faire crédit aux théories de Mircea Eliade, dont l'importance est ici capitale. Il concerne l'antagonisme Týr-Fenrir. Ce dernier, un loup, incarne les forces du désordre, Týr, divinité archaïque dont le nom signifie tout simplement « dieu » (c'est le germanique commun ˣtiuaz, grec zeus, sanskrit dyauh, latin deus, celtique dí, notre mot dieu), représentant les Puissances de l'ordre, de la bonne marche du monde. Un antagonisme radical oppose évidemment les deux catégories d'êtres surnaturels. Il sera résolu, comme le raconte Snorri Sturluson, dans un mythe tellement fondamental que je le cite dans son intégralité :

> Les Ases élevèrent le Loup [Fenrir] chez eux, et Týr était le seul qui fût assez hardi pour aller à lui et lui donner à manger. Mais quand les dieux virent à quel point il grandissait chaque jour, et que toutes les prophéties disaient qu'il

> était destiné à provoquer leur perte, ils prirent le parti de fabriquer une chaîne extrêmement forte, qu'ils appelèrent Loeding, ils allèrent au Loup avec elle et lui demandèrent d'essayer sa force dessus ; le loup pensa qu'elle n'excéderait pas ses forces et il les laissa faire de lui ce qu'ils voulaient. À la première fois que le loup s'arc-bouta, la chaîne se rompit ; ainsi se délivra-t-il de Loeding.

Alors, les Ases fabriquent une deuxième, puis une troisième chaîne, cette dernière par des moyens magiques, et nommée Gleipnir.

> La chaîne était lisse et douce comme un ruban de soie, mais solide et forte [...]. Les Ases montrèrent [au Loup] le lacet de soie et lui demandèrent de le déchirer. Ils dirent qu'il était un petit peu plus solide qu'il le paraissait à son épaisseur, et ils se le tendirent de l'un à l'autre en essayant la force de leurs bras : il ne se rompit pas, mais ils dirent que, tout de même, le loup pourrait certainement le déchirer. Alors, le loup répond : « Ce ruban-ci me paraît tel que je ne gagnerai jamais aucun renom à rompre une cordelette aussi mince, mais s'il est fait par ruse et artifice, puisqu'il a l'air si étroit, je ne me laisserai pas mettre aux pieds cette entrave. » Les Ases dirent qu'il pourrait sûrement rompre promptement un mince lacet de soie, lui qui venait de rompre de massives chaînes de fer, « mais si tu ne peux mettre en pièces ce ruban, tu ne peux sûrement pas effrayer les dieux, et nous te remettrons en liberté ». Le loup dit : « Si vous m'attachez et que je ne puisse me délivrer, vous êtes si inconstants que je pourrai bien attendre longtemps votre aide. Je ne suis pas enclin à me laisser passer ce cordonnet. Mais, de peur que vous ne disiez que je n'ai pas de courage, que l'un d'entre vous mette sa main dans ma gueule en gage de ce que tout se passera sans trahison. »
>
> Les Ases s'entre-regardèrent ; l'affaire prenait un tour embarrassant, et nul ne voulut avancer la main. Alors Týr tendit la dextre et la plaça dans la gueule du loup. Quand celui-ci s'arc-bouta, le lacet se tendit, et plus il se démena, plus le lacet se raidit. Alors, les Ases éclatèrent de rire, tous sauf Týr : il venait de perdre la main (Gylfaginning 34, *Edda de Snorri*).

C'est clair : l'équilibre du monde vient d'un pacte conclu entre puissances de vie et forces de désordre. Et ce pacte tient à un gage sacré, la dextre de Týr [15]. Pacte, gage : nous sommes en plein domaine juridique. Comprenons que les dieux (« le » dieu) sont les garants du droit.

Innombrables seraient les conclusions à tirer de ce mythe d'une exceptionnelle richesse. Suggérons-en trois : il suit de cette affabulation que le droit est conscience d'appartenir au sacré, puisque le signe en est la dextre (le bras droit) de Dieu. En second lieu, que ce droit résulte d'un pacte ou d'un consentement (d'un comportement, en tout cas) collectif. C'est Týr tout seul qui a engagé sa dextre, certes, mais tous les dieux ont participé à la mise en scène qui a conduit à cet acte décisif, c'est pour eux (pour nous) qu'il a fait le geste qui le définira désormais comme le parangon du héros. On verra, dans la suite des temps, la même attitude assumée par celui que l'on est en droit de considérer comme une hypostase de Týr, Sigurđr (Siegfried) Fáfnisbani (meurtrier du dragon Fáfnir) : il a fait un serment de fraternité jurée qui, *ipso facto*, engageait son clan royal ; il y restera fidèle jusqu'à la mort. La troisième conclusion nous rapproche de la société des hommes : a droit à la justice tout individu dont la communauté reconnaît la participation au sacré, c'est-à-dire tout homme libre appartenant à une famille donnée — et, ajouteront les codes, possédant un domicile légal afin que, le cas échéant, les assignations puissent se faire devant un þing précis.

Introduisons maintenant une autre conséquence déterminante : toute infraction à la loi est une atteinte au caractère sacré de l'individu offensé, partant, à sa famille sans laquelle il n'existe pas (il n'est alors qu'un « einhleypingr, un homme qui va tout seul »), partant, à la communauté dans laquelle il s'inscrit. Atteinte ou, dans les termes de nos textes, « brèche » skarđ, qu'il faudra « compenser » : la peine de mort n'existait que dans des cas extrêmes (óbótamál [16]), car la disparition de l'offenseur ne résout rien. On ne « répare » pas le sacré en supprimant celui

15. Je ne m'interroge pas ici sur le fait que cette opération tout entière repose sur un mensonge, Týr sachant très bien que le lien en question est magique, et qu'il y a donc feinte. Voir R. Boyer : « La dextre de Týr » dans *Mythe et Politique*, Paris, Les Belles Lettres, 1990, pp. 33-43.

16. Que l'on décrit p. 321.

qui l'a violé, on le restaure en comblant la solution de continuité et cela ne peut évidemment se faire par une élimination. On reconnaît là le pragmatisme foncier des Scandinaves. La langue dit très bien : mannboetr, compensation pour l'homme, ce que nous appelons d'après l'allemand wehrgeld, dont l'appréciation est minutieusement fixée par les codes en fonction de la gravité de l'offense.

La même étude pourrait être reprise par un autre biais, en partant de la notion de helgi, l'un des deux termes qui signifient sacré, caractère sacré attaché à (un homme, mannhelgi, un lieu de culte, hofshelgi, un þing, þingshelgi, etc.). Fort de ce qui a été dit dans les pages qui précèdent, on ne s'étonnera pas de constater les relations étymologiques du mot avec heill, la chance, la bonne chance (une sorte d'élection divine, si l'on suit la ligne de raisonnement adoptée ici). Est heilagr (le mot signifiera ensuite saint, allemand heilig, anglais holy, suédois helig) tout ce qui peut se réclamer, d'une manière ou d'une autre, d'une appartenance au surnaturel qui transcende par définition nos catégories, ou, ce qui est la même chose, à un ordre de vie dont nous ne sommes que les représentants et exécutants temporaires. La chaîne puissances du Destin, destin de la famille ou du clan, destin de l'individu appartenant à cette famille, ne doit pas connaître de point de rupture : ce serait, au sens littéral, un sacrilège.

C'est tellement vrai que, si la peine de mort est inconnue, les sanctions pratiquées, au-delà ou en plus de la compensation, sont suffisamment éloquentes. En gros, elles sont de deux sortes : le bannissement, en principe pour une durée de trois ans (fjörbaugsgarđr), et la proscription définitive ou skóggangr (qui, le mot le dénote, implique que le condamné sera réduit à la condition d'homme des bois, skógr = forêt), qui constitue une élimination totale et définitive de la société : le condamné (skógarmađr) ne peut être ni hébergé, ni nourri, ni transporté sous peine de punitions graves. Il perd sa helgi, son caractère d'inviolabilité sacrée, ce n'est plus un homme mais un « loup » (vargr), si fort était le sentiment de l'absolue nécessité d'une appartenance à une collectivité, familiale d'abord. À l'extrême limite, il existe des óbótamál, des cas pour lesquels il ne saurait même pas être question de compensations éventuelles : celui qui les a commis ne mérite plus le nom d'homme, il s'est totalement et inexpiablement coupé du sacré, il s'est exclu (prenons bien garde au pronominal réfléchi) de la collectivité. C'était le cas des fauteurs de viol, de ceux qui commettaient un meurtre honteux (comme de tuer un homme à terre, ou endormi dans son lit ; le terme légal est morđ, par opposition à víg, meurtre « normal », si l'on ose dire) ou, dans des pays pauvres comme ceux que nous étudions, de vol caractérisé. Celui-là était lapidé, jeté dans un bourbier, etc. Un réflexe similaire, mais à un moindre degré, valait pour quiconque avait agi de telle façon qu'il ne lui était pas possible d'obtenir fullréttr, plein droit.

J'insiste, car c'est l'un des traits qui nous déroutent lorsque nous lisons une saga islandaise, sur l'allure vraiment compacte, monolithique que présente la famille ou le clan en matière de droit. La « brèche » dont j'ai parlé tout à l'heure n'est pas ressentie comme telle par l'individu qui a été offensé, mais par tout son clan. En conséquence, la restauration s'opérera — la brèche sera comblée — indifféremment sur la personne du coupable ou sur celle de l'un quelconque des membres de sa famille. Encore une fois, je n'existe que par mon appartenance à ma famille. L'illustration de ce fait donne parfois lieu à des vengeances en cascade qui ne portent pas sur la personne de l'intéressé, comme dans la *Saga de Njáll le Brûlé* où, N ayant commis une offense contre M, M fait tuer un domestique de N qui, à son tour, provoque l'assassinat d'un intendant de M et ainsi de suite. Lisez ce texte, pourtant tardif (fin du XIIIe siècle), d'un code de lois norvégien :

> C'est une mauvaise coutume qui a longtemps existé dans ce pays que, quand un homme a été assassiné, sa parentèle attaque n'importe lequel des membres de sa parentèle que l'on considérera comme l'homme le plus approprié — même si le meurtre a été commis à son insu ou contre son gré et sans qu'il y ait pris part — et ne tire pas vengeance sur l'assassin, quand bien même cela pourrait aisément être fait.

À un autre titre, nous comprenons pourquoi les compensations doivent être versées, non seulement à l'offensé, mais aussi à un certain nombre de ses parents — dont le chiffre et la nature sont minutieusement fixés par des textes comme le *Vígslóði* ou le *Baugatal*. Il est clair que le Scandinave pensait : Nous (ma famille) existons, donc je suis.

On saisit maintenant l'importance et le sens précis de la notion de réttr, le droit, la loi. Disons : le droit que possède, par nature et par élection, un individu donné d'être traité sur un certain pied par ses semblables, et la légitimité de ses prétentions à un certain type de redressement des atteintes portées à son honneur, c'est-à-dire au sentiment très fort qu'il a de participer, par l'intermédiaire de sa famille ou de son clan, au sacré, à l'ordre sacré instauré et garanti par les Puissances suprêmes. Cela s'appelle fullréttr, plein droit, par opposition à hálfréttr (« demi-droit »), qui ne s'applique qu'aux cas où ledit individu a, littéralement, mauvaise conscience ! Nous expliquons également par là la vengeance, terme pour ainsi dire naturel de la dialectique destin-honneur que nous avons suivie plus haut. La vengeance n'est pas un devoir sacré et il n'y a pas à développer là-dessus de vaines gloses, cela n'est dit nulle part pour la raison que cela va de soi. C'est un droit sacré qui vient du sentiment très vif du caractère intolérable du sacrilège.

Droit sacré, droit communautaire, droit pour ainsi dire monnayable. Voilà ce qui fonde et anime l'existence du þing. Comment nous étonner, après cela, qu'une inscription latine gravée par des cohortes frisonnes sur le mur d'Hadrien soit dédiée au Mars þincsus, Mars étant l'équivalent latin de Týr !

Nous en savons assez pour comprendre que nos sources écrites scandinaves les plus anciennes sont des textes de lois, et je n'en exclus pas les inscriptions runiques qui, dans une proportion notable, sont des documents juridiques. Les codes en forme que nous possédons sont en général de rédaction récente (XIIe siècle au plus tôt), mais il est tellement évident qu'ils se fondent sur des traditions plus anciennes, orales à n'en pas douter (on n'a pas oublié que le lögsögumaðr islandais a pour première fonction de dire la loi), que leur antiquité n'appelle pas d'objections, au moins dans leur principe. La querelle me paraissant vaine, je ne sais s'il faut en faire remonter l'origine à un droit terrien et rural (bóndalag) ou, comme je le croirais plus volontiers, maritime et commercial (Bjarkeyjarréttr). Il me suffit de constater qu'au commencement était la loi. On l'a bien vu en Islande où, à peine la communauté des colonisateurs établie, le premier souci des responsables est de se donner des lois en envoyant l'un des leurs, Úlfljótr, vers la nation-mère, la Norvège, pour se documenter et en rapporter un code. Dès que l'on peut saisir un début d'organisation collective à l'intérieur d'une province, d'un land, d'un fylki, c'est pour y noter la présence d'un þing promulguant des lois : Frostaþingslög (donc : lois du þing de Frosti, peut-être mis en place au xe siècle par Hákon le Bon), Gulaþingslög (dont le responsable serait Haraldr hárfagri, même époque), Eiðsivaþingslög, etc., en Norvège. En Suède, Västgötalag, Gutalag, etc. — rappelons que c'est de ce pays que provient aussi le Bjarkeyjarréttr, évoqué plus haut. Au Danemark, Jydske Lov (Jutland), Sjaellandske Lov, Skånelag, etc.

Venons-en à présent au þing lui-même en tant qu'institution.

L'emplacement en est choisi avec soin. Il semble qu'à l'origine, il ait été placé au côté d'un lieu de culte, vé ou hörgr (ce dernier s'appliquant vraisemblablement à un « haut lieu », une éminence). Le þing peut avoir une enceinte, ou non, il doit comporter une surface plane où se tiendra la foire dont nous avons parlé, un monticule, naturel ou artificiel, pour le ou les orateurs, et des dispositions particulières, bancs ou autres, pour permettre aux tribunaux de siéger [17]. Il n'est pas exclu que des dispositions spéciales aient été adoptées pour manifester la

17. Il faut tenir pour une invention de l'auteur de la *Saga de Snorri le Godi*, visiblement un clerc chrétien en mal de reconstitutions bibliques, cette « pierre de Þórr » sur laquelle on aurait brisé l'échine des victimes offertes en sacrifice aux dieux — même si les sacrifices humains n'ont pas été inconnus des anciens Scandinaves, mais à une époque bien antérieure (un millénaire !) à la date de rédaction de la saga — de même, d'ailleurs, que la description complaisante qu'il nous donne d'un « temple » et qui évoque à s'y méprendre nos propres édifices préromans. La saga, rappelons-le, date du XIIe siècle.

sacralité du lieu (þinghelgr), de même qu'il est possible que des cérémonies rituelles aient présidé aux temps forts de ce rassemblement. Certains textes évoquent « la faille du þing », þingbrekka, où se prenaient les décisions solennelles, et une saga de contemporains, *Þorgils saga ok Hafliða*, s'accorde avec une íslendingasaga, *Egils saga Skallagrímssonar*, pour donner à l'emplacement du tribunal un caractère sacré — ici, en Norvège, selon le dernier texte cité :

> Là où siégeait la cour, il y avait un champ uni et l'on dressait autour de ce champ, en cercle, des baguettes de coudrier avec des cordes les reliant à l'extérieur, elles étaient appelées vébönd (liens du sanctuaire). À l'intérieur de ce cercle siégeaient les juges, douze du Fyrðafylki, douze du Sygnafylki et douze du Hörðafylki, et c'étaient ces trois douzaines d'hommes qui devaient juger là les procès légaux (chapitre 56).

Le þing était donc l'assemblée de tous les hommes libres qui décidaient et jugeaient par consentement unanime. J'ai déjà dit qu'il n'y avait pas lieu de se hâter d'en conclure à l'existence, parfaitement anachronique, d'on ne sait quelles mentalités démocratiques ou républicaines, même en Islande qui n'eut jamais de hersir, jarl ou roi. Ces hommes libres étaient les boendr, les grands boendr surtout ; un texte passionnant comme l'*Íslendinga saga* de Sturla Þórdarson (dans la *Sturlunga saga*) prouve qu'ils savaient s'entendre, à partir d'intérêts familiaux mûrement pesés, et qu'en dépit des apparences, une minorité (une oligarchie, avons-nous dit) prévalait. Il n'empêche que la liberté de parole, même intempestive, était bien établie. Il se peut que le consentement unanime se soit exprimé en frappant ses armes les unes contre les autres. J'en serais étonné, une règle voulant que l'on déposât les armes pour prendre, part à un þing. L'erreur, si erreur il y a, vient sans doute de réminiscences antiques, car le mot vápnatak (prise des armes) figure bien dans *Hrafnkels saga Freysgoða*, mais dans le sens de fin du þing (moment où l'on reprend ses armes). Toutefois, l'institution, lorsqu'elle sera adoptée en Angleterre, s'appellera wapentake, avec le sens de þing.

Elle a d'ailleurs connu une évolution marquée. Les þings se sont mutipliés avec les années, et hiérarchisés. Ainsi, en Norvège, on est passé du þing d'un fylki aux þings de deux, puis quatre, puis huit fylki (c'est le cas de l'Eyraþing), le Frostaþing finissant par concerner l'ensemble du Trøndelag. Tout laisse penser d'autre part que les dispositions en trois temps : un þing de printemps ou várþing préparant le þing général (alþing en islandais), de juin, lui-même répercuté sur un þing d'automne ou leið (leiðdarþing) n'étaient pas une création islandaise. En tout état de cause, le þing s'inscrit dans une schématique de type pyramidal — il sera coiffé par le roi lorsque celui-ci tendra vers l'absolutisme — qui répond assez bien à ce que nous avons dit de l'administration.

Il reste que le caractère communautaire et sacré de cette institution ne peut faire de doute, même après la christianisation. La chose est parfaitement claire en matière juridique : culpabilité ou innocence exigeaient une reconnaissance par consentement mutuel. Comme le disent P. G. Foote et D. M. Wilson, « un homme avait le droit de son côté s'il avait la communauté de son côté » [18]. D'où la nécessité absolue de produire des témoins dans toutes les phases de la procédure ; de prêter des serments de type collectif : le tylftareiðr, par exemple, ou serment des douze, voulait que douze hommes jurassent, pour ainsi dire, sur leur honneur que l'intéressé avait bien juré sur le sien. Cette intervention d'autrui, indispensable dans toutes les actions, excluait les frasques ou les excès d'individualisme. Du commerce à la religion en passant par le droit, le viking n'était jamais seul. C'est un trait difficile à imaginer pour l'homme d'aujourd'hui, mais incontestable. Il explique en bonne partie toute l'histoire des pays scandinaves jusqu'à nos jours.

Venons-en à la loi, qui est donc strictement liée au þing et dictée par l'expérience, autant sinon plus que par de grands principes abstraits et transcendants, à partir de la vision de l'homme, de la vie et du monde évoquée au début de ce développement. La loi est instituée par consentement collectif : c'est là une des principales prérogatives des hommes libres. Elle est née oralement et

---

18. *Viking Achievement*, *op. cit.*, p. 373.

tout porte à croire qu'elle a dû se conserver longtemps sous cette forme. Ses formules allitérées, notamment, faciles à garder en mémoire, iraient dans le sens de cette théorie [19].

On insistera sur l'importance extrême du respect de la lettre de la loi — qui viendrait certainement de son caractère sacré à l'origine. Les sagas islandaises prodiguent des exemples de formalisme excessif, de formulation pointilleuse : qui n'est pas capable de la dire correctement est réputé coupable, serait-il innocent. Il n'est que de lire la *Saga de Njáll le Brûlé* pour s'en convaincre. D'où, bien entendu, l'importance des lögmenn et le rôle éminent, en Islande, du lögsögumaðr. Enfin, elle est publique, dans son déroulement, et de bout en bout. Elle ignore les clauses secrètes, pétitions de principe, restrictions mentales et autres arguties rhétoriques.

Ce qui frappe le plus l'observateur, c'est l'extrême diversité de ces lois, qui prouve à quel point cette culture était attentive à toutes les réalités de la vie. Descendons un peu dans les détails. Il existait des lois pour réglementer, établir, mener et conclure un þing (nous dirons que cela va de soi), mais aussi pour déterminer la suite des opérations, veiller à l'exécution des sentences et assurer la sauvegarde des juges ; également pour régler les différends de droit privé : respect des limites de propriétés, droits de chasse et de pêche, récupération des épaves échouées sur la côte, abattage des arbres, ramassage du bois de chauffage, droit de pâture, notamment dans les communaux, etc. ; de même, pour protéger l'intégrité individuelle : contre la moquerie, la satire, la calomnie, les chansons à caractère érotique, les libelles tendant à déshonorer une femme, les diffamations de caractère magique dans leur essence comme le níð ; pour défendre la propriété individuelle : comptage des moutons, qualité des produits laitiers, protection des abeilles ; pour protéger — ce sont évidemment les plus nombreuses et les plus détaillées — la personne humaine : évaluation de la nature et de la gravité des blessures (et ici, les codes montrent une minutie et une précision confon-

19. Voir, pour s'en convaincre, telle formule comme celle que l'on prononçait pour établir la trêve entre ennemis ; la traduction française et l'original, en fragments, figurent plus loin pp. 372-373.

dantes ; ils distinguent, par exemple, la blessure qui n'a fait que raser l'os sans le briser, svöđusár, de celle qui l'a atteint, beinhögg ; ils s'inquiètent de savoir si l'on peut placer un, deux ou trois doigts dans la plaie ; en cas d'ossements brisés que l'on place dans le creux d'un bouclier de métal auquel on imprime une secousse, à quelle distance du bouclier on entend le cliquetis, etc.), des circonstances et du type de meurtre (il en existe toute une série ; nous avons déjà noté, par exemple, la distinction entre morđ et víg), du genre de mutilation infligée et de ses conséquences, des mobiles des incendies meurtriers, etc. D'autres s'intéressent plus expressément à la collectivité, elles combattent l'immoralité — selon les normes de cette société, bien entendu —, jaugent les spoliations, pénalisent les strandhögg ou déprédations commises sur le rivage qui sont l'une des pratiques courantes des vikings à l'étranger, mais n'étaient évidemment pas tolérées à domicile, fustigent le rán, terme générique qui s'applique à toute espèce de pillage. Il existe des lois pour régler les déplacements, préciser les modalités des transactions commerciales, fixer le déroulement précis des grands événements de la vie, mariages, successions, etc. Sur le plan religieux, le blasphème, les sacrilèges et profanations, le respect des dates et des lieux sacrés sont matière à législation. Il existe même des stipulations qui concernent les étrangers ! Le but est de fixer avec précision les pénalisations qui seront infligées en fonction de l'offense : amendes de toutes importances, en argent, métal, vađmál, ou en nature, bannissements, proscriptions et, dans les cas d'óbótamál, exécutions. En vérité, on ne voit pas ce que la loi n'aurait pas prévu ; l'Islande donne même l'exemple d'une loi qui institue la compensation pour les années bissextiles (sumarauki, « augmentation de l'été », qui consistait à ajouter une semaine supplémentaire à l'été tous les sept ans).

La conclusion ne varie pas : tout est prévu pour protéger la dignité de l'individu selon l'idée que s'en faisait cette civilisation, c'est-à-dire, à travers lui, l'honneur de sa famille et donc l'intégrité de la communauté à laquelle ils appartiennent.

Donnons maintenant une idée de la procédure suivie. Nous disposons de témoins de premier ordre : les sagas islandaises dont il est permis de dire que, bien souvent, ce ne sont que les minutes circonstanciées de procès inlassablement repris. L'objection qui avancerait qu'il ne s'agit là que du cas islandais n'est pas recevable : par recoupements et comparaisons avec des documents moins élaborés venant de Scandinavie continentale, on voit que c'est le Nord tout entier qui se reflète dans les sagas — lesquelles, au demeurant, se déroulent souvent, en partie, en Norvège, au Danemark ou en Suède.

En cas d'offense, le plaignant a le choix entre quatre possibilités : il peut exercer son droit de vengeance (hefnd) et se faire justice lui-même. L'éventualité se rencontre, mais ce n'est pas la meilleure solution, la porte étant ainsi ouverte à l'interminable chaîne des vengeances dont tant de textes se font l'écho ; l'intervention de la communauté reste préférable. L'offensé peut aussi exiger (ou l'offenseur peut proposer d'accorder) le sjálfdoemi (ou eindoemi), c'est-à-dire que l'accusé laissera au plaignant le soin de juger (doema) seul (ein) ou lui-même (sjálfr) des sanctions à appliquer. C'était faire grand honneur au plaignant que de lui accorder le sjálfdoemi ; en ce cas, la sentence avait des chances d'être plus légère, mais ces tempéraments orgueilleux ne consentaient pas aisément à ce qu'ils tenaient pour une humiliation. La troisième possibilité consistait à accepter l'arbitrage (görđ) d'hommes sages que les sagas appellent souvent góđviljamenn, des hommes de bonne volonté. On ne sera pas surpris d'apprendre que cela aussi était fixé par la loi, qui avait même prévu un arbitre de renfort (oddamađr) pour le cas où les arbitres, s'ils étaient en nombre pair, seraient d'avis exactement partagés. La quatrième solution, la plus courante et, en un sens, la plus normale, était le procès en bonne et due forme, avec accusation (sókn) et défense (vörn), comme de nos jours. Là encore, le déroulement en était scrupuleusement établi. Voici ses grandes étapes.

On nomme d'abord les juges, l'accusé ayant le droit d'en récuser un certain nombre, et l'on désigne le jury (kviđr) qui peut être constitué d'un certain nombre de voisins du plaignant (búakviđr). Puis le cas est exposé en détail, les pièces à conviction éventuelles sont produites, des témoins étant invoqués à chaque stade de l'opération. La défense est ensuite entendue, toujours avec production de témoins.

Le cas est alors récapitulé en détail par le tribunal qui expose les arguments de l'accusation et ceux de la défense. Puis le tribunal rend son verdict. Voici, à titre d'illustration, le long passage des anciennes lois de Vestrogothie (Västgötaland, suédoises donc) qui détaillent cette procédure [20] :

> Du meurtre — Si un homme est tué et privé de vie, le meurtre doit être proclamé lors d'une assemblée et la mort signifiée à l'héritier, et la proclamation, répétée à l'assemblée suivante. Et à la troisième assemblée, il [= le plaignant principal, aďili] doit présenter la cause, sinon le procès est nul et non avenu. Puis le meurtrier doit aller à l'assemblée et se tenir en dehors de l'emplacement de l'assemblée et envoyer des gens à l'assemblée, demander un sauf-conduit [griď]. Les hommes du þing doivent lui permettre de se présenter à l'assemblée. Il doit reconnaître le meurtre.
>
> Puis l'héritier doit donner le nom du meurtrier. Il lui appartient d'assigner le meurtre à qui il lui plaît s'il y a plusieurs meurtriers. Si l'héritier est un enfant, l'homme qui lui est apparenté du plus près du côté paternel devra nommer le meurtrier en même temps que lui. Si une femme a un enfant si jeune qu'elle le porte sur ses genoux, c'est elle qui doit nommer le meurtrier. Puis les hommes qui se sont occupés du mort et les hommes qui assistèrent au meurtre doivent être nommés. Il y en aura cinq au plus et il y aura un homme accusé d'avoir comploté la mort de l'homme.
>
> Puis une réunion sera décidée par jugement au domicile [de l'accusé], au jour fixé par consentement unanime de toute l'assemblée. Alors, à cette réunion, le témoignage des hommes du þing sera présenté : « J'étais à l'assemblée et nous étions à six ensemble. Le jugement qui a été passé en ce qui te concerne était que tu devrais te trouver ici aujourd'hui et rendre raison de l'accusation d'homicide sur [la] personne [de la victime], par serment avec deux douzaines d'assistants. Que Dieu prenne en grâce moi et mes témoignages dans la mesure où le jugement de ton cas a été rendu comme j'en témoigne à présent. »
>
> Puis l'héritier doit jurer : « Que Dieu prenne en grâce moi et mes témoignages, que tu as posé sur lui [= le mort] estoc et taille [de l'arme] et que tu es son véritable meurtrier, et

---

20. Également traduit par Foote et Wilson dans *Viking Achievement*, *op. cit.*, pp. 384-385.

tel est le nom que je t'ai donné à l'assemblée. » Puis l'héritier doit se présenter devant la seconde douzaine [de co-jureurs] et faire le même serment. Il doit y avoir douze hommes dans chaque douzaine, et chaque douzaine emploiera la même expression. Cette expression devra être employée dans chaque « serment de douzaine » : que la grâce ou le courroux de Dieu soit sur lui.

Puis l'héritier doit aller à l'assemblée générale suivante [...] et témoigner avec des hommes qui ont été présents, priant Dieu de se montrer pitoyable envers lui et ses témoignages dans la mesure où, à la réunion au domicile [de l'accusé], il a fait toutes choses à l'égard de la sécurité de l'accusé, comme la loi le prescrit. Alors il doit se présenter de nouveau devant l'assemblée et le faire juger à perdre toute sécurité de la part de l'héritier et plaignant, et sans compensation. Alors, il [le condamné] sera exclu de la paix — au repas du matin pris chez lui le jour de cette assemblée et à l'heure du souper pris dans la forêt. Le chef du herred est passible d'une amende de douze marcs si le proscrit reste où il est et s'il ne s'en soucie pas, et quarante marcs sont payables par le herred, et trois marcs par l'homme qui mange et boit avec lui et le fréquente [...] Si, d'autre part, il a fait offrir compensation pour lui, il peut impunément prendre son souper [chez lui].

S'ils veulent accepter compensation, il y aura neuf marcs en compensation pour l'héritier et douze marcs en compensation pour la famille. [Sur ces douze marcs] six seront payés par l'héritier [du meurtrier], six par la famille, soit trois du côté paternel, trois du côté maternel. [Ces six marcs] seront répartis ainsi : le plus proche parent doit payer douze eyrir, le plus proche ensuite, six aurar, le suivant, trois aurar, le suivant un eyrir et demi. Ainsi devront payer tous et ainsi devront recevoir tous, en réduisant toujours de moitié à chaque rang jusqu'à ce que le sixième degré soit atteint.

Texte obscur et archaïque, à l'évidence, qui porte, en outre, la marque de la christianisation. Mais, encore une fois, il n'y a aucune raison de douter, au moins dans les lignes générales, de l'ancienneté de telles dispositions.

On vient de voir un verdict type d'amende, on aura noté la conception « familiale » de la chose. Il reste à préciser — c'est une des faiblesses visibles du système — que c'est au plaignant de faire exécuter la sentence : cela entraîne souvent de graves complications dans l'exécution de la loi. Nous avons entrevu les autres sortes de verdicts : peines physiques — rares en Islande, et réservées aux seuls óbótamál, peut-être plus courantes en Scandinavie continentale —, comme mutilations (d'un bras, en général), décapitations, pendaisons (réservée aux voleurs, semble-t-il), lapidations, noyades ou précipitation dans un bourbier (qui paraissent avoir visé surtout les cas de magie et de sorcellerie déclarés). Restent le bannissement fjörbaugsgarđr) : le condamné dispose de trois étés pour s'en aller, doit rester absent trois hivers, il peut jouir d'une immunité reconnue dans certaines limites territoriales fixées par le verdict ; et la proscription (skóggangr en Islande, útlegđ, qui correspond littéralement à notre expression mise (legđ) hors (út) [la loi]), dont nous avons dit la rigueur, mais qui peut être réduite à un district (hérađssekt) ou, en Islande, à un « quartier » du pays (fjórđungsútlegđ). Là où elle vaut, le proscrit est óaell (on n'a pas le droit de le sustenter), óferjandi (on ne peut lui faire passer un cours d'eau), óráđandi (il est interdit de lui donner un conseil), il ne possède pas la faculté de revenir (eiga eigi útkvaemđ). Tous ses biens sont confisqués lors d'une formalité spéciale dite féránsdómr (tribunal de « pillage » de ses biens), que mène le plaignant principal ou ađili. La sentence était particulièrement cruelle et ceux qui parvenaient à survivre dans ces conditions étaient des hommes d'une trempe si exceptionnelle que deux sagas leur sont exclusivement réservées, celle de Gísli Súrsson, qui vécut quatorze ans en proscription, et celle de Grettir Ásmundarson le Fort, dix-neuf ans.

Ajoutons qu'il existait trois possibilités de disculpation : la première consistait à prêter serment [21] avec l'appui de témoins. La seconde, peut-être tenue pour une variante d'ordalie, était le duel, hólmganga [22], qui a pu exister à l'époque païenne — il semble avoir été aboli dans tout le Nord vers l'an mille ; mais il doit être retenu avec réserves : les textes qui nous en parlent, comme *Kormáks saga* qui va jusqu'à évoquer de prétendues « lois du duel »,

21. Nous avons un cas de serment ambigu dans la *Saga de Glúmr le Meurtrier*.

22. Ainsi appelée parce que les antagonistes devaient se rendre dans un îlot, hólmr, et s'empoigner sur une superficie restreinte délimitée par une peau de bœuf étalée sur le sol.

restent sujets à suspicion. De même, il n'est pas sûr que l'ordalie ait été une institution scandinave [23]. Elle paraît d'origine chrétienne et sera d'ailleurs abolie par le concile de Latran (1215). Elle consistait à aller chercher une pierre au fond d'un chaudron rempli d'eau bouillante (ketiltak) ou, surtout, à porter un fer chauffé au rouge sur une certaine distance (járnburðr), entre autres prestations de même genre. Rappelons que l'innocence n'était évidemment pas prouvée par le fait que l'exécutant fût sorti indemne de l'épreuve, mais par l'état de sa blessure qu'évaluaient des « spécialistes » réputés compétents. Il est intéressant de lire à ce sujet les précisions données par les Lois de Scanie :

> Si un homme doit porter le fer, il doit se laver la main et ensuite, ne rien toucher avec, ni des cheveux ni des habits ni quoi que ce soit d'autre, jusqu'à ce qu'il touche le fer et le soulève. Si un homme porte le « fer à jeter » (kastjárn ?), il doit faire neuf pas avant de le jeter. S'il le jette avant, il sera condamné. Si certains disent qu'il est condamné et d'autres, non, que deux hommes témoignent qu'il l'a porté complètement et non faussement. Si un homme porte le « fer à auge », l'auge doit se trouver à douze pas des poteaux et l'homme qui a à le porter doit le jeter dans l'auge. Si le fer tombe en dehors de l'auge, l'homme doit le ramasser et le jeter de nouveau dans l'auge [...] Dès que le fer a été porté, il faut mettre une mitaine sur la main et la sceller et la mitaine sera ouverte le dimanche. La main ne sera pas libérée tant que le plaignant ne sera pas arrivé et on l'attendra jusqu'à la fin du moment fixé pour la réunion. S'il ne vient pas, les hommes présents libéreront la main et jugeront s'il est coupable ou non de l'accusation. S'il est débouté [...] il versera au prêtre son indemnité ; s'il n'est pas débouté, c'est le plaignant qui versera l'indemnité.

Trois conclusions s'imposent au terme de cette présentation du droit à laquelle j'ai voulu donner une certaine ampleur car je considère cette notion comme fondamentale dans la mentalité du viking, de ses prédécesseurs comme de ses descendants. La première est que le respect

23. Voir R. Boyer. « Einige Überlegungen über das Gottesurteil im Mittelalterlichen Skandinavien » in *Das Mittelater — Unsere fremde Vergangenheit*, Stuttgart, Helfant éd., 1990, pp. 173-194.

de la loi, considéré comme acquis puisque droit et sacré sont inséparables, est vraiment caractéristique de cette société, même si les infractions et les détournements peuvent se rencontrer, là comme ailleurs. La seconde conclusion est que l'exercice du droit est bien public et officiel et n'admet pas de dérogations, pas même pour un roi, nous l'avons vu dans l'épisode de þorgnýr et du roi Óláfr Sköttkonungr (*supra* p. 274). Nul n'est au-dessus de la loi, puisque nul n'est supérieur à son destin ; nul n'existe sans sa famille, réceptacle et promulgatrice du destin individuel. La troisième conclusion est le pragmatisme, pour ne pas dire le réalisme (parfois sordide à nos yeux) de ce droit. Peut-être ce réalisme est-il le trait majeur des vikings : il aura favorisé leurs premières entreprises, justifié leur type d'établissement. Lorsqu'ils y manqueront, à partir de la fin du xe siècle, ils disparaîtront de la scène du monde : ils avaient alors, en quelque sorte, outrepassé la vertu de leur droit !

La religion

Je ne saurais épuiser ici, ni même exposer avec quelque détail, une rubrique d'une complexité redoutable [24], compliquée par des considérations d'ordre idéologique ou sentimental qui ne font rien pour l'éclairer. C'est ici que valent, par excellence, les réserves et les précautions dont j'ai cru devoir m'entourer au début de ce livre. Il existe, en effet, mille façons de présenter la religion des anciens Scandinaves et nulle n'est assurée de correspondre à la réalité. J'ai, pour ma part, tenté par deux fois une présentation en forme : la première, dans *L'Edda poétique*, phénoménologique et partant des textes disponibles, pour m'intéresser ensuite aux hommes qui la pratiquèrent et insister sur trois de leurs caractères qui me paraissent déterminants : c'étaient de maîtres poètes, des

---

24. La bibliographie est immense. Consulter par exemple l'ouvrage de C.J. Clover and J. Lindow : *Old Norse-Icelandic Literature. A critical guide, op. cit.*, chapitre « Mythology and Mythography ». L'ouvrage de base reste J. de Vries : *Altgermanische Religionsgeschichte*, 2e éd., Berlin, 1956, I-II. En français, le dernier ouvrage paru est R. Boyer : *Yggdrasill, la religion des anciens Scandinaves*, *op. cit.*

hommes d'action et des magiciens. Cette vision des choses avait l'avantage de se placer au niveau des vikings qui sont les premiers auteurs des textes dont nous disposons ; elle souffre du défaut de négliger la diachronie et de ne pas descendre, volontairement, au niveau des structures profondes. C'est pourquoi, à partir du magistère de Mircea Eliade et de celui de G. Bachelard, j'ai risqué une seconde tentative avec *Yggdrasill, la religion des anciens Scandinaves*, en partant du culte, et plus précisément du culte des grandes forces naturelles qui paraît avoir été constitutif de la mentalité scandinave ancienne et être resté très vivant chez les vikings. Ce second essai est également sujet à critique, dans la mesure, en particulier, où il remonte à des sources assez difficilement vérifiables *stricto sensu*, pour retomber sur des réalités dont on pourra toujours dire qu'elles sont sollicitées *pro domo*.

Car le sujet se révèle d'une complexité décourageante : trop de strates successives se sont entassées, depuis les origines connues, pour que l'on puisse prétendre à un résultat uni ; trop d'apports étrangers (chez ces peuples dont la mobilité fut très longtemps la constante et dont nous n'avons cessé de souligner les étonnantes facultés d'adaptation) se sont entés sur un fond autochtone que nous ne connaissons que par des conjectures. Ainsi, malgré les brillantes études de G. Dumézil, l'apport indo-européen, tout établi qu'il soit, souffre ici de graves entorses et l'on ne dira jamais assez le rôle joué par les influences classiques et chrétiennes (les unes par les autres) sur les textes dont nous disposons, tous dus à la plume de rédacteurs chrétiens ou imprégnés de culture chrétienne. Il n'est donc pas question, et il serait même dérisoire, de proposer ici un nouvel exposé en forme du sujet, ni de prétendre avoir découvert une voie d'approche qui l'épuiserait. Simplement, dans la perspective de notre ouvrage, je voudrais suggérer quelques voies d'accès à une réalité — qui est originale, je veux dire, qui ne peut être confondue avec la réalité germanique continentale, comme on le fait trop souvent — qui fut probablement l'âme et l'ultime raison de vivre des vikings.

Nous avons vu, par exemple, que la famile (au sens large, aett, kyn) était fondamentale dans cet univers, l'idée de société n'ayant pas un aspect quasi abstrait, moderne, mais renvoyant à un ensemble de familles, celles des dieux n'échappant pas à la règle. La famille, c'est avant tout la communauté au sein de laquelle on est assuré, en principe, de connaître la paix, fridr, où l'on peut déposer les armes pour vaquer aux occupations qui assureront prospérité et « bonheur ». C'est dire qu'elle est intimement liée à la fertilité-fécondité ; elle représente, à ce titre, un idéal compréhensible, dans une société essentiellement rurale, de paix et de prospérité.

Partant de là, nous avons pu montrer de quelle façon cette famille fondait le droit, autre notion sacrée justifiée en métaphysique par le pacte entre puissances bénéfiques et forces du désordre, pacte garanti par la perte de la dextre de Týr. C'est sur l'existence de ce pacte que repose la notion d'inviolabilité sacrée ou mannhelgr, que nous connaissons, et donc ce système de compensation ou restauration par lequel un équilibre imprescriptible doit être maintenu : c'est la condition *sine qua non* du fait qui rend un être humain fridheilagr — inviolable, littéralement : [vivant dans] la paix sacrée. Notons la formulation tout à fait significative de l'ancienne Väsgötalag : « Si un homme est frappé *et que la paix en lui est rompue* (c'est moi qui souligne), il doit prendre témoignage que son honneur a été abaissé et sa mannhelgr, violée. » On admettra donc que le godi — qu'il faille ou non renvoyer à notre idée de « prêtre », il est évident qu'il exerçait des fonctions ressortissant au sacré — pouvait exercer simultanément des fonctions juridiques et administratives. Et l'idée de roi sacré n'est guère que la transposition, à une échelle un peu plus vaste, de la même conception : il a été élu et, de la sorte, investi de charismes particuliers, pour être ársaell (« béni » par des années fécondes) et fridsaell (« béni » par un règne pacifique). S'il est sigrsaell (« béni » par la victoire), c'est évidemment en conséquence des deux précédentes prérogatives : il doit maintenir la prospérité et la paix parmi son peuple, on le reconnaîtra au fait qu'en cas de conflit il remportera la victoire — mais la dialectique ne fonctionne pas dans le sens inverse ! Sinon, nous le savons, il sera rituellement sacrifié, c'est-à-dire, en somme, rendu à ces Puissances dont il a mal suivi le magistère.

On l'attend donc à ses actes : manière de dire que cette religion n'était pas conçue sous un angle dogmatique ni métaphysique, mais sous son aspect cultuel. En vérité, c'est par là seulement que nous la connaissons et l'on devrait y prendre davantage garde [25]. Pas de corpus de dogmes, pas même d'équivalent d'un quelconque Lévitique, mais des actes, des gestes, des rites signifiants. « Religion » se dit siđr dont le véritable sens « laïque » est pratique, coutume — après la christianisation, les textes opposeront à inn forni siđr (l'antique pratique, le paganisme) inn nýi siđr (la nouvelle pratique, c'est-à-dire le christianisme). L'absence, très probable, de « temples » va dans le même sens. Les grands rites se pratiquaient dans la nature, en des lieux privilégiés peut-être, sources, cascades, petits bois, monticules pierreux, bourbiers, etc., amplement attestés par la toponymie, mais sans édifices conçus à cet effet. Les dates d'exercice de ce culte sont, elles aussi, liées à des réalités naturelles, aux solstices en particulier (dísablót ou álfablót, sacrifice aux dises, des divinités de la fertilité-fécondité, sacrifice aux alfes [26] pour le solstice d'hiver, sumarblót, sacrifice d'été, pour la fin juin), et l'une des pratiques les plus fréquentes, les mieux attestées aussi, est processionnelle. De Tacite à un bref þáttr (dit) comme celui d'Ögmundr au gnon (*Ögmundar þáttr dytts*), tous les témoins s'accordent sur ce point : on déambule à travers champs (on promène, peut-être, une idole, mais ce point est mal établi) dans un réflexe propitiatoire qui correspond tout à fait à nos Rogations. On ne saurait en trouver de figuration plus éloquente que dans le char de Trundholm (âge du bronze) où un cheval tire ainsi un disque solaire.

Du reste, nous en savons assez pour pouvoir reconstituer sans trop de risques d'erreur le sacrifice auquel se ramenait cette religion, ou blót. En observant d'abord la très éloquente construction grammaticale à laquelle le verbe blóta (sacrifier) donne lieu : on dit en vieux norois

---

25. R. Boyer : « Le culte dans la religion nordique ancienne » dans *Inter-Nord*, n° 13-14, 1974, pp. 223-243.

26. Ne pas confondre avec les elfes, forme dégradée que prendront les alfes dans le folklore, visiblement sous des influences chrétiennes. Bonne étude de C. Lecouteux : *les Nains et les elfes au Moyen Âge*, Paris, Imago, 1988.

blóta guđ hesti — pour nous : sacrifier un cheval au dieu, mais littéralement : sacrifier dieu (guđ, à l'accusatif) par l'intermédiaire d'un cheval (hestr, ici à l'instrumental). On ne saurait rendre de façon plus expressive l'idée qu'il fallait renforcer le pouvoir du dieu de toute la vertu (au sens latin du mot) de la victime. Il importait en effet que la puissance effective et agissante de ce dieu pût continuer de s'exercer au bénéfice de la communauté qui le servait : le servait, plutôt que l'adorait, verbe qui ne se traduit pas en vieux norois, dans ces communautés pour lesquelles la force de vie, valeur suprême, se nourrit littéralement d'échanges.

Le blót, donc. Dont l'exécutant principal, puisque je ne me sens pas tenu de dire le prêtre, est le chef de famille s'il s'agit de culte privé, le « roi » pour le culte public. Le blót comportait divers rites au premier rang desquels il faut placer le sacrifice : d'êtres humains, sans doute, aux origines (et, en tout cas, encore au début de notre ère), d'animaux à l'époque qui nous préoccupe, c'est-à-dire des chevaux, s'il faut en croire Adam de Brême, et des porcs selon nos sources scandinaves. Il se peut que ces victimes aient été aussi jetées en oblation dans un « puits à offrandes », comme celui que l'on a retrouvé à Budsene, au Danemark ; il est possible que la coutume ait été d'y précipiter également les armes des vaincus, brisées, en cas de guerre. Revenons au sacrifice sanglant : le sang de la ou des victimes, hlaut, était versé dans un récipient *ad hoc*, un chaudron peut-être comme le magnifique exemplaire orné de plaques historiées, en bronze, de Gundestrup. On ne peut que faire des conjectures sur le sens à donner aux panneaux qui le décorent, notamment cette femme gigantesque occupée à précipiter un être humain dans un chaudron : elle nous rappelle toutefois que les opérations cultuelles ont souvent dû être confiées à des femmes, gyđjor, singulier gyđja. Dans ce chaudron, dit hlautbolli, on jetait des baguettes de bois, hlautteinar : de leur disposition à la surface du liquide, des spécialistes déduisaient les arrêts du Destin. Il n'est pas impensable que, comme le veulent certaines de nos sources, les assistants aient été aspergés de ce sang, encore qu'il faille prendre garde à l'*interpretatio christiana* que pratiquent si souvent nos informateurs : ils refaçonnent à leur gré les traditions qu'ils rapportent. On doit sans doute prendre en compte d'autres rites, rapportés par des écrits à vrai dire tardifs, comme celui qu'expose un curieux texte, le *Völsa þáttr* [27], où l'on voit toute une famille se passer de main en main, hommes et femmes, un pénis embaumé de cheval en récitant une formule appropriée. De toute manière, il apparaît que le ou les sacrifices sont conçus essentiellement pour rendre propices les divinités de la fertilité-fécondité *et* consulter les Puissances du Destin.

C'est d'ailleurs à cela, expressément, que tend un second geste — s'il n'est pas inclus dans le premier comme on vient de le voir — qui a pu exister antérieurement au reste, ou même indépendamment du blót, voire, à la limite, auquel a pu se réduire, à l'origine, le blót : la consultation des augures qui frappait déjà si fort Tacite chez les Germains en général (*Germania* X, 1 : *auspicia sortesque ut qui maxime obseruant*). J'ai dit qu'à mon avis, le dieu suprême très sacré (et donc jamais nommé d'un titre unique) est le Destin : il n'est que de parcourir les textes « sacrés » ou même ceux qui expriment à travers le détail de la vie courante la Weltanschauung de ces hommes et de ces femmes pour s'en rendre compte. Il apparaît donc normal — sans entrer ici dans le détail — que les temps forts de l'existence individuelle et collective soient marqués par des gestes, des rites de caractère « fatidique ». Cela s'appelle ganga til fréttar (où frétt s'applique proprement à une consultation de l'avenir), fella blótspán (jeter les « copeaux sacrificiels » ; il s'agit, à l'évidence, d'un rite classé qui revient peut-être à jeter ces hlautteinar dans le sang sacrificiel dont nous parlions il y a un instant), etc. En vérité, l'observateur moderne ne peut qu'être surpris du fantastique flux fatidique dans lequel baigne cette religion. Nous y reviendrons à propos d'éthique, mais le geste d'Óđinn, pressentant le sort funeste qui attend son fils Baldr et allant interroger une voyante (völva) pour être éclairé, ne peut échapper à l'attention — après tout, à l'époque où le texte qui nous rapporte cette conduite, les *Baldrsdraumar* de l'*Edda poétique*, a été rédigé, on

27. Traduction française dans R. Boyer : *L'Edda poétique*, *op. cit.*, pp. 89-93.

peut admettre qu'Óđinn s'était hissé au pinacle de ce panthéon et l'on comprend mal son incapacité à élucider le point qui le préoccupait. Ce qu'il nous reste à dire de la magie est essentiellement de caractère divinatoire (sejđr) bien plus que conjuratoire ou propitiatoire.

Revenons au sacrifice, blót. Le rite communautaire, indispensable ici comme ailleurs, est le banquet (veizla, blótveizla) au cours duquel on consomme, vraisemblablement, la chair des animaux sacrifiés et où, surtout, on boit la bière, plus ou moins forte (öl, bjórr, mungát) selon un rituel circonstancié. S'il n'est pas sûr que des gestes comme signa full (marquer le vaisseau à boire d'un signe que l'on voudrait identifier au marteau de þórr) soient autochtones, il ne saurait faire de doute que les libations (nous dirions aujourd'hui les toasts) qui ouvrent puis ponctuent le déroulement du banquet sont bien originelles. Il s'agit de boire à la mémoire des ancêtres (drekka minni), puis à celle des dieux, non l'inverse, semble-t-il, puis en l'honneur de personnalités présentes. M. Cahen [28] a excellemment étudié ces rites. Il est clair qu'ils tendent à renforcer les liens de la communauté présente avec les grands disparus et à échauffer le caractère communiel d'une assemblée qui n'introduisait ni les différences ni les solutions de continuité dont nous sommes familiers entre surnaturel et naturel, d'une part, vie et mort, d'autre part. Un sacrifice constitue toujours le temps fort d'un rituel, lequel est ce qui ne disparaît jamais tout à fait d'une religion. Or j'ai dit que celle qui nous intéresse ici se concevait, et à la limite existait, exclusivement en fonction de sa gestuelle. C'est pourquoi je porte la plus grande attention au sacrifice. L'Église ne s'y est pas trompée, d'ailleurs. Sans m'interroger sur les frappantes homologies qui rassemblaient son propre rituel et celui-ci [29], elle a tout de suite « récupéré » ce qui pouvait l'être des structures préexistantes, sans rien bouleverser en essence. Je songe également (à supposer que lui aussi ressortisse au fond

---

28. *La Libation. Études sur le vocabulaire religieux de l'ancien scandinave*, Paris, Champion, 1921.

29. Ou sans négliger le fait que, ce que nous savons venant surtout de sources rédigées à l'époque chrétienne, nous ne devons pas trop nous hâter de conclure à l'authenticité « païenne » des gestes rapportés.

très ancien, la suspicion venant de ce qu'il rappelle si fort nos « vœux » chrétiens) au rite du heitstrengning, tel que nous le présente un texte, à vrai dire impur à souhait, la *Jómsvíkinga saga* : les assistants prenaient des engagements solennels d'accomplir de hauts faits, des prouesses, d'autant plus contraignants qu'ils paraissaient irréalisables. La finalité, pourtant, est transparente : ainsi se montrait-on digne des grands ancêtres demeurés présents dans les mémoires précisément pour leurs actes exemplaires, söguligr (digne de donner matière à saga).

Immolation de victimes, consommation de leur chair, libations rituelles signifiantes, serments solennels : tout était fait pour établir une chaude communion au sein d'une assemblée où puissances surnaturelles et humains ressentaient leur dépendance intime à la faveur de gestes chargés de sens. Je ne dis pas qu'il était sous-entendu que les puissances du destin se verraient ainsi contraintes à modifier leurs arrêts ni à infléchir le cours des choses — « on ne survit pas d'un soir à la sentence des Nornes », note fort bien le poème. Je pense qu'il fallait, en quelque sorte, s'assurer, vérifier que le flux vital émanant de ces puissances demeurait accessible, et aimé. Car, à notre connaissance, cette religion ignorait le suicide (sauf cas rituels caractérisés), le désespoir, la révolte et, plus que tout, le doute ou l'absurde. Une religion de la Vie : de vie, tout simplement.

Voilà pourquoi j'ai considéré qu'il fallait mettre la famille au point de départ de toute présentation de la religion des vikings. Je dirai que non seulement ses rites et ses croyances, mais même ses réflexes, s'inscrivent dans cette sphère. Nous avons entrevu la notion de hamingja, que nous avons décrite comme fondamentale. Il reste à noter que le mot est un dérivé de hamr, proprement, la « forme », celle que le destin a donnée à un individu et à son existence — c'est aussi une des traductions possibles de notre mot « âme » [30]. Or, dans son acception physiologique, hamr désigne aussi les membranes placentaires (il est d'ailleurs remarquable qu'une autre figuration de l'« âme » se dit fylgja — littéralement ce qui « suit »,

30. R. Boyer : « Hamr, fylgja, hugr : l'âme pour les anciens Scandinaves » dans *Heimdal*, n° 33, 1981, pp. 5-10.

« accompagne » un être humain, son ange gardien en quelque sorte — et que cette fylgja, elle aussi, désigne les mêmes membranes) qui accompagnent l'expulsion du nouveau-né hors du corps maternel : c'est sa « forme » externe. La liaison lexicologique et thématique hamr-hamingja est suffisamment expressive. On ne voit pas qu'elle puisse être le fait du hasard — encore un vocable intraduisible en vieux norois.

C'est de cette façon, par la stricte voie de la famille, que le destin — le sacré — s'intéresse (au sens que nos financiers modernes donneraient à ce dernier verbe pronominal) à un homme : relisons la strophe 72 des *Hávamál* dans l'*Edda poétique*. Ce poème, certes, est composite à souhait, mais, dans sa première partie (où figure la strophe en question), tout nous incite à penser qu'il nous livre le meilleur d'une mentalité. Or la strophe 72 établit une liaison quasi naturelle entre famille, culte des morts et réputation :

Mieux vaut avoir un fils,
Même s'il naît trop tard
Après la mort de son père.
Rarement, pierre commémorative
Ne se dresse au bord du chemin
Si le parent ne l'érige au parent.

Nous ne devons cependant pas croire pour autant que la religion des vikings n'existait que par son rituel. De l'ensemble des *Eddas*, des poèmes scaldiques et des essais — tardifs, XIIIe siècle — des deux grands mythographes que sont le Danois Saxo Grammaticus et l'Islandais Snorri Sturluson, il est possible de déduire une cosmogonie, une théogonie et une eschatologie dont nous n'exposerons ici que les très grandes lignes.

Commençons par la cosmogonie. Au début, il n'y avait que le vide, le « vide béant », ginnungagap, où se situaient deux « mondes ». Au nord, celui du froid et des ténèbres, Níflheimr ; au sud, celui du feu, Muspilsheimr ou Surtsheimr. Du choc entre les deux naquit un géant hermaphrodite, Ymir, qui engendra de son aisselle gauche un homme et une femme, et, en frottant ses pieds l'un contre l'autre, un fils. Ainsi surgit l'espèce des hrímþursar ou géants du givre. Parallèlement — il s'agit d'un autre mythe que nos sources tentent de raccorder —, une vache, Auđumbla, qui léchait des pierres, en fait surgir un être gigantesque, Burr, qui engendre un certain Bor, lequel s'accouple avec une créature primitive, Bestla : leur progéniture constitue la première triade divine, Óđinn, Vílir et Vé. Je répète que mon propos est de pure exposition et que je n'entends pas prodiguer ici les commentaires, mais le connaisseur du domaine indo-européen aura vite fait de déceler les correspondances ou même les similitudes qui montrent que nous évoluons en territoire connu. Les trois dieux, une fois créés, n'ont rien de plus urgent à faire que de tuer Ymir dont les humeurs et les parties du corps formeront les éléments du monde : ses ossements feront les montagnes, son sang, la mer, ses cheveux, les forêts, etc. De ses sourcils, les dieux feront l'enceinte qui délimite le domaine habité par les hommes, ou Miđgarđr (enclos médian). Puis une autre triade divine, Óđinn, Hoenir et Loki, crée les humains à partir de deux souches d'arbres échouées sur le rivage de la mer, Askr (proprement : frêne) et Embla (sans doute sarment de vigne). Ce couple initial est ørlögslauss, il n'a pas encore de destin, mais c'est lui qui peuplera Miđgarđr. La chose ne va pas sans difficultés car il leur faut se défendre des géants qui sont expressément des forces de chaos et de destruction. C'est pourquoi l'on nous rapporte dans un mythe d'une élaboration extrême que les dieux se font construire, au centre de Miđgarđr, une forteresse à eux réservée ou Ásgarđr (Enclos des Ases). Nous obtenons de la sorte une conception du monde « plate » et concentrique avec, au centre, Ásgarđr entouré de Miđgarđr, ce dernier cerné d'Útgarđr (Enclos extérieur) où déferle la Grande Mer primitive dans laquelle est lové le serpent Miđgarđsormr qui enserre Miđgarđr dans l'anneau de son corps, et où se situe aussi, quelque part « vers l'est et en descendant », le monde des géants ou Jötunheimr. Désormais, et dans une perspective bien « viking », l'histoire de ce monde sera envisagée comme un affrontement permanent entre puissances bonnes et forces du désordre, la loi de cet univers étant le dynamisme ou l'énergie. Les puissances « bonnes » sont les dieux ases et vanes, les forces du désordre sont, outre les géants, représentées par trois créatures symboliques, le serpent de Miđgarđr, le loup Fenrir et la hideuse Hel, gardienne du monde où sont les trépassés.

À cette conception du monde s'ajoute ou se superpose — se conjugue, en fait — une autre vision, verticale, cette fois. Elle postule l'existence d'un arbre colossal (if, frêne ou chêne, selon les textes retenus), Yggdrasill (littéralement : Coursier d'Yggr, c'est-à-dire d'Óđinn), dont Mircea Eliade a fort bien dit qu'il était l'idéogramme de cette religion. Il est exactement symétrique par rapport à la surface de la terre : sa partie visible est source et réceptacle d'une vie intense figurée par la faune nombreuse qui la hante dans un mouvement constant ; sa partie souterraine reproduit la partie aérienne, mais sa valeur est plus précisément sapientiale et fatidique, par l'intermédiaire des sources qui naissent à la base de ses racines et qui sont réceptacles de savoir (de la mémoire : Mímisbrunnr), et de tout destin (Urđarbrunnr près de laquelle siègent les Nornes, lesquelles régissent toutes destinées [31]). Il n'est pas impossible mais tout à fait séduisant de combiner les deux versions du monde ainsi obtenues [32] pour aboutir à un schéma d'ensemble sphérique, signe universel, comme on le sait, de la perfection (voir page 345).

Il est même extraordinaire qu'à une époque où l'humanité tenait la terre pour un disque plat, ces navigateurs-nés qu'étaient les Scandinaves aient pu [33] se faire de notre monde une représentation globale tridimensionnelle.

Voilà pour l'essentiel. Il va sans dire que de nombreux autres mythes s'attachent à « expliquer » la naissance des astres, soleil et lune notamment [34], et qu'il existe dans cette

---

31. Snorri Sturluson, visiblement à l'école des Grecs, veut qu'elles soient trois, auxquelles il donne des noms dont deux au moins (Skuld, Avenir, et Verđandi, Présent) sont fabriquées pour les besoins de la cause, la troisième, Urđr, paraissant seule d'origine antique. En fait, il semble que les Nornes soient aussi nombreuses que les êtres humains.

32. J'ai développé cette idée dans « la Construction d'Ásgarđr » dans *Journal of Indo-European Studies*. Studies in Honor of Edgar C. Polomé. II. 1991.

33. Mon subjonctif vient évidemment du fait que l'idée que je suggère ici n'existe que par inférence, nous n'avons pas de sources qui le prouveraient.

34. Développé par R. Boyer : « Naissances astrales. Mythes cosmogoniques de la Scandinavie ancienne » dans *Mediaevistik*, 1988, 1, pp. 9-22.

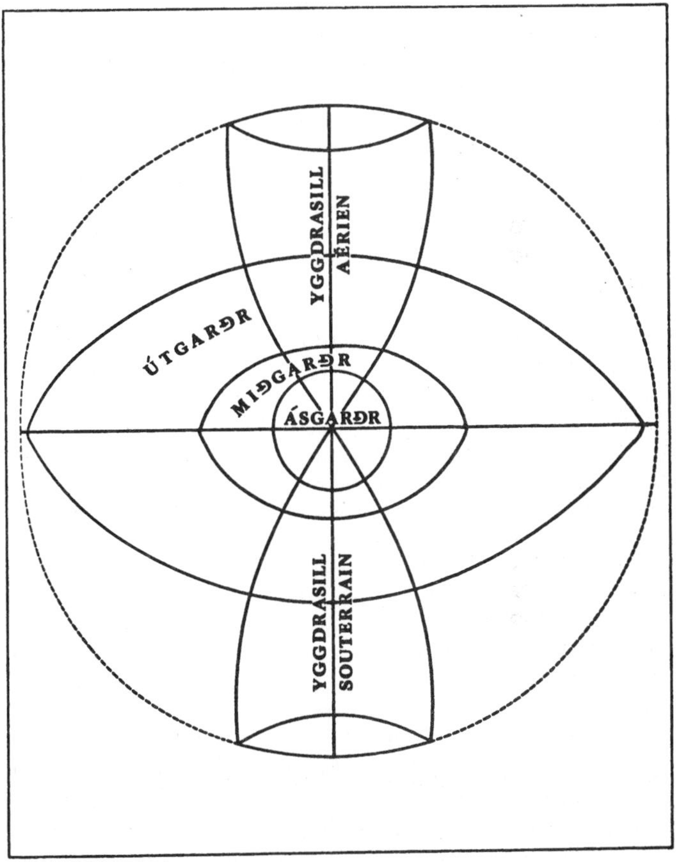
YGGDRASILL AÉRIEN
ÚTGARÐR
MIÐGARÐR
ÁSGARÐR
YGGDRASILL SOUTERRAIN

religion comme dans tant d'autres une grande floraison de mythes étiologiques : la lecture de l'*Edda de Snorri* en donnera une idée [35].

Abordons la théogonie, en rappelant au préalable deux points. Le premier est que si, comme je le pense, cette religion a d'abord connu exclusivement le culte des ancêtres, l'idée de « dieu » s'exprime au collectif indifférencié par une profusion de vocables. Le deuxième affirmerait, au contraire, que les dieux ont été à l'origine des forces naturelles, peu à peu anthropomorphisées et individualisées. Cette opinion n'a rien de fantaisiste quand on sait que leurs noms sont Tonnerre (þórr), Furor (Óđinn), Soleil (Sól), Océan (Aegir), Terre (Jörđ ou Fold), Air (Lopt = Loki ?), etc. Sans parler de compositions parlantes comme Pilier-du-Monde (Heimdallr, qui pourrait être une personnification d'Yggdrasill), ou Qui-favorise-la-vie (Fjörgyn[n], d'ailleurs androgyne et qui est certainement archaïque [36]). Mais on sait les dangers et les excès que peut entraîner une telle théorie et je ne m'y attarderai pas ici.

Je préfère saisir les dieux des vikings au moment où ils ont pris, si j'ose dire, figure humaine, avec des fonctions relativement précises — sans écarter, une fois de plus, les influences reçues ou imposées par ceux qui nous en parlent, à partir du monde grec ou latin notamment. La nomenclature très incomplète qui va suivre doit donc être prise avec toute la distance souhaitable. D'autant qu'une fois de plus, il faut tenir compte de l'évolution chronologique. Ainsi, par exemple, des entités comme Ullr ou Hoenir, placées au second plan dans les textes de l'époque viking, ont dû connaître auparavant une période bien plus faste : on le voit dans la toponymie ; d'autres, comme þórr, ont probablement été « gonflées » pour des raisons évidentes à l'époque qui nous intéresse ; est également intervenu le jeu des paronymies (Freyja/Frigg), des glissements fonctionnels (en ce qui concerne la magie notamment) ou des mutations (surtout à propos de Loki) ; rappelons enfin

35. Excellente traduction anglaise par A. Faulkes : *Snorri Sturluson. Edda*. London, 1987.

36. R. Boyer : « Fjörgyn(n) » dans *Mort et fécondité dans les mythologies*, éd. F. Jouan, Paris, Les Belles Lettres, 1986, pp. 139-150.

les calques, alignements, transferts sur des types grecs, latins, celtiques ou bibliques. En d'autres termes, je ne crois pas qu'il soit possible de proposer une présentation définitive et péremptoire d'un panthéon dont le caractère majeur est le flou, l'ambiguïté, voire, souvent, l'obscurité pure et simple.

Óđinn sera présenté le premier, non qu'il soit le plus ancien [37] ni le plus important (à l'origine), mais parce qu'à l'âge viking il occupe incontestablement le devant de la scène, surtout au Danemark. Il offre de très nombreux visages, reflétés par ses divers noms, et il échappe aux classifications duméziliennes puisqu'il assume indifféremment les trois fonctions — même si, au moins sous son avatar le plus connu, il semble privilégier la première (juridico-magique et souveraine). En fait, son nom suffit à le présenter. Óđinn est dérivé d'Óđr [38] qui signifie proprement furor (au sens du mot en latin, germanique *wut). Il incarne donc cet état de transe, de fureur quasi démente qui s'empare, dans certaines circonstances, du magicien, de l'amant, du guerrier, du poète, et qui dédouble ou multiplie alors ses possibilités, le rend capable d'exploits hors de portée du commun des mortels selon l'imagination courante. Il devient le « hurleur » (Hroptatýr) dont les pouvoirs magiques à fortes colorations chamanistes extatiques (voyez les Grímnismál de l'*Edda poétique*) forcent le cours des choses à sortir de sa nature ; ou bien l'amant irrésistible malgré sa laideur (il est borgne, vieux et rébarbatif) et sa fourberie, car c'est un dieu cauteleux et faux à souhait, mais nulle femme ne lui résiste, aussi est-il traditionnellement le père fondateur (stamfader en suédois) de tous les grands lignages ; ou encore le dieu de la victoire, Sigtýr, Sigföđr (dieu de la victoire et non pas dieu de la guerre). C'est lui qui enseigne les secrets stratégiques qui décident de l'issue favorable des hostilités (ainsi, on le crédite de l'invention de la fameuse formation en coin), qui invente les subterfuges, ruses et artifices propres à

37. Encore que l'on puisse en discuter : une gravure rupestre de l'âge du bronze, à Litsleby, en Suède, nous propose un géant à la lance qui pourrait être son prototype ou archétype.

38. Personnage qui, au demeurant, semble avoir existé également à part entière : ce serait l'époux de Freyja.

assurer le triomphe. Aussi est-il « masqué » (Grímnir) et ne répugne-t-il pas à recourir à la traîtrise et à la perfidie. Pour lui, la fin justifie les moyens, y compris les plus cruels : sa mentalité correspond donc tout à fait à celle des vikings, dont nous avons vu qu'ils préféraient de loin la ruse à l'affrontement direct et qu'ils ne répugnaient pas à l'usage de procédés qui n'ont rien de chevaleresque (vol, rapt, incendie, strandhögg). Viking, il l'est encore en tant que dieu des cargaisons (Farmatýr), personnage fort sympathique à des navigateurs-marchands. C'est d'ailleurs pour cette raison que les observateurs l'ont identifié à Mercure, tous deux protégeant le commerce. Reste son caractère poétique et même, dans une certaine mesure, aristocratique : c'est le « patron » des scaldes qui lui doivent leur inspiration ; nul ne l'a mieux dit qu'Egill Skalla-grímsson dans son chef-d'œuvre, le *Sonatorrek* [39]. Peut-être est-ce à cause d'eux que nous avons tendance à accentuer son importance ; les scaldes le célèbrent, non sans une réelle objectivité : ils le savent cynique, misogyne et peu amène avec son manteau bleu, sa longue barbe et son chapeau rabattu sur son œil unique ; il est inconstant et volage, comme l'inspiration ! Mais il détient le savoir, puisqu'il a engagé l'un de ses yeux dans la source du géant-dieu Mímir (Mémoire) afin d'obtenir la connaissance de toutes choses. Il reste que ce dieu à la lance, qui aime les sacrifices par pendaison (c'est le dieu des pendus, hangaguð) et, s'il faut en croire certaines sources, les supplices atroces (comme l'aigle de sang, blóðörn), assume par plus d'un côté, et peut-être davantage que ses confrères, la tonalité fatidique que je considère comme vraiment fondamentale dans cette religion : il connaît toutes les destinées, y compris la sienne, bien qu'il soit incapable d'y rien changer ; il s'emploie (vainement puisqu'il y périra tout de même) à peupler sa Valhöll (Walhalla) de guerriers d'élite (einherjar) qu'il emploiera, le jour de la Consommation-du-Destin-des-Puissances (Ragnarök), à affronter les puissances du chaos. C'est pour remplir la Valhöll qu'il dépêche ses valkyries (valkyrjor ; littéralement : qui choi-

39. L'« irréparable perte des Fils », traduction française dans *L'Edda poétique*, *op. cit.*, pp. 650 et sq.

sissent kyrja sur le verbe kjósa, les hommes qui vont tomber au combat, collectif valr) sur les champs de bataille [40]. Figure étrange et bien peu conforme à nos clichés que celle de ce dieu, figure étroitement appariée au destin, car elle est à demi aveugle, imprévisible et inéluctablement cruelle, comme lui.

En revanche, þórr a probablement connu, en tant que protecteur du bóndi et féru de prouesses martiales, une bien plus grande faveur auprès des vikings. Sa figure, que l'on a coutume de considérer aujourd'hui comme truculente, voire grossière parce qu'il est l'objet de lourdes pitreries, que sa barbe rousse et son fabuleux appétit ont de quoi alimenter les propos d'après boire, est pourtant beaucoup plus complexe, voire plus raffinée qu'il n'y paraît. Ainsi, c'est lui qui s'instruit auprès du nain Alvíss des subtilités lexicologiques pratiquées par les scaldes. Il semble qu'il s'agisse d'un personnage composite, ayant « récupéré » au fil des siècles des caractères appartenant à d'autres divinités. Au départ, comme son nom l'indique, il aurait été le tonnerre personnifié (þórr < ×þundaraz, voir l'anglais thunder ou l'allemand Donner) : d'où son « marteau » qui symbolise la foudre, son char attelé de boucs dont le grondement céleste figure le tonnerre. Qu'il ait été le plus populaire des dieux des vikings, surtout en Norvège-Islande, est attesté par l'anthroponymie et la toponymie, comme par les exploits dont le créditent bon nombre de mythes. Il a repris à Týr des attributs martiaux qu'il a infléchis dans le sens de la force musculaire. Mais il n'est pas étranger à la magie, il s'entend à ressusciter les boucs qu'il vient de tuer pour en consommer la chair et c'est lui qui « consacre » bon nombre d'inscriptions runiques. À l'époque où nous le saisissons le mieux, celle dont traite le présent livre, ses fonctions sont avant tout tutélaires : il lutte contre les géants, personnifications des forces néfastes, et favorise les entreprises humaines. En tant qu'incarnation de la force (plus brutale que subtile) et de la volonté, il forme avec Óðinn, image de la ruse et du savoir ésotérique, ce que l'on appellerait en linguistique une paire contrastive.

---

40. Remarquons, pour rectifier une erreur courante, que les valkyries ne choisissent pas elles-mêmes les victimes, elles ne sont que les exécutrices des arrêts d'Óðinn,

Freyr et sa parèdre Freyja — et, dans l'ensemble, la « famille » des Vanes à laquelle ils appartiennent — sont beaucoup plus « clairs ». Ils relèvent presque exclusivement de la troisième fonction, la végétative, et ont été révérés en particulier, semble-t-il, par les Suédois. Ce sont visiblement des divinités agraires et à ce titre, ils participent volontiers de la thématique de la gémellité (c'est le cas de Freyr/Freyja) attestée depuis très longtemps dans le Nord, ou de celle de l'androgynie (« le » dieu Njörðr, père de Freyr-Freyja, nous est donné, déjà par Tacite, pour une déesse, *Nerthus id est Terra Mater*). Ce sont des dieux de l'amour et de la fertilité-fécondité, comme l'atteste le mythe rapporté dans la très belle *För Skírnis* de l'*Edda poétique* ; ils ont pu être associés à un culte phallique présent surtout en Suède et à des sacrifices où entrent leurs animaux préférés : le porc, le cheval et le bœuf. Leurs rapports avec le culte des morts sont également bien établis, ce qui ne les empêche pas de prendre, parfois, des colorations guerrières assez inattendues. La déesse Skaði (bien qu'elle porte un nom masculin [41]) est réputée épouse de Njörðr mais renvoie à des idées de froid, de chasse et de combat qui détonnent dans cet ensemble.

Restent — pour nous limiter là — trois dieux énigmatiques qui paraissent fort anciens, mais qui défient la sagacité des chercheurs. Le premier, Heimdallr, que nous avons déjà rencontré deux fois, l'un sous le nom de Rígr, réputé fondateur des « classes » de cette société, l'autre à propos du grand arbre Yggdrasill, est peut-être fondamental. S'il joue un rôle de premier plan dans l'eschatologie de cette religion, les quelques mythes où il figure sont trop obscurs pour autoriser des conclusions tranchées. De même, Baldr le bon, avec son allure orientale (il rappelle étonnamment Adonis, Tammuz ou Baal dont le nom évoque le sien) et les colorations quasi chrétiennes des deux mythes où il paraît (celui de sa mort et celui de ses funérailles), détonne plutôt dans cet ensemble. Quant à Loki, sur lequel on a plus écrit que sur aucun de ses

41. C'est certainement une divinité fort ancienne. Il se pourrait que le nom même de Scandinavie (qui était tenu dans l'Antiquité pour une île, l'île Scandzia des anciens) lui doive son nom : *skaþin-auja, l'île de Skaði.

confrères, il reste aussi irritant que sa conduite dans la plupart des récits qui l'évoquent. Il est certain que sa figure réunit plusieurs strates successives : l'une archaïque, où ce serait un géant co-créateur de l'espèce humaine et détenteur du savoir primordial (ce serait l'Útgarđaloki de Saxo et de Snorri, qui, respectivement, préside à l'autre monde ou défie þórr) ; une seconde, plus récente, où il incarne le trickster de toutes les mythologies ; une troisième, probablement suscitée par des influences bibliques et chrétiennes (soit Luki-fer puis Satan Trismégiste, responsable de la fin apocalyptique des temps, ici les Ragnarök), où il représente de façon en quelque sorte synthétique le mal sous toutes ses acceptions. Certains mythes lui donnent une allure curieusement odinique, d'autres en feraient un anti-Týr. Il est, en tout cas, celui qui empêche le monde d'être heureux.

Ce n'est là qu'un rapide aperçu. Il conviendrait de préciser, par exemple, l'importance du thème de la Déesse-Mère (ou Grande Déesse, ou Terre-Mère) dans cette religion qui, à l'époque historique, nous le restitue sous trois figures : Frigg (épouse d'Ođinn), Freyja et Skađi, lesquelles épuisent ensemble les grandes incidences de ce motif fécond. Il faudrait leur ajouter Jörđ (Terre) et Sól (Soleil, qui est au féminin dans ces langues).

Au total, même présenté à grands traits, ce panthéon apparaît nettement composite. Le seul caractère marquant qu'il semble possible de dégager de cet ensemble un peu baroque, c'est une sorte d'équilibre constamment menacé entre forces antagonistes. Ni la méditation, ni la contemplation, ni, surtout, le lyrisme ne semblent avoir concouru à l'élaboration de la religion. En revanche, le dynamisme, l'énergie président à cet univers, ainsi que je n'ai cessé de le répéter depuis le début de ce livre.

C'est ce qui ressort également d'un examen, même succinct, de l'histoire mythique et des perspectives eschatologiques que nous proposent nos sources. Il existe plusieurs versions de ce motif, la plus belle étant offerte par le joyau de l'*Edda poétique*, la *Völuspá* ou Prophétie de la Voyante. Dans tous les cas, il faut y insister, la bonne marche du monde est altérée et la fin des temps provoquée par une faute de nature juridique : un reniement, un parjure ou une trahison des dieux. Chaque fois, Loki, sous une forme ou sous une autre, tient un rôle majeur et, chaque fois, la Femme (en tant que telle ou sous les traits d'une magicienne) ou un animal femelle (une jument qui n'est autre que Loki métamorphosé) est au centre du drame. Elle s'appelle Gullveig (dont le nom signifie peut-être ivresse d'or) lors de l'affrontement fatal entre Ases et Vanes, dans la *Völuspá*, mais les affabulations peuvent varier considérablement.

Ce geste inexpiable mène à la conflagration apocalyptique que la *Völuspá* dépeint en images grandioses et qui s'appelle Ragnarøkkr, crépuscule des dieux, selon une version ; ou mieux, d'après une lecture plus communément admise et plus satisfaisante, Ragnarök, consommation du destin des Puissances. Le feu et les forces des ténèbres, alliés aux monstres telluriques, aquatiques et souterrains, détruisent le monde visible tandis que les dieux et les hommes s'exterminent. On sait la fortune qu'a donnée à cette fresque dantesque le génie d'un Richard Wagner.

Il importe pourtant de préciser que malgré cela tout n'est pas absolument fini. Cette manière de jugement dernier, ce retour au vide et au chaos, cette vision manichéenne à laquelle on a voulu donner des origines iraniennes ne constituent pas le terme de l'Histoire, car un renouveau succédera à l'Apocalypse. Au pied de l'arbre Yggdrasill, qui n'a pas tout entier disparu dans le cataclysme, un couple humain, Líf (Vie) et Lifþrasir (Vivace), a été merveilleusement épargné. De même, quelques dieux « bons » dont Baldr reviendront. Ce sont eux qui referont et repeupleront un monde libéré du temps et des vicissitudes que nous connaissons. Il faut donc considérer les Ragnarök comme une formidable catharsis. En vérité, on ne saurait affirmer que ce dernier motif ne soit pas né d'influences chrétiennes tardives. Il peut paraître, à première vue, étranger à des mentalités préoccupées surtout de l'ici et du maintenant, mais la *Völuspá* qui nous le rapporte et qui doit dater d'environ l'an mille peut fort bien se fonder sur d'anciennes traditions. Le culte des ancêtres, sur lequel j'ai tant insisté, y trouverait une parfaite illustration, par sublimation.

La magie et le culte des morts

C'est d'ailleurs ce culte des ancêtres qui m'incite à mettre en valeur ce qui est peut-être le caractère dominant de la religion des vikings, l'importance qu'elle donne à la magie, conçue ici comme l'ensemble des opérations pratiques par lesquelles l'exécutant force les Puissances à intervenir, dans quelque but que ce soit, dans le cours naturel des choses. Mythes, rites et légendes : l'observateur ne peut qu'être frappé de l'importance majeure que revêt la magie dans cette religion [42]. Pour ne pas m'engager dans une analyse trop longue et hors de propos ici, j'aimerais donner seulement quelques orientations.

J'ai abordé plus haut (*supra* p. 341) les notions de hamr et de fylgja, qui correspondent à peu près à notre concept d'« âme » [43], pour suggérer qu'ils étaient en corrélation intime, quasi physique, avec le destin. Il existe un troisième vocable, hugr, assez proche de la notion polynésienne de mana (ailleurs, orenda, manitou) ou d'« âme du monde » : une sorte de noosphère, pour parler comme Teilhard de Chardin, qui enveloppe notre monde. Elle peut se manifester à un être humain à la faveur de circonstances particulières (l'intéressé dit alors : voilà ce que me dit le hugr, *svá segir hugr mér*, traduisons : j'ai le pressentiment que...) ; elle peut aussi être sollicitée de force par un individu qui connaît une passe difficile, pour savoir que faire et comment. Disons que hamr et fylgja sont les constituants internes et subjectifs de la vie spirituelle d'un homme, hugr étant plutôt externe et objectif. J'estime que les trois idées sont en relation directe avec les morts, et donc le destin. Hamr est la « forme » qu'ils ont, de manière atavique, donnée à un homme ; fylgja est la figuration de cette forme qui le « suit » ; hugr est cette sorte de grand réservoir occulte, disponible et sollicitable, que constitue l'ensemble de leur « mémoire ». Il existe donc une

42. Pour une étude récente, voir R. Boyer : *le Monde du Double. La magie chez les anciens Scandinaves*, *op. cit.* Comporte *in fine* une bibliographie.

43. Je précise qu'il existe deux autres termes, en plus de hugr, pour traduire le mot : sál, cf. anglais soul ou allemand Seele, emprunt au germanique continental, et önd, proprement souffle, assurément un emprunt chrétien.

constante circulation entre les deux mondes, celui des vivants et celui des morts. La nuance n'a d'ailleurs guère de sens dans cette civilisation. À tout moment, le mort peut intervenir dans l'existence du vivant (en rêve, par exemple, ou par apparition, ou selon tout un jeu de signes et de symboles) pour lui donner un conseil, le rappeler à ses devoirs, le menacer — et c'est alors l'inquiétant personnage du draugr, un revenant doté de toutes nos caractéristiques physiques, le plus souvent maléfique et terriblement difficile à réduire [44]. Inversement, le vif peut susciter le mort pour des fins qu'il juge utiles.

Toute une série de conséquences en découlent. D'abord cette étonnante mobilité, ce pouvoir de métamorphose qui caractérisent les créatures surnaturelles et naturelles : Óđinn et Loki en sont, si l'on peut dire, des spécialistes ; mais un homme peut se transformer en hamrammr, nous disons loup-garou, c'est-à-dire prendre les espèces de son hamr et devenir temporairement loup, taureau, aigle, etc. D'autre part, la magie revient pour l'essentiel à une communication spontanée ou forcée avec les morts qui informent, aident ou condamnent, voire tuent. Comme les morts sont les gardiens du clan, les veilleurs, les gages de sa fertilité-fécondité, la liaison n'est jamais coupée, elle s'incarne dans le prophète (ármađr, spámađr) aussi bien que dans le draugr — plus concrètement, nous l'avons dit, elle détermine le choix du prénom du nouveau-né qui n'est jamais laissé au hasard. Voilà pourquoi les rites funéraires ont une telle importance et revêtent toujours un aspect communautaire et cultuel. Le fameux « reportage » de l'Arabe Ibn Fadlân, déjà plusieurs fois évoqué, est explicite : la femme-esclave qui choisit de se sacrifier pour accompagner son maître dans la mort, dit, au cours de la cérémonie qui précède son exécution et alors qu'on l'élève au-dessus d'une espèce de châssis de porte : « Voilà que je vois mon père et ma mère [...] Voilà que je vois tous mes parents morts, assis [45]. » Pour le reste, les

44. Le modèle en est donné par le personnage de Glámr dans la *Saga de Grettir le Fort*. Bonne étude de C. Lecouteux : *Fantômes et Revenants au Moyen Âge*, Paris, Imago, 1986.

45. Traduit par M. Canard : *le Voyage d'Ibn Fadlân chez les Bulgares*, *op. cit.*, p. 80.

bateaux-tombes, les skibsaetninger, renvoient clairement à l'idée d'un passage ; les pierres dressées (bautasteinar), les stèles runiques ont pour premier objet de commémorer. Nous avons suggéré tout à l'heure que les indispensables rites funéraires (erfiöl, « bière d'héritage » qu'il faut boire après les funérailles), la cérémonie de l'aettleiding ou introduction d'un nouvel héritier dans la famille, les toasts que l'on porte au banquet en mémoire des morts, tout cela tend à maintenir la continuité.

Dans ces conditions, faut-il s'étonner de la place étonnante que tient la magie ? J'oserai dire qu'elle n'est vraiment « magique » qu'à nos yeux. C'est, en fait, une réaction quasi naturelle dont l'étrangeté, à nos yeux, vient du fait qu'elle ressortit à une autre façon de voir le réel.

Ne soyons donc pas surpris devant toutes les formes qu'elle peut prendre et que nous livrent, de façon souvent ingénue, nos textes : chamanique quand il s'agit d'initiation (voyez les *Grímnismál* ou les *Hávamál* de l'*Edda poétique*), d'extase, de migration des âmes ; divinatoire dans le seiðr qui revient, en somme, à arracher des secrets aux morts, peut-être parce qu'ils sont censés avoir communication avec le monde des dieux, éventuellement parce qu'ils sont les dieux. L'Église aura fort à faire pour lutter contre la magie et la sorcellerie : le détail des proscriptions que prodiguent les codes de lois rédigés à l'époque chrétienne est éloquent à cet égard. À la limite, il serait possible de rattacher à la magie la plupart des actes tant soit peu étranges que nous relatent les textes.

Pour conclure cette brève présentation de la religion des vikings (dont on aura pu vérifier qu'elle était parfaitement élaborée, complète et propre à accomplir un être humain), il suffit de considérer les deux termes qui peuvent rendre l'idée de sacré en vieux norois. Le premier est heilagr (*hailagaz), qui renvoie à l'idée de destin, de sort, de chance (heill). Le second est vé (*uihaz, voyez l'allemand Wei/nacht), qui contient la notion de rites, de culte. Le sacré se connaît dans heilagr et s'actualise dans vé. L'un et l'autre sont indispensables et ils s'équilibrent. Il est certain que le viking, homme d'action aimant les valeurs d'action, privilégiait apparemment l'aspect vé. Mais c'était aussi parce que l'aspect heilagr était implicite. La sacralité des morts, des grands morts, des grands ancêtres ne se discute pas. Il reste à la faire valoir par des gestes chargés de sens.

L'éthique

Nous abordons ici un sujet à la fois difficile et capital. Difficile parce que, en soi, l'étude des mœurs dans une culture donnée court toujours un risque d'appropriation ou celui, plus grave encore, d'incompréhension : rien n'est plus aventureux que d'essayer de pénétrer des mentalités éloignées de nous dans le temps et dans l'espace. On peut espérer dégager quelques faits des documents strictement contemporains des vikings dont nous disposons ; si laconiques, fragmentaires et complexes qu'ils soient, ils peuvent cependant renseigner l'observateur attentif. Il en va autrement pour les mentalités et l'éthique ! Nous avons besoin, pour les aborder, de textes longs et circonstanciés, où l'on voit vivre au jour le jour des hommes et des femmes. Or, les seuls de ce genre que nous possédions sont les codes de lois, les poèmes scaldiques et les sagas. Les premiers ont déjà été largement exploités ici ; les deuxièmes appartiennent à un genre trop particulier, trop figé dans ses conventions pour être réellement utiles. Restent les sagas dont j'ai suffisamment répété qu'elles ne sont pas des documents vikings ; elles sont trop récentes, toutes proportions gardées, et trop à l'école de modèles non autochtones. Pourtant, certaines devraient nous intéresser plus que les autres en ce domaine : ce sont les sagas dites de contemporains (samtíđarsögur). Non qu'elles soient plus anciennes (elles datent du XIIIe siècle, certaines, à la rigueur, de la fin du XIIe siècle), mais, comme leur nom l'indique, elles ne s'occupent pas de faits perdus dans un passé plus ou moins lointain, elles établissent la chronique des événements contemporains de leurs auteurs et, surtout, elles mettent plus volontiers en scène le menu peuple, ses comportements, ses façons de voir, ses idéaux. À quelques exceptions près leur cadre est évidemment l'Islande. Mais on peut admettre qu'elles sont plus proches de réalités qui mettent généralement beaucoup de temps à évoluer, et qu'elles ne sont pas nécessairement spécifiques du pays qui les a vues naître. Il s'agit des *Sagas des Évêques* et de la compilation intitulée *Saga des Sturlungar* [46]. Conscient du risque pris, je fais toutefois le pari de croire qu'elles nous donnent une bonne idée de l'éthique des vikings et de leurs descendants.

Première constatation : leurs enseignements recoupent fort bien ceux que l'on peut tirer de l'étude des inscriptions runiques contemporaines des vikings, ou de la lecture attentive du grand texte poétique qui résume apparemment l'éthique des vikings, les *Hávamál* de l'*Edda poétique* [47].

Le sujet est capital, disais-je, puisqu'une bonne connaissance des mentalités vikings devrait corroborer, logiquement, la ligne de réflexion et les approches historiques adoptées depuis le début de ce livre. L'écueil à éviter, ce sont les *a priori* dont tant de chercheurs se sont rendus coupables [48]. C'est pourquoi j'entends ne donner aux remarques qui vont suivre que le caractère d'un essai.

Comme en matière de religion, il nous faut partir de la conception que ces hommes avaient du destin, de leur destin. Nous l'avons ramené au sacré, lui-même relevant du culte des morts et des dieux. Ramenons-le à l'humain et revenons sur l'un des nombreux mots qui signifient destin, et que l'on a déjà cité : gaefa, ce que les Puissances ont donné à un homme pour qu'il fasse de sa vie quelque chose de recevable à ses propres yeux — et donc aux yeux de la collectivité, d'abord familiale, sans laquelle il ne se conçoit pas. La gaefa, c'est le destin en quelque sorte insufflé par les Puissances à la naissance d'un homme, individualisé et pris en charge. Celui qui a su faire fructifier ce dépôt est un gaefumaðr (un homme de gaefa, digne du don qu'on lui a fait), comme Auðunn des fjords de l'ouest (dans le charmant þáttr qui porte son nom [49]) : il a eu la chance (la gaefa, à qui le destin a permis) de capturer un ours blanc, puis l'excellente idée

46. Rappelons que ce sont là les textes qui servent de base à mon étude sur *la Vie religieuse en Islande (1116-1264)*, *op. cit.*

47. Étude d'ensemble par R. Boyer : « La sagesse du Hávamál » dans *Sagesse et Religion*, Paris, PUF, 1979, pp. 211-232.

48. Par exemple C. Van den Toorn : *Ethics and Moral in Icelandic Saga Literature*, Assen, 1955.

49. Traduit par R. Boyer dans *Les Sagas miniatures*, Paris, Les Belles Lettres, 1999, pp. 375-382.

de faire valoir cette aubaine pour se promouvoir auprès des grands de ce monde. S'il n'y est pas parvenu, il est ógaefumaðr (ó- est le préfixe négatif dans cette langue), comme les principaux personnages de la *Saga de Njáll le Brûlé* qui n'ont sans doute pas eu le discernement (la langue dit *vit* : bon sens pratique) nécessaire pour exploiter leur chance au moment voulu. La notion peut être étendue au clan. Nous savons qu'une famille donnée bénéficie d'un destin, d'une part de chance propre, hamingja. Il arrive, en cas de rivalité entre deux clans, qu'il se produise un hamingjaskipti, un changement de hamingja.

Que l'on n'aille pas dire qu'un individu ou une famille peuvent ignorer la capacité de réussite (máttr ok megin) qui leur a été conférée. La tradition, la voix des sages, le tout-puissant regard d'autrui sont là pour en instruire. Et les rêves, qui jouent un rôle si important dans les sagas et les poèmes, sont toujours, d'une manière ou d'une autre, l'expression du destin. Le but de ces divers truchements est de favoriser la lucidité d'un homme à l'égard de ses possibilités. Son second effort sera de s'accepter, ce dont Sigurðr Fáfnisbani donne un exemple héroïque. Le troisième temps, le plus difficile aussi, sera de manifester par des actes ce dont il est capable, c'est-à-dire la façon dont le destin sacré a choisi de s'intéresser à lui. Nous dirions : d'affirmer sa personnalité. D'où cet individualisme farouche, à nos yeux qui ne voient pas qu'il s'agit, en fait, d'une re-connaissance, d'une sorte d'acte d'adoration du sacré vivant en soi. Et pour cela, tous les moyens sont bons. Nous avons là une explication plausible de l'apparente duplicité, de la pratique de la ruse si chère aux vikings comme au plus représentatif de leurs dieux. Il faut parvenir à ses fins ! J'ai noté, à propos d'un colonisateur de l'Islande, Helgi le Maigre, qu'il était blandinn í trúnni, de foi mêlée, tantôt païen, tantôt chrétien, selon les circonstances. Blandinn, c'est bien ce qu'est tout viking, tour à tour pirate ou héros — si possible —, et marchand ou prédateur, le but étant de parvenir à l'affirmation incontestée, à la réalisation de lui-même.

En vérité le problème est ainsi mal posé. Ces grands butors têtus que sont les personnages de sagas ont, pour parler comme Sartre, à se faire ce qu'ils sont : ainsi s'explique l'aberrante (pour nous) querelle indéfiniment poursuivie entre deux grands boendr, þorgils et Haflidi, dans la saga de contemporains qui porte leurs noms (elle figure dans la *Sturlunga saga*). Une saga bien conçue place toujours à point nommé, dans l'histoire de son héros, une épreuve, plus exactement, un skapraun (une mise à l'épreuve de son caractère). En principe, il faut qu'il en triomphe s'il veut être digne de saga (söguligr). Sinon, ce ne sera qu'un auvirdi, une épave. Donc, s'il le faut, utiliser le mensonge, la trahison, la fraude, la manœuvre : vue sous cet angle, la *Sturlunga saga* est un admirable manuel de stratégie politique. Cela n'exclut pas le courage : les vikings n'en manquaient point, on le sait ! Mais cette problématique transcende la notion. La vérité brutale, c'est que l'échec est impossible, on n'a pas le droit de manifester que l'on a eu tort :

> *L'esprit seul peut juger*
> *Ce qui gît près du cœur,*
> *On est seul avec soi (einn er hann sér um sefa) (Hávamál* st. 95*).*

C'est peut-être aussi pour cela, indépendamment des vertus sacrées qui lui sont attachées, que l'appareil de la justice tient une telle place dans la vie de ces hommes, que tout est codifié, rien n'étant laissé au hasard : il faut contraindre l'ensemble de fortes individualités que représente une collectivité nordique à se plier à la loi, à entrer dans un consensus d'intérêts communs. Le but consiste à amener l'individu à reconnaître qu'il a erré ou transgressé. Mais cette reconnaissance est difficile. D'où, paradoxalement, le recours ultime et si fréquent à la force : on renverse un tribunal (hleypa upp dóminum), et l'on voit, comme dans la *Saga de Njáll*, d'interminables et subtiles palabres se conclure par un affrontement physique ! On saisit bien pourquoi : en face de LA loi, il y a MA loi, l'une et l'autre étant sacrées, même si c'est à des degrés divers. L'antinomie est difficile à concilier. Car il faut mourir grand, la renommée dépasse toute autre valeur. Comme le dit en substance un grand bóndi islandais condamné, à juste titre, par un évêque et qui refuse de plier : c'est de moi-même que je prendrai la loi [50].

On peut aborder la question autrement : le péché mignon du viking s'appelle orgueil. *Ráđa vil ek nú at sinni*, c'est moi qui déciderai cette fois, cette notion revient avec constance dans les sagas de contemporains. Tant la peur d'être abaissé, diminué (minnkađr) ronge ces hommes, tant ils chérissent la grandeur, présente et à venir. L'importance de la famille y joue son rôle : il ferait beau voir, dit un personnage, que nous autres descendants de X..., nous pliions devant les gens de Z... Nos textes ne manquent jamais, quand il y a lieu, de préciser avec une morgue souveraine que, dans tel conflit entre M et N, il y avait « grande différence de rang » (mannamunnr). L'intolérance des « hommes d'importance » (singulier mikilmenni) va donc de soi pour le commentateur. « C'était un homme très injuste » (ójafnađarmađr), qui qualifie tant de personnages, n'a rien de péjoratif, au contraire. Entendons qu'il sait faire valoir ses prérogatives, personnelles et familiales. Et s'il faut que ce soit par la force, va pour la force ! Et si c'est en exploitant honteusement (à nos yeux) une flagrante disparité de nombre ou de qualité, va pour la disparité ! Le résultat prime tout. D'autres fois, c'est l'amour immodéré des titres et préséances, l'attention portée à la place où l'on vous fait asseoir au banquet, à la façon dont on vous traite. Car la seule arme vraiment mortelle que connaisse cette société, c'est la critique, la moquerie, la satire. Les lois elles-mêmes y veillaient avec attention. Revenons aux *Hávamál* :

> *Il n'est pire peine*
> *Pour l'homme intelligent*
> *Que de n'être pas content de soi* (strophe 95).

Nous pouvons aussi bien parler d'honneur, de sens intraitable de l'honneur : il entre dans le cercle destin-orgueil-honneur ; c'est une autre manière de caractériser ce que les Anglais appellent *self-consciousness*. Je citais Corneille en note, tout à l'heure : cet honneur rappelle

---

50. On sait que cette phrase est une citation de *la Galerie du Palais* de Corneille, un Normand !

étrangement la notion de « gloire » cornélienne ; c'est la plus haute idée qu'un homme puisse se faire de lui-même, selon les critères caractéristiques de ce milieu et à la condition expresse que cette « gloire » soit connue, reconnue. Retour de la nécessité de la réputation :

Meurent les biens, meurent les parents,
Et toi, tu mourras de même ;
Mais la réputation jamais ne meurt,
Celle que bonne l'on s'est acquise.
Meurent les biens, meurent les parents,
Et toi, tu mourras de même,
Mais je sais une chose qui jamais ne meurt :
Le jugement porté sur chaque mort
(Hávamál, strophes 76-77*).*

Exceptionnellement conscient de son destin, le viking se veut un destin exceptionnel. Il n'y a peut-être pas d'autre explication à l'épanouissement et à la diversification du phénomène dans son ensemble. D'ailleurs, la langue connaît pour le concept d'« honneur » une richesse lexicologique aussi grande que pour « destin ». On peut inverser la problématique : l'honneur, c'est aussi la peur panique du déshonneur, du blâme et de la honte. Cela aussi justifie, si j'ose dire, certains types, peu évidents pour nous, de « déshonneurs », comme de ne pas être estimé autant que l'on prétend le mériter, ou d'obliger un arbitre à jurer qu'il va rendre un verdict sur sa conscience, ou de supporter une insulte sans se venger, voire de ne pas mettre à mort l'adversaire qui est à votre merci : ces deux derniers cas sont si choquants que nous sommes fondés à considérer que les sagas de contemporains qui nous les exposent (soit *Þorgils saga ok Hafliða* et *Hrafns saga Sveinbjarnarsonar*) sont de « fausses » sagas rédigées par des clercs en mal d'exemple.

Je dois évidemment à ce propos en venir à la difficile notion de vengeance, sur laquelle on a tant et si légèrement écrit. J'ai déjà dit que les codes de lois ne nous la donnent jamais pour un devoir, mais, de façon implicite, pour un droit sacré, et j'ai montré pourquoi. Ne pas se venger postule un renoncement à l'idée que l'on se fait de soi-même, c'est-à-dire à cette virtus familiale dont on est le dépositaire et le vecteur. Est-ce pour cela que les femmes, gardiennes traditionnelles de l'honneur du clan, jouent ici un tel rôle ? Je ne m'attarderai pas sur les exemples : celui de la femme qui sert sans commentaires à ses fils des têtes de mouton brûlées pour leur rappeler symboliquement qu'ils n'ont pas encore vengé l'incendie éhonté dans lequel sont morts des membres de leur famille se passe de commentaires. Allons jusqu'à dire qu'il y a une sorte de nécessité absolue de se venger : le rire, si rare dans les sagas, est toujours signe que l'on va se venger à coup sûr ou qu'on vient de le faire. Car la vengeance peut attendre des années, cela n'a pas d'importance, malgré le proverbe *blóðnaetr eru hverjum bráðastar* (intraduisible, le sens approximatif étant que le désir de se venger est le plus vif le jour même où a été commis le forfait). On a des exemples de vengeances qui attendent des décennies, voire une ou deux générations, avant d'être perpétrées. Et d'autres où, contre tout sentiment personnel d'affection, un chef fait exécuter son pupille et neveu parce que le frère de celui-ci l'a, à son sens, offensé : *þú skalt deyja* ! il faut que tu meures !

Destin-honneur-vengeance : c'est sur ce triple pivot que se développe la subtile dialectique de la soif d'indépendance et du sens collectif. Nous avons suffisamment souligné que les conditions historiques, religieuses, juridiques, culturelles, mais aussi climatiques, contraignaient ces hommes et ces femmes à la collectivité. « L'homme est la joie de l'homme », disent encore les *Hávamál*. Mais le besoin d'indépendance existe, il consiste à affirmer sa personnalité au sein même de la collectivité — dont nous avons vu d'ailleurs qu'elle constitue un relais obligé. L'exemple islandais dans son ensemble est clair sur ce point : l'île était, par définition, étroitement dépendante de la Norvège, à la fois par son commerce et par ses institutions. Elle n'a cependant cessé de développer une physionomie tout à fait originale. Cela ne veut pas dire, comme on l'a fait si souvent, que le viking tient à être *primus inter pares* ; simplement, il lui faut une collectivité pour lui permettre de s'affirmer, sans arrière-pensée de supériorité. D'où cette longue répugnance à passer à la monarchie absolue, à laquelle le Nord n'accède que vers l'an mille, et non sans de fortes réticences. Il convient de citer à ce propos la fière réponse d'Einarr Þveraeingr l'Islandais lorsque le roi de Norvège sollicita les gens de l'île de lui donner le petit îlot de Grímsey, avec l'arrière-pensée d'obtenir un jour la soumission de tout le pays :

> ... s'il faut que je dise mon opinion, je crois que le mieux serait pour les gens de ce pays de ne pas se soumettre à verser des tributs au roi Óláfr ou toutes autres redevances qu'il impose aux gens de Norvège. Ce n'est pas seulement à nous que nous allons imposer cette tyrannie, mais à nos fils aussi et à toutes nos familles qui habitent ce pays. Ce roi a beau, comme je crois qu'il l'est, être un excellent homme, il en ira désormais comme cela s'est passé jusqu'ici : lorsqu'il y a changement de rois, ils ne sont pas tous semblables, les uns sont bons, les autres, mauvais. Mais si les gens de ce pays veulent avoir leur liberté, celle qu'ils ont eue depuis que ce pays a été habité, il ne faut donner aucune prise au roi ni en lui conférant la propriété de terres ni en versant désormais des redevances fixes qui pourraient être tenues pour contraignantes. En revanche, je déclare bienvenu que ceux qui le veulent envoient au roi des présents amicaux, faucons ou chevaux, tentes ou voiles ou toutes autres choses dignes d'être offertes. Ce sera fort bien fait si l'on en retire amitié. Pour Grimsey, il faut dire que si l'on n'en ôte pas les choses qui peuvent tenir lieu de vivres, on pourra y nourrir une armée. Et s'il s'y trouve une armée étrangère qui en part sur de longs bateaux, je pense que beaucoup de petits paysans vont trouver leur condition rude [51].

Revenons à la famille, cette petite collectivité qui est la condition *sine qua non* de l'épanouissement d'un individu. Sa force coercitive est si évidente que la langue dispose d'un seul mot, skyldr, pour dire « apparenté à » et « tenu de ». La famille prend en charge chacun de ses membres, de la naissance à la mort, elle est le relais obligé de tous ses actes importants. On trouve, dans *Þorgils saga ok Haflida*, un voyou que tout le monde réprouve pour sa mauvaise conduite, mais que son oncle défend contre vents et marées, *fyrir fraendsemi sakir*, pour des raisons de parenté. Et voyez la richesse du lexique

51. Figure au chapitre 125 de la *Saga de saint Óláfr*, traduction française de R. Boyer, *op. cit.*, p. 151.

pour signifier qu'un homme est grand ou puissant par sa famille : aettstórr, fraendríkr, fraendmargr, fraendstórr.

Cela entraîne une autre conséquence : la division de la société en amis (alliés, parentèle, affidés) et ennemis. La neutralité est intenable. Une strophe particulièrement élaborée des *Hávamál* dit bien que l'on doit être l'ami de son ami, mais qu'il ne faut pas être l'ami de son ennemi [52]. La liberté totale, réduite au concept, n'existe donc pas. Une fois de plus, nous butons sur des collectivités contraignantes : la famille, mais aussi les milieux d'affaires (félag, gildi) et même des institutions de caractère magique ou sacré comme les fraternités jurées (fóstbroedralag). Il nous faut mettre en relief cet aspect fort sympathique de la société : l'amitié, obligée ou non, c'est-à-dire réellement élective ou dictée par toutes sortes de considérations. Citons à ce propos l'admirable strophe 50 des *Hávamál* :

Dépérit le jeune pin
Qui se dresse en lieu sans abri :
Ne l'abritent écorce ni aiguilles ;
Ainsi l'homme
Que n'aime personne :
Pourquoi vivrait-il longtemps ?

Il nous fallait mettre l'accent sur cette dialectique fondamentale qui sous-tend et explique l'éthique des Scandinaves à l'époque viking. Cela ne veut pas dire que le sujet en soit pour autant épuisé. Il reste à examiner deux caractéristiques constitutives du tempérament nordique et que justifie, plus encore que le contexte socioculturel, le milieu ethno-géographique, dur, froid et sombre, et qui ne saurait porter à l'hédonisme, au dilettantisme ni au laisser-aller. Il s'agit du réalisme et de la passion des biens matériels.

Réalisme ou matérialisme dans la conduite pratique de la vie courante : c'est là un aspect qui frappe immédiatement à la lecture des sagas. La sagesse populaire l'emporte toujours sur les grands sentiments. Pas de brillantes théories, une absence totale de grandiloquence, une défiance marquée vis-à-vis du pathos (qui, lorsqu'il se

52. Strophe 43.

manifeste, atteint des dimensions d'un tragique insoutenable, comme dans l'extraordinaire scène de la mort de Bergþóra et de Njáll, dans la saga de ce dernier, au chapitre 129). L'accent est mis sur l'impartialité, vraie ou feinte, l'indifférence affectée, ce que l'on appelle prétendument l'objectivité des sagnamenn. Le comble de la passion amoureuse se note de manière laconique : *hón var hánum kaer*, littéralement : elle lui était chère. Ce n'est pas que la profondeur et l'intensité ne soient pas au rendez-vous. Mais elles ne s'expriment ni par des mots ni par des attitudes, elles se traduisent toujours par des actes. Ce que nous glanons en abondance dans ces textes, en revanche, relève du bon sens, de la sagesse pratique : « Détestables, les oiseaux qui font dans leur nid », « Petite touffe d'herbe renverse lourd chariot », « Pas moyen d'entrer dans un lac sans se mouiller », « mur proche du mur qui flambe brûle », etc. Les grandes vérités premières à caractère transcendant et abstrait ne donnent pas lieu à des maximes grandiloquentes, mais à des locutions immédiatement accessibles qui trahissent le berger (« Je reconnais ma marque là-dessus »), le marin (« le bon vent ne manque pas » pour : l'occasion est propice), le montagnard (« être coincé dans la faille » pour : être pris entre deux feux), le maquignon (« seller la malchance par la bêtise »), le pêcheur (« cette saga a longtemps séjourné dans le sel » : son élaboration a pris du temps), le guerrier (ce que nous nommons vulgairement « les grosses légumes » se dit « les cous dorés »), etc.

C'est cette expérience sans complaisance de la vie rude au jour le jour qui constitue l'aspect fondamental de ces mentalités : la prudence et la méfiance. Relisons avec attention la première longue partie des *Hávamál*. En substance : si tu entres quelque part, surveille bien toutes les issues ; ne bois pas trop, tu risques de dire des sottises que tu regretteras ; ne mange pas trop, on va croire que tu es affamé ; ne te sépare jamais de tes armes, il peut toujours y avoir un ennemi dans le voisinage ; évite de trop parler : ainsi, on ne se moquera pas de toi. Bref, ne sois jamais en défaut — la minutie de la législation repose d'ailleurs sur les mêmes bases. L'imprudence, l'ignorance des conséquences éventuelles de nos actes sont toujours méprisées, y compris de celui qui en est la victime. Un cas extrême est fourni par un personnage d'*Íslendinga saga* (chapitre 171, dans la *Sturlunga Saga*), qui se sait en position d'infériorité, et donc vulnérable ; transpercé d'un coup d'épée dans son lit, il s'exclame : *Slíks var at ván*, il fallait s'y attendre, et meurt. On comprend, dès lors, le trésor de précautions dont s'entourent tous les actes de la vie publique : processus de trêve (griđ), prise généralisée de témoins même pour les opérations les plus banales, serment à douze, jurys nombreux, etc. Car même ainsi, on n'est jamais à l'abri d'un malentendu ni d'une duplicité. C'est pourquoi l'art de l'équivoque est poussé très loin (comme dans la *Saga de Glúmr le Meurtrier* où le héros prononce un serment que l'on peut comprendre dans deux sens radicalement opposés), ainsi que la pratique étonnamment moderne de dialogues où les interlocuteurs ne répondent jamais de façon directe à la question posée. C'est ce même réalisme qui pousse à l'élimination de toute hyperbole — nous en avons eu un exemple dans l'examen attentif et quasi classificatoire des blessures pour une évaluation objective des sanctions. Voyez encore le choix des surnoms, très répandus, où l'on porte en guise de « nom de famille » le prénom de son père (X fils de Z). Rien d'exalté ni de dithyrambique, pas de cœur-de-lion, de trompe-la-mort ni de va-de-bon-cœur. Mais des constatations objectives : brattr (impulsif), digri (gros), beiskr (amer), svefn (endormi), dritloki (vidangeur !), baulufótr (pied de vache), bríkarnef (au nez carré comme une tablette), snúinbrynja (tourne-broigne !) et même Einarr brúđr (la fiancée !), etc.

Cela nous vaut évidemment une atmosphère où la fantaisie, une certaine joie de vivre — à notre échelle, bien entendu — semblent manquer, tout comme un certain plaisir de l'imagination, si cher au Latin. L'impression immédiate est celle d'un monde sec, froid, dur, parfois noir, où rien de ce qui est essentiel n'est directement dit. On y lit certes moins le bonheur d'exister que l'ardeur à ne pas perdre la face, ce qui peut conférer à ces textes quelque chose d'aigre et de grinçant. Cependant, ne nous hâtons pas d'en tirer des conclusions. Ce que cet univers pourrait avoir d'étouffant se trouve racheté par la pratique courante de ce type d'humour auquel les Anglais donnent le nom d'*understatement*. L'exemple obligé est ce dialogue entre un jeune bóndi prétentieux et un vieux chef qui tolère mal les écarts de conduite du jeune arrogant :

Lorsque les tables furent enlevées, Ófeigr [le vieux chef] posa son poing sur la table et dit : « Que te semble de ce poing, Guđmundr [le jeune présomptueux qui s'est assis à la place d'honneur au lieu de la céder à Ófeigr] ? »
Guđmundr dit : « Il est très gros, certes. »
Ófeigr dit. « Crois-tu qu'il y ait de la force dedans ? »
Guđmundr dit : « Sûrement. »
Ófeigr dit : « Crois-tu qu'il pourrait assener un grand coup ? »
Guđmundr dit : « Terriblement ! »
Ófeigr dit : « Quelles sortes de dégâts crois-tu qu'il en résulterait ? »
Guđmundr dit : « Des os fracassés, ou la mort. »
Ófeigr dit : « Que penses-tu que serait une mort comme celle-là ? »
Guđmundr dit : « Bien mauvaise, et ce n'est pas celle que j'aimerais recevoir. »
Ófeigr dit : « Alors, ne t'assois pas à ma place ! »
« D'accord », dit Guđmundr — et il s'assit de l'autre côté.

Ou encore ces remarques d'un homme que la femme, Þorbjörg, de son rival vient de chercher à frapper traîtreusement d'un coup de couteau : « Les femmes ont toutes sortes de façons de rechercher l'amour, et notre amitié, à Þorbjörg et à moi, a longtemps été grande. » Humour plutôt qu'ironie, on le voit : cela ressortit à une vision réaliste des choses plutôt qu'à leur interprétation rationnelle.

Vision pragmatique qui dicte aussi cette passion de l'argent — non peut-être en soi, mais pour ce qu'il procure, la question mériterait discussion —, sans aucun doute le premier mobile des vikings.

Ici, le procès est facile à instruire. Pêle-mêle : faire du commerce, mais aussi marier correctement ses filles, intenter des actions en justice, s'en aller en expédition viking, tout vise le même but : gagner de l'argent. Même une décision comme celle de Njáll — créer une cour d'appel suprême (fimmtardómr) qui jugera en dernier ressort et sans recours des causes demeurées litigieuses — se révèle, à l'examen, intéressée : il s'agissait de parvenir à faire instituer un nouveau goðorð pour son fils adoptif, Höskuldr. C'est certainement ce qui explique l'amour de ces hommes pour la chicane, un procès se concluant à peu près toujours par un bénéfice appréciable. Le gagnant l'emporte en somme sur les deux plans : son honneur s'en accroît, et sa fortune également. La cupidité reste le maître mot des expéditions vikings, qu'il s'agisse d'acquérir des biens — aux moindres frais, d'où la propension à s'en prendre à des lieux riches et sans défense : monastères, abbayes, villes ouvertes, etc. —, ou de s'installer en des lieux prospères à des fins lucratives. Nous avons vu que c'est toujours à partir de riches places marchandes (Dublin, Rouen) ou de comptoirs fréquentés par les commerçants itinérants (Russie), ou encore de territoires vierges aux belles espérances d'exploitation (Islande) que se font les colonisations. La langue dispose d'un adjectif éloquent : fésjúkr, littéralement : malade d'argent ! Les sagas nous proposent une belle collection d'avares, au premier rang desquels il faut placer le grand chef et écrivain Snorri Sturluson que sa cupidité finira par mener à sa perte. Apprécions l'humour de ce passage d'une saga où un homme en train de compter son argent est surpris par son ennemi qui le décapite : la tête dit « dix » en tombant. Ou ce bóndi qui veut faire un don à l'église. On lui propose de laisser vingt moutons : « Ah non ! pas tant ! » Les cas de corruption des juges sont même prévus par la loi et l'on ne sait s'il faut rire ou s'irriter du traitement réservé aux ómagi, ces indigents confiés à la charge de la collectivité, que l'on essaie par tous les moyens de se repasser de ferme en ferme, l'essentiel étant de savoir comment s'en débarrasser !

J'ai tenu à présenter l'éthique des vikings sous ses deux aspects contrastés, comme s'il était dit que, dans leur univers mental, toutes choses s'organisaient en deux blocs antagonistes (on l'a vu à propos des dieux), la recherche d'un équilibre entre des forces ou tendances opposées m'apparaissant comme leur caractéristique la plus évidente. Car il ne faudrait pas conclure des pages qui précèdent à un dénigrement systématique de ma part. Ces hommes et ces femmes avaient aussi la qualité de leurs défauts : l'énergie et le dynamisme, l'audace et la hardiesse quand il le fallait, un caractère trempé étant indispensable à ces navigateurs aventureux, mais aussi une lucidité sans complaisance, un sens de la dignité personnelle, et un pragmatisme propre à favoriser cette remarquable faculté d'adaptation que nous avons soulignée tant de fois. Mais il est clair que, chez eux, *animus* l'emportait sur *anima*.

On peut considérer le sujet sous un autre aspect : il y a chez eux un évident respect de la complexité de la personne humaine, doublé d'une sorte de détermination à ne pas pousser trop loin l'analyse. Ce sont des gens qui ne voient que ce qu'ils voient, un peu platement et, à coup sûr, sans complaisance, et qui vivent plutôt au ras des choses et des faits. Ils m'ont toujours rappelé une formule de Robbe-Grillet, qu'il croyait sans doute révolutionnaire : « Les choses sont les choses, et l'homme n'est que l'homme » !

La vie intellectuelle. Regards sur les lettres et les arts

Le mot « regards » qui figure dans le sous-titre doit être pris au pied de la lettre. Il n'est pas question de présenter ici l'ensemble de la production de la Scandinavie au Moyen Âge — une des plus riches de l'époque [53]. On se rappelle aussi que, dans la majorité des cas, les textes dont nous disposons, notamment les textes en prose, ont été composés à une époque postérieure d'un siècle au moins à l'époque viking.

C'est pourquoi cet essai voudrait porter sur des textes qui étaient vraisemblablement connus des vikings et constituaient donc leur « littérature ». Évidemment, sauf exceptions, nous ne les connaissons que dans des rédactions qui remontent à l'ère chrétienne, leur composition étant l'œuvre de clercs. Se pose alors non seulement la délicate question des influences chrétiennes (et, par l'intermédiaire de celles-ci, classiques) qu'ils ont subies [54], mais aussi le difficile problème de la tradition orale qui a pu préexister.

---

53. On s'en fera une idée en lisant le numéro spécial de la revue *Europe* de mars 1983, « Littérature islandaise », n° 647.

54. Le problème est étudié en détail dans R. Boyer : *les Sagas islandaises*, *op. cit.*, chapitres 3 et 4.

Les nombreuses recherches menées sur ce sujet reposent sur trop de conjectures pour emporter l'adhésion. Du témoignage de Tacite, aux inscriptions runiques, nous sommes assurés de l'existence d'une très ancienne littérature, de caractère technique avant tout, voire magique : formulations archaïques de certains passages des codes de lois, généalogies, formules de conjuration, etc., relèvent de cette analyse. Elles prouvent, à leur façon, que les vikings, hommes d'action peu enclins au lyrisme, à la fois prisaient la difficulté technique et évoluaient dans un univers plus ou moins ésotérique et magique. Je passerai donc rapidement en revue les monuments les plus anciens, puis la poésie eddique, enfin la poésie scaldique.

Les monuments les plus anciens (poèmes ou inscriptions runiques, fragments de lois, généalogies), déjà examinés à d'autres égards, notamment pour leur valeur historique, seront cette fois envisagés selon un point de vue strictement littéraire. Rappelons qu'ils fournissent quantité d'indications précieuses sur les expéditions vikings à l'ouest comme à l'est, sur les détails de la vie quotidienne, la politique ou la législation. Nous savons aussi qu'il n'en existe pratiquement pas en provenance d'Islande, mais un certain nombre viennent du Danemark et beaucoup de Norvège et de Suède. Au-delà des formulations banales du type : « X a érigé cette pierre à la mémoire de Z qui a fait ceci ou cela », certaines ont une forme élaborée qui donne à entendre que les lois poétiques dont nous allons parler remontent fort avant dans le temps.

Ainsi de la pierre d'Ivla, en Småland (Suède), qui brosse le portrait du « bon » bóndi : elle est destinée à un certain Sveinn :

mildan viđ sinna	clément envers les siens
ok matar go đan,	et généreux sur la nourriture,
í orđlofi	en grande estime
allra miklu	auprès de tous

Nous y décelons le principe fondamental de l'allitération (*m*ildan, *m*atar ; *o*rđlofi, *a*llra [toutes les voyelles allitèrent indifféremment entre elles]) et un certain décompte des syllabes (5 ou 4) et des accents (deux par ligne). Confrontons avec la célèbre pierre de Karlevi (Öland, Suède, Xe siècle), qui comporte une strophe complète en dróttkvaett selon toutes les lois du genre. Elle s'adresse à un chef, Sibbi :

Folginn liggr, hinns's fylgđu
— Flestr vissi þat — mestar
Daeđir, dolga þrúđar
Draugr í þeimsi haugi.
Munat reiđ-Viđurr ráđa
Rógstarkr í Danmarku
Aendils iarmungrundar
Ørgrandari landi.

Caché gît celui-là — la plupart le savent —
Qu'accompagnaient les plus grands exploits,
L'arbre de la þrúđr du combat [= le guerrier]
Sous ce tertre.
Jamais, plus loyal dieu martial
Du sol puissant du roi de mer [= guerrier]
Ne gouverna le territoire des Danes.

Lois de l'allitération et de la résolution (alternance des longues et des brèves), retours internes de graphies, accentuation, emploi de heiti et de kenningar, bouleversement de la syntaxe : nous avons là un parfait modèle de mètre scaldique. On ajoutera la concision, l'élargissement du champ de vision sémantique par le choix des périphrases retenues qui associent les domaines naturel, divin, mythique et proprement viking (le roi de mer) à un idéal viril sans brutalité puisque tempéré par la sophistication extrême de la formulation. Ailleurs, dans l'inscription de Skarpåker (Södermanland, Suède), nous sommes à peine surpris de trouver, hors contexte, un vers eddique (il figure aussi dans la *Völuspá* de l'*Edda poétique*) :

Gunnarr reisti stein þessi at Lyđbjörn, son sin : jörđ skal rifna ok upphiminn.

Gunnarr érigea cette pierre [à la mémoire de] Lyđbjörn, son fils : la terre s'ouvrira ainsi que le ciel suprême.

Nous ne pouvons manquer d'évoquer la magnifique pierre de Rök (Östergötland, Suède, IXe siècle), dont le contenu ne cesse de défier la sagacité des chercheurs. C'est peut-être, après l'*in memoriam* d'usage, une sorte de catalogue rapide de héros, dont þjóđrekr, sans doute le fameux roi ostrogot Théodoric le Grand :

Réđ þjóđrekr
Hinn þurmođi,
Stillir flutna
Strandu HraiđmaraR.
Sitir nú garur
Á guta sínum
Skjaldi umbfatlađr,
Skati Maeringa.

þjóđrekr le hardi gouvernait,
Le chef des guerriers sur la rive de la mer des Gots.
Le voici maintenant siégeant sur son palefroi,
Ceint de son bouclier, le chef des Maeringar.

Les mêmes qualités formelles, quoique plus simples, existent dans certains textes de lois, à des fins mnémotechniques vraisemblablement. Nous savons que les versions écrites de ces textes datent de l'époque chrétienne et sortent donc du cadre de notre étude, mais tout donne à penser que certaines formulations sont bien antérieures à leur consignation. Nous connaissons leur minutie : leur allure injonctive et leur forme allitérée ne pouvaient que faciliter leur mémorisation. Citons par exemple, et parce qu'elle a une forme poétique, la célèbre Formule de Trêve (Griđamál ou Tryggđamál) qui nous est donnée par le *Grágás* (code de lois islandais du XIIe siècle au plus tôt), mais dont les énoncés pourraient avoir une réelle antiquité. En voici quelques extraits :

Sakar váru á milli þeira N ok M, en nú eru þaer settar ok fé boettar (litiges ont eu lieu entre Tel et Tel, mais les voici réglés et par l'argent compensés)

sem metendr mátu	Comme les mesureurs l'ont mesuré
ok teljendr tölđu	et les compteurs, compté,
ok dómr doemđi	et le jugement, jugé
ok þiggjendr þágu [...]	et les recevants, reçu [...]

þið skuluð vera menn	Vous devez être hommes
sáttir ok samvaerir	réconciliés et vivant en paix,
at öldri ok at áti,	aux beuveries et aux banquets,
á þingi ok á þjóðstefna	aux þings et aux réunions
[...]	publiques [...]
þið skuluð deila	Vous devez partager
kníf ok kjötstykki [...]	couteaux et quartiers de viande [...]
sem fraendr, en eigi sem fjándr	comme parents mais non ennemis [...]
(Ef sakar gørask síðan á milli þeira annat en þat, er vel er, þat)	(Si ensuite interviennent entre vous des affaires autres que ce qu'il sied, cela)
skal fé boeta,	doit par l'argent être compensé
en eigi flein rjóða.	mais non par la flèche ensanglanté.
En sá ykkar	Mais celui de vous deux
er gengr á görvar sáttir	qui viole les accords passés
eða vegr á veittar tryggðir	et faut à la foi jurée,
þá skal hann	Qu'il soit
svá viða vargr	chassé et traqué
raekr ok rekinn	aussi universellement
sem menn víðast	que l'on chasse
vargs reka [...]	partout le loup
eldr upp brennr	que le feu flambe,
jörð groer,	que la terre fructifie,
mögr möður kallar	le fils appelle sa mère
ok móðir mög foeðir,	et la mère nourrit son fils,
aldir elda kynda,	les hommes allument le feu,
skip skriðr,	le bateau glisse,
skildir blíkja,	les écus scintillent,
sól skinn,	le soleil luit,
snae leggr,	la neige s'étend,
Fiðr skríðr,	Le Same patine,
fura vex,	le pin pousse,
valr flygr [etc.]	le faucon vole [etc.]

Quant aux généalogies (aettartölur, aettvísur) que l'on doit pouvoir énoncer pour justifier sa dignité d'homme libre, elles ont certainement donné lieu, toujours pour des raisons mnémotechniques que favorisait le principe allitéré à l'initiale des prénoms (Sigi a pour fils Siggeirr qui engendre Sigurðr, etc.), à des sortes de listes de caractère quasi litanique (cela s'appelle, quand il s'agit d'autres types d'énumérations, þulur, singulier þula) dont proviendront de grands poèmes comme l'*Ynglingatal* de Þjóðólfr des Hvínir ou le *Háleygjatal* d'Eyvindr Finnsson skáldaspillir, déjà mentionnés. Nous savons le caractère sacré de la famille : il n'est donc pas étonnant de trouver de telles listes dans de grands poèmes eddiques comme le *Hyndluljóð* ou le *Gróttasöngr* de l'*Edda poétique*. Nous avons déjà signalé que, par essence, le genre même de la saga — une sorte de développement en prose de généalogies — peut fort bien être issu de ces récapitulations.

Cela nous fournit une transition commode pour aborder les *Eddas*. Ou plutôt l'*Edda poétique* puisque l'autre, celle de Snorri Sturluson, dite en prose, date d'environ 1220 et, même si elle cite force poèmes plus anciens, n'est décidément plus « viking ». Elle ne nous intéresse que par certains de ses textes et aussi par l'élucidation qu'elle propose des techniques (mètres, figures, etc.) sans lesquelles le genre eddique et la scaldique, tous deux étroitement apparentés, n'existeraient pas.

L'*Edda poétique*, ou ancienne, ou dite, à tort, de Saemundr, fut découverte en 1643 par l'évêque Brynjólfur Sveinsson de Skálaholt. Le prélat l'offrit au roi de Danemark, d'où le nom de Codex Regius attaché au manuscrit : il vient d'être restitué à l'Islande par les Danois avec l'ensemble des manuscrits islandais détenus à Copenhague [55]. L'ouvrage remonte à un original du XIIe siècle, rassemblant lui-même des poèmes dont certains sont assurément anciens (il en est qui peuvent remonter aux VIIe et VIIIe siècles), tout ou partie. On leur adjoint, pour des raisons de similitudes de forme ou de contenu, des textes apparentés préservés dans des sagas ou ailleurs — les prétendues *Eddica minora et apocryphica*. Ce serait le cas de la *þula des*

55. Ces manuscrits avaient été passionnément collectés par le savant islandais, établi au Danemark, Árni Magnússon (1663-1730), qui les avait entreposés à Copenhague et auquel nous devons de ne pas les avoir définitivement perdus. Pour une affabulation émouvante, de type patriotique, lire le roman de Halldór Laxness : *la Cloche d'Islande*, Paris, Aubier, 1979, trad. R. Boyer. Rééd. Flammarion, 1991.

Gots contenue dans la *Hervarar saga* ou du *Darraðarljóð* cité à la fin de *Njáls saga*.

L'*Edda poétique*, *stricto sensu*, comprend une quarantaine de poèmes dont nous ignorons les auteurs, les dates et les lieux de composition [56]. Un petit nombre de points de repère autorisent à penser que certains sont anciens (*Hamðismál*), d'autres exactement contemporains des vikings (*Hávamál*, en partie, *Völuspá*) ; mais beaucoup ont été refaits ou carrément inventés (*Þrymskviða*) pour les besoins, sans doute, de la rédaction du Codex Regius dans sa version initiale. Mêmes incertitudes sur les lieux d'origine, bien que la Norvège semble s'imposer statistiquement ; mais le cycle héroïque pourrait être danois (voire germanique continental, avec adaptations), l'*Atlakviða* et l'*Atlamál* sont réputés groenlandais (comprenons alors qu'ils auraient été composés en Groenland par des Islandais ; la chose, toutefois, paraît hautement improbable), la *Völuspá* est probablement islandaise, la *Rígsþula* pourrait être d'origine celtique, la *Völundarkviða* relève d'un fonds pan indo-européen, tout comme la *För Skírnis*. Au demeurant, le genre eddique a fleuri dans l'ensemble de l'aire d'expansion viking, le cycle héroïque appartenant, de près ou de loin, à toute la Germania, avec une coloration nettement gotique (pour l'*Atlakviða*, le *Hamðismál*, et aussi pour la *Hlöðskviðá* préservée dans la *Hervarar saga*) ou lombarde (*Grímnismál*), voire burgonde (pour les poèmes réservés à Sigurðr, Gunnarr et Guðrún). L'ensemble des poèmes eddiques traduit pourtant une mentalité germanique, plus précisément sous son acception scandinave (« viking ») : l'action en est la loi, la forme est d'une élaboration poussée, la magie y tient une place importante.

Il convient de s'attarder, puisque c'est l'originalité première de ces poèmes, sur les techniques d'un raffinement remarquable, et apparentées à celles du travail sur bois, métal, cuir, etc., provenant de la même culture. Je répète qu'il n'y a pas de différence fondamentale entre le mètre

56. Là encore, la bibliographie est considérable. Voir C.J. Clover et J. Lindow : *Old Norse-Icelandic Literature. A Critical Guide*, *op. cit.*, le chapitre « Eddic poetry », pp. 68 et sq. L'*Edda poétique* est intégralement traduite en français dans *L'Edda poétique*, *op. cit.*

eddique et le mètre scaldique, ce dernier ne faisant que raffiner le précédent. Les distinctions tiennent plutôt aux sujets traités, à leur destination et à leur esprit : la poésie scaldique est personnelle — alors que l'eddique est anonyme —, elle ne s'intéresse pas directement aux grands mythes religieux ni héroïques et elle obéit à des règles de facture plus strictes et plus complexes. Mais il est évident que l'on doit appeler scalde aussi bien l'auteur, inconnu, de la *Völuspá*, que celui, connu — il s'appelle Sigvatr þórđarson —, des *Bersöglisvísur*.

Nous avons déjà recensé, à propos des poèmes runiques, les grandes règles de la poésie eddique et scaldique : accentuation (et donc alternance des temps forts et des temps faibles), résolution, c'est-à-dire combinaison des syllabes longues et courtes, et surtout allitération. Le but consiste à narrer — en ce qui concerne l'eddique — avec un laconisme extrême, souvent proche de l'obscurité, des faits et gestes dignes de mémoire : à quoi contribuent les caractères techniques qui viennent d'être énumérés, tous de nature mnémotechnique. J'ai déjà dit que cela pourrait justifier des origines orales, dont nous ne savons cependant rien.

Par principe, un poème est une collection de strophes (vísur, singulier vísa) dont chacune consiste en une série de lignes, ou plus exactement d'unités de rythme et de sens, liées deux à deux par quatre accents ou temps forts et, surtout, par une allitération, consonantique ou vocalique, à trois termes dont la « clef » est donnée par l'initiale de la sonorité accentuée du premier temps fort de chaque ligne paire, laquelle se trouve donc annoncée deux fois dans la ligne impaire qui précède. Soit :

Hrauzk ór hervádum,
Hratt á völl brynju

(les allitérations sont en h, la « clef » est sur hratt)

Il jaillit de son armure,
Rejeta sur la plaine sa broigne.

Il peut s'y ajouter une « rime » interne (innrím, qui n'a rien à voir avec ce que nous entendons par rime), c'est-à-dire un retour de graphie à l'intérieur de chaque ligne, la « clef » en étant fournie par la dernière syllabe accentuée de la ligne. Ainsi (l'innrím est notée en lettres majuscules).

Gl UMD i á gjálfrtÖMD um
GESTils skeiđhESTum
ELDr of allvALDi
AEGis nafnfrAEGjum.

Clapotait sur le vacarme des vagues
Le courrier de Gestil [= le bateau]
Le feu du tout-puissant
Aegir le renommé.

Tel est le « mètre des chants antiques » (fornyrđislag). Il admet plusieurs variantes, málaháttr (mode des « dits »), ljóđaháttr (mode des lais), galdralag (mètre des incantations magiques), selon que l'on compte, ou non, le nombre des syllabes, que l'on combine les mètres, que l'on répète le dernier vers, etc. Snorri, dans son *Edda en prose*, recensera, en donnant un exemple de chacun, une bonne centaine de mètres scaldiques différents !

Pour le vocabulaire, la poésie eddique admet déjà ce qui deviendra la norme en poésie scaldique : on ne doit pas appeler les êtres et les choses par leur nom, mais leur substituer des sortes de synonymes ou de désignations métonymiques, dits heiti (« hurleur » pour vent, « tilleul » pour bouclier qui est souvent fait de ce bois), ou des périphrases bâties, à partir de métaphores, sur deux termes reliés par un génitif, les kenningar (singulier kenning : le cheval de la mer pour bateau, le meneur du cheval de la mer pour timonier, etc. ; on peut aller ainsi jusqu'à six ou sept termes). Il est possible que heiti et kenningar aient une origine sacrée et relèvent du tabou verbal.

Enfin, cette langue étant riche de formes infléchies (déclinaisons, conjugaisons) immédiatement identifiables, la syntaxe est très libre et l'ordre des mots, laissé plus ou moins au choix de l'auteur. Là encore, cette règle vaut beaucoup plus pour la poésie scaldique que pour l'eddique qui, pourtant, ne l'ignore pas.

Décrivons maintenant, en quelques lignes, les textes que contient l'*Edda poétique*. Ils se laissent ranger d'eux-mêmes en deux catégories : les poèmes mythologiques et les poèmes héroïques. On peut répartir les premiers selon le dieu qu'ils mettent en scène. À Ódinn sont réservés les Dits du Très-Haut *(Hávamál)*, long poème en plusieurs parties hétéroclites que nous avons beaucoup sollicité plus haut ; les Dits de Vafþrúdnir (c'est un géant dépositaire comme ses congénères du savoir primitif, *Vafþrúdnismál*) et les Dits de Grímnir (*Grímnismál*, un poème initiatique qui rappelle les épreuves qu'a dû subir Ódinn pour obtenir la science suprême et la diffuser). Þórr patronne le Lai de Hárbardr (un combat d'insultes dans la meilleure tradition indo-européenne, où Þórr et Ódinn vantent quelques-uns de leurs exploits réciproques), le Chant de Hymir (*Hymiskvida* qui rapporte de quelle façon Þórr est allé reprendre le chaudron à brasser la bière sacrée des Ases et comment il a manqué de peu occire le Grand Serpent de Midgardr), les Dits d'Alvíss (Þórr arrache au nain Alvíss — Très-Savant — tout un catalogue de heiti) et le Chant de Þrymr (*Þrymskvida* qui nous relate de quelle façon grotesque — il a dû se déguiser en femme ! — Þórr a fini par récupérer son marteau que lui avait volé le géant Þrymr). Loki est le protagoniste des Sarcasmes de Loki (*Lokasenna*, où il invective copieusement dieux et déesses), Freyr, celui du Voyage de Skírnir (*För Skírnis*, un superbe poème qui développe le thème des amours fécondantes du dieu du soleil printanier avec la terre fertile), Baldr est le sujet des Rêves de Baldr (*Baldrsdraumar*, on y voit Ódinn susciter de force une voyante pour connaître le destin réservé au beau dieu Baldr), et Heimdallr, celui de la *Rígsþula* que nous avons examiné en détail plus haut (*supra* pp. 256 sq.).

Pour le genre traité, sont proprement gnomiques les *Vafþrúdnismál*, les *Grímnismál*, les *Alvíssmál*, et aussi, en partie, les *Hávamál* et les *Sigrdrífumál* (Dits de Sigrdrífa qui, en vérité, appartiennent aux poèmes héroïques). Relèvent de l'éthique, au premier chef, les *Hávamál* et, en partie, les *Sigrdrífumál*. Seraient plutôt épiques outre le cycle de Sigurdr, la *Hymiskvida*, la *Þrymskvida*, la *För Skírnir* et un texte plus récent, le *Grógaldr* (Incantation de Gróa). La *Lokasenna* et le *Hárbardsljód* appartiennent au registre satirique. Sont purement magiques le *Gróttasöngr* (Chant de Grótti), la troisième partie des *Hávamál* et les *Grímnismál*. Frappante apparaît la fréquence du jeu parti ou joute oratoire, qui renvoie probablement au jeu — dangereux — de la mannjafnaðr décrit au chapitre consacré aux loisirs. Nombre de ces textes, *Hávamál* en tête, sont composites et trahissent des dates de composition successives. Domine le tout comme un joyau unique la Prédiction de la Prophétesse, *Völuspá*. En images dantesques, la völva (prophétesse), après avoir réclamé le silence, retrace l'histoire mythique des dieux, du monde et des hommes, des origines les plus lointaines à la catastrophe universelle des Ragnarök et à la régénération qui suivra. Le souffle sacré, les images grandioses, le mouvement frénétique, la splendeur extatique de la mise en scène haussent cet extraordinaire poème au niveau des plus grands chefs-d'œuvre des littératures médiévales. Voici, par exemple, quelques strophes qui dépeignent les Ragnarök.

47. Voici que Garmr aboie de rage
Devant Gnipahellir,
La chaîne va se rompre,
La bête va bondir.
Je sais maints sortilèges,
Plus loin en avant je vois
L'amère destinée
Des dieux de la victoire.

50. Hrymr arrive de l'est,
Bouclier levé,
Jörmungandr se retourne,
Saisi de la fureur des géants ;
Le serpent fouette les vagues,
L'aigle miaule,
Níðfölr lacère les cadavres,
Naglfari est détaché.

52. Surtr arrive du sud
Avec la mort des branches,
Le soleil émane
De l'épée du dieu des morts ;
Les rocs s'entrechoquent,
Les monstres s'ébranlent,
Les hommes foulent le chemin d'enfer
Et le ciel se crevasse.

57. Le soleil s'obscurcit,
La terre sombre dans la mer,
Les luisantes étoiles
Vacillent dans le ciel ;
Ragent les fumées,
Ronflent les flammes.
Une intense ardeur
Joue jusqu'au ciel [57].

Les poèmes du cycle héroïque soutiennent la comparaison. Ils gravitent autour du parangon du héros nordique, Sigurđr Meurtrier du Dragon Fáfnir (*Fáfnisbani*), qui, en vérité, n'a rien fait de réellement héroïque selon notre conception de la chose, hormis d'être resté fidèle jusqu'à la mort à la parole donnée [58], et de ses prédécesseurs ou ancêtres supposés, rattachés à lui par des biais généalogiques visiblement sollicités pour les besoins de la cause, Helgi meurtrier de Hundingr, Helgi fils de Hjörvarđr (il ne s'agit pas, semble-t-il, du même Helgi), et même le forgeron merveilleux de cette mythologie, le demi-dieu Völundr. Il ne fait aucun doute que ces poèmes relèvent tour à tour, parfois même simultanément, du mythe (Sigurđr se souvient de bon nombre de dieux parmi lesquels Týr, Þórr et surtout Óđinn, voire Baldr), de la légende (il illustre le thème de la quête et préfigure le héros du conte populaire) et surtout de l'histoire : les textes qui le concernent se souviennent, entre autres, du Got Ermanaric-Jörmunrekr *(Hamđismál)*, du Burgonde Gundaharius (ou Gundicarius) — Gunnarr *(Atlakviđa)* et de grands affrontements fatidiques entre Gots et Huns (*Hlöđskviđa* ou Chant de Hlöđr) ou Burgondes et Huns (tous les chants centrés sur la figure de l'héroïne Guđrún), Atli étant Attila.

Quant aux genres traités, on a coutume de distinguer

57. Garmr est un chien, hypostase probable de Fenrir, qui garde le domaine de Hel (les Enfers, si l'on veut). Gnípahellir est l'ouverture du monde de Hel. Hrymr est un géant. Jörmungandr est un autre nom du Grand Serpent de Miđgarđr. Níđfölr est l'aigle géant dont il est question au vers précédent. Naglfari est le vaisseau, fait des ongles des morts, qui emporte les puissances du chaos. Surtr est le chef des géants du feu, la mort des branches : kenning pour « feu ».

58. Voir R. Boyer ; *Sigurdr ou la parole donnée, op. cit.*

entre lais héroïques anciens (*Hamđismál, Atlakviđa, Atlamál*), lais épiques à proprement parler (*Sigurđarkviđa* ou Chant de Sigurđr et le prétendu Fragment, *Brot*, de *Sigurđarkviđa* qui est, en fait, plus long que le précédent, auxquels s'ajoutent les deux chants de Helgi meurtrier de Hundingr, *Helgakviđa Hundingsbana* I et II, et le Chant de Helgi fils de Hjörvarđr, *Helgakviđa Hjörvarđssonar*), et les grandes élégies héroïques où interviennent les deux femmes qu'a aimées Sigurđr, la valkyrie Brynhildr-Sigrdrífa (*Helreiđ Brynhildar*, Chevauchée de Brynhildr jusqu'au séjour de Hel, et Dits de Sigrdrífa, *Sigrdrífumál*) et Guđrún (*Guđrúnarkviđa* I, II et III). Ceux-ci parviennent, par concentration de l'émotion et raréfaction de l'atmosphère, à un pathétique d'une noblesse intense, comme en ces strophes du Second Chant de Guđrún :

1. Vierge fus parmi les vierges,
Ma mère m'éleva,
Claire dans la chambre des femmes,
Mes frères m'étaient chers ;
Jusqu'à ce que, par Gjúki,
De bijoux d'or parée,
De bijoux d'or parée,
À Sigurđr fus donnée.

2. Tel était Sigurđr
Parmi les fils de Gjúki
Comme est la pointe d'ail
Parmi l'herbe poussée
Ou le cerf aux hautes jambes
Parmi les chevreuils,
Ou l'or rouge braise
Auprès de l'argent gris.

3. Mais l'envie poignit
Mes frères
Parce que j'avais un époux
Plus éminent que tous ;
Dormir point ne pouvaient
Ni d'offenses juger
Avant que Sigurđr
N'eussent laissé, mort.

4. Grani revint du þing.
Vacarme s'entendit,
Mais Sigurðr lui-même
Point ne revint ;
Toute les bêtes de selle
De sueur ruisselaient,
Avaient été trop pressées
Par les assassins.

5. Je m'en allai pleurante,
À Grani parler,
Les joues trempées de larmes,
Le priai de parler ;
Alors s'affaissa Grani,
Dans l'herbe courba la tête ;
L'étalon le savait :
Son maître ne vivait plus.

Le lecteur familier de nos chansons de geste ou du *Nibelungenlied* notera un trait curieux, qui va exactement dans le sens des réflexions que j'ai proposées sur le comportement des vikings en général et sur leur éthique en particulier : l'héroïsme y est donné pour acquis, il n'appelle pas de démonstrations et l'on chercherait en vain la relation circonstanciée de prouesses. C'est dire que le héros coïncide avec sa définition ; toute justification bavarde non seulement est superflue mais courrait le risque de faire douter de l'authenticité du personnage. Un autre caractère frappant de ces poèmes est la place éminente qu'y tient la Femme. Ce n'est pas ici le lieu de s'aventurer dans un long commentaire ; qu'il suffise de remarquer, en reprenant certaines observations faites sur l'éminente dignité de la maîtresse de maison dans cette société, que le culte de la Déesse-Mère dont on connaît le rôle décisif, partout, en matière de grands textes héroïques, a certainement joui d'une grande faveur, aux origines, en Scandinavie.

Pour le reste, les poèmes héroïques confirment ce que nous avons dit du sens intransigeant de l'honneur et de l'inflexible volonté d'accomplir les arrêts du Destin. Ici comme dans les sagas, le héros, toujours instruit à l'avance de son sort (dans l'ensemble Prédiction de Grípir,

Grípisspá, Dits de Fáfnir, *Fáfnismál* et Dits de Reginn, *Reginsmál*), marche sans faillir vers une mort tragique que lui valent l'enchaînement, fatal, inéluctable des vengeances d'honneur et la fidélité aux engagements sacrés (Sigurđr s'est lié de fraternité sacrée jurée avec Gunnarr et Högni). Certes, « dure est la sentence des Nornes » (c'est le dernier vers de la *Hlöđskviđa*), mais la grandeur, la valeur du héros sont, non seulement de ne pas chercher à s'y dérober, mais encore de marcher résolument vers son accomplissement.

Il ne nous reste plus qu'à jeter un coup d'œil sur la poésie scaldique[59], dans la mesure où ce sujet n'a pas été épuisé dans les pages qui précèdent. Ses origines, malgré de vifs débats, n'ont toujours pas été élucidées, le fait étant que le premier scalde connu, Bragi Boddason le Vieux, Norvégien, nous la livre complètement armée dans sa *Ragnarsdrápa* (vers 850). Disons, pour couper court, que, selon toute vraisemblance, elle est née d'une lente élaboration du « long vers » germanique ancien tel qu'il existe encore dans le *Hildebrandslied* (début du Xe siècle), et qu'elle s'est développée sur les rives de la Baltique à partir d'une date inconnue qui pourrait être fort ancienne.

C'est une poésie de « cour », au sens assez primitif que devait avoir ce mot dans la Germania : nous avons parlé de la hirđ et, avant elle, de la drótt ; le fait que le grand genre scaldique s'appelle dróttkvaett, chant de la drótt, se passe de commentaires. En tout cas, cette poésie était destinée à chanter les louanges du chef, du jarl, du roi, sur un schème convenu et sans originalité, du genre : « Je joue le roi X, il a brisé des anneaux, il a donné de la pâture au corbeau, etc. » D'ordinaire, ce n'est pas le fond qui compte, mais la forme. Pourtant, ce modèle n'est pas exclusif, au contraire. Certains poèmes scaldiques décrivent de beaux objets — boucliers historiés, tapisseries, comme la *Ragnarsdrápa* de Bragi, passionnante en raison de ses évocations mythologiques ou héroïques. D'autres, nous le savons, retracent de prestigieuses généalogies. Il en est qui traitent de pure mythologie, certains sont

---

59. Bibliographie d'ensemble dans Clover et Lindow, *op. cit.*, note 56 *supra*, pp. 157 et sq. En français, voir R. Boyer : *la Poésie scaldique*, *op. cit.*

de longues épitaphes, et nous avons conservé un nombre impressionnant d'impromptus (lausavísur) sur tous les sujets possibles : ils émaillent, presque par principe, les sagas. De plus, les poèmes scaldiques exposent, chose fort rare dans cette littérature, les sentiments personnels, amours, dépits, satisfaction de soi, du poète qui n'hésite pas à parler alors à la première personne. Leur contenu peut aussi être magique, comme nous le verrons plus loin.

L'essentiel, donc, tient dans la facture, d'une élaboration inouïe, quoique reposant sur les principes fondamentaux du fornyrđislag eddique. Nous avons déjà lu la vísa, runique, de Karlevi, sans nous y attarder. Nous allons examiner en détail une autre vísa due à l'Islandais Egill Skallagrímsson. C'est un morceau magique et diffamatoire, une níđvísa destinée à flétrir et bannir l'ennemi personnel du scalde, le roi Eiríkr Blóđøxi — la petite histoire retiendra que ces malédictions seront suivies d'effet !

Svá skyldi gođ gjalda,
gram reki bönd af löndum,
reiđ sé rögn ok Óđinn,
rán míns féar hánum ;
folkmygi lát flýja,
Freyr ok Njörđr, af jörđum,
leiđisk lofđa stríđi
landáss, þanns vé grandar.

En voici un essai de traduction : « Que les dieux chassent le roi de ce pays ; qu'ils lui revaillent le pillage de mes biens ; qu'Óđinn et les Puissances se courroucent contre lui ; Freyr et Njörđr, faites fuir de ses propriétés l'oppresseur du peuple ; que l'Ase du pays (= probablement Þórr) se fâche contre l'ennemi des hommes qui viole le sanctuaire. » Cette traduction n'est possible que si nous restituons l'ordre « normal » (pour un Français) des mots — et la comparaison avec le libellé de la strophe mérite l'attention, soit : Bönd reki gram af löndum ; svá skyldi gođ gjalda hánum rán féar mins ; Óđinn ok rögn sé reiđ, Freyr ok Njórđr, lát folkmýgi flýja af jörđum ; landáss leiđisk lofđa stríđi, þanns vé grandar. Notons que cet exemple est relativement simple et suivons : 1) les allitérations, selon la règle donnée plus haut : elles sont en g (gram, goð, gjalda) pour les deux premières lignes, en r (rán, reið, rögn) pour les deux suivantes, en f (Freyr, folkmýgi, flýja) puis en l (landáss, leiðisk, lofða) ; elles se présentent bien une fois dans chaque ligne paire, deux fois dans l'impaire qui précède ; elles ouvrent toujours une syllabe accentuée ; 2) les accents : il y en a trois par ligne : svá — goð — gjalda ; gram — bönd — löndum, etc., et disposés de telle sorte, sur les six syllabes de chaque ligne, que celle-ci se termine par un trochée ; 3) les innrím ou retours de graphies : dans chaque ligne paire, un groupe voyelle + consonne(s) identique(s) revient (-önd-, -án, -örð, -and-), dans chaque ligne impaire, une voyelle différente est suivie d'un groupe de consonnes identiques (- yld- / -ald-, eið / oð-, ýgi / ýj / où le i et le j, yod, ont le même effet phonétique, -eið / -ið) ; 4) une strophe comporte toujours deux « moitiés » (helmingar) dont chacune constitue une unité de sens et une unité syntaxique, ce qui donne à la vísa dans son ensemble une allure répétitive, avec des variations ; 5) les heiti (le mot « roi » est rendu par gramr, proprement prince) et les kenningar : il y en a trois ici, folkmýgi (pour le roi Eiríkr, oppresseur, mýgir, du peuple, folk), landáss (l'Ase, áss, du pays, land) et surtout lofða stríðir (l'ennemi, stríður, des hommes, lofðar, soit Eiríkr, la tournure est parallèle à folkmýgir). J'ai dit que cet exemple était simple. Il existe des kenningar considérablement plus complexes.

Remarquons enfin que les possibilités de variations sont quasi infinies — en faisant alterner des mètres différents, en ajoutant de vraies rimes à la française, en modifiant le nombre des syllabes, etc. De plus, ces strophes peuvent s'organiser en poèmes beaucoup plus longs, notamment la drápa, un poème de louange au milieu duquel est inséré un « refrain » (stef) qui fait partie intégrante de l'énoncé et peut être annoncé à l'initiale et rappelé *in fine*, et le flokkr, plus court et sans « refrain ».

Parmi les innombrables qualités de cette poésie, soulignons la vertu des heiti et des kenningar, qui ont le grand avantage de forcer l'imagination à associer l'image factuelle à des représentations prises dans de tout autres registres : appeler le corbeau la mouette du flot de l'os (lequel est le sang) associe des images marines à celle du champ de bataille. La règle générale est, d'ailleurs, que les kenningar sollicitent le plus possible mythes et dieux : il est difficile de composer de la poésie scaldique sans une intime connaissance de la religion païenne, et le choix des mythes ou des dieux retenus dédouble l'énoncé en favorisant toutes les allusions, des plus scabreuses aux plus élogieuses. On devine également le subtil travail de reconstitution de puzzle que représente la compréhension de pareilles strophes. Contrepoint, thème et variations, polyphonie : j'ai toujours été frappé de la nature finalement musicale de cette poésie. Il est regrettable que nous n'ayons aucune idée de la façon dont elle était déclamée : le verbe kveđa qui est de rigueur en l'occurrence peut signifier dire, déclamer, aussi bien que chanter. En tout état de cause, le degré de raffinement, la perfection formelle, l'élaboration inégalable de cette poésie, dont il ne fait aucun doute qu'elle fut pratiquée par les vikings, en disent plus que n'importe quel commentaire sur la qualité de leur culture.

Dresser la nomenclature des grands scaldes norvégiens et islandais — le genre paraît n'avoir pas connu autant de fortune en Suède et au Danemark — nous entraînerait trop loin. Je me contenterai d'insister sur le fait que le plus éminent de tous, peut-être, cet Egill Skallagrímsson dont nous venons d'étudier une vísa, fut également un fameux viking. Il vécut d'environ 910 à 990. On le crédite de trois beaux poèmes dont le plus beau, le *Sonatorrek* (L'Irréparable perte des fils), mérite au moins un instant d'attention tant il en dit long sur la mentalité de ces hommes. Egill est vieillissant et il vient d'apprendre la mort de son second fils, succédant à celle, peu auparavant, de l'aîné. Le voilà privé de descendant. Morfondu, il se couche, décidé à mourir. Par ruse, l'une de ses filles l'amène à prendre quelque nourriture, puis à ériger à ses fils un monument impérissable en composant un poème à leur mémoire. Egill se laisse convaincre : il entame un poème où il commence par insulter copieusement Óđinn, dieu des scaldes, mais aussi dieu des morts, qui lui a « ravi son héritage ». Chemin faisant, il se prend au jeu, multiplie les formules mémorables et finit par louer ce dieu qu'il avait d'abord maudit, car il prend conscience que les générations à venir se souviendront à jamais des disparus grâce au charme de son verbe. On pense à Victor Hugo composant *À Villequier* après la mort de sa fille. Un tel comportement en dit long sur la richesse de sensibilité et tout simplement la civilisation de ces hommes.

Ce rapide tour d'horizon n'avait pas d'autre prétention que de donner au lecteur quelque idée du degré d'achèvement atteint, dans ce domaine également, par les vikings. Il nous reste à parler de leur art proprement dit.

Il n'est pas non plus possible ici de faire autre chose que de donner quelque idée de l'art.

Une remarque préliminaire s'impose : de tout temps, les Scandinaves ont manifesté un goût prononcé pour la décoration, l'ornementation. Le grand art monumental et, allons plus loin, l'art en soi — sculpture, peinture, architecture —, n'est guère leur fait. Tout, ou presque, ce qui subsiste de leur art et possède quelque valeur ou originalité est de caractère ornemental. À partir d'un support donné, ils sont capables de raffinements d'une élaboration parfois incroyable [60], et cela dans tous les domaines.

En fait, les vikings que nous allons examiner sous cet angle précis, à partir d'environ 850, bénéficiaient des acquis d'une longue évolution dont nous avons déjà entrevu quelques manifestations au début de ce livre. Je reprends ici les résultats obtenus par Bernard Salin dans une étude qui a fait date [61]. Il ne remonte pas avant le début de notre ère, ce qui est regrettable en un sens, puisqu'il laisse ainsi de côté des réalisations aussi intéressantes que les gravures rupestres de l'âge du bronze ; mais cela offre l'avantage de nous introduire de plain-pied dans une thématique qui ensuite ne souffrira pas de vraies solutions de continuité.

Comme pour tous les Germains, le motif traditionnel des Scandinaves fut animalier et l'effort constant des artistes porta d'emblée vers la stylisation, la décoration

60. Là aussi, la bibliographie est considérable et comporte une foule d'études ponctuelles. Bonne étude d'ensemble : D.M. Wilson and O. Klindt-Jensen : *Viking Art*, London, 1966. Voir aussi T. Cappelle : *Kultur und Kunstgeschichte der Wikinger*, Darmstadt, 1986, qui comporte une bonne bibliographie ; R. Boyer : *L'Art viking*, Tournai, La Renaissance du Livre, 2001.

61. *Die altgermanische Thierornamentik*, Stockholm, 1904.

comme on l'a dit, à base de procédés d'ordre géométrique. Ce que B. Salin appelle le style I (jusqu'à 450) s'intéresse à un animal unique (quadrupède ou oiseau), contorsionné déjà, les objets de métal à facettes se rencontrant fréquemment. Vers 450 et pour une cinquantaine d'années (style II), les contorsions se compliquent jusqu'à l'obscurité, on peut trouver décadentes des recherches formelles si poussées que le motif reste à peine intelligible, tandis qu'apparaissent d'évidentes influences méridionales, vraisemblablement mycéniennes. En revanche, à partir de 500 et jusque vers 850 (style III), donc à l'époque dite des grandes migrations, nous constatons une intrusion en force de ce que l'on est convenu d'appeler l'art scythe : il reste animalier — ce point semble intangible —, mais la tendance à l'abstraction va croissant. La figure humaine est très rare, de même que les motifs végétaux si florissants sous d'autres cieux. Il est tentant d'y voir un effort d'adaptation des styles I et II en Scandinavie à l'art des cavaliers des steppes. Adaptation qui justifierait aussi, en poésie, l'irruption d'un personnage comme Attila. S'y ajoutent, mais en force cette fois, des influences anglo-saxonnes et surtout celtiques (nous avons vu qu'elles venaient essentiellement d'Irlande), valables dans bien d'autres domaines que celui de l'art. On aimerait savoir si ce mixte de naturalisme animalier et de recherches abstraites est bien le fruit de ces apports extérieurs greffés sur une souche autochtone, ou doit son existence à une sorte de retour à des sources très lointaines, puisque la même caractéristique valait déjà pour les pétroglyphes : il est fréquent, dans l'histoire intellectuelle de la Scandinavie jusqu'à nos jours, que des apports étrangers, après une adoption enthousiaste, suscitent des ressourcements de ce genre[62]. Datent de cette époque les célèbres objets de Broa, à Gotland, où la figure animale se combine à tout un système de nœuds.

---

62. Pour ne prendre qu'un exemple actuel, il est symptomatique que l'impact du « nouveau roman » français, vers 1960, ait d'abord fait école et provoqué force épigones, pour déterminer ensuite un net retour au grand art des sagas dans la meilleure tradition des conteurs. Pareillement, l'observateur est presque amusé de constater à quel point les fameuses « formes scandinaves » des objets utilitaires modernes retrouvent comme inconsciemment la facture des ustensiles vikings !

C'est aussi le moment (vers 800) où apparaît la fondamentale *gripping beast*, animal se précipitant sur sa proie, qui va connaître une longue fortune. Au début du IXe siècle encore, le bateau d'Oseberg et les objets qu'il contient, traîneaux, chariot et lit, mais surtout sa proue et sa poupe, poussent aux limites du possible, semble-t-il, l'exploitation de l'espace offert par le matériau — le bois — pour y sculpter des motifs décoratifs où interviennent des animaux entrelacés à petite tête, pattes diverticulées et hanches en forme de cœur. Les spécialistes décèlent d'ailleurs divers styles dans les sculptures d'Oseberg. L'un des artistes, dit « académicien » parce qu'il respecte strictement les normes de certains objets de Broa, est responsable du poteau sculpté terminé par une tête de monstre d'un travail si parfaitement achevé, dans son mélange de motifs géométriques et animaliers inextricablement entrelacés, que l'on a l'impression de le voir jaillir du poteau lui-même. Un autre artiste, dit « le Carolingien », chérit la « bête agrippeuse » qu'il développe dans toutes les positions.

Il faut faire une place à part à l'art de Gotland : ses célèbres pierres historiées en forme de champignons en coupe verticale n'ont pas fini de provoquer l'admiration et la perplexité, la signification des scènes qu'elles dépeignent n'ayant jamais été élucidée. On a signalé maintes fois la place à part qu'occupait Gotland dans l'histoire scandinave en général et dans celle des vikings. Dès le Ve siècle, on trouve, à Broa par exemple, des disques à spirales rayonnantes qui ne peuvent guère être que solaires et qui trouvent de curieux parallèles en Espagne ! À partir du VIe siècle, ils font place à de stricts motifs géométriques, en particulier sur des pignons de caveaux à pierres plates : le modèle en serait chrétien continental, des homologues ayant été trouvés à Trèves ! Mais ce qui nous intéresse ici, ce sont les grandes pierres historiées sur toute leur surface avec, d'ordinaire, un bateau à voiles dans la partie inférieure. Elles peuvent remonter au VIIe siècle ou au début du VIIIe siècle, mais il paraît plus raisonnable de les dater du IXe. Les plus élaborées présentent d'assez évidentes similitudes avec les trouvailles d'Oseberg, la tapisserie aux motifs naïfs en particulier. On ne sait si ces pierres entendent rappeler des souvenirs historiques ou mythologiques, mais la composition par bandes horizontales, l'économie admirable de l'utilisation de tout l'espace par le graveur, le motif décoratif géométrique qui court autour de la pierre font de ces objets originaux (dont la taille varie : certaines ont plus de deux mètres de haut) de superbes réussites. Celle de Hamars, Lärbro, par exemple, avec ses scènes de guerre, de sacrifice et son immense bateau chargé de guerriers pris dans la tempête, combine avec bonheur narration (même si le sens nous en échappe) et stylisation. L'uniformité de certains motifs — le costume et l'attitude des guerriers, la forme des bateaux — incite à penser qu'il a pu exister une véritable école de graveurs décorateurs, un peu comme ont dû exister des « écoles » de graveurs de runes [63]. L'art gotlandais, responsable de toutes sortes d'autres réussites, ne doit pas être considéré comme une manifestation à part ; c'est visiblement une branche d'un mouvement qui englobe toute la Scandinavie. Le fait qu'il se soit développé dans cette île de dimensions plutôt modestes mais située presque obligatoirement sur la Route de l'Est suffit à montrer de quelle nature étaient les échanges que pratiquaient les varègues.

Certains chercheurs [64] tiennent à envisager un style à part, dit de Berdal (Norvège) en raison des figures animales, presque humoristiques avec leurs têtes disproportionnées et leurs membres écartelés, que portent des fibules et des garnitures de métal. Elles datent d'avant 850, mais la distinction ne me semble pas nécessaire : nous restons dans le sillage des réalisations de Broa ou d'Oseberg.

En revanche, le style de Borre (Norvège, Vestfold), qui apparaît autour de 840 et se manifestera pendant plus d'un siècle, apporte une incontestable nouveauté : de longs rubans entrelacés sur lesquels s'alignent les corps onduleux d'animaux étirés à tête renversée. C'est probablement le départ de ce motif du serpent qui se mord la queue, ou dont la gueule avoisine la queue, dont nous

---

63. Précisons toutefois que les pierres de Gotland ne sont pas des pierres runiques, quand bien même certaines (très peu en vérité) porteraient des inscriptions. Voir l'étude de J.P. Lamm : *Les Pierres de Gotland*, Paris, Michel de Maulne, 2002.

64. Comme T. Capelle, *op. cit.* note 60 *supra*, pp. 111-112.

aurons à reparler. Ce thème, animé d'un réel dynamisme, va se rencontrer dans toute l'aire d'expansion viking.

On doit considérer le style de Jelling (Jutland, entre 870 et 1010), attesté par la célèbre pierre historiée qui représente le Christ, comme une sorte de synthèse du style III et de celui de Borre. On y trouve la recherche d'un équilibre entre réalisme et abstraction, mais avec assimilation de l'animal au corps comme un ruban. Il se dégage des volutes que finit par former ce ruban, non seulement sur la pierre mais aussi sur telle coupe d'argent, une impression de mouvement perpétuel, quoique figé, qui évoque d'une façon irrésistible (autre concordance intéressante puisqu'elle est exactement contemporaine) le traitement de la temporalité dans la *Völuspá*. Ce style connaîtra une importante diffusion en Grande-Bretagne, notamment dans l'île de Man dont les fameuses croix reproduisent un tracé connu, quoique sans servilité : elles fournissent un bon exemple de fusion entre deux manières.

Le style de Mammen (Jutland, entre 960 et 1020, donc parallèle à la fin de la période de floraison du précédent) apporte une nouveauté considérable, certainement due à des influences continentales — il semble repris de l'art carolingien : ce fond de feuillage stylisé, sur lequel s'enlèvent des motifs « jellingiens ». Mixte, là encore, qui a dû connaître une faveur remarquable puisque nous en trouvons des exemples sur toutes sortes de supports partout où sont passés les vikings. Il aura un rôle important dans le développement de la sculpture sur pierre en Scandinavie. Le célèbre fer de hache, de Mammen, a donné son nom à ce style : on voit sur l'une de ses faces un oiseau élégamment recourbé au corps triangulaire et aux pattes en spirales, dont les ailes sont des branches de feuilles d'acanthe. On pressentait déjà cette facture dans la représentation du combat entre un lion et un serpent qui figure sur la pierre de Jelling.

Vers 980 apparaît le style de Ringerike (Norvège, au nord d'Oslo), qui sera en faveur pendant presque un siècle. Il reste dans la ligne des deux précédents, mais l'évolution amorcée par le style de Mammen se poursuit : la décoration animalière est maintenant subordonnée à l'ornementation végétale, dans un spectaculaire renversement de perspectives. La splendide girouette de bateau de Heggen

(Norvège) en offre un bon exemple. Deux animaux fantastiques s'y affrontent, les feuilles d'acanthe tenant lieu de queue à l'un et de crinière à l'autre. C'est l'âge d'or des deux serpents entrelacés que l'on retrouvera un peu partout sur les pierres runiques : l'inscription court dans le corps de l'un (ou des) reptile(s) qui encadre(nt) un espace où peuvent figurer tous les motifs, animaliers et figuratifs, avec une stylisation plus ou moins poussée, ou même franchement historiés comme dans la pierre de Ramsundsberget où se trouvent plaisamment représentées des scènes de la vie de Sigurđr Fáfnisbani. Le style de Ringerike connaîtra un grand succès, notamment en Grande-Bretagne.

Reste, à l'extrême fin de l'époque viking (1050-1070), le style d'Urnes (ainsi appelé d'après la belle stavkirke, église en bois debout, d'Urnes, dans le Sogn, en Norvège) qui, pour un peu, abandonnerait les thèmes animaliers pour ne plus retenir que la décoration végétale avec un raffinement qui confine au maniérisme. Il ne semble pas possible de pousser plus loin le travail du bois. Il faut un œil exercé et patient pour parvenir à isoler dans le lacis de dentelle un quadrupède élégant. Ailleurs, la lutte d'un serpent et d'un quadrupède stylisés fera l'objet de cet art, très répandu sur les pierres runiques, surtout en Suède. C'est aussi le moment où, pour la première fois, certains artistes signent leur œuvre : décidément, nous sortons bien de l'âge viking !

Un peu comme lorsqu'il s'agissait de littérature, je me suis volontairement fixé pour terme la fin de l'âge viking. C'est la raison pour laquelle, à mon corps défendant, je n'ai pas parlé des sagas et que, de même, je ne dirai rien de la longue fortune que connaîtront encore les pratiques artistiques que l'on vient d'évoquer et dont il convient naturellement de préciser qu'elles ne se succédèrent pas avec la rigueur que pourrait suggérer la chronologie esquissée ici. Le style de Broa, par exemple, qui aura, de près ou de loin, marqué tous les suivants, demeure une sorte de basse continue. C'est ainsi que les extraordinaires montants sculptés et historiés du portail de la stavkirke de Hylestad (Norvège) peuvent passer pour un parfait exemple d'assimilation de ce qu'il y avait de meilleur dans toutes ces techniques.

Il est en tout cas curieux que nous ne sachions rien des artistes responsables de tant de chefs-d'œuvre. Allons plus loin : la langue ne dispose pas de terme pour les désigner. Nous connaissons déjà le mot smiđr — artisan, forgeron —, dont nous savons qu'il comptait parmi les hommes libres. Il se peut qu'ils aient constitué une sorte de corporation, éventuellement itinérante. Rien ne suggère que leur profession ait été également exercée par des femmes. L'adjectif hagr, oddhagr, sous-entend une grande habileté de ses doigts ; il apparaît toujours dans un contexte laudatif. Mais il me semble révélateur de la mentalité du bóndi, telle qu'elle a été largement exposée dans ce livre, que l'« artiste » n'ait pas été distingué de l'artisan. Après tout, notre compagnonnage moderne, dont on sait les lointaines racines médiévales, où figurent en bonne place les guildes frisonnes et scandinaves, veut que l'apprenti n'accède à la dignité de compagnon qu'une fois capable d'exécuter un « chef-d'œuvre ». Culture pragmatique et réaliste, encore une fois, où, comme le dirait Robert Burns, l'homme reste « le matériau » premier, à partir duquel s'acquiert — et non : se trouve conférée par privilège — toute dignité.

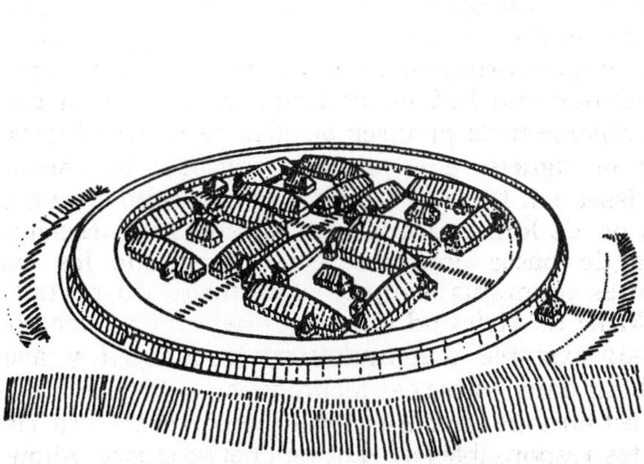

CONCLUSION

LA FIN DE L'ÈRE VIKING. CAUSES ET BILAN

Si les débats, en fait de pure forme, restent ouverts pour déterminer la date précise de la dernière incursion qui mériterait d'être appelée viking (on peut penser, en poussant aux extrêmes, à l'expédition de Knútr le Saint en Angleterre, en 1085, ou à celle de Magnús le Déchaux dans l'île de Man, autour de 1103), il est clair que le phénomène viking en tant que tel, sous quelque acception que ce soit, s'achève autour de 1050. Il aura donc duré au minimum deux siècles et demi : une longévité déjà fort étonnante en soi.

Mais, pour cette raison même, il faut s'interroger sur les causes probables de cette cessation. Les réponses ne feront que renforcer l'image réelle qu'il convient de se faire dudit phénomène et, par contrecoup, reléguer au rayon du mythe tant de clichés ou d'idées à courte vue.

Je concevrai donc cet ultime chapitre en trois temps : étudier les raisons expliquant la fin d'une ère aussi longue, proposer un bilan de cette étonnante aventure, et récapituler, évidemment pour les critiquer, les visages de notre « mythe viking ».

LES CAUSES PROBABLES DE LA FIN DU PHÉNOMÈNE VIKING

Ces causes sont complexes et encore mal éclairées. On devine qu'elles représentent tout un faisceau : il n'y existe pas un motif unique qui aurait arrêté soudain un mouvement à la fois aussi multiforme et aussi étalé dans le temps. Nous allons distinguer les causes internes, qui tiennent à la Scandinavie elle-même, des causes externes provenant des pays étrangers, mais sans négliger le jeu décisif des interactions. Par exemple, une cause externe, la mise en place en Occident de monarchies centralisées fortes, entraîne une cause interne, le bouleversement de la politique scandinave traditionnelle. En fait, il ne faudrait pas séparer l'étude des causes de celle du bilan qui suivra, car il importe de conserver une vision synthétique de l'histoire européenne du IXe au XIe siècle. Pour n'en retenir qu'un aspect, elle englobe le phénomène viking, mais celui-ci n'en constitue pas le tout, tant s'en faut. C'est la raison pour laquelle Lucien Musset, étudiant la « seconde vague » des invasions « barbares », mène en parallèle l'examen des incursions des peuples de la steppe, Bulgares, Khazars, Hongrois, celui de la lente progression des Slaves, celui de la poussée sarrasine et enfin l'aventure viking, ce qui l'oblige à partir de 550 environ. Mais justement : les expéditions scandinaves n'ont pu que bénéficier d'un bouleversement général dans lequel elles sont venues s'inscrire à leur heure. Je dirai qu'elles ont pris le train en marche. On ne les imagine guère surgissant soudain et de façon isolée. C'est pourquoi les chroniqueurs affolés commettent tant d'erreurs : ils prêtent très souvent à celui-ci ce qui devrait revenir à celui-là.

Causes internes

C'est sur elles qu'il faut insister : leur rôle déterminant va de soi, il est évident que le Scandinave ne quittera plus son pays, pour courir l'aventure, s'il n'y est plus pressé par des motifs valables, avant tout sa soif d'argent et de terres. Parmi ces causes, j'en discerne six que je présenterai par ordre d'importance croissante, sans me masquer, naturellement, la subjectivité d'une telle classification.

Il y a d'abord une raison pratique tellement évidente qu'on la néglige en général : les Scandinaves n'étaient pas assez nombreux. Va pour les coups de main, les raids limités dans le temps et dans l'espace, les petites colonisations, qui n'exigent pas un apport massif d'intervenants. Celles où l'installation par petits groupes, après entente à l'amiable avec l'occupant préexistant, peut se faire. Mais les grandes descentes, les débarquements spectaculaires, les investissements méthodiques et prolongés sont tout simplement exclus. Autant attendre des dix-neuf millions de Scandinaves actuels qu'ils occupent et subjuguent toute l'Amérique du Nord ! Passé les temps de surprise et des terreurs complaisamment entretenues, les vikings ne pouvaient indéfiniment se maintenir en face de populations qui, de surcroît, apprenaient peu à peu à se défendre.

Ce point est incontestable. On répondra pourtant que la question reste posée de savoir comment le succès des arrivants a pu durer aussi longtemps, même en tenant compte de ses changements de physionomie. La réponse n'est pas acquise. On peut seulement suggérer (idée avancée sans pouvoir être défendue, faute de preuves bien établies) qu'il faut faire intervenir ici la question des mercenaires, transfuges, affidés temporaires ou permanents sans lesquels les vikings n'auraient pu subsister. Volontiers mercenaires eux-mêmes — cela est clair en Angleterre — ils avaient rapidement appris à connaître les pays sur lesquels ils jetaient leur dévolu, ainsi que leur mentalité. Quand guerre il y eut, la leur dut être plus psychologique que militaire. Ils méritent certainement, dans leur ensemble, ce surnom que j'ai cité plus haut et qu'une saga de contemporains prête à l'un de ses personnages : ils étaient tourne-broigne (snúinbrynja). Vieille caractéristique des peuples germaniques : que l'on relise les *Histoires* ou les *Annales* de Tacite. Chérusques, Chattes, Chauques, Frisons, Hermundures, Suénons : ils sont au plus offrant et cela, sept bons siècles avant leurs descendants vikings. Outre le fait que ces peuplades ne constituaient pas une entité ethnique unie (ils avaient plutôt tendance à former des confédérations que ne réunissait guère qu'une langue commune, le nom de l'une d'elles, Alamans, c'est-à-dire tous les hommes [qui veulent bien s'unir autour d'un même chef, suppose-t-on], est suffisamment explicite), ils ne pouvaient qu'être attirés par des pays plus fertiles où la vie était plus facile et la culture plus développée, du moins sous certains de ses aspects. Admettons qu'ils aient été instables par nature ou que leur système de gouvernement local ne les prédisposât pas à constituer des unités territoriales fortes, il reste que la tentation était trop grande d'aller chercher fortune — au double sens du terme — en des lieux plus cléments.

Examinons maintenant les causes sociales ou sociologiques. J'en vois deux, étroitement liées.

La première tient à l'une des conséquences majeures de la christianisation complète de l'Europe : la disparition progressive de l'esclavage. On a déjà noté que la pratique cesse complètement dans le Nord au cours du XIe siècle (1100 au plus tard). Même si je me suis efforcé de ramener la notion de þræll à sa vraie signification au sein de la société scandinave, en demandant de ne pas l'identifier à ce que nous avons coutume, dans le « Sud », de mettre sous ce mot, il n'empêche que l'existence d'une couche sociale de þraelar était presque la condition *sine qua non*, pour le bóndi, de fara í víkingu, partir en expédition viking. Les besognes matérielles indispensables, culture des champs, abattage du bois, garde et soins de cheptel, chasse et pêche, approvisionnement de la maison, qu'il ne pouvait accomplir pendant ses quelques mois — au minimum — d'absence, il incombait évidemment aux « esclaves » de s'en charger. La suppression totale de cette condition, si peu contraignante qu'elle ait pu être dans le Nord, fixe par force le bóndi sur place. D'autre part, nous savons que la principale « marchandise » de ces grands commerçants que furent les vikings était les esclaves, au sens couramment admis en français cette fois. À partir du moment où ils n'existent plus en tant que tels, où ils ne sont plus objet de négoce, une ressource importante disparaît, en même temps qu'un motif fréquent de strandhögg. J'aurai lieu de reparler du christianisme à d'autres égards, mais cet aspect ne saurait être négligé.

La seconde cause sociale, corollaire partiel de la précédente, c'est que la notion même de bóndi, sur laquelle j'ai si souvent mis l'accent, change de signification. Le bóndi prend un autre visage. Il s'implante sur place, si l'on peut dire. Il suffit de comparer les sagas dites des Islandais (Íslendingasögur), censées se dérouler au Xe siècle, à celles des sagas de contemporains (samtíđarsögur) qui remontent, au mieux, à la fin du XIe siècle. Dans les premières, fara í víkingu fait partie naturelle des enfances du héros, voire des prestations que peut fournir un homme dans la force de l'âge (Gunnarr de Hlíðarendi dans *Njáls saga*), ou constitue la manière la moins incommode de purger, si nécessaire, son temps de bannissement pour délit reconnu. Dans les secondes, il n'en est plus question. En revanche, la toponymie prouve que les populations scandinaves originellement établies sur les rives des mers, des fjords et des rivières, s'enfoncent de plus en plus vers l'intérieur du pays pour s'y établir à demeure. L'exemple de la Suède montre qu'un gros travail de défrichement et d'aménagement du territoire est entrepris à partir de la fin du Xe siècle et ne cesse de progresser. Bref, il s'agit maintenant d'établissements tout à fait pacifiques, avec pour conséquence directe un tarissement de la source principale du recrutement viking.

Beaucoup plus importante et déterminante, voici une cause technique. Nous savons que le knörr et ses variantes, y compris le byrðingr, d'un tonnage un peu plus gros, quelles qu'aient été ses merveilleuses capacités, était impropre au transport de marchandises lourdes en grosses quantités ; il ne pouvait véhiculer, en plus de son équipage, d'ailleurs réduit, que des produits de luxe, légers et de bon rapport. Or, la nature même du commerce international change peu à peu au cours du XIe siècle. Le développement des relations internationales, et les exigences d'une « industrie » naissante (à l'échelle de l'époque, bien entendu) entraînent une demande croissante des matières premières — bois, minerais divers, sel, pierres, etc. — en grosses quantités. C'est ce que comprennent très vite les Frisons, qui auront été de tout temps les génies du commerce européen. Ils utilisent leur cogue, gros bateau lourd et lent, à fond plat, mais capable de gros transports en quantités importantes. Ce sont eux qui vont rendre caduque la marine légère scandinave. En même temps, ils poseront les bases de ce qui va s'appeler bientôt (XIIIe siècle) la Ligue hanséatique, appelée à la fortune que l'on sait. Le knörr, skeiđ, langskip, n'a plus rien à y faire.

Ce qui revient à aborder de front les causes proprement commerciales qui sont au point de départ de la conception même de notre livre. Il n'est pas dans mon intention de réinstruire un procès pour lequel j'ai produit toutes les pièces que j'ai pu trouver. Vers le XIe siècle, les relations est-ouest par la Méditerranée, que les Arabes avaient coupées vers la fin du VIIIe siècle, reprennent, les circonstances ayant totalement changé. Ou plutôt, cet échange, qui paraît vital pour l'Occident depuis qu'il est entré dans l'Histoire, change de physionomie, il ne privilégie plus directement ni les marchandises précieuses ni les voies maritimes. D'ailleurs, le monde s'ouvre et les Islandais du Groenland en ont, peut-être, donné l'exemple en reculant vers l'ouest les limites du monde connu. De toute façon, le monde moderne se met en place, lentement ; les temps seront de moins en moins au cabotage, portage accompagné de troc. La monnaie s'impose partout, il faut reléguer les aunes de vaðmál et l'argent haché au magasin des accessoires où les retrouveront les archéologues. À partir du moment où s'estompent les possibilités du commerce tel qu'il le pratiquait traditionnellement, la raison d'être même du víkingr disparaît. Rappelons, par exemple, que l'argent, arabe ou oriental, se trouve épuisé au XIe siècle : la justification des voyages, suédois en particulier, tombe du coup — dans la mesure où elle existait encore, le transit devant s'effectuer par des États que leurs congénères avaient fondés et appris à défendre. Le commerce des peaux et fourrures, avec l'accès devenu possible aux lointains orientaux, trouve d'autres sources que celles de la Scandinavie septentrionale. Et nous avons dit que le commerce des esclaves disparaît purement et simplement.

Ces raisons valent en soi, mais elles s'entendent surtout lorsqu'elles sont conjuguées à des causes politiques.

Sous l'influence d'un contact incessant avec l'étranger, il était inévitable que la Scandinavie passât de la notion — viking si l'on veut, archaïque en tout cas — de monarchie-royauté, selon le sens très précis que je me suis attaché à donner à ce dernier terme, à l'idée, disons européenne, que l'on se faisait de cette monarchie autour de l'an mille. La discussion reste ouverte, de savoir sur quel modèle se sera aligné le Nord et dans quelle mesure sa christianisation récente n'aura pas contribué à modifier profondément ses vues ancestrales : est-ce l'exemple anglo-saxon du Wessex ? ou celui de l'Allemagne ottonienne ? à la rigueur, celui de l'Empire byzantin ? Ou, plus simplement parce que à portée plus immédiate, celui de l'Empire carolingien jugé ici d'après ses diverses retombées en

Europe ? Querelle de savants, car le résultat ne prête pas à controverse et se ramène à deux points essentiels.

D'abord, plus personne ne remettait en cause le bien-fondé de la monarchie. Le cas islandais ne doit pas faire illusion : si l'île a pu attendre plus de trois siècles avant de passer sous la couronne norvégienne, puis danoise, c'est à la faveur d'un concours de circonstances heureuses et de son éloignement ; au demeurant, il serait abusif d'ériger cette petite communauté de quelques dizaines de milliers d'âmes, à l'époque, en parangon de l'Occident, selon notre optique moderne — or cette monarchie doit être une institution stable, plus ou moins héréditaire, acquise par élection ou consentement et non plus par violence. Le cas de la Norvège est tout à fait éclairant : jusqu'en 1035, aucun « roi » norvégien ne connaît une mort paisible avant d'être remplacé par son fils. Eiríkr Blóđøxi est exilé en Angleterre, puis assassiné, Hákon le Bon est tué par les fils d'Eiríkr à Fitjar, Haraldr Gráfeldr subit une mort violente dans le Limfjord, de même que le jarl Hákon dans le Trøndelag. Óláfr Tryggvason périt dans la bataille de Svöldr, le jarl Sveinn est exilé en Suède et Oláfr Haraldsson (saint Óláfr) est mortellement navré à Stiklarstađir. Mais en 1035, Magnús, fils d'Óláfr Haraldsson, est institué roi sur l'instigation de ses sujets et fait la paix avec son oncle, Haraldr harđrádi, lequel lui succédera sur le trône de Norvège pour régner paisiblement sur son peuple jusqu'à ce que ses ambitions politiques lui vaillent une mort violente, certes, mais à l'étranger, à Stamford Bridge, en 1066. Nous voyons là aussi, encore une fois, l'influence incontestable de l'Église et de son magistère : la notion de monarchie de droit divin paraît bien consciente chez saint Óláfr, même si elle peut avoir été responsable de sa mort. Du moins est-ce une lecture autorisée de la saga qu'écrit sur son compte, deux cents ans après, il est vrai, Snorri Sturluson. L'idée ne s'imposera sans discussion qu'au XIIIe siècle, avec Hákon Hákonarson en Norvège, et en Suède avec les Folkungar. Mais elle n'a pas attendu aussi longtemps au Danemark (Valdemar le Grand, XIIe siècle).

Le second point, c'est que la nature même de la monarchie aura évolué à cause du changement irréversible de l'aristocratie locale. Selon les termes de Gwyn Jones [1] : « Le capitaine viking avec sa hirð et sa flotte, vivant de guerre civile chez lui et des expéditions de pillage à l'étranger, quittait la scène. Les nouveaux chefs étaient des barons, soucieux de stabilité et de développement pacifique. » On voudra bien faire la part du romantisme de l'historien anglais — le temps du « capitaine » viking et la façon de vivre qu'il lui prête n'avaient de toute façon plus cours vers l'an 1050. Il n'en reste pas moins que c'est le « développement pacifique » de ses États qui importe de plus en plus au roi selon sa nouvelle acception. Partout dans le Nord, on le voit s'assurer progressivement la mainmise sur le pouvoir militaire. Bientôt, il n'y aura plus qu'une seule armée admise : la sienne. C'en est fini des « rois de mer », si tant est que cette expression ait eu un sens précis.

Au demeurant, l'historien constate que l'implantation territoriale et les préoccupations que nous dirions nationalistes vont croissant : à la notion indifférenciée de viking, quelle que soit son origine, fait place l'idée de Norvégien, de Danois ou de Suédois, au point que l'on se sent fondé à parler, à cette échelle, d'éveil des nationalités.

C'est Ph. Sawyer, l'un des meilleurs connaisseurs actuels de la question, qui a raison quand il choisit d'intituler, en jouant sur les mots, son dernier ouvrage *Kings and vikings*, mais il entend bien, tout son livre le prouve, inciter son lecteur à inverser les termes : le viking et ses tropismes ont fait place au king à la moderne avec ses idéaux précis. Il faudrait écrire : le konungr (version noroise du mot) est mort, vive le kung ou konge (versions modernes en suédois et dano-norvégien, respectivement).

En définitive, tout ce que nous venons de voir est provoqué, en profondeur, par des causes psychologiques qui reviennent à un changement de mentalités : à elle seule, cette modification justifie la fin du phénomène.

Nous avons maintes fois insisté sur l'étonnante faculté d'adaptation des Scandinaves lorsqu'ils doivent, volontairement ou non, vivre ailleurs que chez eux. Ils s'assimilent au nouveau milieu avec une aisance surprenante. Nous l'avons vu à propos des Rūs ou, plus encore, de la

1. *A History of the Vikings, op. cit.*, p. 391.

Normandie. Il ne suffit pas de revenir sur le fait incontestable de leur petit nombre, qui leur interdisait de jouer les envahisseurs : il y a aussi cette respectable attention à la personne d'autrui qui leur permet d'ajuster leur existence à un mode de vie étranger sans perdre pour autant leur idiosyncrasie. Mais le fait est que, dès qu'ils deviennent des colons installés, ils partagent très vite les intérêts, les coutumes, la langue et les mœurs de leurs anciennes victimes. Le cas du Danelaw n'admet pas de doutes sur ce point. Comme le dit encore Ph. Sawyer : l'âge viking a commencé et duré tant que les peuples harcelés par les Scandinaves les ont considérés comme des étrangers, il a cessé à partir du moment où le terme « étranger » ne leur convenait plus.

Causes externes

Ces vues peuvent être reprises sous un autre angle si l'on tient à isoler des causes externes de la fin du phénomène viking.

On en trouve deux, implicitement énoncées dans ce qui précède.

La première tient à la christianisation. Forts de ce que nous venons de voir — cette faculté d'adaptation —, nous ne devons pas nous étonner de la remarquable facilité avec laquelle le Nord est passé à la religion de Blanc-Christ (Hvíta-Kristr) [2]. Et foin, ici, des légendes ou des récits affreux que nous livrent certaines de nos sources imprégnées de modèles hagiographiques latins et cherchant, à l'évidence, un sensationnel que rien ne vient vérifier dans les faits. Car il faut le répéter avec force : à quelques rares exceptions près, le Nord est passé sans coup férir à la religion du Christ : pas de répressions sanglantes, pas d'imposition par la force, pas de martyrs, pas de guerres de religion, pas d'hérésie ni de noyaux de résistance — à cette époque-là comme ensuite. Les méchantes langues diront que les vikings avaient tout intérêt à se convertir, ils ne pouvaient exercer leur princi-

2. C'est un point sur lequel j'ai cru devoir insister dans *le Christ des Barbares, op. cit.*

pale activité, le commerce, sans avoir reçu, au moins, la *primasignatio* qui ouvrait grande la porte sur une véritable conversion. Il n'est pas exclu que ces calculateurs habiles aient entendu bénéficier de l'une et l'autre religion en jouant sur les deux plans, témoin ces moules de fondeurs dont on pouvait tirer aussi bien la croix du Christ que le marteau de þórr. Mais j'ai montré, à propos de l'Islande, l'extrême rapidité et la solidité de l'implantation chrétienne : il n'en va pas autrement pour les trois autres pays. Très vite, les saints se multiplient (Óláfr, Magnús, Sunniva, Hallvarđr, Knútr, Eiríkr, Jón, þorlákr, etc.), les églises parsèment le décor, les monastères fleurissent avec leurs écoles et leurs scriptoria. Et l'on a pu écrire une longue étude sur ces fidèles pèlerins de Rome et de Terre Sainte [3], tout comme on a souligné qu'ils seront des croisés convaincus.

Il va de soi que, devenus chrétiens, les vikings ne pouvaient guère poursuivre leur politique de piraterie — dans la mesure où l'on peut en l'occurrence parler de politique.

Il faut en outre rappeler un certain nombre d'évidences : le rôle pacificateur de l'Église, par exemple, quels que soient ses heurs et malheurs ; son irrésistible progression partout en Europe ; ses exigences comme l'éradication de l'esclavage ; son ingérence progressive dans les affaires temporelles en vertu de la conception qu'elle se faisait de l'État, de la royauté, de la hiérarchie et de la justice ; son rôle unificateur, notamment par la suppression progressive de ce qu'elle tenait pour des anomalies ou des phénomènes marginaux ; bref, son rôle stabilisateur : elle voulait une société en ordre, selon la théorie des *ordines* défendue par les meilleurs de ses clercs. Or le mouvement, la dispersion, l'instabilité étaient la loi même des vikings. Vers l'an mille, ces valeurs n'ont plus cours.

D'autre part — et le lien avec le magistère chrétien va de soi —, dans tous les pays victimes des vikings, France, Angleterre, Allemagne, Irlande, Russie, des pouvoirs forts se mettent en place, souvent d'ailleurs à cause des vikings eux-mêmes. Ils ont appris à les connaître, à se défendre

3. Paul Riant : *Expéditions et pèlerinages des Scandinaves en Terre Sainte*, Paris, 1865.

contre eux, à les utiliser le cas échéant, voire à les assimiler. On dira bientôt qu'ils leur doivent, en bonne partie, d'avoir pris conscience de leur personnalité véritable et de leur force. Alfred de Wessex n'aura été que l'initiateur d'une démarche qui se généralisera en Occident au cours des Xe et XIe siècles. Il aura fallu, au demeurant, des souverains particulièrement incapables, comme Charles le Simple ou Ethelred the Unready, pour rendre possibles les déprédations commises par les Scandinaves. Les exemples de l'Espagne mauresque ou de Byzance montrent bien qu'il était, dès l'origine, relativement facile d'interdire toute incursion aux vikings, ou de les réduire à leur véritable définition de commerçants.

En fait, si rapide que soit notre esquisse, on sent qu'il n'existe pas de cause directe, isolable et déterminante à la cessation du phénomène viking. Celui-ci a cessé parce qu'il s'était insensiblement vidé de sa substance. On n'a pas supprimé le viking, c'est lui-même qui s'est lentement dépossédé.

De même, le bilan de plus de deux siècles et demi d'activités vikings va nous amener à la conclusion qu'il est tout à fait abusif de faire d'eux le moteur de l'Histoire entre le IXe et le XIe siècle. Ils ont sans doute fortement contribué à son évolution, mais elle s'est opérée, non pas sans eux, mais malgré eux.

BILAN DE DEUX SIÈCLES ET DEMI D'ACTIVITÉS VIKINGS

On établira ce bilan avec une relative facilité, à condition de considérer le phénomène viking comme faisant partie d'un tout. Par principe le rôle des vikings se comprend mieux à long terme que dans ses apports immédiats. Ce que je voudrais suggérer, c'est que « les pirates du Nord » ont agi comme des ferments, des révélateurs, des facteurs d'éclosion : sous cet angle, leur importance est capitale, sur trois plans au moins, que nous envisagerons tour à tour.

D'abord sur le plan politico-économique, où l'on peut se montrer bref, en indiquant qu'ils ont créé ou contribué à créer des États ou des nations nouveaux. Ils ont suscité des courants d'échanges inexistants avant eux. Ils ont en quelque sorte revivifié un monde qui avait tendance à se refermer sur lui-même.

Les vikings ont contribué à créer des nations ou des États nouveaux. Il ne s'agit pas seulement de leurs colonies de peuplement — Islande, Groenland, Féroë — qu'ils ont annexées au monde scandinave, mais aussi du remodelage de nations préexistantes, auxquelles ils ont permis par leurs apports de développer des créations originales : la Normandie, bien entendu (avec plus tard, ses retombées sur l'Italie du Sud et la Sicile), la Grande-Bretagne, en pensant au Danelaw et à l'Irlande, mais aussi la Russie. Ils n'y ont rien inventé, ils se sont contentés (si l'on considère le phénomène dans ce que F. Braudel appelle la longue distance) de revitaliser et réorienter des structures fondamentales en y greffant leur apport. Je ne dis cependant pas que la Grande-Bretagne, par exemple, n'aurait pas fini par exister sans les vikings ; je dis que la physionomie qu'elle a acquise eût été bien différente sans eux. Ils y ont été des ferments de discordes, de changements et d'adaptations nécessaires, bref de vie. Admettons que la Russie, totalement slave, aurait fini par exister un jour : elle n'eût pas été telle qu'elle fut sans ses princes rūs.

Ils ont créé de nouveaux courants d'échanges, même à leur corps défendant. Nous avons vu comment ils avaient contribué à fonder des villes portuaires, des comptoirs, des vicus un peu partout, et, selon toute vraisemblance, leur nom provient de là : en Irlande, en Grande-Bretagne, en Frise, en France, en Russie et en Scandinavie même. Nous avons vu qu'ils avaient été le vecteur du déplacement de l'axe des échanges entre est et ouest. Leur action n'a pas seulement contribué à mettre en vedette ou à vitaliser les pays scandinaves, elle leur a permis d'entrer dans le concert européen. D'un point de vue actuel, cela peut sembler insignifiant, mais ce fut considérable au Moyen Âge.

Plus important : les danegelds successifs, dont nous avons souligné l'importance croissante, ont joué un rôle non négligeable dans l'évolution de l'économie européenne. En mettant en circulation une masse énorme de métaux précieux, thésaurisés jusque-là, ils ont à la fois ranimé une économie d'échanges et contribué à développer un système fiduciaire qui va désormais se généraliser. En fait, partout où on les trouve, ils sont responsables d'un intense brassage, d'hommes, de biens et de monnaies, ils mettent en contact des mondes jusque-là plus ou moins étrangers les uns aux autres. Du bouddha chinois trouvé à Helgö à la garde prétorienne du basileus, du poème eddique dit groenlandais au russenorsk encore parlé aujourd'hui au-delà de Kirkenes, de la décoration des croix de l'île de Man à l'épaule runique du lion du Pirée, l'observateur superficiel éprouve l'impression qu'ils furent partout. Du moins passèrent-ils partout où leur knörr pouvait s'insinuer, et cela a suffi.

On peut aller plus loin. J'ai noté que les vikings avaient fait prendre conscience à certaines grandes nations — la France, la Grande-Bretagne, la Russie — de leur unité naturelle en démontrant l'importance géographique, économique, stratégique et politique de villes comme Paris, Londres ou Kiev. Ils les ont conduites ainsi, par la force ou par ce que nous nommerions aujourd'hui le génie politique, à se rassembler autour d'un centre, à prendre conscience de leur personnalité.

On peut même avancer qu'ils ont donné à l'Occident le sentiment de son existence en tant qu'entité globale : il fut en effet contraint à mettre en place une défense commune et donc à se réorganiser politiquement, à inventer des pouvoirs centralisés plus forts, à procéder, comme le dit A. d'Haenens, à une « réorganisation du système et du réseau de dépendances et d'associations individuelles et collectives [4] ». Cet aspect des choses m'a toujours paru très important. Après tout, les vikings ou varègues étaient également familiers de l'Orient et d'une partie au moins de la rive méridionale de la Méditerranée. Mais c'est en Europe qu'ils ont bousculé et fait basculer les structures, car ils y étaient chez eux. Rien n'est moins barbare, au sens grec du terme, que les vikings. Pour diverses raisons, ils disposaient de ce ferment d'activité, de dynamisme qui se trouvait en sommeil au sud. Ils sont venus à point pour insuffler dans la personnalité (indo-)européenne l'élan qui lui manquait. On se sent fondé à affirmer qu'ils furent les premiers véritables Européens et, en nos temps de décloisonnement, d'abolition des frontières, l'exemple qu'ils ont

4. *Les Expéditions vikings. Une catastrophe ?*, *op. cit.*, p. 80.

donné mérite toute l'attention et le respect. D'autant que cette incessante confrontation à d'autres ethnies, d'autres langues et à d'autres cultures ne les a nullement empêchés de conserver intact leur quid proprii !

Retenons maintenant, et c'est peut-être le point le plus important (il est pourtant généralement escamoté) que la question doit être envisagée aussi sur le plan local. Car la Scandinavie représente le premier bénéficiaire des raids vikings, et pas uniquement pour des raisons économiques. Elle en a retiré une religion nouvelle avec la vision du monde correspondant ; un système politique et, par conséquent, une politique, la mise en place d'une sociologie nouvelle qui aura de très profondes et lointaines conséquences ; un art — notamment architectural — jusqu'alors inconnu, bref, une culture, au sens le plus large du terme, dont elle ne constituait jusqu'alors qu'un élément relativement marginal, même s'il était original.

En matière de culture, la Scandinavie a beaucoup gagné à ce jeu d'échanges : sa langue s'est enrichie d'apports anglo-saxons, bas-allemands, français même, et à l'inverse, l'Occident lui doit tout un vocabulaire, nautique pour l'essentiel, nous l'avons vu. Il ne convient pas d'exagérer l'importance de ces échanges, plus grande pour le Nord que pour le reste de l'Europe, mais ils ont représenté un précieux décloisonnement. Nous savons aussi l'importance des éléments juridiques véhiculés par les vikings partout où ils se sont installés : leurs lois civiles et surtout leurs institutions judiciaires et politiques ont laissé des traces durables, à commencer par nos jurys modernes qui leur doivent probablement leur existence.

C'est sans doute au niveau de l'esprit que les vikings avaient quelque chose à apporter, et là, leur intervention aura été des plus bénéfiques. J'ai vanté leur dynamisme conquérant, leur esprit d'entreprise, leur sens de l'organisation, leur souplesse pragmatique, leur amour de l'efficacité, leur sens des réalités, leur défiance vis-à-vis des principes abstraits. Je voudrais mettre en relief une autre de leurs qualités qui ne retient guère les observateurs : leur remarquable absence de préjugés. Il est vrai que leur religion (dans la mesure où nous pouvons prétendre la connaître) n'avait rien de dogmatique et que leur éthique n'admettait pas les exclusives. Cela leur a sans doute valu un manque de fanatisme, une ouverture, une curiosité qui sont autant de façons de qualifier cet art de l'adaptation dont nous avons tant parlé.

Mais il ne faudrait pas verser dans des excès contraires. J'ai voulu faire descendre le viking de son piédestal héroïque pour le restituer tel qu'il fut : un marchand, un aventurier particulièrement doué pour le commerce. Cela ne signifie pas que je veuille masquer les qualités d'audace, de bravoure et l'esprit d'entreprise de ces hommes. Prêter au viking un rôle important dans l'évolution de l'histoire au Moyen Âge ne signifie pas que le phénomène n'ait pas comporté ses limites. Tout bien pesé, l'influence viking n'aura pas été déterminante pour l'Europe centrale et méridionale, elle a été très vite résorbée en Europe orientale, et finalement assez peu durable en Europe occidentale. La conquête de l'Angleterre par Guillaume le Bâtard, l'avènement de la France capétienne ne lui sont redevables que de très loin. En fait, le viking aura surtout marqué son milieu « naturel », proche ou lointain, germanique comme scandinave.

LE MYTHE VIKING

Voici environ mille ans que dure le mythe viking [5], et j'estime que ce n'est pas faire tort à son prétendu bénéficiaire que de chercher à le démasquer. Au contraire, cet effort a des chances de le faire sortir, plus grand parce que plus vrai, du fatras de sornettes dont il a été victime, lui qui ne se payait pas de mots et qui proclame dans les *Hávamál*, strophe 81 :

C'est le soir qu'il faut louer le jour,
La femme, quand elle est brûlée [6]*,*
L'épée, quand on l'a éprouvée,
La vierge, quand elle est mariée,
La glace, quand on l'a traversée,
La bière, quand elle est bue.

5. Pour une étude détaillée, voir R. Boyer : *le Mythe viking dans les lettres françaises, op. cit.*

6. Allusion à une coutume qui n'est pas attestée dans nos sources noroises, mais qui a pu exister aux origines.

Le fond du problème, c'est que le viking relève du mythe du Nord (du Septentrion) tout court et qu'il y aurait beaucoup à dire à propos de ce mythe-là, qui justifierait un livre à lui tout seul. On ne s'y hasardera pas ici ; on notera seulement l'étrange cécité qui s'empare de nous presque systématiquement, dès que ce sujet est abordé, d'Abbon de Fleury à René Hardy. Je distinguerai quatre phases successives dans l'évolution de ce thème depuis mille ans.

Des origines (IXe siècle, Abbon de Fleury : *le Siège de Paris par les Normands*) à la fin du XVIIe siècle, la réaction ne varie pas et se trouve résumée tout entière par la fameuse oraison jaculatoire : *A furore Normannorum, libera nos, Domine*. Les forbans venus du Nord sont en fait le bras vengeur de Dieu venu châtier l'Occident de ses péchés, ils sont l'incarnation de Satan, les fils de Belial comme l'exprime Sedulius Scotus. La terreur suit ces sauvages :

> *Bouche d'home nel poet dire,*
> *L'occise et la grant martire*
> *Des cheitives e des cheitis.*
>
> (Denis Piramus)

Ce sont des païens maudits, fléau de Dieu comme Attila. Nous savons comment et pourquoi ces clichés sont nés sous la plume de clercs épouvantés. Comme le dit Guillaume de Jumièges, « on faisait des lieues entières [après leur passage] sans voir la fumée d'un toit, sans entendre aboyer un chien », et cette image a la vie dure puisque je la retrouve dans un manuel d'Histoire de la France à l'usage des classes de 10e et 9e, daté de 1967 [7].

Avec le XVIIIe siècle et le préromantisme, l'optique change soudain. Dans le sillage, conscient ou non, de Tacite, on voit les vikings déferler de leur Septentrion pour régénérer l'Occident avachi. Ce thème dangereux — on sait les sinistres retombées qu'il connaîtra au XXe siècle — ne fera que s'amplifier de génération en génération. Un historien, J.M. Chopin, déclarera en 1843 : « Dans le Nord se retranchent la liberté et la force, dans le Nord s'élaborent lente-

7. M. et S. Chaulanges : *Images et récits d'Histoire de France.*

ment les éléments de la régénération universelle. » C'est là une conséquence logique de la célèbre théorie des climats chère à Montesquieu et trop connue pour être rappelée ici. Elle se double d'une résurgence — que nous avons signalée plus haut (*supra* p. 77) — des théories du Got Jordanes dans sa *Getica* où il fait du Nord la *vagina nationum, l'officima gentium* : les hordes déferlantes des vikings ont donné naissance à ce qu'il y a de meilleur dans notre Europe. S'il est une idée fixe — et fausse — vraiment insoutenable, c'est celle de la surpopulation du Nord qui aurait justifié ces incursions vikings. Il suffit de connaître un peu la Scandinavie, aujourd'hui encore, pour constater à quel point la vie y demeure difficile (surtout en ère de culture agraire). Comment pourrait-on imaginer que ce fut l'excédent d'une population pléthorique qui aura fourni les innombrables armées des « fiers enfants du Nord ». Jordanes pensait certainement au déferlement qui eut lieu lors des grandes invasions et, en vérité, l'inconscient collectif, jusqu'à nos jours inclusivement, doit bien véhiculer des images quasi immémoriales qui pourraient remonter à ces temps-là. Je ne vois pas, pour ma part, d'autre explication à une légende parfaitement controuvée. Ajoutez-y une confusion généralisée, à la faveur de la diffusion des prétendus poèmes d'Ossian, entre Scandinaves et Celtes : le principal responsable en est P.H. Mallet, pourtant bien instruit de la question. Le motif barbare s'en trouve considérablement enrichi. Plus inattendue, l'idée lancée par Gobineau selon laquelle le Nord serait le berceau de la chevalerie !

On sait comment Rollon et sa bande hardie
Se firent délivrer les clefs de Normandie,
Et toujours les plus forts et partout les premiers ;
De marins qu'ils étaient devinrent chevaliers.

L'arrière-pensée n'a pas varié depuis le Moyen Âge : il fallait à lOccident exsangue et corrompu ce ferment pur et dur pour remettre en honneur les véritables idéaux virils et humains. Il est surprenant de voir Chateaubriand lui-même donner tête baissée dans ce piège : « Lorsque la Barbarie envahit la Civilisation, elle la fertilise par sa vigueur et par sa jeunesse. Quand, au contraire, la Civilisation envahit la Barbarie, elle la laisse stérile » (*Analyse de l'Histoire de France*). Tant il est établi que l'on se trouve devant « une race supérieure », une civilisation exemplaire, des individus d'élite, dès qu'il s'agit (pour reprendre encore une expression de Chateaubriand) des « grands Barbares blancs ». Ce motif ne cessera plus de hanter les imaginations, il provoquera jusqu'à nos jours la débauche de superlatifs que ne peut s'empêcher de déchaîner quiconque veut parler des vikings, sans connaissance de cause.

On devine que le romantisme se jettera avec passion sur le sujet. En l'orientant d'abord dans un sens qui correspond à sa propre imagerie et que résume admirablement un vers de Baudelaire, qui ne pensait sûrement pas aux vikings : « Homme libre, toujours tu chériras la mer. » On y trouve les deux axes autour desquels graviteront longtemps les figures du mythe, la liberté superbe et la découverte de la mer. Précisons toutefois qu'à partir du début du XIXe siècle, les Scandinaves eux-mêmes contribueront à exalter aussi le motif. C'est l'âge où, dans le Nord, en vertu du principe d'éveil des nationalités commun à toute l'Europe, les pays scandinaves remettent à l'honneur leur antiquité en la dotant d'un prestige censé fonder leur grandeur. Je ne puis mieux faire que de citer un extrait du fameux poème du Suédois Geijer, dans la traduction qu'en publia Xavier Marmier en 1839 [8] :

> J'avais quinze ans. La cabane que j'habitais avec ma mère me parut étroite. Je gardais mes chèvres tout le jour. Le temps me parut long. Mon esprit changea et mes idées aussi. Je rêvais, je pensais à je ne sais quoi. Mais je n'étais plus, comme autrefois, joyeux dans la forêt. Je m'élançais avec impétuosité au sommet des montagnes. Je regardais vers le vaste océan, et il me semblait entendre les vagues chanter un chant si doux. Les vagues qui se précipitent dans la mer écumante viennent d'une terre lointaine. Aucune chaîne ne les retient. Elles ne connaissent aucun lien.
>
> Un matin, debout sur la rive, j'aperçus un vaisseau. Il s'élança dans la baie comme une flèche. Mon âme tressaillit. Ma pensée s'enflamma. Je savais d'où venait ma fatigue. Je quittai ma mère et mes chèvres, et le Viking m'emporta sur un vaisseau à travers l'Océan.

---

8. *Littérature de Danemark et de Suède*, 1839, II, pp. 437-442. E.G. Geijer a vécu de 1783 à 1847, c'est l'un des grands poètes et prosateurs romantiques suédois.

> Le vent soufflait avec force dans les voiles, et nous fuyions sur le dos des vagues. La pointe des montagnes s'efface dans une teinte bleuâtre ; moi, je me sens le cœur si joyeux, si ferme. Je porte dans ma main l'épée rouillée de mon père, et je jure de conquérir un royaume sur la mer. À seize ans, je tuai le Viking qui m'appelait homme imberbe et sans force. Je devins roi de la mer. Je m'élançai sur les vagues au milieu des combats sanglants. Je descendis à terre. Je pris des forteresses, des châteaux ; et mes compagnons et moi, nous buvions le mioed à longs traits sur les flots orageux. [...] Je me choisis une jeune fille dans le pays de Galles. Elle pleura trois jours, puis elle se consola et notre mariage fut célébré joyeusement sur la mer. [...] J'ai vingt ans. La mort viendra bientôt. La mer a soif de mon sang ; elle l'a bu tout chaud à la suite des combats. Bientôt ce cœur ardent, qui bat encore si vite, dormira dans le froid tombeau des vagues. [...] La mer chante mon chant de mort. J'ai vécu sur les ondes ; je serai enseveli dans les ondes.

Tout est mis en place ici pour permettre les multiples développements à venir, où règne sans partage le mot aventure (au singulier comme au pluriel), où bravoure et férocité sont toujours au rendez-vous et où plane fièrement la devise révolutionnaire : la liberté ou la mort. Ajoutons-y une exaltation inattendue de la femme viking, « sexe divin », selon Pierre Victor. Il est clair que les « fiers enfants du Nord » ont bénéficié d'une sorte de transfert par lequel ils cristallisaient en eux toutes les rêveries attachées aux héros romantiques. Un pas de plus et le viking servira de relais à l'Uebermensch nietzschéen. Ce sera un homme fatal, animé de ces fureurs sacrées propres à Óđinn et à ses guerriers-fauves, les berserkir ; il deviendra le maître d'une souveraine épopée, irrésistible et dépassant nos catégories morales bourgeoises. Gobineau, dans *Manfrédine* (1849), poussera l'idée à son paroxysme. Il s'adresse au « Normand Trosti » :

> *... Sache d'abord*
> *Que tu n'as pas d'égal chez les hommes du Nord,*
> *Et que par l'action que tu viens de poursuivre*
> *Ton nom dans l'avenir a mérité de vivre.*
> *Ainsi tu feras naître une race de forts*
> *Qui saura s'inspirer de tes hardis transports*

Et voici la péroraison :

Oui ! la race normande est grande sur la terre,
On sait comme son bras a courbé l'Angleterre,
Comme, des mers du Nord fendant les flots sans fin,
Malgré le froid, la glace et la soif et la faim
Et les ours et la mort sous ses mille visages,
Elle a de l'Amérique abordé les rivages.

L'âge moderne n'échappera guère à ces dangereuses enflures. Le viking a pris maintenant des dimensions gigantesques : « Moi, dis-je, et c'est assez ! » Voyez les propos que met dans sa bouche P. Castéla [9] :

Je n'ai jamais subi la plus faible défense.
Les dieux sont mes vassaux, le seul Maître, c'est Moi.

Ou encore selon les termes d'A. Manguin : « C'étaient vraiment des hommes. » Il reste entendu qu'une précellence quasi congénitale s'attache au personnage ; les vikings sont « premiers partout » (M. de Saint-Pierre). Et comme l'information et la documentation s'améliorent malgré tout, et que quelques études averties commencent à se diffuser, c'est la civilisation des anciens Scandinaves que l'on met en valeur, pour en démontrer la supériorité, bien entendu.

Récemment encore, et même sous une forme atténuée, on retrouve ces déformations quasi inévitables. Des romans comme *Les Vikings* de Paul Vialar, des traductions comme celle d'*Orm le Rouge* de F.G. Bengtsson, des bandes dessinées, au premier rang desquelles il faut citer *Astérix et les Normands*, ou bien se livrent à une débauche de technicité mal informée, ou bien donnent dans l'érotisme et la truculence, tant il apparaît indispensable de conserver quelque chose d'exceptionnel à ce héros des temps modernes. Ce qui nous ramène à la thématique dont je suis parti et qu'exprime un certain Normandy :

---

9. *La Saga de Ragnar Lodbrok*, Montpellier, 1924.

C'est le Nord glorieux, superbe et triomphal !
C'est le Nord orgueilleux de son passé splendide,
C'est le Nord indomptable, héroïque et païen,
Le Nord qui rêve et crée, — c'est le Nord plébéien
Qui dit aux flots « Arrière ! » et des glèbes humides
Fait un Océan vert devant l'océan perle,
Le Nord aux reins d'acier, le Nord au front énorme,
Le Nord aux soirs de sang où des luxures dorment,
Le Nord aux pins dressés dans le vent qui déferle [10] *!*

Barbare satanique, preux chevalier sans peur et sans reproche, surhomme régénérateur, incarnation titanesque du Mal, témoin et flambeau d'une civilisation supérieure, brute salace et truculente : il y a toujours eu quelque chose d'excessif, sinon de trouble, dans l'image que nous véhiculons du viking, sur fond de mer déchaînée, de sang, de beuveries, de runes sacrées. Bruit et fureur. Sang, volupté et mort. Voilà mille ans que le viking est le témoin de la fièvre de notre imagination littéraire.

Il ne mérite pourtant pas plus ces excès d'honneur que cette indignité. Si l'on tient à lui restituer sa véritable valeur, il conviendrait d'essayer de le considérer de manière objective et quasi fraternelle. L'image que nous garderions de lui et des siens, telle que je me suis efforcé de la dégager dans ce livre, serait alors celle d'hommes résolus, portés par une culture et une civilisation efficaces et intéressantes, à qui la conjoncture a grandement profité et qui ont su l'exploiter. Ils ne furent, sinon d'aventure, ni des héros ni des forbans. On pourrait se contenter de dire qu'ils coïncidèrent avec les grandes lignes de force de la civilisation dont ils étaient les porteurs. Jaugés à cette mesure, ils furent seulement humains, pleinement humains. Et par là, tout est dit.

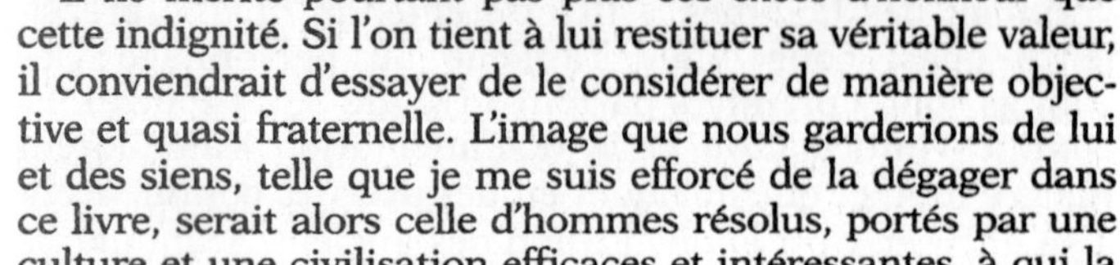

10. Cité dans l'*Anthologie des poètes français contemporains*, par G. Walch, Paris, Delagrave, 1909, éd. de 1958, t. III, p. 513.

BIBLIOGRAPHIE

Nous n'avons pas cherché, ici, à proposer une bibliographie, même approximative, du sujet : elle serait trop considérable. Ce sont plutôt des indications d'ordre général proposées au lecteur, compte tenu du fait que les notes renvoient fréquemment à des études de détail.

En tout état de cause, il existe au moins trois ouvrages ou revues indispensables à qui veut étudier de près le sujet :

— le *Kulturhistoriskt Lexikon för nordisk medeltid*, Malmö, I-XXII, 1956-1978. Indispensable pour l'étude de la civilisation en particulier. Système de renvois internes fort pratique.

— l'encyclopédie *Nordisk Kultur*, København, I-XXX, 1930-1956. Chaque volume est centré sur un thème donné. Certains volumes ont un peu vieilli mais l'ensemble demeure précieux.

— la revue *Viking*, publiée à Oslo.

QUELQUES BONS OUVRAGES DE SYNTHÈSE (qui contiennent à peu près tous de longues bibliographies) :

— Almgren B. et alia : *Vikingen*, Göteborg, 1967. Fondamental pour une reconstitution correcte, à partir de l'archéologie, de la civilisation du viking. Existe en adaptation française par M. de Boüard : *les Vikings*, Paris, Hatier, 1972.

— Arbman H. : *The Vikings*, trad. A. Binns, 1961.

— Steenberger M. : *Vikingar i västerled*, Stockholm, 1935.

— Bloch M. : *la Société féodale*, Paris, 1939 (notamment pp. 28-66).

— Brøndsted J. : *The Vikings*, London, 1960.

— Clover C.J. & Lindow J., éd. : *Old Norse-Icelandic Literature. A Critical Guide*, Islandica XLV, Ithaca, 1985. Absolument indispensable pour tout ce qui concerne la culture des vikings.

— Foote P.G. & Wilson D.M. : *Viking Achievement*, London, 1970. Un modèle dont a largement profité notre livre.

— Graham-Campbell J. : *The Viking World*, London, 1980.

— Graham-Campbell et Kidd D. : *The Vikings*, London, 1980. Le dernier mot en matière d'archéologie.

— Haenens A. d' : *les Invasions normandes, une catastrophe ?* Paris, Flammarion, 1970. Très bref mais excellent, surtout pour l'évaluation des sources.

— Haywood John : *Atlas des Vikings 789-1100. De l'Islande à Byzance : les routes du commerce et de la guerre*, Paris, Autrement, 1996.

— Jones Gwyn : *A History of the Vikings*, Oxford, 1968. En dépit des positions « juvéniles » de l'auteur, un excellent ouvrage que nous avons également beaucoup utilisé.

— Loyn H.R. : *The Vikings in Britain*, London, 1978.

— Magnússon M. : *Vikings !*, London, 1980.

— Musset L. : *les Peuples scandinaves au Moyen Âge*, Paris, 1951.

— Musset L. : *les Invasions : le second assaut contre l'Europe chrétienne (VIIe-XIe siècles)*, Paris, PUF, 1965. Indispensable.

— *Mélanges offerts à Lucien Musset, Cahiers des Annales de Normandie*, Caen, 1989.

— Ramskou Th. : *Vikingetiden, Skibet, Svaerdet og Vaegten*, København, 1962.

— Randsborg K. : *The Viking Age in Denmark ; The Formation of a State*, London, 1980.

— Renaud Jean : *les Vikings et la Normandie*, Éd. Ouest-France, 1989.

— Roesdahl Else : *Danmarks vikingetid*, København, 1980.

— Roesdahl Else : *Vikingernes verden*, København, 1987.

— Sawyer Ph. : *The Age of the Vikings*, London, 1962.

— Sawyer Ph. : *Kings and Vikings (Scandinavia and Europe, A.D. 700-1100)*, London, 1981. Indispensables tous les deux. Le point de vue de l'auteur pèche souvent par excès de critique, mais les vues sont fort saines et remarquablement documentées.

— Simpson J. : *Everyday Life in the Viking Age*, London, 1967. Certainement la meilleure étude sur la question.

— Stenberger M. : *Den forntida Sverige*, 3e éd. Stockholm, 1979.

— Wilson D.M. : *The Vikings in England*, London, 1981.

LES SOURCES

Elles sont de six sortes, et nous les avons beaucoup utilisées dans cet ouvrage.

Sources d'origine continentale

— *Annales Bertiniani*, G. Waitz éd., SSRG, Hanover, 1883. En français par F. Grat, J. Vielliard, S. Clémencet, Paris, 1964. En danois dans E. Albrectsen : *Vikingerne i Franken*, Odense, 1981.

— *Annales Regni Francorum*, G.H. Pertz et F. Kurtze éd., SSRG, Hanover, 1895. Également dans Albrectsen cité *supra*.

— *Annales Fuldenses*, F. Kurze éd., SSRG, Hanover, 1891. Également dans Albrectsen *supra*.

— Einhard : *De vita Karoli Magni*, G.H. Pertz éd., SSRG, Hanover, 1845, *Annales, ibid.*

— *Les Annales de Flodoard*, Ph. Lauer éd., Paris, 1905.

— *Fontes historiae religionis germanicae*, coll. C. Clemen, Berlin, 1928.

— *Hamburgisches Urkundenbuch*, J.M. Lappenberg, A. Hagedorn, H. Nirrnheim, éd., I-III, Hambourg, 1842-1953.

— Guillaume de Jumièges : *Gesta normannorum ducum*, J. Marx éd., Rouen et Paris, 1914.

— *Dudonis sancti Quintini de moribus et actis primorum Normanniae ducum*, M.J. Lair éd., Caen, 1865.

— Jordanes : *Getica*, Th. Mommsen éd., Berlin, 1882.

— *Recueil des actes de Charles II le Chauve*, M. Prou, F. Lot et G. Tessier éd., Paris, 1943-1955.

— *Recueil des actes de Charles III le Simple*, P. Lauer éd., Paris, 1940.

— *Recueil des actes des ducs de Normandie, 911-1066*, Marie Fauroux éd., Caen, 1961.

Adam de Brême : *Gesta hammaburgensis ecclesiae pontificum*, J.M. Lappenberg éd. dans *Monumenta germanica historica scriptores*, Hanover, 1846. Traduction française : *Histoire des archevêques de Hambourg avec une Description des îles du Nord*, traduit du latin, présenté et annoté par Jean-Baptiste Brunet-Jailly, Paris, NRF, L'aube des peuples, 1998.

— Reginon de Prüm : *Chronique (Regionis Chronica)*, R. Rau éd., Darmstadt, 1966.

— Wace : *le Roman de Rou et des ducs de Normandie*, H. Andresen éd., Heilbronn, 1877-1879.

— Widukind : *Chronica Saxonum*, H.E. Lohmann et P. Hirsch éd., SSRG, Berlin, 1935.

Sources hagiographiques

— Anskar : *Vita Anskarii auctore Rimberto*, G. Waitz éd., SSRG, Hanover, 1884. Existe en anglais dans une traduction de C.H. Robinson : *Anskar, the Apostle of the North*, 1921.

— Ermentaire : *Vie et miracles de saint Philibert*, dans A. Giry : *Monuments de l'histoire des abbayes de saint Philibert*, 1905.

— Thietmar de Merseburg : *Merseburgensis Episcopi Chronicon*, R. Holtzmann éd., SSRG, Berlin, 1935.

Sources anglaises et celtiques

— L'*Orosius* du roi Alfred de Wessex a été édité par H. Sweet, 1883. Les récits des voyages d'Ohthere et de Wulfstan ont été traduits de nombreuses fois en diverses langues. Voir les notes de la page 131 de ce livre.

— *Anglo-Saxon Chronicle. Two of the Saxon Chronicles Parallel*, C. Plummer and J. Earle éd., 1892, rééd. D. Whitelock, 1952. Trad. D. Whitelock, D.C. Douglas and S.I. Tucker : *The Anglo-Saxon Chronicle*, 1961 (ou G.N. Garmonsway : *The Anglo-Saxon Chronicle*, 1960).

— *Chronicon Aethelweardi*, A. Campbell éd., 1962.

— *Encomium Emmae*, ed. and transl. A. Campbell, 1949.

— *Annals of the Kingdom of Ireland by the Four Masters*

(Annala Riogachta Eireann) I-VII, J. O'Donovan éd., Dublin, 1851, 1856.

— *Annals of Inisfallen*, S. Mac Airt éd., Dublin, 1951.

— *Cogadh Gaedhel re Gallaibh. The War of the Gaedhil with the Gaill*, J.H. Todd éd., Rolls Series, London, 1867.

— *Three Fragments of Irish Annals* J. O'Donovan éd., Dublin, 1860.

— *Annales Cambriae*, J. Williams ab Ithel éd., 1860.

Sources relatives aux Rūs

Avant tout, l'ouvrage monumental d'Omelian Pritsak : *The Origin of Rus'*, vol. I, *Old Scandinavian Sources other than the Sagas*, Harvard, 1981 (avec une bibliographie quasi exhaustive).

— Constantin Porphyrogénète : *De administrando imperio*, G. Moravcsik éd., English transl. by R.J.H. Jenkins, I-II, Budapest, 1949-1962.

— *Russian Primary Chronicle : Povest'vremennych let*, E.F. Karsky éd., Leningrad, 1926. Trad. anglaise par S.H. Cross et O.P. Sherbowitz-Wetzor, Cambridge, Mass., 1953.

Sources arabes

— *Rerum normannicarum fontes arabici*, A. Seippel éd., I-II, Oslo, 1896-1928.

— Birkeland H. : *Nordens historie i middelalderen etter arabiske kilder*, Olso, 1954.

— Zeki Validi Togan A. : *Ibn Fadlân's Reiseberichte*, Leipzig, 1939.

— *Ibn Fadlân. Voyage chez les Bulgares de la Volga*, trad. M. Canard, Paris, Sindbad, 1988.

Sources scandinaves

— *Ágrip af Nóregs konunga sögum*, F. Jónsson éd., København, 1929.

— *Edda die Lieder des Codex Regius nebst verwandten Denkmälern*, G. Neckel éd., 4te umgearbeitete Auflage von H. Kuhn, Heidelberg, 1962. Dernière trad. française R. Boyer dans Boyer & E. Lot-Falck : *les Religions de l'Europe du Nord*, Paris, Fayard, 1974. Rééd. revue et corrigée : R. Boyer : *L'Edda poétique*, Fayard, 1992.

— *Edda Snorra Sturlusonar*, F. Jónsson éd., København, 1926. Traduction française : *L'Edda, récits de mythologie nordique par Snorri Sturluson*, traduit du vieil islandais, introduit et annoté par F.X. Dillmann, Paris, Gallimard, L'aube des peuples, 1991.

— La plupart des sagas utilisées dans notre livre ont été traduites en français par R. Boyer : *Sagas islandaises*, Paris, Gallimard, Bibliothèque de la Pléiade, 1987, qui comporte aussi une longue bibliographie.

— *Grágás* ; V. Finsen éd., I-III. København, 1852-1883.

— *Grønlands Historiske Mindesmaerker*, C.C. Hrafn éd., I-III, København, 1838-1845.

— *Guta Lag och Guta Saga*, H. Pipping éd., København, 1905-1907.

La *Guta Saga* a aussi été traduite en français par J.M. Maillefer, dans *Études germaniques*, 1987.

— *Heimskringla*, Bjarni Aðalbjarnarson éd., I-III, Reykjavík, 1946-1951. Bon nombre de textes (la *Saga de Harald l'Impitoyable*, la *Saga de saint Óláf*) ont été traduits en français par R. Boyer ou par I. Cavalié (la *Saga des Ynglingar*).

— *Íslendingabók*, ed. and transl. H. Hermansson, New York, 1930.

— *Landnámabók*, J. Benediktsson éd., Íslenzk Fornrit 1-2, Reykjavík, 1978. Traduction intégrale par Régis Boyer : *Livre de la colonisation de l'Islande, traduit de l'islandais ancien, annoté et commenté par Régis Boyer*, Turnhout, Brepols, 2000.

— Langevek J. : *Scriptores rerum Danicarum medii aevi* I-IX, København, 1772-1878.

— *Norges Gamle Love indtil 1387*, I-V, R. Keyser et alia éd., Christiana, 1846-1895,

— *Samling af Sveriges Gamla Lagar*, J. Schlyter éd., I-XIII, Lund, 1827-1877.

— Saxo Grammaticus — *Gesta Danorum*, A. Holder éd., Strasbourg, 1886. Traduction française : *La Geste des Danois par Saxo Grammaticus*, traduit du latin par Jean-Pierre Troadec, Paris, Gallimard, L'aube des peuples, 1995.

— F. Jónsson — *Den norsk-islandske Skjaldedigtning* I-II, København, 1912-1915. Voir Régis Boyer : *La poésie scaldique*, dans Typologie des sources du Moyen Âge occidental, Fascicule 62, A-VII.B.2*, Turnhout, Brepols, 1992.

LITTÉRATURE SECONDAIRE
(un choix seulement)

— Andersen H.H. et alia : *Danevirke*, I-II, København, 1976.

— Andersson T. and Sandred K.I. éd. : *The Vikings*, Proceedings of the Symposium of the Faculty of Arts of Uppsala University, Uppsala, 1978.

— Arbman H. : *Birka I : Die Gräber*, I-II. Uppsala, 1940-1943.

— Askeberg F. : *Norden och kontinenten i gammal tid*, Uppsala, 1944.

— Dalberg V. & Kousgård Sørensen J. : *Stednavne-forskning*, I-II, København, 1972-1979.

— Dolley M. : *Viking Coins of the Danelaw and of Dublin*, London, 1965.

— Eldjárn K. : *Kuml og haugfé ur heiđnum siđ á Íslandi*, Akureyri, 1956.

— Fellows Jensen G., auteur de nombreux travaux sur les toponymes. Voir par exemple. *Scandinavian Settlement Names in the East Midlands*, Copenhagen, 1978.

— Geijer A. : *Birka III. Die Textilfunde aus den Gräbern*, Uppsala, 1938.

— Hagen A : *Norges Oldtid*, Oslo, 1967.

— Holmquist W. : *Swedish Vikings on Helgö and Birka*, Stockholm, 1979.

— Jankuhn H. : *Haithabu. Ein Handelsplatz der Wikingerzeit*, 4e éd. Neumünster, 1963,

— Jansson S.B.F. : *The Runes of Sweden*, London, 1962.

— Jóhannesson J. : *A History of the Old Icelandic Commonwealth*, Winnipeg, 1974.

— Johnsen A.O. : *Fra aettesamfunn til statssamfunn*, Oslo, 1948.

— Jones G. : *The Norse Atlantic Saga*, Oxford, 1964.

— Klindt-Jensen O. : *Vikingarnas värld*, Stockholm, 1967.

— Krogh K.J. : *Viking Greenland*, Copenhagen, 1967.

— Lindquist S. : *Gotlands Bildsteine* I-II, Stockholm, 1941-1942.

— Lot F. : *Recueil des travaux historiques de Ferdinand Lot*, vol. 2, Genève, 1970.

— Malmer B. : *Nordiska mynt före år 1000*, Lund, 1966.

— Meulengracht Sørensen P. : *Saga og samfund. En indføring i Oldislandsk litteratur*, København, 1977.

— Olsen M. : *Farms and Fanes of Ancient Norway*, Oslo, 1928,

— Olsen O. & Crumlin-Pedersen O. : *Five Viking Ships from Roskilde Fjord*, Roskilde, 1978.

— Ruprecht A. : *Die ausgehende Wikingerzeit im Lichte der Runeinschriften* (*Palaestra* 224), Göttingen, 1958.

— Schmidt K.R. éd. : *Varangian Problems* (*Scando-Slavica*. Supplementum I), Copenhagen, 1970.

— Shetelig H. éd. : *Viking Antiquities in Great Britain and Ireland*, I-VI, Oslo, 1940-1954.

— Shetelig H. & Falk Hj. : *Scandinavian Archaeology*, transl. E.V. Gordon, London, 1938.

— Sjøvold T. : *The Viking Ships in Oslo*, Oslo, 1979.

— Skaare K. : *Coins and Coinage in Viking-Age Norway*, Oslo, 1976.

— Skovgaard-Petersen I. et alii : *Danmarks historie*, I, *Tiden indtil 1340*, Copenhagen, 1977.

— Smyth A.P. : *Scandinavian York and Dublin*, I-II, Dublin, 1975-1979.

— Stender-Petersen A. : *Varangica*, Aarhus, 1953.

— Stenton EM. : *Anglo-Saxon England*, 3rd ed., Stockholm, 1979.

— Strand B. : *Kvinnor och män in Gesta Danorum*, Göteborg, 1980.

— Ström F. : *Nordisk hedendom. Tro och sed i förkristen tid*, Göteborg, 1961.

— Thomsen V. : *Det russiske riges grundlaeggelse ved Nordboerne*, dans *Samlede Afhandlinger* I, éd. revue de sa thèse de 1877.

— Turville-Petre E.O.G. : *Origins of Icelandic Literature*, Oxford, 1953.

— Turville-Petre E.O.G. : *Myth and Religion of the North*, London,1965.

— Vogel W. : *Die Normannen und das fränkische Reich bis zur Gründung der Normandie (799-911)*, Heidelberg,, 1906.

— Wessén E. : *Historiska Runinskrifter*, Stockholm, 1960.

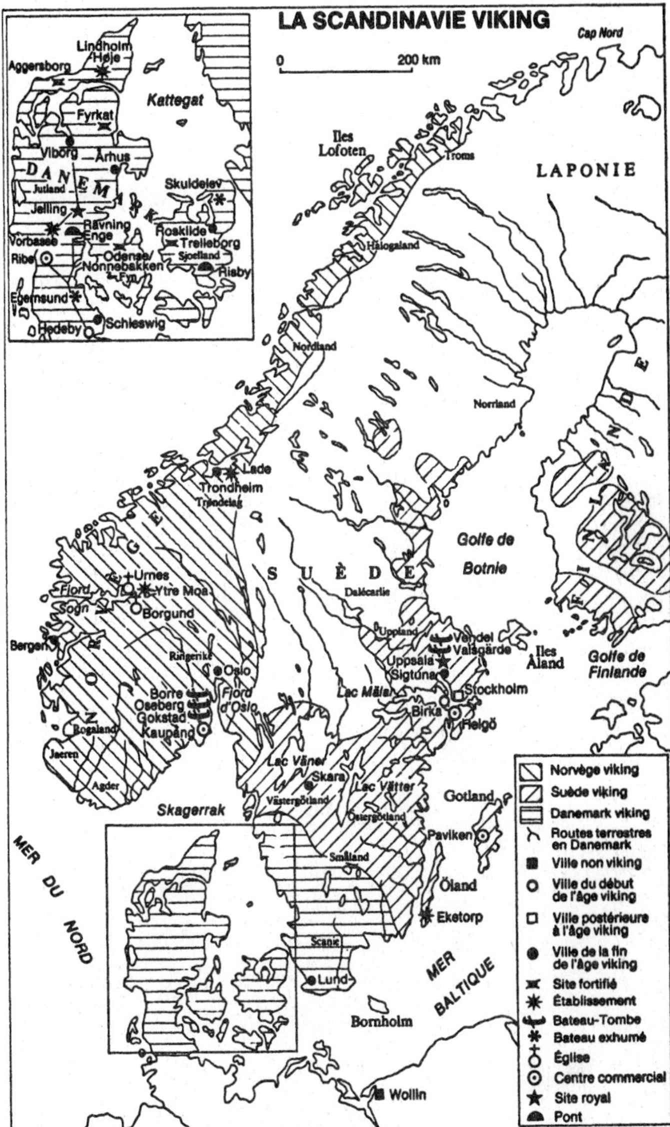

(d'après James Graham-Campbell : « *The Viking World* » Frances Lincoln. London. 1980)

Carte : Patrick Mérienne

(d'après James Graham-Campbell : « *The Viking World* » Frances Lincoln. London. 1980)

Carte : Patrick Mérienne

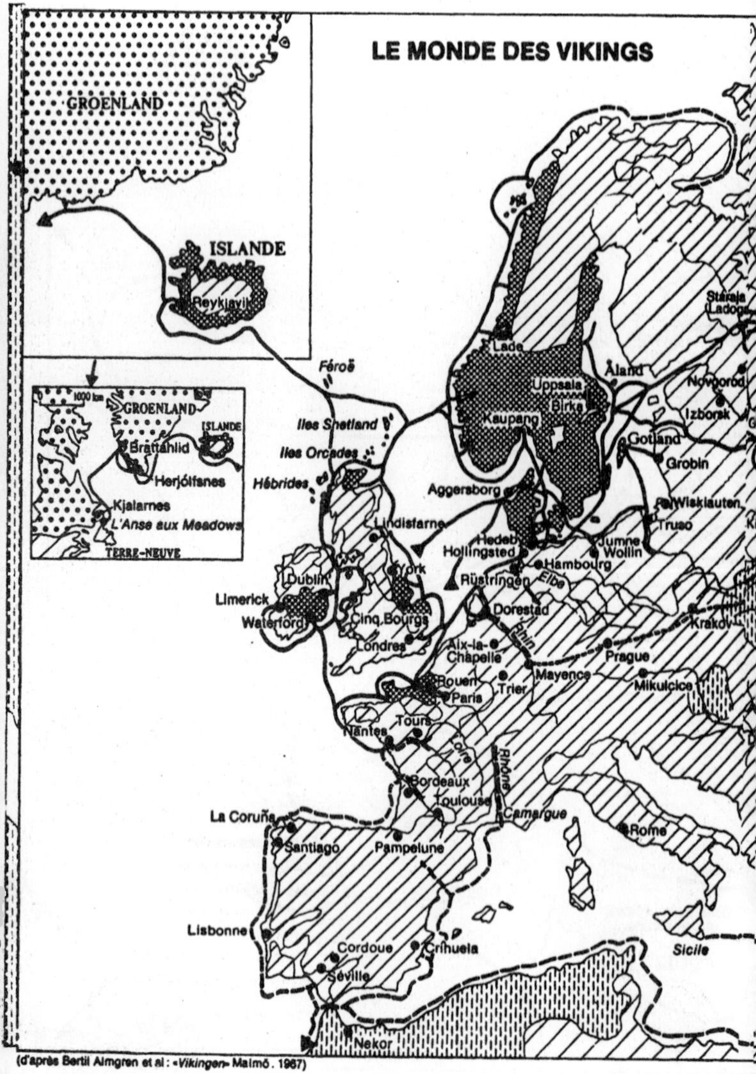

(d'après Bertil Almgren et al : «Vikingen» Malmö. 1967)

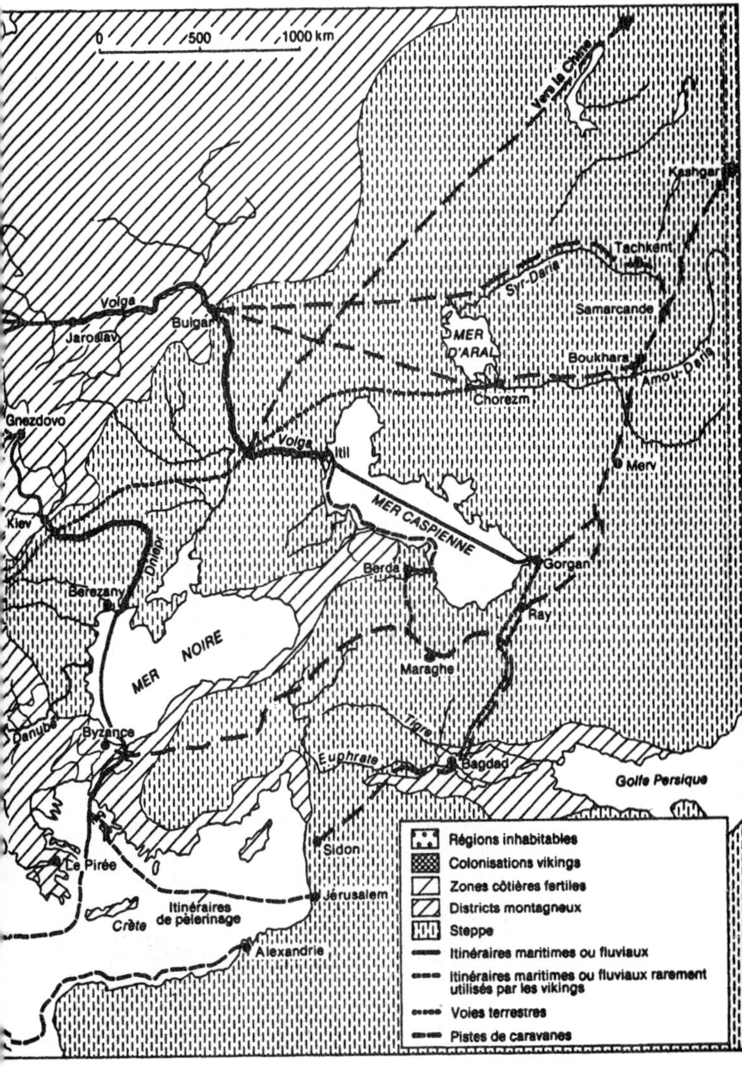

Carte : Patrick Mérienne

INDEX DE QUELQUES THÈMES OU NOTIONS (EN PLUS DE CEUX QUI SE DÉDUISENT DE LA LECTURE DE LA TABLE DES MATIÈRES)

INDEX DES PRINCIPAUX NOMS PROPRES

TABLE DES ILLUSTRATIONS IN TEXTE

TABLE

collection tempus
Perrin

DÉJÀ PARU

480. *La vie des Huns* – Marcel Brion.
481. *Histoire de Belgrade* – Jean-Christophe Buisson.
482. *Allemagne IIIe Reich* – Mathilde Aycard, Pierre Vallaud.
483. *Le Moyen Age, ombres et lumières* – Jean Verdon.
484. *La saga des Habsbourg* – Jean des Cars.
485. *Aimé Césaire* – Romuald Fonkoua.
486. *L'art du commandement* – John Keegan.
487. *L'histoire des papes, de 1789 à nos jours* – Bernard Lecomte.
488. *Vercingétorix* – Paul M. Martin.
489. *Le défilé des réfractaires* – Bruno de Cessole.
490. *Hitler parle à ses généraux* (prés. Helmut Heiber).
491. *Hermann Goering* – François Kersaudy.
492. *L'affaire des Poisons* – Jean-Christian Petitfils.
493. *Les trente glorieuses chinoises* – Caroline Puel.
494. *La résistance allemande à Hitler* – Joachim Fest.
495. *Histoire des auteurs* – Isabelle Diu, Elisabeth Parinet.
496. *Madame du Barry* – Jacques de Saint Victor.
497. *Dominique de Roux* – Jean-Luc Barré.
498. *Thierry Maulnier* – Étienne de Montety.
499. *Tocqueville* – Jean-Louis Benoît.
500. *Combattant de la France Libre* – Jean-Mathieu Boris.
501. *Himmler*, tome I, *1900-septembre 1939* – Peter Longerich.
502. *Himmler*, tome II, *septembre 1939-mai 1945* – Peter Longerich.
503. *Portraits-souvenirs* – Alain Duhamel.
504. *Le complexe de l'autruche* – Pierre Servent.
505. *L'abbé Mugnier* – Ghislain de Diesbach.
506. *Le Prince* – Nicolas Machiavel.
507. *La traque d'Eichmann* – Neal Bascomb.
508. *Churchill et Hitler* – François Delpla.
509. *Histoire de la Corse et des Corses* – Jean-Marie Arrighi, Olivier Jehasse.
510. *De la guerre en Amérique* – Thomas Rabino.
511. *Histoire du Japon médiéval* – Pierre-François Souyri.
512. *1492, un monde nouveau ?* – Bartolomé et Lucile Bennassar.
513. *Napoléon et la guerre d'Espagne* – Jean-Joël Brégeon.
514. *Bismarck* – Jean-Paul Bled.
515. *La Lorraine des ducs* – Henry Bogdan.

516. *Morts pour Vichy* – Alain Decaux.
517. *La duchesse de Chevreuse* – Denis Tillinac.
518. *Histoire intellectuelle des droites* – François Huguenin.
519. *Les crimes de la Wehrmacht* – Wolfram Wette.
520. *L'exode* – Éric Alary.
521. *Les soldats de la honte* – Jean-Yves Le Naour.
522. *Histoire des États-Unis*, tome I, *L'ascension, 1865-1974* – Pierre Melandri.
523. *Histoire des États-Unis*, tome II, *Le déclin ?, Depuis 1974* – Pierre Melandri.
524. *Talleyrand* – Louis Madelin.
525. *Histoire des murs* – Claude Quétel.
526. *Les miscellanées d'un Gallo-Romain* – Lucien Jerphagnon.
527. *Anne de Bretagne* – Philippe Tourault.
528. *Charlemagne* – Georges Minois.
529. *Diên Biên Phu* – Pierre Pellissier.
530. *La dernière chance* – Yves-Marie Bercé.
531. *À la recherche du temps sacré* – Jacques Le Goff.
532. *Les Hohenzollern* – Henry Bogdan.
533. *Paris révolutionnaire* – G. Lenotre.
534. *L'homme Napoléon* – Louis Chardigny.
535. *Hitler chef de guerre* – Philippe Masson.
536. *Histoire du Consulat et de l'Empire* – Jean-Paul Bertaud.
537. *Hitler et le Vatican* – Peter Godman.
538. *Souvenirs de la campagne de France* – Baron Fain.
539. *Les derniers secrets du Vatican* – Bernard Lecomte.
540. *Dictionnaire des fascismes et du nazisme*, tome I, *A-M* – Serge Berstein, Pierre Milza.
541. *Dictionnaire des fascismes et du nazisme*, tome II, *N-Z* – Serge Berstein, Pierre Milza.
542. *Ciano* – Michel Ostenc.
543. *Histoire de la marine allemande* – François-Emmanuel Brézet.
544. *Kang Sheng* – Roger Faligot, Rémi Kauffer.
545. *Histoire du Maroc* – Michel Abitbol.
546. *La naissance du capitalisme au Moyen Age* – Jacques Heers.
547. *De Gaulle, la République et la France Libre* – Jean-Louis Crémieux-Brilhac.
548. *Charles Péguy* – Arnaud Teyssier.
549. *La saga des Windsor* – Jean des Cars.
550. *Berty Albrecht* – Dominique Missika.
551. *Histoire du football* – Paul Dietschy.
552. *Stauffenberg* – Jean-Louis Thiériot.
553. *Requiem pour un empire défunt* – François Fejtö.

554. *Histoire anecdotique de la Première Guerre mondiale* – Gérard Guicheteau, Jean-Claude Simoën.
555. *Paris libéré, 1944-1949* – Antony Beevor, Artemis Cooper.
556. *La guerre totale* – Erich Ludendorff.
557. *La cour de France* – Jean-François Solnon.
558. *La grande fracture* – Michel Winock.
559. *Histoire de la Prusse* – Christopher Clark.
560. *Le Monde. Les grandes crises politiques françaises, 1958-2014* (dir. Gérard Courtois).
561. *Alésia* – Jean-Louis Voisin.
562. *La première guerre d'Hitler* – Thomas Weber.
563. *Les guerres de Louis XIV* – John A. Lynn.
564. *Monarchies et royautés de la préhistoire à nos jours* – Roland Mousnier.
565. *La Waffen-SS*, tome I – Jean-Luc Leleu.
566. *La Waffen-SS*, tome II – Jean-Luc Leleu.
567. *Louis XIII*, tome I – Jean-Christian Petitfils.
568. *Louis XIII*, tome II – Jean-Christian Petitfils.
569. *Sigmaringen* – Jean-Paul Cointet.
570. *Colbert* – François d'Aubert.
571. *Marignan, 1515* – Didier Le Fur.
572. *Grandeur et misère de l'Armée rouge* – Jean Lopez, Lasha Otkhmezuri.
573. *À la recherche de Winston Churchill* (dir. Pierre Assouline).
574. *Le Régent* – Philippe Erlanger.
575. *Azincourt, 1415* – Dominique Paladilhe.
576. *Sept générations d'executeurs. Mémoires de Sanson* – présentés par François-Henri Désérable.
577. *Napoléon à Sainte-Hélène* – Paul Ganière.
578. *Le nazisme, régime criminel* (dir. Marie-Bénédicte Vincent).
579. *Madame de Maintenon* – Jean-Paul Desprat.
580. *Le Moyen-Orient pendant la Seconde Guerre mondiale* – Christian Destremau.
581. *Le grand tournant* – Paul Kennedy
582. *Madame Roland, une femme en Révolution* – Pierre Cornut-Gentille.
583. *Néfertiti et Akhénaton* – Christian Jacq.
584. *Montesquieu* – Alain Juppé.
585. *Le fil de l'épée* – Charles de Gaulle.
586. *Histoire du Mont-Saint-Michel* – Patrick Sbalchiero.

Achevé d'imprimer en mai 2020
dans les ateliers de Normandie Roto Impression s.a.s.
61250 Lonrai
N° d'impression : 2001829

Imprimé en France